Knaur.

Über den Autor:

Kåre Olsen, 1952 geboren, ist Historiker und Archivar im *Riksarkiv* in Oslo. Dort war er einige Jahre für die Anfragen norwegischer Kriegskinder zuständig, die Einsicht in ihre Lebensbornakte beantragten, um mehr über ihre Herkunft zu erfahren.

Kåre Olsen

Schicksal Lebensborn
Die Kinder der Schande und ihre Mütter

Aus dem Norwegischen
von Ebba D. Drolshagen

Knaur Taschenbuch Verlag

Die norwegische Originalausgabe erschien 1998 unter dem Titel
Krigens barn. De norske krigsbarna og deres mødre bei H. Aschehoug & Co.

Besuchen Sie uns im Internet:
www.droemer-knaur.de

Vollständige Taschenbuchausgabe 2004
Knaur Taschenbuch.
Ein Unternehmen der Droemerschen Verlagsanstalt
Th. Knaur Nachf. GmbH & Co. KG, München
Copyright © 1998 bei H. Aschehoug & Co., Oslo
Copyright © 2002 Alle deutschen Rechte bei Campus Verlag GmbH, Frankfurt/Main
Alle Rechte vorbehalten. Das Werk darf – auch teilweise –
nur mit Genehmigung des Verlages wiedergegeben werden.
Umschlaggestaltung: ZERO Werbeagentur, München
Umschlagabbildung: photonica
Satz: Ventura Publisher im Verlag
Druck und Bindung: Clausen & Bosse, Leck
Printed in Germany
ISBN 3-426-77724-X

5 4 3 2 1

Inhalt

Vorwort zur deutschen Ausgabe   7

Einleitung   9

1 »Deutsche Vorposten im norwegischen Volk« 16
   Die Deutschen und die norwegischen Kriegskinder 18
   Der Behördenstreit um die Kriegskinder 32
   Abteilung Lebensborn – eine landesweite Organisation 38
   Die Verwaltung der Kriegskinderfälle 45
   Erste Heime für Kriegskinder und ihre Mütter 52
   Materielle Unterstützung für Mutter und Kind 72
   Die Aufnahme ins Heim 81
   Der kontrollierte Alltag 92
   Die Anerkennung der Vaterschaft 118
   Norwegisch-deutsche Ehen 134
   Deutsche Väter und ihre Kinder 177
   Adoptionen während des Krieges 185
   Die Rückführungsaktion »In die Heimat« – Herbst 1944 199
   »Ein unerbittlich hartes Kriegsschicksal« 214

2 Als der Frieden hereinbrach 227
   Ein Vorgeschmack auf den Frieden 228
   Erster Nachkriegsfrühling
   mit Haarescheren und Verfolgung 251
   Kündigungen 259
   Verhaftungen und Internierungen 264
   Ausweisung nach Deutschland 276
   Die Kriegskinderkommission 307
   Die Abwicklung der Lebensbornheime 320

3 Im Schatten des Krieges 331

Frauen und Kinder im zerstörten Deutschland 331

Die Rückführung
von »Lebensbornkindern« aus Deutschland 342

Kindheitsjahre, Unterhaltszahlungen
und der Mythos von der Millionenerstattung 363

Die öffentliche Meinung seit Kriegsende bis heute 377

Nachwort 384

Anmerkungen 393

Quellen und Literatur 405

Vorwort zur deutschen Ausgabe

Norwegen war eines der vielen Länder, das im Zweiten Weltkrieg von Deutschland besetzt wurde. Die Besatzung dauerte vom Frühjahr 1940 bis zum Zusammenbruch des Dritten Reichs im Mai 1945. In diesen fünf Jahren waren Hunderttausende von Wehrmachtssoldaten in Norwegen stationiert. Ihre Hauptaufgabe war die militärische Sicherung des besetzten Landes.

Trotz Krieg und Besatzung hatten diese Soldaten aber auch ein Privatleben und kamen oft in engen persönlichen Kontakt mit der norwegischen Bevölkerung. Sie freundeten sich mit Norwegerinnen an und während des Krieges wurden aus solchen Verbindungen etwa 10 000 bis 12 000 Kinder geboren, die in Norwegen »Kriegskinder« genannt werden. Um sie und ihre Eltern geht es in diesem Buch, das bei seinem Erscheinen im Herbst 1998 in Norwegen die erste historische Untersuchung zu diesem Thema war, die weitestgehend auf unveröffentlichten Quellen basiert.

Grundlage des Buches ist meine Arbeit im norwegischen Reichsarchiv, dem *Riksarkiv* in Oslo. Dort war ich von 1987 bis 1995 für Anfragen norwegischer Kriegskinder zuständig. Die meisten wünschten Einblick in ihre dort lagernden Akten, um mehr über ihre deutschen Väter und ihre eigene frühe Kindheit zu erfahren. Durch die Bearbeitung mehrerer hundert solcher Gesuche lernte ich die Geschichten zahlreicher Norwegerinnen und ihrer deutschen Freunde kennen. Die »Deutschenmädchen«, wie ihre Landsleute sie teilweise noch heute nennen, wurden für mich ebenso wie die Wehrmachtssoldaten als Menschen lebendig, mit ihren Sorgen und ihrem Kummer, mit ihrer Lebensfreude und ihren Zukunftshoffnungen für sich und ihre Kinder.

Mit der Zeit erfuhr ich sehr viel über die Kriegskinder und ihre Mütter und erlebte wiederholt, dass es sowohl bei den Kriegskindern selbst als auch in der norwegischen Gesellschaft über die Geschichte der Kriegskinder wenig Wissen, aber umso mehr Mythen gibt. So waren viele der Betroffenen überzeugt, sie seien das »Produkt« eines speziellen »Zuchtprogrammes«, ein Spielstein in der Rassenpolitik der Nationalsozialisten, und nicht das Ergebnis einer »ganz normalen« Liebesbeziehung zwischen einer Norwegerin und einem Deutschen. Solche falschen Darstellungen tauchen übrigens bis heute auch regelmäßig in den Medien auf.

Da diese Thematik von norwegischen Historikern noch nicht wirklich bearbeitet worden war, begann ich mit einer systematischen Erforschung der Geschichte der norwegisch-deutschen Kriegskinder und ihrer Eltern. Die Ergebnisse lege ich mit diesem Buch vor.

Seit dessen Erscheinen im Herbst 1998 sind die Kriegskinder in Norwegen ins Blickfeld der Medien gerückt. Auch international haben diese Menschen und ihr Schicksal großes Interesse geweckt. In mehreren Ländern wurde in Radio- und Fernsehsendungen, Zeitungs- und Zeitschriftenartikeln über sie berichtet. Im Sommer 2001 fand in Berlin eine Tagung zur Problematik der norwegisch-deutschen Kriegskinder statt. Es war das erste Mal seit Kriegsende, dass sie in Deutschland im Mittelpunkt einer solchen Veranstaltung standen, mehr noch, es war das erste Mal überhaupt, dass den in den ehemals deutsch besetzten Ländern geborenen Nachkommen der Wehrmachtssoldaten auf deutschem Boden eine solche Beachtung zuteil wurde. Es ist meine Hoffnung, dass die deutschsprachige Veröffentlichung des Buches dazu beitragen wird, dass die Thematik auch in Deutschland eine größere Aufmerksamkeit erfährt.

Für die Unterstützung meiner Arbeit schulde ich vielen Dank, allen voran meinem Arbeitgeber, dem norwegischen *Riksarkiv*. Die deutsche Übersetzung wurde durch die norwegischen Institutionen *Norges Forskingsråd, MUNIN* und *Stiftelse Fritt Ord* finanziell großzügig unterstützt. Für den Inhalt des Buches sowie die Darstellung der Geschichte der norwegischen Kriegskinder und ihrer Eltern zeichne ich selbstverständlich allein verantwortlich.

Oslo, im Februar 2002   *Kåre Olsen*

Einleitung

Mindestens 30 000 bis 40 000 Norwegerinnen verliebten sich während des Zweiten Weltkrieges in einen Angehörigen der deutschen Besatzungsarmee und viele Tausende bekamen von ihrem Freund ein Kind. Da das norwegische Volk nach Ansicht der Regierung des Dritten Reiches überwiegend »arisch«, also aus rassenpolitischer Sicht »guten Blutes und wertvoll« war, brachte sie den Liebesbeziehungen zwischen ihren Soldaten und den Norwegerinnen ebenso wie deren gemeinsamen Kindern durchaus Wohlwollen entgegen. Ganz anders die norwegische Regierung, die sich während der fünf Besatzungsjahre im Londoner Exil befand. Sie beurteilte Norwegerinnen, die mit Wehrmachtssoldaten befreundet waren, und die norwegischen Nachkommen dieser Soldaten nicht nur während des Krieges, sondern auch in der Nachkriegszeit sehr kritisch. Diese ablehnende Haltung wurde von den meisten Norwegern geteilt.

Die Geschichte der deutschen Besatzung Norwegens, die zum Verständnis des Schicksals dieser Frauen und Kinder wichtig ist, habe ich in der Originalausgabe nicht eigens erklärt, da sie den norwegischen Leserinnen und Lesern vertraut ist. Dies ist vermutlich bei den deutschen Leserinnen und Lesern selten der Fall, daher möchte ich im Folgenden einige Informationen zu diesen fünf Jahren geben.

Die deutsche Besatzung Norwegens begann mit der Invasion am 9. April 1940. Der norwegische König Haakon VII. und die norwegische Regierung lehnten es ab, die deutschen Kapitulationsbedingungen zu akzeptieren, und die norwegische Armee leistete der Wehrmacht bis in den Sommer hinein militärischen Widerstand. Am bekanntesten sind die Kämpfe um das nordnorwegische Narvik, wo auch französische und englische Truppen eingesetzt wurden, um den deutschen Angriff zurückzuschlagen. Als die norwegischen Streitkräfte am 10. Juni kapitulieren mussten, kontrollierte die Wehrmacht ganz Norwegen. Zu diesem Zeitpunkt waren der norwegische König und die Regierung bereits nach England geflohen, wo sie bis zur Befreiung die norwegische Exilregierung bildeten. Im Herbst 1944 befreite die Rote Armee zunächst die nördlichsten Landesteile Norwegens, nach der Kapitulation Deutschlands im Mai 1945 war ganz Norwegen wieder frei.

1933 wurde in Norwegen eine nationalsozialistische Partei gegründet, die *Nasjonal Samling* (NS), angeführt von dem ehemaligen Offizier und Minister Vidkun Quisling. Sie bekam bei den Wahlen kaum Stimmen und blieb in der norwegischen Parteienlandschaft zunächst völlig unbedeutend. Nach der deutschen Invasion im Jahre 1940 stellte sich die Partei auf die Seite der deutschen Besatzungsmacht und blieb die gesamte Besatzungszeit über deren politischer Partner. Im Herbst 1940 wurden alle Parteien mit Ausnahme der NS verboten, die danach in enger Zusammenarbeit mit der deutschen Besatzungsmacht die Neuordnung der norwegischen Gesellschaft unter nationalsozialistischen Vorzeichen anstrebte. Die NS ernannte Minister aus ihren eigenen Reihen und besetzte Führungspositionen im öffentlichen Sektor und in wichtigen Organisationen mit eigenen Leuten. Wer bereits ein öffentliches Amt bekleidete, das die NS für politisch und gesellschaftlich bedeutsam hielt, wurde aufgefordert, der Partei beizutreten. Obwohl die NS eng mit der deutschen Besatzungsmacht verbunden war, gab es innerhalb der Partei durchaus unterschiedliche Meinungen darüber, wie das Verhältnis zu den Deutschen aussehen solle. Während der eine Flügel der Partei eine ausgeprägte »pangermanische« Haltung vertrat, war der andere stärker national ausgerichtet und strebte eine größere Eigenständigkeit Norwegens gegenüber Deutschland an.

Die norwegische Staatsverwaltung unterstand dem Reichskommissariat für die besetzten norwegischen Gebiete unter Führung von Reichskommissar Josef Terboven. Er übte im zivilen Bereich die oberste Regierungsgewalt aus und war Hitler direkt unterstellt. Das Reichskommissariat leitete und kontrollierte den norwegischen Verwaltungsapparat, der den von den Deutschen erlassenen Verordnungen nachkommen musste. Es griff bis zu einem gewissen Grad auch direkt in die norwegische Verwaltung ein und unterhielt in ganz Norwegen Außendienststellen.

Die Macht der Deutschen basierte darauf, dass die Wehrmacht das Land militärisch kontrollierte. Während der Besatzungszeit waren in Norwegen sehr viele deutsche Soldaten stationiert, unter anderem, um die lang gestreckte norwegische Küste gegen eine Invasion der Alliierten zu schützen. Darüber hinaus erfolgten nahezu während des gesamten Krieges große deutsche Truppentransporte durch Norwegen zur Front im äußersten Norden, dorthin, wo Norwegen an die Sowjetunion grenzte. Bei Kriegsende befanden sich über 300 000 deutsche Soldaten in Norwegen, und obwohl die Zahl der stationierten Soldaten im Laufe des Krieges und auch von einem Teil Norwegens zum anderen schwankte, waren das im Verhältnis zur damaligen norwegischen Bevölkerung von knapp drei Millionen sehr viele Fremde. Während es in manchen Landesteilen fast gar keine deutschen Soldaten gab, waren andere Landesteile stark von ihnen geprägt. Im nordnorwegischen Sør-Varanger, einer Gemeinde mit 8000 Einwohnern nahe der sowjetischen Grenze, waren während des Krieges bis zu 60 000 deutsche Soldaten stationiert.

Die Besatzungszeit verlief in Norwegen relativ friedlich. An manchen Orten waren viele deutsche Soldaten über lange Zeit fest stationiert. Sie wurden oft in Privathäuser einquartiert, sodass zwischen ihnen und der Zivilbevölkerung nahezu zwangsläufig enge persönliche Kontakte entstanden.

Nach Kriegsende fand in Norwegen eine umfassende Aufarbeitung der Okkupationszeit statt. Sie betraf alle, die verdächtigt wurden, ihr Land in den vorangegangenen fünf Jahren verraten zu haben. Die Ahndung der Kollaboration betraf Politiker und Offiziere, denen man vorwarf, bei der deutschen Invasion von 1940 unpatriotisch gehandelt zu haben. Die »administrative« Aufarbeitung überprüfte das Verhalten von Beamten und Staatsangestellten. Außerdem wurde gegen Personen ermittelt, die im Verdacht standen, sich durch eine wirtschaftliche Zusammenarbeit mit den Deutschen bereichert zu haben. Am umfassendsten jedoch wurden Denunzianten, Mitglieder der *Nasjonal Samling* und andere Kollaborateure strafrechtlich verfolgt. Rechtliche Grundlage hierfür war unter anderem ein 1944 von der norwegischen Exilregierung beschlossenes Gesetz, das die Mitgliedschaft in der NS unter Strafe stellte. Von dieser strafrechtlichen Verfolgung waren rund 90 000 Norweger betroffen, etwa 20 000 wurden zu Gefängnisstrafen verurteilt, 25 leitende NS-Mitglieder, allen voran der Parteichef der NS, Vidkun Quisling, zum Tode verurteilt und hingerichtet. Neben dieser offiziellen, von Seiten des Staates betriebenen strafrechtlichen Aufarbeitung fanden aber in der unmittelbaren Nachkriegszeit auch Akte der Straßenjustiz statt. Sie richtete sich gegen Menschen, die mutmaßlich enge Kontakte zu Deutschen gehabt hatten, ohne dabei allerdings gegen ein Gesetz verstoßen zu haben, so dass sie für ihr Verhalten juristisch nicht belangt werden konnten. Zu ihnen zählten jene Norwegerinnen, die während des Krieges einen deutschen Freund gehabt hatten. Die Bestrafungen dieser Frauen durch ihre Landsleute bilden eines der zentralen Themen des vorliegenden Buches.

Da dies die erste Gesamtdarstellung der Geschichte der norwegischen Freundinnen der Wehrmachtssoldaten – der so genannten »Deutschenmädchen« – und deren Nachkommen ist, mussten zunächst die wesentlichen Punkte dieser Geschichte herausgearbeitet werden. Zum einen geht es darum, Fakten zu präsentieren, also Fragen zu beantworten, wie die nach der Gesamtzahl der norwegischen Kriegskinder, nach der Erfassung der Mütter und Kinder im Krieg und nach konkreten Informationen über die Situation der Deutschenmädchen nach dem Krieg. Zum Zweiten wollte ich erforschen, wie sich die Behörden gegenüber Müttern und Kindern verhalten haben. Dabei ging es mir sowohl um die Behörden der deutschen Besatzungsmacht und der norwegischen NS-Regierung während des Krieges als auch um die Vertreter der norwegischen Regierung im Londoner Exil und nach ihrer Rückkehr nach Oslo. Nicht zuletzt wollte ich einen Eindruck davon vermitteln, in welcher Situation sich das einzelne Kriegskind, das einzelne Deutschenmädchen und auch der einzelne Soldat während des Krieges und danach befanden.

Bis zu einem gewissen Grad habe ich versucht, einige zentrale Entwicklungen und Phänomene aus heutiger Sicht zu erklären, ohne jedoch allgemeine Hypothesen oder Theorien aufzustellen. Ich habe auch keine soziologisch orientierte Untersuchung angestrebt, die die vorhandenen Daten vieler tausend Einzelpersonen systematisiert, um so Genaueres darüber aussagen zu können, »wer« die Deutschenmädchen und ihre deutschen Freunde waren. Ebenso wenig werden die norwegischen Verhältnisse mit der Situation von Kriegskindern und »Soldatenbräuten« in anderen besetzten Ländern verglichen, sei es während des Zweiten Weltkriegs, sei es in anderen Kriegen. Es wäre wünschenswert, wenn vieles, was hier nur gestreift werden kann, weitere Untersuchungen anregen könnte.

Das Buch ist in drei Teile gegliedert. Der erste umfasst die Kriegsjahre und geht vor allem auf die Maßnahmen ein, mit denen die deutschen Behörden sich den Zugriff auf die Kriegskinder und deren Mütter sichern wollten. Es kommen norwegische Mütter und ihre deutschen Freunde zu Wort, um einen Eindruck davon zu vermitteln, wie sie in dieser schwierigen Situation lebten. Und auch wenn es nicht um die Frage geht, wer »das typische Deutschenmädchen« und ihr »typischer deutscher Freund« waren, lernen die Leser hier einige Paare mit ihren Freuden und Sorgen näher kennen.

Im zweiten Teil des Buches geht es um die Zeit unmittelbar nach der deutschen Kapitulation im Frühling 1945, und zwar vor allem darum, wie der norwegische Staat und die norwegische Gesellschaft mit den Deutschenmädchen umgingen. Wir treffen Frauen, die auf unterschiedliche Weise bestraft wurden, von staatlichen und kommunalen Stellen ebenso wie von ihren Mitmenschen. Die wesentlichen Fragen dieses zweiten Teiles sind zum einen, ob die Sanktionen rechtsstaatlichen Prinzipien genügten, und zum Zweiten, welche Linie der norwegische Staat in der ersten Nachkriegszeit bei seinem

Umgang mit den Kriegskindern verfolgte. Dabei muss bedacht werden, dass er in dieser Situation für das Wohl tausender norwegischer Kriegskinder verantwortlich war, während zugleich ein erheblicher Teil der norwegischen Bevölkerung die Ansicht vertrat, man solle sie samt ihrer Mütter des Landes verweisen.

Im dritten und letzten Teil des Buches wenden wir uns vor allem jenen Kriegskindern und Deutschenmädchen zu, die nach dem Krieg trotz aller damit verbundenen Schwierigkeiten in Deutschland lebten. Einige wenige Fäden werden bis heute weitergesponnen, denn inzwischen treten die Kriegskinder selbst als aktiv Handelnde auf. Auch hierbei geht es wieder darum, welche Werte und Einstellungen der norwegische Staat in dieser Frage vertritt. Die wichtigste Veränderung in der jüngsten Vergangenheit ist hier der radikale Meinungsumschwung in der norwegischen Gesellschaft. Von Aggressivität und Aversion gegenüber den Kriegskindern und den Deutschenmädchen gelangten die Menschen zu einer überwiegend wohlwollenden Sicht.

Dieses Buch basiert auf umfangreichem Quellenmaterial. Der überwiegende Teil dieses Materials wurde bislang noch nicht für eine historische Studie ausgewertet. Es handelt sich um unveröffentlichte Dokumente, der größte Teil des von mir ausgewerteten Materials stammt aus dem norwegischen Reichsarchiv, dem *Riksarkiv* in Oslo. Ich ziehe aber auch Material aus mehreren anderen Archiven in Norwegen und im Ausland heran.

Dieses Buch erlaubt den Leserinnen und Lesern einen Einblick in das Schicksal der Kriegskinder und Deutschenmädchen, die mir beim Studium dieser Archive begegnet sind. In den Akten geht es immer um konkrete Menschen, aber wenn ich aus diesen Unterlagen zitiere oder einen Fall zusammenfasse, dann ausschließlich, um mit solchen Beispielen eine allgemeinere Aussage zu illustrieren. Mit Ausnahme der historischen Personen habe ich alle Menschen, die hier vorkommen, die Kinder und Frauen ebenso wie die deutschen Soldaten, anonymisiert. Die benutzten Namen sind ebenso erfunden

wie die Geburtsdaten und Wohnorte, die zu einer Identifizierung beitragen könnten. Aber ich habe weder einen Fall »manipuliert« noch
Bruchstücke mehrerer Fälle zu einem zusammengesetzt, um »typische« Geschichten präsentieren zu können.

Die Anmerkungen verweisen fortlaufend auf die Quellen und die
Literatur, die ich ausgewertet habe. Wenn nicht anders vermerkt,
befindet sich das benutzte Archivmaterial im *Riksarkiv* in Oslo.
In der deutschen Ausgabe werden allerdings nicht alle Quellen- und
Literaturangaben nachgewiesen. Leserinnen und Leser, die für diese
oder jene Information den genauen Quellennachweis wünschen, werden auf die lückenlosen Anmerkungen eines Manuskriptes in norwegischer Sprache verwiesen, das in der Manuskriptsammlung des
Riksarkiv eingesehen werden kann.

Trotz einiger Kürzungen stimmt die deutschsprachige Ausgabe
weitgehend mit der norwegischen überein. Sie wurde lediglich um
einige Details gekürzt, die meines Erachtens für das deutsche Publikum nicht von gleichem Interesse sind wie für das norwegische.
Andererseits wurde die deutsche Ausgabe um einige Erläuterungen
erweitert, die dem deutschen Leser, der mit den norwegischen Verhältnissen der Kriegs- und Nachkriegszeit nicht vertraut ist, die Lek-
türe erleichtern sollen. Schließlich habe ich die Gelegenheit genutzt,
den ursprünglichen Text durch einige wenige Informationen zu er-
gänzen, die erst nach Erscheinen der norwegischen Ausgabe bekannt
wurden.

1 »Deutsche Vorposten im norwegischen Volk«

17. Mai 1940. Die Norweger begehen ihren Nationalfeiertag, obwohl es schwer fällt zu feiern. Es herrscht Krieg. Fünf Wochen zuvor haben deutsche Truppen das Land überfallen, Südnorwegen ist bereits weitgehend unter ihrer Kontrolle, während es in der Gegend um Narvik, wo auch französische und englische Truppen im Kampf gegen die Deutschen eingesetzt sind, noch auf der Kippe steht.

Ausgerechnet an diesem außergewöhnlichen norwegischen Nationalfeiertag treffen sich in München zwei Deutsche, um über die Verhältnisse in Norwegen zu sprechen.[1] Sie heißen Leonardo Conti und Max Sollmann. Leonardo Conti ist Reichsgesundheitsführer und als solcher für die Gesundheit des deutschen Volkes zuständig – und zwar im weitesten Sinne: »Gesundheit« umfasst auch Rasse und Erbanlagen. Max Sollmann ist Leiter der deutschen SS-Organisation »Lebensborn e.V.«, die schon 1935 als Instrument einer nationalsozialistischen Rassenpolitik gegründet worden ist.[2] Die Organisation soll mit ihrer Arbeit kinderreichen Familien helfen und ledige Schwangere unterstützen.

Conti berichtet, dass ein Arzt ihn in einem Schreiben darauf hingewiesen habe, dass sicher einige der Soldaten, die nach Norwegen geschickt wurden, mit Norwegerinnen Kinder bekommen würden. Der Arzt meinte, man müsse sich schnellstmöglich um alle diese Norwegerinnen kümmern, um sie in das deutsche Volk eingliedern zu können. Es sei, so der Arzt weiter, zwar nichts Ungewöhnliches, dass ein Soldat in einem besetzten Land Vater eines Kindes werde, die »reinrassigen Norwegerinnen« aber verdienten die besondere Aufmerksamkeit der Deutschen. Die von den deutschen Nationalsozialisten so hoch geschätzte nordische Rasse sei nirgends so rein wie in den skandinavischen Ländern. Dies müsste berücksichtigt werden, da man dabei sei, in Norwegen die Macht zu erringen.

Es war Zufall, dass dieses Gespräch, in dem ein Vorschlag erörtert wurde, der für Norwegen und die Norweger von Bedeutung war, am norwegischen Nationalfeiertag stattfand. Kein Zufall war es allerdings, dass der deutsche Arzt sich ausgerechnet an Conti gewandt hatte und dass Conti diesen Vorschlag jetzt mit Sollmann besprach.

Das Ziel des Lebensborn e.V. war ein Wachstum jener Bevölkerung, die als rassisch und erbbiologisch wertvoll galt, wogegen die SS den Anstieg anderer, beispielsweise jüdischer Volksgruppen, natürlich nicht fördern wollte. Bevor sich der Lebensborn also um eine Schwangere kümmerte, wurde sie körperlich und hinsichtlich ihrer Abstammung gründlich untersucht. Der Lebensborn e.V. war formell eine Abteilung des »Rassen- und Siedlungshauptamtes-SS« (RuSHA) und die rassische Begutachtung der Frauen geschah in enger Zusammenarbeit mit deren Rasseexperten. Bei dem Thema, das Conti nun mit Sollmann besprach, ging es denn auch ausschließlich um die rassenpolitischen Perspektiven, die sich durch die deutsche Besetzung Norwegens eröffneten.

Sollmann war von der Idee begeistert. Er wollte die Angelegenheit mit Himmler besprechen, unterbreitete die Idee aber zunächst Gregor Ebner, Chefarzt des Lebensborn e.V. und einer von Sollmanns engsten Mitarbeitern.

Ebner erkannte sofort, dass sich hier große Möglichkeiten eröffneten. Es bot sich eine einzigartige Chance, Norwegerinnen in das deutsche Volk zu integrieren. Das war von unschätzbarem Wert, denn rassenreine nordische Frauen waren in Deutschland eine Seltenheit. Ihm schwebte offenbar ein Norwegen mit Menschen vor, die ausnahmslos aussahen, als seien sie geradewegs aus einem nationalsozialistischen Propagandaplakat herausspaziert, und die jeglichen Anforderungen an den perfekten nordischen Menschen gerecht wurden. Er verlangte, dass der Lebensborn sich dieser Frauen und Kinder annahm.

Laut Ebner lebten die Norweger im Wesentlichen auf dem Land. Jedenfalls ging er davon aus, dass das für die meisten der in Frage kommenden Frauen zutraf, so dass es das Beste wäre, wenn man sie auch in Deutschland in ländliche Gegenden brächte. Hier böten sich die Lebensbornheime in Süddeutschland an, da den Frauen Klima und Natur dort nicht fremd seien. Auch sei dieser Teil Deutschlands unter Rasseaspekten etwas zurückgeblieben, so dass eine Blutauffrischung durch rein nordische Frauen hier außerordentlich begrüßenswert wäre.

Diese Initiative, die schon ihren Anfang nahm, als in Norwegen noch gekämpft wurde, wurde im Frühjahr 1940 zunächst nicht weiterverfolgt. Bald darauf jedoch wurde das Thema erneut aktuell und Sollmanns Organisation sollte sich im Laufe der kommenden fünf Jahre viel mit dieser Angelegenheit beschäftigen.

Die Deutschen und die norwegischen Kriegskinder

Nachdem Conti und Sollmann sich im Mai 1940 getroffen hatten, dauerte es natürlich einige Zeit, bis norwegische Kriegskinder zu einer konkreten »Aufgabe« der Deutschen wurden. In den fünf Jahren bis zum Mai 1945 jedoch kamen viele tausend Kinder mit einer norwegischen Mutter und einem deutschen Vater zur Welt und Lebensborn e. V. errichtete mit der Zeit in Norwegen eine große Organisation, die sich dieser Kinder und Mütter annahm.

Die ersten Kriegskinder

Bereits im Juli 1940 erhielt die Wehrmacht in Norwegen einen Fall zur Bearbeitung. Eine Norwegerin erwartete von einem deutschen

Soldaten ein Kind und die Dienststelle des Soldaten fragte an, wie sie sich verhalten solle. Durfte sie zulassen, dass einer ihrer Soldaten in eine norwegische Vaterschaftsklage verwickelt wurde und sich norwegischen Gesetzen unterwerfen musste? Die Anfrage landete schließlich beim Oberkommando der Wehrmacht, das sie zur Beantwortung dem Reichsministerium für Justiz in Berlin übersandte.[3]

Das dürfte einer der ersten norwegischen Kriegskinderfälle gewesen sein, mit denen sich deutsche Stellen befassen mussten, denen natürlich an einer prinzipiellen Klärung der zukünftigen Handhabung solcher Fälle gelegen war. Im August entschied das Reichsministerium für Justiz, dass deutsche Soldaten in Norwegen, die als Kindsvater genannt wurden, grundsätzlich der deutschen und nicht der norwegischen Rechtsprechung unterstanden.

Das Justizministerium begründete diese Auffassung mit der Haager Konvention über die Rechte und Pflichten einer Besatzungsmacht. Zwar musste diese sich so weit als möglich den Gesetzen des besetzten Landes beugen, doch in diesem Fall vertrat das Justizministerium die Auffassung, dass ein deutscher Besatzungssoldat in der Ausübung seiner Aufgaben beeinträchtigt werde, wenn er sich in einer norwegischen Vaterschaftsangelegenheit verantworten müsse. Des Weiteren wurde auf den exterritorialen Rechtsstatus von Diplomaten und anderen offiziellen Vertretern eines Landes hingewiesen, durch den sie von der Gerichtsbarkeit ihres Dienstlandes ausgenommen sind, falls diese sie in der Ausübung ihrer Pflichten behindert.

Etwa vier Monate, nachdem die Deutschen in Norwegen einmarschiert waren, lagen zur Frage des künftigen Umgangs der Deutschen mit norwegischen Kriegskindern einige Puzzlesteinchen also bereits an der richtigen Stelle. Der Lebensborn e.V. in München erkannte die sich durch diese Rechtslage eröffnenden bevölkerungspolitischen Möglichkeiten und begrüßte die Entscheidung des Reichsministeriums für Justiz, nach der alle Vaterschaftsanfragen der deutschen und nicht der norwegischen Rechtsprechung unterlagen. Es deutet nichts darauf hin, dass der Lebensborn e.V. in diese Grundsatzentscheidung aus Berlin eingebunden gewesen wäre. Sie wurde vermutlich aufgrund weitaus kleinlicherer und praktischerer Erwägungen getroffen als jenen groß angelegten, ideologischen Überlegungen des Lebensborn e.V. Es sollte allerdings nicht lange dauern, bis sich auch SS und Lebensborn e.V. mit diesem Problemfeld befassten.

Im Herbst 1940 begannen die Deutschen und die *Nasjonal Samling* ihre gemeinsamen Bemühungen um eine »Neuordnung der norwegischen Gesellschaft«. Dazu gehörte auch eine Revision der norwegischen Gesetze, um sie mit der deutschen Nazi-Ideologie in Übereinstimmung zu bringen.[4] Auf norwegischer Seite spielte Justizminister Sverre Riisnes eine zentrale Rolle, die deutsche Seite war durch Juristen der Sicherheitspolizei sowie des Persönlichen Stabes von Reichskommissar Josef Terboven vertreten. Des Weiteren nahm Dr. Günther Reinecke vom Sondergericht »SS- und Polizeigericht IX (Oslo)« teil.

Dr. Reinecke war der erste Chefrichter dieses im weiteren Kriegsverlauf bei den Norwegern so berüchtigten Gerichts. Als »SS- und Polizeigericht Nord« verurteilte es insgesamt 150 Norweger zum Tode. Bei ihrer »Neuordnung« der norwegischen Gesetzgebung konzentrierten sich die Deutschen vor allem auf erforderliche Änderungen im norwegischen Staats-, Verwaltungs- und Strafrecht, aber auch das Familienrecht sowie Gesetze zu bevölkerungs- und rassenpolitischen Fragen waren ihnen wichtig.

Ein zentrales Anliegen von Dr. Reinecke waren die norwegisch-deutschen Kinder, die seiner Ansicht nach schon bald zur Welt kommen würden. Der damals 33-jährige Jurist stammte aus München, wo er 1932 auch sein juristisches Staatsexamen abgelegt hatte.[5] Im Jahr darauf war er in die NSDAP und die SS eingetreten, kurze Zeit später wurde er beim SS-Hauptquartier seiner Heimatstadt angestellt. Hier war er beim Hauptamt SS-Gericht beschäftigt und machte rasch Karriere. Er wurde fast jährlich befördert und kam im Mai 1940 als Obersturmbannführer nach Norwegen. Nach einigen Jahren kehrte er zurück an seine frühere Arbeitsstelle beim Hauptamt SS-Gericht in

München, das er bald leitete. Innerhalb der SS galt Günther Reinecke als hoch begabter und fleißiger SS-Führer mit umfassender juristischer Bildung und besonderen Kompetenzen im Bereich der Gesetzgebung.

Nur wenige Wochen, nachdem Dr. Reinecke mit der Revision der norwegischen Gesetze begonnen hatte, informierte er Wilhelm Rediess, den Höheren SS- und Polizeiführer Nord und damit Norwegens obersten SS-Mann, über die bevorstehenden Geburten außerehelicher Kinder deutscher Soldaten in Norwegen. Es bestehe kein Zweifel, dass das Deutsche Reich an diesen Kindern politisch interessiert sei, schließlich seien sie rassisch wertvoll. Daher dürfe man sie unter keinen Umständen ausschließlich dem norwegischen Staat überlassen.

Besonders beunruhigte Reinecke die Tatsache, dass die Kinder nach norwegischem Gesetz norwegische Staatsbürger waren und in norwegische Geburtsregister eingetragen werden sollten. Das war ganz und gar nicht wünschenswert. Reinecke wollte den deutschen Behörden den alleinigen Zugriff auf die Kinder und deren Erziehung sichern.

Rediess ist als Chef der SS in Norwegen oft als schwach und unbegabt charakterisiert worden, in diesem Fall aber griff er Dr. Reineckes Initiative rasch und energisch auf. Er erkannte, wie wichtig sie war, da das Problem mit der Zeit sehr große Dimensionen annehmen würde. Schon jetzt, nach nur einem halben Jahr Besatzung, hatten sich zahlreiche schwangere Norwegerinnen an das Reichskommissariat gewandt und um Hilfe gebeten. Man musste zügig handeln, da der »Geburtenboom« mit dem neuen Jahr erst richtig einsetzen würde. Bis dahin galt es einen Verwaltungsapparat zu schaffen, der sich um diese Fälle kümmern konnte. Rediess zögerte nicht lange. Nur eine Woche, nachdem er Reineckes Brief mit dessen juristischen Ausführungen erhalten hatte, legte er die Angelegenheit in einem Schreiben dem Reichsführer SS Heinrich Himmler persönlich vor.[6]

Himmler nimmt sich der Sache an

Rediess hatte das Thema bereits mit Reichskommissar Terboven erörtert und dessen volle Unterstützung, als er es Himmler vortrug. Rediess setzte sich unter anderem auch deswegen mit seinem Vorgesetzten in Berlin in Verbindung, weil die Wehrmacht völlig passiv blieb und alles dem Reichskommissariat und der SS überließ.

In seinem Schreiben an Himmler führte Rediess vor allem zwei Gründe an, warum man in dieser Sache tätig werden müsse: Wenn sich die Deutschen nicht einschalteten, könne dies als mangelndes Verantwortungsbewusstsein gedeutet werden. Das könne zu wachsendem Unwillen in der norwegischen Bevölkerung führen, was vermieden werden solle. Wichtiger sei allerdings, dass »der deutschen Volksgemeinschaft rassisch wertvolles Blut« verloren gehe. Rediess schloss mit den Überlegungen, dass man sich um eine Regelung bemühen müsse, bei der alle Fälle von Norwegerinnen, die von einem Deutschen schwanger geworden waren, von den Deutschen erfasst und bearbeitet würden. Nur so könne man jene Kinder auswählen, die rassisch wertvoll waren und in das deutsche Volk aufgenommen werden könnten.

Weiterhin schlug Rediess vor, in Norwegen deutsche Entbindungsheime zu eröffnen, die vom Lebensborn geleitet werden sollten. Deutsche Stellen oder der Lebensborn in Vertretung der SS sollten für alle Kinder die Vormundschaft übernehmen. Selbst wenn sie weiterhin bei ihren Müttern wohnten und norwegische Staatsbürger seien, könne man so »deutschgesinnte Vorposten im norwegischen Volke« schaffen.

Himmler teilte Rediess' Einschätzung über die Dringlichkeit dieser Angelegenheit und beauftragte den Leiter des Lebensborn e.V., Max Sollmann, zusammen mit Rediess die praktischen Fragen zu klären.[7]

Um den Jahreswechsel 1940/41 hatte also die Frage der Kriegskinder für die Deutschen hohe Priorität. In den folgenden Monaten bemühten sich daher auch übergeordnete Stellen intensiv um Lösungen.

Die Wehrmacht verursachte bei dem Umgang mit der Kriegskinder-Frage allerdings Probleme. Der Wehrmachtsbefehlshaber Norwegen hatte befohlen, ausnahmslos alle Fälle, in denen Norwegerinnen deutsche Soldaten als Kindsvater angaben und bei denen es um Alimente usw. ging, an norwegische Stellen weiterzuleiten. Die Wehrmacht befürchtete, dass sich solche Fälle häufen und »Unruhe in den Reihen« auslösen könnten, vor allem, wenn der angegebene Kindsvater in Deutschland bereits verheiratet oder verlobt war. Im Februar 1941 hatte man bereits von Soldaten gehört, die sich aufgrund einer solchen Nachricht das Leben genommen hatten. Außerdem war es sehr aufwändig, alle Anfragen zu bearbeiten, die Soldaten ausfindig zu machen usw.

Das Reichskommissariat zeigte für solche Überlegungen seitens der Wehrmacht durchaus Verständnis, gab aber auch andere Aspekte zu bedenken. Viele rassisch und charakterlich wertvolle Norwegerinnen, die von einem deutschen Soldaten ein Kind erwarteten oder bereits bekommen hatten, würden sicher sehr negativ reagieren, wenn sie zum deutschen Kindsvater keine Verbindung aufnehmen dürften. Sie würden sich von dem deutschen Soldaten im Stich gelassen und betrogen fühlen, vor allem, wenn dieser ihnen die Ehe versprochen hatte. Dies führe zu einer Zunahme der feindlichen Stimmung gegenüber den Deutschen, was seinerseits zahlreiche Abtreibungen nach sich ziehen könne.

Anfang Januar 1941 war Dr. Heinrich Meyer, ein deutscher Arzt, nach Oslo gekommen, um im Gesundheitswesen zu arbeiten. Er widmete sich umgehend den Bereichen »Kriegskinder« und »norwegisch-deutsche Ehen« und blieb die Schlüsselfigur, bis die Abteilung Lebensborn ihre Arbeit in Norwegen aufgenommen hatte. Dr. Meyer führte im Winter 1940/41 auf unterschiedliche Weise die Bestrebungen in den Bereichen Kriegskinder und Eheschließungen weiter, die

Dr. Reinecke vom SS- und Polizeigericht IX im Herbst 1940 begonnen hatte.

Die Beschäftigung mit der Bevölkerungspolitik gefiel Dr. Meyer. Neben seiner Ausbildung zum Arzt hatte er sich nämlich lange und intensiv mit rassenideologischen Fragen befasst und sich auch, nach seinen eigenen Worten, »von frühester Jugend an mit den nordischen Sagen beschäftigt und später norwegische Kunst und Literatur studiert«. Er war allerdings besorgt, dass die Norweger als eigenständiges Volk untergehen könnten, wenn in der Bevölkerungspolitik keine Veränderungen eintraten. Die sinkenden Geburtenzahlen bedeuteten eine Schwächung der nationalen Kraft und Abtreibungen gehörten zu den schlimmsten vorstellbaren Verbrechen gegen das Volk. Sie galten als Mord an der künftigen jungen Generation. Dennoch war er Optimist. Die Norweger waren kein wertloses Volk, selbst wenn es viele seiner besten Männer verloren hatte, die erst als Wikinger und später als Emigranten in die Welt hinausgezogen waren. Während nämlich viele Männer bei den Zügen der Wikinger ihr Leben ließen, waren die Frauen zurückgeblieben und hatten das Erbe der Väter gehütet. Für Mayer war die norwegische Mutter die Trägerin der Zukunft ihres Landes. Daher gebot es die Liebe zum norwegischen Volk, den Frauen und der heiligen Mutterschaft Achtung zu zollen.

Diese Gedanken legte Dr. Meyer im Frühjahr 1941 in einem Vortrag vor norwegischen Ärzten dar. Später hatte er reichlich Gelegenheit, seine Ansichten zu vertiefen, als er den Text für das Buch »Schwert und Wiege« verfasste, das 1943 von der SS in Norwegen herausgegeben wurde.[8] Dieses schmale, nur etwa neunzigseitige Buch mit dem prägnanten Titel, eine Anspielung auf die SS-Parole »nach dem Sieg auf dem Schlachtfeld folgt der Sieg in der Wiege«, stellt die Tätigkeit der Abteilung Lebensborn in Norwegen dar. Es enthält eine Reihe von konkreten Angaben über die praktische Arbeit in den Entbindungsheimen, die Unterhaltszahlungen an Mütter und Kinder und andere Themen. In seiner Einführung stellte Meyer einen bevölkerungspolitischen Zusammenhang her, dessen Wurzeln bis in die Wikingerzeit zurückreichen. Als brennendes Problem benannte er, dass die Geburtenzahlen drastisch gesunken waren, da das norwegische Volk von liberalen amerikanischen und englischen Vorbildern, linken Reformern und jüdischen Ärzten fehlgeleitet worden sei. Dem norwegischen Volk gebreche es in hohem Maße an einem gesunden Rasseempfinden. Es sei sogar so weit gekommen, dass norwegische Studenten amerikanischer Negermusik zujubelten, die in der Aula der Osloer Universität gespielt wurde. Nun müsse das Ziel lauten, den Blick der Norweger für die Bedeutung der Rasse so zu schärfen, dass sie sich wieder als nordisches Volk begriffen.

Dr. Reinecke und nach ihm Dr. Meyer hatten dafür gesorgt, dass die Frage der Kriegskinder auf den höchsten deutschen Verwaltungsebenen behandelt wurde. Bis zur praktischen Umsetzung dauerte es nicht mehr lange.

Lebensborn e.V. fasst in Norwegen Fuß

Im Februar 1941 trafen sich einige ranghohe deutsche Nationalsozialisten, um die Frage der Kriegskinder in Norwegen zu besprechen und konkrete Schritte zu planen.[9] An dieser Sitzung nahmen Reichsführer SS Heinrich Himmler als oberster Chef der SS sowie Reichskommissar Josef Terboven als Leiter der obersten Regierungsgewalt im zivilen Bereich in Norwegen teil. Weitere Teilnehmer waren der Leiter der SS in Norwegen, Wilhelm Rediess, sowie der Leiter des Lebensborn e.V., Max Sollmann. Terboven hatte Carlo Otte an seiner Seite, einer seiner Abteilungsleiter und engsten Mitarbeiter. Ebenfalls anwesend waren Dr. Reinecke, der in vielfacher Hinsicht als Initiator dieser Unterredung gelten konnte, und schließlich der Mann, der künftig für diesen Bereich zuständig sein würde, nämlich Dr. Richert.

Bei dem Treffen informierte Dr. Richert zunächst über die Sachlage. Zu diesem Zeitpunkt wusste man von etwa 15 Norwegerinnen, die von einem deutschen Soldaten ein uneheliches Kind erwarteten, man rechnete aber damit, dass die Zahl bis Ende 1941 auf etwa 1000 ansteigen würde. Richert berichtete auch, dass die Ehe zwischen Norwegerinnen und deutschen Soldaten verboten sei. Des Weiteren plane »der Chefintendant [General Falkenhorst], einen Befehl zu erlassen, der alle Ansprüche norwegischer Mütter oder Kinder gegen deutsche Wehrmachtsangehörige wegen unehelicher Vaterschaft kategorisch für die Dauer des Krieges ablehnt«. Sowohl Richert als auch Himmler wiesen darauf hin, dass ein grundsätzliches Heiratsverbot sowie die Zurückweisung aller Ansprüche aufgrund einer Vaterschaft dazu führen könnten, dass rassisch wertvolle Kinder »verloren gingen«. Jetzt müsse man alle erforderlichen Schritte unternehmen, um diesen »zu erwartenden Nachwuchs wertvollen Blutes dem Deutschtum« zu sichern.

Die Unterredung endete mit dem Beschluss, dass Lebensborn e.V. eine Niederlassung in Norwegen errichten werde, übrigens die erste Lebensborn-Stelle außerhalb Deutschlands. Terboven wünschte ausdrücklich, dass der norwegische Lebensborn dem Reichskommissariat unterstellt werde. Er begründete dies unter anderem damit, dass nicht nur Kinder von SS- und Polizeiangehörigen, sondern auch von Wehrmachtssoldaten erfasst werden sollten. Offenkundig wollte Terboven nicht, dass in Norwegen eine zivile Organisation wie der Lebensborn jenseits seines Einflussbereiches agierte. Himmler setzte allerdings durch, dass »das Gesamtproblem einheitlich durch die SS organisiert und durchgeführt wird«, und Dr. Richert wurde beauftragt, die erforderliche Organisation neben seiner sonstigen Arbeit aufzubauen. Er hatte »Verhandlungen mit der Hauptabteilung Verwaltung und Recht im Reichskommissariat aufzunehmen, um die Finanzierung sicherzustellen«. Bei der Errichtung der Lebensborn-Dienststellen würde er von dem deutschen Lebensborn e.V. Unterstützung bekommen.

Da die norwegische Bevölkerung grundsätzlich als rassisch wertvoll galt, würde man vorläufig alle Norwegerinnen, die von einem

Deutschen ein Kind erwarteten, in die Heime aufnehmen, und zwar ohne rassische Kategorisierung. Bis das erste Lebensbornheim fertig gestellt worden sei, sollten Entbindungen auf Kosten des Reichskommissariats in staatlichen oder privaten norwegischen Entbindungsheimen vorgenommen werden.

Himmler beauftragte Dr. Reinecke damit, alle bestehenden und neu auftauchenden Rechtsfragen zu bearbeiten und dabei besonders darauf zu achten, wie jene norwegischen Gesetze verändert werden könnten, die seinen, Himmlers, diesbezüglichen Zielen entgegenstanden. Außerdem sollte er klären, wie die »rechtmäßige Überleitung der Vormundschaft über die unehelichen Kinder auf den Verein ›Lebensborn‹« zu bewerkstelligen sei. Die Frage der Staatsangehörigkeit wurde zurückgestellt. Die Kinder sollten, hier taucht Rediess' Formulierung wieder auf, zunächst als »deutsche Vorposten im norwegischen Volk« verbleiben.

Mit dieser Besprechung war also entschieden, dass der Lebensborn in Norwegen tätig werden sollte und wie SS und Reichskommissariat künftig zusammenarbeiten und die Kompetenzen aufgeteilt würden. Die Einigkeit dieser Begegnung sollte für das gute Einvernehmen, das bis zum Kriegsende in allen die Kriegskinder betreffenden Fragen zwischen SS und Reichskommissariat herrschte, typisch werden. Man hatte begriffen, dass die rassisch wertvolle norwegische Bevölkerung nun zum Einflussbereich des Deutschen Reiches gehörte. Die Vorstellungen, die die Leiter des Lebensborn e.V. im Mai 1940 entwickelt hatten, waren schnell Realität geworden. Nun ging es nur noch um die Durchführung.

Rassenpolitische Bevölkerungspolitik

Die Deutschen gingen bei ihrem bevölkerungspolitischen Engagement in Norwegen gründlich und planmäßig vor, was im Frühjahr 1941 besonders deutlich wurde. Neben der Gründung der Abteilung

Lebensborn wurde in dieser Zeit auch ein Dreijahresplan für die Bevölkerungspolitik in Norwegen aufgestellt. Man strebte ein höheres Bevölkerungswachstum an, eines der formulierten Ziele war eine jährliche Geburtenrate von 30 Geburten pro 1000 Einwohner. Um dies zu erreichen, planten die Deutschen eine Reihe von Maßnahmen zum Schutz von Müttern und Kindern, unter anderem die Einrichtung von Beratungsstellen für Frauen, die unehelich schwanger waren. Dort sollten die Frauen auch rassisch untersucht werden. Die Bewilligung der Anträge auf Abtreibung mussten erschwert werden. Außerdem sollten rassenpolitische Schulungsfilme eingesetzt werden, um vor allem bei der Jugend den nordischen Gedanken zu stärken.

Dr. Richert legte großen Wert auf positive Maßnahmen bei allen Schritten hin zu einer neuen Bevölkerungspolitik in Norwegen. Dadurch werde es einfacher, in einem zweiten Schritt die negativen Maßnahmen so darzustellen, dass die Norweger sie verstehen und akzeptieren könnten. Die deutsche Propaganda müsse immer wieder hervorheben, dass das norwegische Volk eine der reinsten Quellen nordischen Blutes sei und viel zum großgermanischen Gedanken beigetragen habe.

Den Grund für die niedrigen Geburtenzahlen sah Dr. Meyer in wirtschaftlichen Schwierigkeiten, beengten Wohnverhältnissen und nicht zuletzt in den Mütterberatungsstellen, die im marxistisch-liberalen Geist betrieben und die Moral des norwegischen Volkes korrumpieren würden: »Eine Geschlechtsmoral in unserem Sinne ist kaum vorhanden. Die Bereitwilligkeit der Norwegerinnen ist selbst dem einfachsten Soldaten verblüffend, obgleich diese Leute keine allzu grosse Zurückhaltung der Weiblichkeit gewöhnt sein dürften.« Er war dennoch der Ansicht, dass man diese »Bereitwilligkeit« insofern ausnutzen könne, als es »verhältnismässig leicht sein soll, elternlosen oder unehelichen Kindern Adoptiveltern zu verschaffen. […] Etwa 6% aller Geburten sind unehelich. Die Zahl wäre höher, wenn nicht im höchsten Grade Geburtenverhinderung und Abtreibung beliebt wären. Praeservativs werden in den Zeitungen mit grosser Reklame angeboten und sind in jedem Zigarrengeschäft zu haben.«

Es ging also vor allem um ein quantitatives Wachstum der norwegischen Bevölkerung, wobei den Deutschen allerdings ebenso sehr an der Qualität dieses Wachstums gelegen war. Es war wichtig, dass nur jene Bevölkerungsgruppen wuchsen, die als rassisch besonders wertvoll galten.

Als ersten Teilschritt des Projektes, eine Rassenkarte von ganz Norwegen anzufertigen, unternahm ein SS-Obersturmführer aus Berlin in jenem Frühjahr eine dreiwöchige Rundreise durch Südnorwegen. Ziel war es, sich ein möglichst genaues Bild von den Zuständen im Land zu verschaffen. Seiner Ansicht nach herrschten gesunde rassische Zustände, und der Anteil nordischen Blutes sei ungewöhnlich hoch. Er hielt dennoch »eine Blutauffrischung vom deutschem Blute« für notwendig. Es gebe in den unterschiedlichen Gebieten Südnorwegens gewisse rassische Unterschiede. Außerdem, so schreibt er weiter, äußerten sich deutsche Soldaten in Norwegen enttäuscht darüber, dass viele Norweger den Erwartungen an den nordischen Idealtypus nicht entsprachen.

Zur gleichen Zeit reiste auch eine deutsche Kinderärztin durch Nordnorwegen. Ihr Eindruck von den Nachkommen der alten Wikinger entsprach nicht ihrem Idealbild:

»In jedem Hafen war ich immer wieder über das äußere Erscheinungsbild der Norweger überrascht. Da standen die Männer, die Hände tief in den Taschen, mit krummem Rücken und vorgeschobenem Bauch und rauchten ihre Pfeife und rührten sich kaum vom Fleck. Hoffentlich entspricht die innere Haltung nicht der äußeren!«

Sie sollte sich auf ihrer Reise nicht nur einen Eindruck vom Volk und von den Lebensbedingungen verschaffen, sondern auch die inzwischen geschlossenen Mütterberatungsstellen inspizieren und eventuell deren Wiedereröffnung vorbereiten. Sie inspizierte Kinderheime und Krankenhäuser, informierte sich über die Möglichkeiten der Weiterbildung von Hebammen und prüfte, inwieweit sich in diesem Teil Norwegens in unterschiedlichen Heimen Plätze für Schwangere und Kriegskinder beschaffen ließen.

Diese Kinderärztin war offenbar eher traditionelle Medizinerin und Expertin für das Gesundheitswesen als Rasseexpertin, aber es gab andere Besucher, die sich eingehender mit den bevölkerungspolitischen Aspekten Nordnorwegens befassten. Vor allem die samische Bevölkerung bereitete den Deutschen Sorgen. Knapp 20 000 der drei Millionen Norweger waren Samen. Die meisten lebten im äußersten Norden des Landes und führten ein traditionelles Leben, in dessen Mittelpunkt die Rentierzucht stand. Die norwegische Regierung betrieb seit längerem eine aktive Norwegisierungspolitik unter den Samen, die *Nasjonal Samling* begegnete der Vermischung der Samen mit dem übrigen norwegischen Volk allerdings eher ablehnend. Es scheint, als hätte es die Samen in der Rassenlehre der Deutschen vor dem Krieg gar nicht gegeben. Zu Beginn der Besatzung sahen die Deutschen in ihnen offenbar ein exotisches Naturvolk. Aber nachdem sie sich eingehender mit den rassischen Merkmalen der Norweger befasst hatten, unterzogen sie auch diese kleine Bevölkerungsgruppe einer genaueren Untersuchung und kamen zu dem Ergebnis, dass jeglicher samische Einschlag rassisch unerwünscht sei. Die Deutschen mussten allerdings zur Kenntnis nehmen, dass die Geburtenrate in Gebieten mit überwiegend samischer Bevölkerung höher war als im übrigen Land. Ein deutscher Beobachter berichtete, man könne in Narvik und vor allem in Tromsø praktisch keinen Menschen finden, der nicht samische Züge habe. »Mir gelang es überhaupt nicht [...] Man sieht oft Lappen mit blauen Augen und dunkelblondem Haar.« Ein weiterer deutscher Rassenexperte, der Nordnorwegen 1941 besuchte, hob indes hervor: »Die gesamte Führerschicht in Finnmarken ist selbstverständlich rein norwegisch und unterscheidet sich rassisch nicht von der Bevölkerung in Südnorwegen.« Er machte darauf aufmerksam, dass man in Nordnorwegen weitere Daten erheben müsse und dass im Staatsarchiv in Trondheim Kirchenbücher lagerten, anhand derer man, zum Zwecke der Rassenbestimmung, Ahnenreihen über mehrere Generationen zurückverfolgen könne.

Man müsse eine »Verlappung des Nordens« verhindern. Während die Deutschen in Südnorwegen darauf hinarbeiteten, die Geburtenzahlen zu erhöhen, galt ihr Augenmerk in Nordnorwegen eher der Stabilisierung oder Senkung der Geburtenzahlen. Dr. Meyer schlug im März 1941 vor, Ehen zwischen Samen und Norwegern gesetzlich zu verbieten. Er wollte das samische Volk allerdings nicht offen als minderwertig abstempeln:

> »Man wird ein Verbot der Heirat zwischen Norwegern und Lappen nicht mit der Reinerhaltung des norwegischen Blutes begründen, man wird es damit begründen, dass das kleine Volk der Lappen in Gefahr wäre, von den verschiedenen, es umgebenden Volksgruppen aufgesaugt zu werden, um die Lappen nicht zu verletzen. Man wird also sagen, dass die Lappen und ihr artgemäßes Leben erhalten bleiben müssen und des Schutzes bedürfen.«

Nein, leicht hatten sie es nicht, die deutschen Rassentheoretiker. Sogar in Norwegen musste eine »Rassenkarte« der Gesamtbevölkerung erstellt werden. Die fantasievollste Maßnahme zur Erlangung des Ziels war eine groß angelegte Aktion, bei der sie alle Norweger fotografieren wollten. Die Tuberkulose war für das norwegische Volk noch eine reale Bedrohung und ab dem Winter 1941 planten die Deutschen landesweite Röntgen-Reihenuntersuchungen zur Erkennung von Tuberkulosekranken. Dr. Meyer kam auf die Idee, beim Durchleuchten der Lungen auch Röntgenbilder des Schädels von der Seite und von vorne anzufertigen. Er schlug auch vor, sich der Farbfotografie zu bedienen, die gerade entwickelt worden war. Wenn man von allen Norwegern Farbporträts machte, ließen sich mit deren Hilfe Haut-, Augen- und Haarfarbe, also wichtige Rassenmerkmale, ganz objektiv bestimmen. Diese Aufnahmen könnten zur Grundlage einer Rassen-Karthographie der norwegischen Bevölkerung werden. Dr. Meyer meinte, rein praktisch werde »einwandfreies Material kaum anders, als auf fotographischem Wege, zu erreichen sein«.

Diese Idee weckte unter deutschen Rassenexperten in Norwegen wie in Deutschland große Begeisterung. Dr. Richert dazu: »Ich vertrete die Auffassung, daß gerade bei der hier vorgenommenen Reihenuntersuchung es uns möglich sein wird, einen wertvollen Einblick in den Gesamtcharakter und die gesamte rassische Eigenart des norwegischen Volkes zu bekommen, der vor allem für die Auffassung einer Ausleseformation, aber auch für viele andere biologische und medizinische Zwecke von unschätzbarem Wert ist.« Auch die SS-Zentrale in Deutschland zeigte sich an einer derartigen Aktion sehr interessiert und betonte besonders deren unschätzbaren Wert für die Auswahl von wertvollem weiblichem Rassematerial.

Ihre Pläne für die Reihenuntersuchungen setzten die Deutschen um, doch Dr. Meyers Idee, sie mit dem Fotografieren der Schädel und mit Farbporträts zu verbinden, wurde nicht umgesetzt, unter anderem weil man befürchtete, dass viele Norweger sich nicht fotografieren lassen wollten und daher nicht zu den Tuberkulose-Untersuchungen kommen würden. Unbestritten bleibt, dass die Gründung der Abteilung Lebensborn im Frühjahr 1941 eine von mehreren rassisch motivierten Initiativen zur Bevölkerungspolitik war, die es um jene Zeit in Norwegen gab.

Der Behördenstreit um die Kriegskinder

Im Oktober 1940 wurde ein norwegischer Arzt von einer jungen Frau aufgesucht, die vermutete, schwanger zu sein.[10] Ihre Ahnung erwies sich als zutreffend und der Arzt teilte ihr mit, dass die Geburt im

April 1941 zu erwarten sei. Für den Arzt war das ein Routinefall. Keine Routine allerdings war, dass die Frau sagte, der Kindsvater sei ein deutscher Soldat.

Im Frühjahr 1940 war eine Abteilung deutscher Soldaten in das Heimatdorf dieser Frau gekommen, wo Deutsche und Norweger eng zusammenleben mussten. Im Laufe des Sommers hatte sie einen der Soldaten näher kennen gelernt und bis zum Herbst viel Zeit mit ihm verbracht. Im Oktober fand die Freundschaft ein abruptes Ende, als die Einheit ihres Freundes nach Nordnorwegen verlegt wurde. Er reiste ab und sie blieb schwanger zurück.

Der Arzt meldete dies dem *Lensmann,*[11] der als Amtspfleger auch für die Eintreibung von Unterhaltszahlungen zuständig war. Auch das war bei Frauen, die ein uneheliches Kind erwarteten, Routine. Nach bestehender Gesetzeslage wurden solche Fälle von den örtlichen Jugendämtern bearbeitet. Diese Ämter mussten sich mit dem angegebenen Kindsvater in Verbindung setzen, seine Stellungnahme einholen und eventuell eine Klage zur Vaterschaftsfeststellung einleiten, damit Mutter und Kind die ihnen zustehenden Unterhaltszahlungen bekamen.

Da die Frau den neuen Aufenthaltsort ihres Freundes nicht kannte, wollte nun der *Lensmann* die Adresse selbst ausfindig machen. Er suchte einige deutsche Soldaten auf, die noch am Ort waren, brachte aber nichts in Erfahrung, weshalb er die Sache an den *Fylkesmann*[12] übergab, der in diesen Dingen sein Vorgesetzter war. Dieser befand, bei einem solchen Fall müsse man sich nach der norwegischen Gesetzgebung richten, wobei es unerheblich sei, dass der angegebene Kindsvater Ausländer sei. Er war allerdings auch unsicher bezüglich der Vorgehensweise und beschloss, vor weiteren Schritten beim Sozialministerium nachzufragen.

Der erste Fall eines Kriegskindes im Sozialministerium

Das war der erste Fall eines Kriegskindes, mit dem sich das Sozialministerium befassen musste. Die Beamten des Ministeriums wussten nicht, wie sich die Deutschen dazu stellen würden, meinten aber, durch die Haager Konvention über die Rechte und Pflichten einer Besatzungsmacht gedeckt zu sein, wonach die Besatzungsmacht die Gesetze des Landes so weit als möglich respektieren müsse. Nachdem man über das weitere Vorgehen beratschlagt hatte, wurde beschlossen, sich mit dem Vorschlag an das Reichskommissariat zu wenden, um eine grundsätzliche Regelung zu erreichen. Demnach sollte es Aufgabe der deutschen Stellen sein, die angegebenen Kindsväter zu suchen. Ansonsten sollten alle Vaterschaftsfälle nach norwegischem Recht behandelt werden. Da man damit rechnete, dass es noch mehr Fälle dieser Art geben werde, wollte man standardisierte Abläufe für deren Abwicklung erarbeiten. Am 24. November 1940 schickte das Ministerium ein Schreiben, in dem eine solche mögliche Regelung dargelegt wurde, an den Reichskommissar.

Doch so einfach war das alles nicht, die Deutschen hatten mit den Kriegskindern eigene Pläne, auch wenn sie im November 1940 noch keinen Apparat dafür aufgebaut hatten.

Am 26. März 1941 erhielt das Sozialministerium endlich eine Antwort auf das Schreiben vom November des Vorjahres. Nach der großen Besprechung mit Himmler, Terboven und ihren Mitarbeitern stand nun fest, dass der Lebensborn sich um alle Kriegskinderangelegenheiten kümmern würde.

In seinem Antwortbrief erklärte das Reichskommissariat, die betreffende Norwegerin solle das Reichskommissariat aufsuchen, man werde sich dort der Sache annehmen. Die Deutschen gingen also davon aus, dass künftig sie für dergleichen zuständig sein würden, und machten daher in diesem konkreten Fall auch keinerlei Angaben zu dem genannten Kindsvater, obwohl das Sozialministerium darum gebeten hatte.

Die Deutschen übernehmen die Betreuung der Kinder deutscher Wehrmachtsangehöriger

Im Mai 1941 wurden die Deutschen wieder tätig, um sicherzugehen, dass nur sie für die ständig wachsende Zahl von Fällen, in denen eine Norwegerin von einem Deutschen unehelich schwanger geworden war, zuständig sein würden. Das Reichskommissariat schickte zwei Schreiben an die norwegischen Behörden, in denen es um die Handhabung solcher Fälle ging. In dem einen Schreiben wurde das Sozialministerium gebeten, sämtliche *Fylkesmenn* anzuweisen, alle Fälle dieser Art an die »Sondergruppe Lebensborn und Mütterhilfe«, wie die Abteilung Lebensborn damals noch hieß, beim Reichskommissariat abzugeben. In einem zweiten Schreiben wurde der zuständige Minister ersucht, allen Ärzten im Land mitzuteilen, dass Frauen, die von einem deutschen Soldat ein Kind erwarteten, sich an das Reichskommissariat wenden sollten.

Die Deutschen versuchten also im Mai 1941 energisch, sich den Zugriff auf die Kriegskinderfälle zu sichern, denn wenn tatsächlich alle *Lensmenn*, Ärzte und *Fylkesmenn* im Land dem Reichskommissariat jeden ihnen bekannt werdenden Fall angeben würden, wären die Deutschen in der Lage, diesen Bereich völlig zu kontrollieren. Allerdings leisteten die norwegischen Stellen den deutschen Aufforderungen nicht ohne weiteres Folge, weshalb es zwischen dem norwegischen *Nasjonal Samling*-Regime und den deutschen Besatzungsbehörden deutliche Differenzen gab. 1942 verzögerten die staatlichen norwegischen Stellen regelmäßig alle Anweisungen des Reichskommissariats, die norwegischen Ämter und Behörden dazu zu bewegen, ihre formelle Zuständigkeit für diese Kriegskinderfälle abzutreten.

Im Sommer 1942 griffen die Deutschen durch und legten fest, dass diese Fälle in ihren Verantwortungsbereich fielen. Anlass dafür war, dass Hitler am 28. Juli 1942 die »Verordnung über die Betreuung von Kindern deutscher Wehrmachtsangehöriger in den besetzten Gebieten« verkündet hatte.

Sie wurde im Oktober 1942 im »Verordnungsblatt für die besetzten norwegischen Gebiete« veröffentlicht und besagte, dass künftig nicht norwegische, sondern deutsche Stellen für die Kriegskinder zuständig sein würden.

Von da ab setzten sich deutsche Stellen direkt mit den örtlichen norwegischen Behörden in Verbindung, um von ihnen die Kriegskinderfälle zu übernehmen. So erhielt im Frühjahr 1943 der *Fylkesmann* des Regierungsdistriktes Sogn og Fjordane von der Außenstelle des Reichskommissars in Bergen sowie vom Höheren SS- und Polizeiführer in Bergen die Anweisung, ihnen die Einträge ins Geburtenregister zukommen zu lassen.

Die zuständigen Ämter der norwegischen *Nasjonal Samling*-Regierung boykottierten unterdessen nach Kräften alle Bemühungen der Deutschen, allein und ausschließlich über die Kriegskinderfälle entscheiden zu können. Dieser Konflikt hielt im Grunde bis Kriegsende an.

So wurden die Kriegskinder auch in einem achtseitigen Schreiben vom Herbst 1944 erwähnt, in dem es um das Verhältnis zwischen Sozialministerium und Reichskommissariat ging und das vermutlich von der politischen Führung des Ministeriums ausgearbeitet worden war. Darin wurde unter anderem die Art, wie die Deutschen die Kriegskinderfälle handhaben, äußerst scharf kritisiert:

»Das Reichskommissariat hat eine Abteilung für die Bearbeitung von Vaterschaftssachen, also für Kinder norwegischer Mütter und deutscher Väter. Trotz schriftlicher und mündlicher Anfragen des Sozialministeriums war es bislang nicht möglich, Anweisung zum Umgang mit diesen Kindern zu erhalten, die ja norwegische Staatsbürger sind und daher in den Zuständigkeitsbereich des Sozialministeriums gehören. Von deutscher Seite wurden wir lediglich knapp davon in Kenntnis gesetzt, dass man uns Richtlinien zukommen lassen werde, sobald diese verabschiedet seien. Dieser Bereich wird als ausschließlich deutsche Angelegenheit behandelt, Anfragen von

norwegischer Seite werden offenbar als lästige Einmischungen emp-
funden.«

Dieses Dokument ist ein eindeutiger Beweis dafür, dass auch führende Kreise der *Nasjonal Samling* die Art und Weise, wie der Reichskommissar mehrere Angelegenheiten aus dem Bereich des Sozialministeriums behandelte, sehr kritisch sahen.

Anfang 1945 äußerten sich die Deutschen erneut ganz eindeutig
zu der Frage, wem die Kriegskinder gehörten: »Wir betrachten Kinder von Deutschen, die in Norwegen geboren sind, als Deutsche. Die
Norweger dagegen beziehen sich auf ihre Festlegungen im Haager
Abkommen und betrachten Kinder von Deutschen, die in Norwegen
geboren sind, automatisch als Norweger.«[13]

Auf der reinen Behördenebene geschah bis Kriegsende nicht mehr
viel. Die norwegischen Stellen und vor allem das Sozialministerium
gaben dem anhaltenden deutschen Druck, ihnen als Okkupationsmacht die formelle Zuständigkeit für die Kriegskinder zu überlassen,
nicht nach. Vielmehr hat es den Anschein, als hätten die Deutschen
diese Versuche nach und nach aufgegeben und stattdessen allein
alle erforderlichen praktischen Regelungen ausgearbeitet, die sicherstellen sollten, dass die Fälle so behandelt wurden, wie sie das
wünschten.

Entscheidend bei dem ganzen Streit war die Frage, ob die Kinder Norweger oder Deutsche waren. Das sahen beide Seiten als
das grundlegende Problem. Es deutet viel darauf hin, dass auch die
Nasjonal Samling diese Angelegenheit nach norwegischer Rechtsprechung behandelt wissen wollte.

Diese ganze Diskussion war aber im Grunde akademisch, denn
nachdem die Deutschen im Winter 1941 beschlossen hatten, dass die
Abteilung Lebensborn künftig für diesen gesamten Bereich zuständig
dig sein würde, lag die Entscheidung über das Vorgehen bei den
Kriegskinderfällen in der Praxis allein bei ihnen.

Abteilung Lebensborn – eine landesweite Organisation

Mitte März 1941 kam SS-Sturmbannführer Wilhelm Tietgen in Oslo an, um die erste Niederlassung des Lebensborn außerhalb von Deutschland zu gründen. Ein knappes Jahr später, im Januar 1942, schlug Tietgens Vorgesetzter Dr. Richert ihn für das »Kriegsverdienstkreuz II. Klasse« vor.[14] Dr. Richert begründete das damit, dass Tietgen die Arbeit des Lebensborn in Norwegen auf vorbildliche Weise organisiert habe. Im Herbst 1942 wurde er, auch auf Empfehlung von Rediess, zum SS-Obersturmbannführer befördert. In dieser kurzen Zeit war aus der Idee des Lebensborn in Norwegen eine landesweite Organisation geworden, die für die ständig wachsende Zahl von Kriegskinderfällen zuständig war.

Der Lebensborn in Norwegen mit 200 bis 300 Mitarbeitern

Die Aufgaben, die Dr. Richert übertragen worden waren und die Tietgen jetzt rasch umsetzte, stellten hohe Anforderungen. Neben dem Aufbau des organisatorischen Apparates mussten »Lebensbornheime« und Mütterberatungsstellen eingerichtet werden. Hinzu kam die wachsende Zahl von Einzelfällen, um die man sich kümmern musste.

Für die große Aufgabe, die vielen Facetten einer solchen Organisation zu planen und vorzubereiten, hatte Tietgen anfangs nur eine Hand voll Leute. Mitte Mai 1941 bestand das Personal neben Tietgen selbst aus einem Sachbearbeiter und drei weiblichen Büroangestellten. Im Verlauf des Krieges wuchs die Zahl der Beschäftigten in der Zentrale auf mindestens 50. Hinzu kamen die Angestellten in den örtlichen Büros sowie in den insgesamt elf Lebensbornheimen, die nach und nach im ganzen Land eröffnet wurden. Im April 1943 beispielsweise beschäftigte die Abteilung Lebensborn in der Zentrale, den Außenstellen und den Heimen insgesamt 223 Personen, und zwar 91 Deutsche und 132 Norweger. Diese Zahl stieg in den beiden letzten Kriegsjahren weiter an, sodass die Abteilung Lebensborn bei Kriegsende vermutlich mindestens 300 Angestellte hatte, um ihre umfassende Arbeit in Norwegen durchzuführen.

Deutlich ist auch, dass nicht alle Mitarbeiter täglich mit unverändert großem ideologischem Eifer ans Werk gingen. Ein Mitarbeiter aus dem Lebensbornbüro Narvik, der auch in anderen Büros in Norwegen Dienst tat, bat um die Zuteilung neuer Aktennummern für die Lebensborn-Aufnahmen und schrieb außerdem: »Nun bin ich seit vorgestern wieder in den geheiligten Narvik-Hallen – aber, oh' weh – diese Arbeit, es ist kein Anfang und Ende zu finden.« Sehr viel eifriger wirkte derselbe Mitarbeiter, als er im März 1943 im Büro Stavanger arbeitete und melden konnte: »Beifolgend eine weitere Liste der neuregistrierten Fälle, damit schliesst Stavanger einen Februarneuzugang von 30 ab, Rekordzahl. Ich bitte um gleichlautende Anerkennung.«

Die Abteilung Lebensborn kam die Deutschen übrigens teuer zu stehen. In seinem ersten Etatplan für das Rechnungsjahr 1941 veranschlagte Tietgen 2,3 Millionen Reichsmark, wobei die Kosten im Laufe des Krieges kontinuierlich anstiegen. Im letzten Kriegsjahr lag der Etat der Abteilung Lebensborn bei etwa 6,2 Millionen Reichsmark.

Ungeachtet aller Kosten wurde ab Frühjahr 1941 in Norwegen eine landesweite Organisation aufgebaut. Wilhelm Tietgen, dem die Leitung der Arbeit der Abteilung Lebensborn übertragen wurde, war trotz seiner 32 Jahre bereits ein berufserfahrener Mann.

Wilhelm Tietgen

Tietgen kam im März 1941 aus der Münchener Zentrale des Lebensborn e.V. nach Norwegen. Er war ein »altes« NSDAP- und SS-Mitglied; beiden Organisationen gehörte er bereits seit 1931 an.

Seit 1934 arbeitete er hauptberuflich für die Nationalsozialisten. Anfangs war er in seiner Heimatstadt in Holstein für die Organisation »Kraft durch Freude« tätig. In dieser Zeit unternahm er als SS-Führer eine dreiwöchige Studienreise durch Dänemark, Schottland und Island. In den folgenden Jahren arbeitete er in Berlin und Stettin, 1938 holte ihn Himmler persönlich in die Zentrale des Lebensborn e.V. nach München. Dort wurde er bald Hauptabteilungsleiter, bis er im März 1941 nach Norwegen geschickt wurde, um dort das erste Lebensborn-Büro außerhalb Deutschlands zu gründen.

Kaum angekommen, warf Tietgen sich zwar mit Feuereifer auf die gestellte Aufgabe, hatte aber offenbar nicht die Absicht, länger in Oslo zu bleiben. Schon im September 1941 bat er um Versetzung zur Wehrmacht. Der Krieg gegen die Sowjetunion war im vollen Gang und er war möglicherweise mit seiner Bürotätigkeit in Oslo nicht zufrieden. Das Gesuch wurde jedoch abgelehnt. Sowohl Terboven als auch Rediess wollten, dass Tietgen unter allen Umständen in Oslo blieb.

Tietgen hatte in den Jahren 1935 bis 1938 einige kürzere Grundausbildungen durchlaufen und war Feldwebel der Reserve. Er verließ Norwegen schließlich im September 1944 und kam an die Front, wo er einer SS-Einheit angehörte. Im Februar 1945 wurde er vermisst gemeldet, überlebte aber den Krieg. Er soll 1945 in einem Kriegsgefangenenlager im Elsass von französischen Soldaten erschossen worden sein.

Ernst Ragaller

Als Wilhelm Tietgen Norwegen 1944 verließ, übernahm Ernst Ragaller die Leitung der Abteilung Lebensborn. Auch ihn holte man aus der Münchner Zentrale. Er unterschied sich von Tietgen darin, dass er der nationalsozialistischen Bewegung erheblich kürzer angehörte als dieser. Er war seit 1937 Parteimitglied und hatte sich erst 1940 zur SS gemeldet, außerdem war er etwa 15 Jahre älter als Tietgen. Er hatte als Infanterist am Ersten Weltkrieg teilgenommen, nun, in diesem neuen Krieg, hatte er 1938 den Anschluss in Österreich und im Herbst 1939 den Feldzug gegen Polen mitgemacht. Von 1922 bis 1939 hatte er in einer Anwaltskanzlei gearbeitet, bis er als Sachbearbeiter zur Zentrale des Lebensborn e.V. in seiner Heimatstadt München wechselte. Damals gehörte er nicht der SS an, doch als er für den Posten eines Abteilungsleiters ins Gespräch kam, trat er in die SS ein. Dort erreichte er rasch den Rang eines SS-Untersturmführers, der zu seiner neuen Stelle als Abteilungsleiter passte.

Im Lebensborn e.V. leitete Ragaller zunächst eine Abteilung, die unter anderem für die Aufnahme der Frauen in die Lebensbornheime und für Vormundschaftssachen zuständig war. Im Januar 1942 gründete er eine neue Abteilung, die Witwen und Kinder von gefallenen SS-Männern unterstützte. Im April 1943 übernahm er wieder seine ursprüngliche Abteilung, bis er im Juni 1944 nach Oslo beordert wurde.

Dort leitete er bis Kriegsende die gesamte Lebensbornarbeit. Nach der deutschen Kapitulation ordnete er zusammen mit einigen anderen Lebensborn-Angestellten bis weit in den Herbst hinein unter anderem jene Teile des Lebensbornarchivs, die die Akten der einzelnen Kriegskinder umfassten. Dies erleichterte den norwegischen Behörden in den folgenden Jahren die Arbeit mit den Lebensbornkindern. Im Dezember 1946 wurde Ragaller nach Deutschland zurückgeschickt, er musste unter anderem 1947 und 1948 bei den Nürnberger Kriegsverbrecherprozessen in den Verfahren gegen die Leitung des

Rassen- und Siedlungshauptamtes sowie des Lebensborn e.V. als Zeuge aussagen.

Dr. Gustav Richert

Tietgen und Ragaller waren beide ohne Zweifel tüchtige Organisatoren und Verwaltungsleute, aber während man Ragaller eher als mustergültigen Bürokraten bezeichnen kann, hatte Tietgen für seine Arbeit auch ideologische Motive. Es gab allerdings einen dritten Mann, der lange Zeit die übergeordnete politische und organisatorische Leitung der Lebensbornarbeit in Norwegen hatte, und das war Dr. Gustav Richert.

Bei der großen Besprechung im Februar 1941, als die Gründung des Lebensborn in Norwegen beschlossen wurde, hatte Himmler Dr. Richert beauftragt, dieses Projekt neben seinen sonstigen Aufgaben als Sonderaufgabe zu übernehmen. Diesen Befehl befolgte Dr. Richert nahezu zwei Jahre lang loyal. Tietgen und Ragaller waren vielen norwegischen Müttern, die mit dem Lebensborn im Berührung kamen, namentlich bekannt. Dr. Richert jedoch war in vielerlei Hinsicht der eigentliche Leiter des Lebensborn in Norwegen. Er bestimmte nach Rücksprache mit Himmler und Sollmann die wesentliche Richtung der Arbeit und Tietgen musste sich in allen prinzipiellen Fragen bei Dr. Richert rückversichern.

Als er im April 1940 nach Norwegen kam, war er, wie so viele führende Deutsche, die Norwegen während des Krieges verwalteten, mit seinen 32 Jahren ein relativ junger Mann. Im Gegensatz zu Tietgen und Ragaller hatte er eine höhere Ausbildung. Nach dem Gymnasium hatte er in Kiel Landwirtschaft und Biologie studiert, 1933 sein Staatsexamen in Landwirtschaft absolviert und 1936 promoviert. 1931, mit nur 23 Jahren, trat er in die NSDAP, zwei Jahre später in die SS ein. Er war in der »Rassenlehre« sehr bewandert und hatte seit 1930 vor Studenten Vorträge darüber gehalten. Er begann auch schon früh, SS-Einheiten im Fach »Weltanschauung« zu schulen.

Ein Vortrag aus dem Jahre 1934 ist bezeichnend für seine Vorstellungswelt. Er begann damit, dass vor 5000 Jahren die Gebiete rund um die Ost- und Nordsee von einem besonderen Stamm bevölkert gewesen sei, der nordischen Rasse. Dieses Volk wuchs so rasch, dass es sich wegen Raummangel auf andere Gebiete ausdehnen musste. Diese nordischen Menschen verbreiteten sich schnell und weit – »weiter, weiter, hieß ihre Parole«, sie drangen über den Balkan, Kleinasien und Persien bis nach Indien vor. Überall wurde die nordische Rasse zum Herrschervolk, es hinterließ unter anderem die Schriftsprache Sanskrit in Indien und reiche Kulturschätze in Babylon und in Griechenland: »Die Gestalt einer Venus von Milo, oder die ganze Akropolis, Sparta und Athen zeugen von dem ungeheuren Gestaltungswillen dieser Nordmänner.« Doch sobald sich das nordische Blut mit anderen Rassen vermischte, setzte der Verfall ein: »Was bedeutet heute schon Griechenland?« Dr. Richert behauptete auch, dass Columbus ein Vertreter der nordischen Rassen war und der »Gestaltungswille« der nordischen Rasse über die ganze Welt verbreitet sei.

Nachdem Richert 1936 promoviert hatte, begann er beim Rassen- und Siedlungshauptamt (RuSHA) zu arbeiten, einem SS-Hauptamt, bei dem unter anderem die zentrale Zuständigkeit für alle Rassenfragen innerhalb der SS lag. Hier widmete er sich Fragen der Ernährung und der Stellung der Bauern und hatte beruflich wie privat engen Kontakt mit einflussreichen Persönlichkeiten. Am 20. April 1940 kam er nach Norwegen und wurde Leiter der Abteilung Ernährung und Landwirtschaft im Reichskommissariat, außerdem wurde ihm, wie gesagt, die oberste Verantwortung für die Arbeit des Lebensborn in Norwegen übertragen.

Im Winter 1943 meldete er sich an die Front. Er bat um eine detaillierte Bestätigung seiner Tätigkeit in Norwegen, damit seine Kinder, falls er den Krieg nicht überleben sollte, erfuhren, was er dort getan hatte. Danach zog er an die Ostfront. Im Frühjahr 1944 wurde er verwundet, im Herbst desselben Jahres sorgte Himmler dafür, dass er eine Stelle im SS-Hauptamt bekam, wo er für »Ostfragen« zuständig war.

Dieser Mann sollte nun also die Arbeit des Lebensborn in Norwegen lenken, um sicherzustellen, dass die deutschen Nationalsozialisten den Zugriff auf die Kriegskinder behielten. Er war trotz seiner Jugend bereits ein erfahrener »Rassenexperte« und wurde ab dem Winter 1940 zur zentralen Triebkraft im Aufbau der Organisation.

»Ein Instrument nationalsozialistischer Rassenpolitik«

Nach dem Krieg behauptete Ragaller, die Abteilung Lebensborn in Norwegen sei vom Lebensborn e.V. in Deutschland völlig unabhängig gewesen. In vielen Zusammenhängen hätte man die Abteilung Lebensborn in Norwegen als »Organisation Mütterhilfe« bezeichnet, doch da dies zu Verwechslungen mit anderen Organisationen hätte führen können, die ebenfalls »Mütterhilfe« betrieben, einigte man sich schließlich darauf, die Bezeichnung »Lebensborn« auch in Norwegen zu benutzen.

Es ist aber zweifelsfrei erwiesen, dass die SS von der ersten Stunde an die Arbeit in Norwegen kontrollierte und die norwegische Abteilung Lebensborn nahezu als Niederlassung des deutschen Lebensborn e.V. ansah. Wir sahen bereits, dass Himmler sich persönlich mit der Frage der norwegischen Nachkommen der Wehrmachtsangehörigen befasst und der Leiter des Lebensborn e.V. Max Sollmann an der großen Besprechung im Februar 1941 teilgenommen hatte, bei der die Gründung einer Lebensborn-Niederlassung in Norwegen beschlossen worden war. Von den leitenden Mitarbeitern des Lebensborn in Norwegen gehörten mehrere der SS an. Einige, darunter Dr. Reinecke und Dr. Richert, waren bereits Mitglieder des Lebensborn e.V. gewesen. Bezeichnend war auch, dass die beiden Leiter der

Abteilung Lebensborn, Tietgen und Ragaller, direkt aus der Münchner Lebensborn-Zentrale nach Oslo beordert wurden und dort Angestellte des Lebensborn e.V. blieben.

In Deutschland war der Lebensborn e.V. eine reine SS-Organisation und selbst wenn die Abteilung Lebensborn in Norwegen in den Anfangsjahren formell dem Reichskommissar unterstellt war, beweisen die vielen Verbindungen, dass sie tatsächlich ein Zweig des Lebensborn e.V. war. Die Abteilung Lebensborn wurde oft auch als »Verein Lebensborn« bezeichnet und zwar eindeutig in der Bedeutung »Lebensborn e.V.«.

Im Titel seines Standardwerkes über den Lebensborn e.V. nennt Georg Lilienthal diese SS-Organisation »ein Instrument nationalsozialistischer Rassenpolitik«. Genau damit kann man auch die vielfältigen Aktivitäten der Abteilung Lebensborn in Norwegen beschreiben. Vieles an der täglichen Arbeit der Abteilung Lebensborn erinnert an das karitative Wirken eines beliebigen Sozialamtes. Die wahren Ziele dieser Arbeit aber waren keineswegs karitativer, sondern ausschließlich bevölkerungspolitischer Natur. Es sollten mehr Kinder mit nordischen Erbanlagen geboren werden.

Die Verwaltung der Kriegskinderfälle

12 000 norwegische Kriegskinder?

Während des Krieges registrierte die Abteilung Lebensborn in einer zentralen Kartei etwa 8000 Nachkommen von Wehrmachtsangehörigen. Einige dieser Einträge wurden später wieder gelöscht, sei es, weil sich herausstellte, dass der Kindsvater Norweger war, die Frauen abgetrieben hatten oder das Kind bei der Geburt gestorben war. Realistisch ist vermutlich eine Zahl von etwa 7600 Fällen, die in der fraglichen Zeit von der Abteilung Lebensborn bearbeitet wurden.

Auch noch nach Kriegsende kamen Kriegskinder zur Welt. Einige waren bereits von der Abteilung Lebensborn registriert worden, weil die Frauen im Winter oder Frühjahr 1944/45 schwanger geworden waren. Aber nach der Kapitulation im Mai 1945 waren in Norwegen 350000 deutsche Soldaten und Zivilangehörige interniert, der letzte deutsche Wehrmachtsangehörige verließ erst 1947 das Land. Daher gab es auch nach dem Krieg Fälle von Norwegerinnen, die von einem Deutschen schwanger wurden und dessen Kind zur Welt brachten. Ab Mai 1945 fiel die Betreuung der Kriegskinder in den Verantwortungsbereich des norwegischen Sozialministeriums, das zum einen alle »Fälle« aus dem Lebensborn übernahm und zum anderen die »neuen« Kinder registrierte. Das betraf ebenso Kinder, die während des Krieges geboren waren und deren Mutter nicht angegeben hatte, dass der Kindsvater Deutscher war, als auch Kinder, die erst nach Kriegsende zur Welt kamen. Die Zahl der Letzteren beläuft sich nach den Unterlagen des Sozialministeriums auf etwa 1900 Fälle.

Addieren wir zu den Kriegskindern im engen Sinne, also jenen, die von der Abteilung Lebensborn registriert wurden, die »neuen« Kinder aus den ersten Nachkriegsjahren hinzu, ergibt dies eine Gesamtzahl von etwa 9500 bestätigten norwegischen Nachkommen deutscher Soldaten. Hinzu kommen die Kinder, bei denen niemals bekannt wurde, dass der Kindsvater Deutscher war. Deren Zahl wird sich nicht klären lassen, aber es ist sicher vertretbar, von 10000 bis 12000 norwegisch-deutschen Kriegskindern insgesamt auszugehen.

Die Notwendigkeit standardisierter Verfahren

Die ersten Schwangerschaften und Geburten wurden bereits im Herbst 1940 bekannt, im Frühjahr 1941 und in den weiteren Kriegsjahren wuchs ihre Zahl kontinuierlich an. Im April 1942 waren insgesamt 1452 Fälle registriert, Ende 1942 waren es bereits 2514, bei Kriegsende war die Abteilung Lebensborn für schätzungsweise 7600 Mütter mit Kindern zuständig.

Dazu bedurfte es eines umfassenden Apparates und nicht zuletzt bürokratisierter Arbeitsabläufe, um die Übersicht über alle Vorgänge zu behalten und um sicherzustellen, dass jeder Einzelfall korrekt weiterverfolgt wurde. Zunächst ging es um die konkreten Hilfen, die die Mütter und Kinder bekommen mussten. Darüber hinaus war den Deutschen viel daran gelegen, das gesamte Projekt zu kontrollieren und regelmäßig die Entwicklung jedes einzelnen Kindes und dessen künftigen bevölkerungspolitischen »Wert« einschätzen zu können.

Das war eine äußerst komplexe Aufgabe und kaum zwei Fälle waren gleich. Es musste sichergestellt werden, dass die Kindsmutter vor und nach der Geburt praktische und materielle Unterstützung erhielt, mitunter musste man versuchen, ihr eine Arbeitsstelle zu beschaffen. Sie sollte politisch und rassisch beurteilt und eventuell in ein Lebensbornheim überwiesen werden. Die Abteilung Lebensborn musste den angegebenen Kindsvater aufspüren, ihn um die Stellungnahme zur Vaterschaft bitten, sicherstellen, dass er die Vaterschaft gerichtlich anerkannte oder dass anderenfalls ein Verfahren zur Vaterschaftsfeststellung eingeleitet wurde. Wenn die Kindsmutter sich nicht selbst um das Kind kümmern konnte, musste der Lebensborn das tun und eventuell für eine Adoption in Norwegen oder Deutschland sorgen. Blieb das Kind bei der Mutter, mussten in regelmäßigen Abständen Berichte über die Entwicklung des Kindes eingeholt werden.

Erfuhr die Abteilung Lebensborn beispielsweise von einer deutschen Dienststelle, einem norwegischen Arzt oder einem *Fylkesmann,* dass eine Norwegerin von einem Deutschen ein Kind erwartete, wurde sie angeschrieben und gebeten, zur Abteilung Lebensborn zu kommen, entweder in die Zentrale in Oslo oder in die nächstgelegene Außenstelle des Reichskommissariats. Hier musste sie ein Formular für Kindsmütter ausfüllen *(Fragebogen KM).* Gefragt wurde unter anderem nach ihrer Beziehung zum angegebenen Kindsvater, ihrer wirtschaftlichen Situation, ob sie Hilfe bei der Suche nach einer Arbeitsstelle wünsche, ob sie das Kind in einem deutschen Entbindungsheim bekommen wolle usw. Sie hatte zwecks rassischer Beurteilung auch Fragen zu ihren Eltern und Großeltern zu beantworten. Außerdem sollte sie ihr bisheriges Leben beschreiben und ein Foto von sich beilegen, das auf den Fragebogen geklebt wurde.

Rassische Beurteilung
sämtlicher Schwangeren und Kinder

Der Anlass für die Planung eines eigenen Lebensborn-Büros in Norwegen war die Auffassung, dass die norwegische Bevölkerung überwiegend rassisch wertvoll sei. Daher war man bereit, sich um grundsätzlich alle Kinder mit norwegischer Mutter und deutschem Vater zu kümmern. Voraussetzung war allerdings, »dass es sich bei den Norwegerinnen nicht um rassisch minderwertige Frauen (Straßendirnen, geistige und körperliche Krüppel und Lappen) handelt«.

Die Deutschen glaubten, beim erbbiologischen Wert der Norwegerinnen gewisse geografische Unterschiede feststellen zu können. So schrieb im Frühjahr 1942 ein Lebensborn-Mitarbeiter in Trondheim, die soziale und wirtschaftliche Lage der Bevölkerung in den Regionen Trøndelag und Nordnorwegen sei generell schlechter als in Südnorwegen. Er fuhr fort: »Rassenmässig gesehen bewegen sich die Fälle leider auf derselben Linie. Über 50 % der Frauen sind nach meiner Auffassung als nicht allzu wertvoll anzusprechen.« Grund für derartige Bedenken war der samische Einschlag in der nordnorwegischen Bevölkerung.

In der Praxis wurden auch Mütter wegen ihrer samischen Herkunft abgelehnt, wie der Fall eines Kindes beweist, das im Frühjahr 1941 geboren wurde. Der deutsche Kindsvater hatte die Vaterschaft anerkannt, Tietgen setzte Dr. Richert mit einem Aktenvermerk von diesem Fall in Kenntnis und schloss mit: »Die Kindsmutter stammt aus Nordnorwegen und hat einen stark lappischen Einschlag.« Dr. Richert notierte auf dem Vermerk handschriftlich, es komme überhaupt nicht in Frage, dieser Frau auch nur einen weiteren Pfennig zu zahlen, und fügte hinzu: »Wir sind ausserdem an lappischen Mischungen nicht interessiert.« Diese Entscheidung galt offenbar für die Lebensbornarbeit der gesamten Kriegszeit.

Bei allen Schwangerschaften, die die Abteilung Lebensborn registrierte, sollten die Mütter sofort von einem deutschen Arzt untersucht werden, um den erwarteten Geburtstermin und den Gesundheitszustand der Schwangeren festzustellen. Dieser Arzt beurteilte die Frauen zugleich danach, ob das zu erwartende Kind aus bevölkerungspolitischer Sicht erwünscht war.

Diese Untersuchung der Mütter stützte sich auf eine Rassensystematik des deutschen Rassenkundlers Hans F. K. Günther. Günther, der selbst mehrere Jahre in Norwegen gelebt hatte und mit einer Norwegerin verheiratet war, hatte in den Zwanzigerjahren eine Rassenkunde ausgearbeitet, die das »nordische« Rassenelement zum wertvollsten Element der »arischen« Rassen erhob.[15] Günthers nordischer Mensch, der in seiner Idealgestalt auf zahllosen nationalsozialistischen Propagandaplakaten erschien, zeichnet sich durch hohen Wuchs aus, hat ein schmales Gesicht, eine hohe Stirn, eine schmale Nase mit hoher Nasenwurzel, ein ausgeprägtes Kinn, dichtes blondes Haar, tief liegende helle Augen und eine rötlich weiße Hautfarbe.

Auch die Rassenzugehörigkeit der deutschen Väter wurde festgestellt und selbstverständlich sollte auch das Kind ständig begutachtet werden. Solange es noch sehr klein war, konnte allerdings eine zweifelsfreie Beurteilung von Haarfarbe, Körperbau usw. schwierig sein. Daher forderte die Abteilung Lebensborn, dass mit dem Jahresbericht über die Entwicklung eines jeden Kindes auch ein Foto eingereicht wurde. Das galt für die Kinder, die bei ihrer Mutter lebten, ebenso wie für jene in Heimen.

Hatte der Kindsvater die Schwangerschaft nicht selbst gemeldet, nahm die Abteilung Lebensborn Kontakt zu ihm auf. Verhältnismäßig einfach war es, wenn die Frau nicht nur seinen Vor- und Nachnamen, sondern auch seine Einheit kannte, weil sie beispielsweise seine Feldpostnummer hatte. Schwieriger wurde es, falls sie zwar seinen Vornamen oder seinen Rufnamen wusste, sich aber bei der Einheit unsicher war. Oft war die Einheit des betreffenden Soldaten verlegt worden oder er selbst war inzwischen bei einer anderen Einheit. Es konnte lange dauern, bis der fragliche Mann gefunden war, aber die Abteilung Lebensborn investierte in die Suche immens viel Arbeit. War der Kindsvater gefunden, wurde er gebeten, ein Standardformular auszufüllen *(Fragebogen KV)*, wo er neben Auskünften über sich auch angeben musste, ob er bereit sei, die Vaterschaft anzuerkennen. Er musste außerdem ausführliche Fragen zu seinen Eltern beantworten, nicht aber zu den Großeltern, wie das bei den norwegischen Müttern der Fall war. Diese Angaben dienten zum einen der Absicherung, dass man sich nicht mit erbbiologisch und rassisch unerwünschten Kindern befasste, zum anderen sollten sie Teil einer »Ahnentafel« für das Kind werden. Auch die Väter mussten ein Foto von sich beilegen, das auf das Formular aufgeklebt wurde.

Betreuung vieler tausend Fälle

Die Sachbearbeiter der Lebensborn-Stellen mussten wegen neuer Anfragen ständig sowohl mit anderen Dienststellen als auch mit den Kindseltern in Verbindung bleiben. Die Mütter wie die Väter ließen häufig Briefe des Lebensborn unbeantwortet, in denen sie gebeten worden waren, neue Fragebögen auszufüllen und zurückzuschicken, zusätzliche Auskünfte zu geben oder zu einem Gesprächstermin zu kommen. Sicherzustellen, dass alle Vorgänge am Laufen gehalten wurden, war immens aufwändig. Natürlich geschahen Fehler, aber generell erledigte die Abteilung Lebensborn ihre selbst gestellte

Aufgabe, sich in den Jahren des Krieges um die Kinder deutscher Wehrmachtsangehöriger in Norwegen zu kümmern, äußerst effektiv.

Im Großen und Ganzen scheint das Verhältnis der Lebensbornmitarbeiter zueinander formell und effizient gewesen zu sein, aber es gab Ausnahmen. Eine dieser Ausnahme war der bereits zitierte SS-Rottenführer, der sowohl in Narvik wie in Stavanger als Lebensborn-Sachbearbeiter bei der Außenstelle des Reichskommissariats arbeitete. Im Herbst 1942 schrieb er aus Stavanger einen Brief an einen Kollegen in der Osloer Zentrale. Seine ständigen Versetzungsgesuche lassen darauf schließen, dass er sich in Norwegen nicht wohl fühlte. Nun hatte er fünf Kronen zur freien Verfügung bekommen, was er wie folgt kommentierte:

»Die 5 Kronen vereinnahmte ich wieder in meinen vollen Säckel. Man kommt hier zur Sparsamkeit, denn wo kann man hier schon hingehen. Zu kaufen gibts auch nichts. Wenn ich noch mit Kaviar dienen kann, dann schreibt, aber Sardinen oder überhaupt Stavangersche Fischkonserven ist für den Schützen ›Arsch‹ ein Unding […] Jedenfalls auch das ist ein Grund weshalb ich mich in gewisser Hinsicht hier nicht wohl fühle im ›gehobenen Beamtenkreise‹, aber dieser Krieg geht ja vorüber […] Ich grüsse über Fjorde und Schären in die Metropole des Norgereiches.«

Er spottete auch ein wenig über die Formularflut des Lebensborn. Am Vortag hatte er von der Zentrale ein Paket bekommen:

»[…] und siehe da – ich kriegte beim Auspacken einen Schlaganfall, die rechte Seite ist jetzt noch lahm. Also Statistikblätter, tusen takk. Auf ein Blatt gehen 40 KM [KM = Kindsmutter], also 5 Blätter = 200 KM, gesandt habt ihr 500 Blätter = 20000 KM-Buchungen. Wenn die hier in Stavanger erreicht sind, dann hat der Lebensborn eine eigene Stadt. Mir schwindelt.«

Erste Heime für Kriegskinder und ihre Mütter

Nach dem Beschluss vom Februar 1941, dass der Lebensborn in Norwegen tätig werden solle, war ein eigenes Entbindungsheim vordringlich. Schon bald aber erkannten die Verantwortlichen, dass sie mehr als nur ein Entbindungsheim brauchen würden, denn immer mehr Norwegerinnen erwarteten ein Kind. Man brauchte also unterschiedliche Heime, und man brauchte Heime in verschiedenen Landesteilen.

Der Bedarf an unterschiedlichen Heimen

Es wurden spezielle Heime geplant. In den Mütter- und Entbindungsheimen konnten die Frauen auch einige Zeit vor und nach der Geburt wohnen. Diese Heime sollten recht weit von einer größeren Stadt entfernt liegen, aber gute Verkehrsanbindung haben. Dank der Erfahrung des Lebensborn e.V. in Deutschland wussten die Verantwortlichen bereits, dass es Mütter geben würde, die sich nicht selbst um ihr Kind kümmern konnten, sodass man für diese Kinder eigene Heime benötigen würde. In Deutschland hatte sich gezeigt, dass die Mütter- und Entbindungsheime mit der Zeit zu Kinderheimen wurden. Dort blieben so viele Kinder, die nicht bei ihren Müttern leben konnten, dass die Aufnahme neuer Schwangerer schwierig wurde.

Die Abteilung Lebensborn erkannt auch sofort, dass man vor allem in den größeren Städten »Stadtheime« haben musste. Dort konnten werdende Mütter bei Besuchen in der Stadt übernachten oder, wenn sie beispielsweise aus dem Elternhaus geworfen worden waren, vorübergehend unterkommen. Diese Heime sollten in einer größeren Stadt oder zumindest in deren unmittelbarer Nähe liegen. Mütter, die auf dem Weg in ein oder aus einem Entbindungs- und Mütterheim waren, würden hier übernachten können. Die Stadtheime sollten auch Mitarbeiterinnen anderer Heime für Stadtbesuche zur Verfügung stehen. Viele Schwangere wollten gern lang vor dem erwarteten Geburtstermin in ein deutsches »Vorheim« umziehen, weil sie wegen der sichtbar werdenden Schwangerschaft an ihrem Heimatort Belästigungen ausgesetzt waren.

Bereits im März 1941 konnte Dr. Richert Terboven einen Entwurf mit einer Liste von sechs Orten vorlegen, die für das erste Lebensbornheim in Frage kamen. Es sollte ein Mütter- und Entbindungsheim sein.[16] Die Auswahl der Objekte, die in Betracht gezogen wurden, verrät etwas darüber, welche Bedeutung die Deutschen der Betreuung der norwegischen Nachkommen der Wehrmachtssoldaten von Anfang an beimaßen. Denn bei den Gebäuden handelte es sich nicht um irgendwelche Pensionen, Kinderheime oder alte, heruntergekommene Hotels, sondern um bekannte, sehr renommierte Hotels und andere erstklassige und große Institutionen. Eine der Anforderungen war, dass sie nicht allzu nah an einer der größeren Städte liegen sollten. Es war wichtig, dass die Mütter sowohl vor als auch nach der Entbindung ungestört blieben. Es bot sich also an, erstklassige Touristenhotels in den Bergen und Ähnliches in Erwägung zu ziehen.

Der ursprüngliche Plan sah nur ein Lebensbornheim in Norwegen vor. Schon im April 1941 aber war mit der Planung eines weiteren Heims begonnen worden. Ein Mitarbeiter des Lebensborn e.V. schlug vor, parallel zur Errichtung des ersten Heims im östlichen Norwegen bereits mit den Vorbereitungen zum nächsten Mütter- und Entbindungsheim in der Gegend um Bergen oder Trondheim zu beginnen. Im Herbst 1941 bat die Abteilung Lebensborn um die Überweisung von 10000 Norwegischen Kronen, um den Erwerb weiterer Lebensbornheime vorantreiben zu können. Damals ging man noch davon aus, dass man in der Gegend um Oslo zwei Entbindungsheime sowie ein Kinderheim brauchen würde. Auch bei Trondheim fehlte ein Entbindungs- und Kinderheim, aber dort war noch nicht mit der Suche nach einem geeigneten Objekt begonnen worden.

Auf die Wahl dieser ersten Heime in Norwegen wurde große Mühe verwandt, im Mai 1941 kam sogar Himmler persönlich zu einem kurzen Besuch, um einige der Objekte, die als erste Lebensbornheime außerhalb von Deutschland in Betracht kamen, selbst in Augenschein zu nehmen.

Im Herbst 1941 wurden aus dem ganzen Land Auskünfte über Blindenanstalten, Trinkerheilanstalten sowie Anstalten für Geisteskranke und Behinderte zusammengetragen, um auszuwerten, ob sich eine davon als Lebensbornheim eignen könnte. Zu einigen Institutionen gehörten auch größere Bauernhöfe, die eventuell zur Lebensmittelversorgung der Heime beitragen konnten.

Mütter- und Entbindungsheime

Das erste Lebensbornheim, das eröffnet wurde, war »Hurdal Verk« nördlich von Oslo. Hurdal Verk, ursprünglich eine Glasfabrik, war in den Zwischenkriegsjahren zu einer privaten Parkanlage umgebaut worden, einschließlich Tennisplätzen und einem Krocketplatz, während das Hauptgebäude als elegantes Hotel genutzt wurde. Das Objekt wurde als geeignet eingestuft, da es geschützt und sehr abgelegen lag. Es war bereits für den Durchgangsverkehr gesperrt, die Hauptstraße war umgelegt worden, der Park von einem hohen Zaun umgeben.

In den zwei Etagen des Hauptgebäudes gab es 40 Doppel- und 46 Einzelzimmer sowie einen Speisesaal für 250 Personen. Hurdal Verk war dennoch nicht das Wunschobjekt der Abteilung Lebensborn für ihr erstes norwegisches Heim. Ursprünglich war es als Übergangslösung gedacht, tatsächlich aber blieb es bis Kriegsende in Gebrauch.

Im Frühjahr 1941 war die Eröffnung eines Heimes für werdende Mütter sehr dringend geworden. Es kam eine Flut von Anfragen von Schwangeren, die um Hilfe baten, weil sie vor der Geburt ihren

Heimatort verlassen wollten. Viele waren von ihren Familien und ihrem sozialen Umfeld verstoßen worden, als bekannt wurde, dass sie von einem deutschen Soldaten ein Kind erwarteten. Hinzu kam, dass die deutschen Stellen möglichst frühzeitig die Kontrolle über die Mütter und Kinder ausüben wollten, um diese irgendwann leichter in das deutsche Volk eingliedern zu können. Und zum Dritten wollten die Deutschen ein Vertrauensverhältnis zu den werdenden Müttern aufbauen, indem sie ihnen zeigten, dass sie sich tatsächlich in eigenen Heimen um sie kümmerten. Mit Blick auf das Ansehen der Deutschen sollte auch nach außen demonstriert werden, dass man die Verantwortung für Mütter und Kinder ernst nahm. So wollten also sowohl die Mütter wie die Deutschen selbst, dass das erste Heim so schnell wie möglich eröffnet wurde.

Die Bauarbeiten in Hurdal Verk dauerten länger als geplant, aber im Laufe des Sommers 1941 wurde schließlich Personal angestellt. Im August war alles zur Eröffnung des ersten norwegischen Lebensbornheimes bereit, das zugleich das erste Lebensbornheim außerhalb Deutschlands war.

Bei den Kämpfen im April 1940 war das alte »Klekken Turisthotel« getroffen worden und abgebrannt. Die Besitzerinnen, zwei Schwestern, begannen aber sofort mit dem Wiederaufbau des Hotels. Am 1. November 1941 war ein luxuriöses, modernes Touristenhotel entstanden. Der Hotelinspektor, der es unmittelbar vor der Eröffnung besichtigte, schrieb unter anderem, das Hotel sei »eines der herausragendsten Touristen- und Gebirgshotels Norwegens«. Es verfügte über 67 Gastzimmer mit 101 Betten.

Wenn man bedenkt, in welchen Größenordnungen die Deutschen bei der Wahl der Gebäude für die Lebensbornheime von Anfang an dachten, kann es nicht erstaunen, dass sie sich für dieses funkelnagelneue Hotel interessierten, das zudem zentral im östlichen Norwegen lag. Das Hotel war knapp zwei Wochen in Betrieb, als die Deutschen beschlossen, es ab dem 15. November 1941 als Mütter- und Entbindungsheim zu mieten.

Auch hier waren einige Umbauten nötig, um das Hotel zum Lebensbornheim zu machen, zu nennen sind vor allem eine Entbindungsstation und ein Arztsprechzimmer. Die Bauarbeiten waren im April 1942 abgeschlossen und als das Heim am 1. Mai 1942 eröffnet wurde, bot es Platz für 35 Mütter und 60 Kinder. Mit der Übernahme von Klekken besaß Lebensborn ein hochmodernes Entbindungs- und Mütterheim, das als »Flaggschiff« der norwegischen Lebensbornheime galt.

»Vorheim«

Ursprünglich waren sowohl Hurdal Verk als auch Klekken als reine Entbindungsheime geplant, wohin die Mütter kurz vor der Niederkunft kommen und die sie kurz danach mit ihrem Kind wieder verlassen sollten. In der Praxis aber war das anders. Viele Mütter konnten ihr Kind nicht zu sich nehmen und ließen daher ihr Kind dort zurück. Andere Frauen kamen lange vor der Geburt in eines der Heime und blieben oft dort, bis ihr Kind abgestillt war. Das führte dazu, dass die Heime zu kombinierten Kinder- und Mütterheimen wurden – neben ihrer ursprünglichen Funktion als Entbindungsheime.

Es erwies sich also als nötig, sowohl ein spezielles Kinderheim als auch ein eigenes »Vorheim« für jene Schwangeren einzurichten, die ihren Wohnort lange vor der Geburt verlassen wollten. Auch das war im deutschen Interesse, denn so verließen die Frauen ein Milieu, dessen Einflüsse die Deutschen als ungünstig empfanden. Sie hofften auch, die Mütter politisch beeinflussen zu können, wenn diese länger in einem Heim wohnten. Das war wichtig, da man damit rechnete, dass viele von ihnen einen Deutschen heiraten und somit in das deutsche Volk aufgenommen werden würden.

Im Sommer 1942 wurde das bekannte Hotel Dr. Holms in Geilo beschlagnahmt, um unter anderem als »Vorheim« der Abteilung

Lebensborn genutzt zu werden. Günstig auf halbem Weg zwischen Oslo und Bergen gelegen, konnte die Abteilung Lebensborn nach kleineren Umbauten einen Flügel des luxuriös ausgestatteten Hochgebirgshotels beziehen. Dieses Heim bot Platz für 60 Schwangere und wurde im Frühjahr 1943 eröffnet. Die Leitung übernahm eine Hebamme, die ärztliche Betreuung ein Wehrmachtsarzt. An sich sollten die Schwangeren im achten Monat in eines der Entbindungsheime verlegt werden, in der Praxis wurde aber auch Geilo nach und nach zu einem Entbindungsheim.

Im März 1945, also nur zwei Monate vor Kriegsende, wurde das Heim Geilo in das Hotel Høsbjør in den Regierungsdistrikt Hedmark verlegt. Høsbjør war ein großes, vierstöckiges Gebäude mit 60 Zimmern und insgesamt 100 Betten. Die Abteilung Lebensborn nahm noch im März 1945 umfassende Umbauarbeiten in Angriff. Geplant war neben einem Entbindungsheim eine Mütterschule, wohin die Frauen einige Zeit vor der Entbindung kommen und danach noch drei Monate bleiben können sollten. Die Deutschen schafften es, das Heim noch vor Kriegsende zu eröffnen, das dann natürlich nur noch kurze Zeit bestand.

Kinderheime

Nicht nur die Mütter blieben lange in den Entbindungsheimen. Das taten, wie erwähnt, auch jene Kinder, die nicht mit ihren Müttern zusammen das Heim verlassen konnten. Dadurch wurde es schwierig, neue Schwangere aufzunehmen, es war also wünschenswert, für die Kinder ein eigenes Heim zu haben. Außerdem wollten die Deutschen die »wertvollen« Kinder nur ungern in öffentlichen norwegischen Kinderheimen oder einem jener privaten Heime unterbringen, wie sie beispielsweise von der Heilsarmee betrieben wurden. Dort könnten sie dem ausgesetzt werden, was die Deutschen »ungünstige Einflüsse« nannten. Es wurde größter Wert darauf gelegt, die Kinder im deutschen Geiste zu erziehen, weshalb schon bald die Entscheidung zugunsten eines eigenen Kinderheims ausfiel.

Der Lebensborn hatte sich schon früh für das private Sanatorium Godthaab außerhalb von Oslo interessiert, ein imposantes Steinhaus, das seit seiner Erbauung im Jahr 1925 immer ein Sanatorium gewesen war. Am 1. Februar 1942 wurde es vom Lebensborn übernommen und als Kinderheim wieder eröffnet.

Godthaab war ein vierstöckiges Krankenhaus, umgeben von zwei Hektar Gelände. Es war ein großes Gebäude und die Deutschen rechneten damit, dort 200 Kinder unterbringen zu können. Auch hier mussten große Umbauten vorgenommen und die erforderliche Ausstattung und Einrichtung beschafft werden, bevor das Heim im Sommer 1942 als Kinderheim eröffnet werden konnte.

Schon bald zeigte sich, dass man ebenfalls im westlichen Norwegen ein eigenes Kinderheim brauchte, also übernahm die Abteilung Lebensborn im Oktober 1941 das Hotel Stalheim bei Voss, ein bekanntes Touristenhotel in einer recht rauen Berglandschaft. Es konnte nach umfangreichen Umbauten im Februar 1943 bezogen werden.

Aber auch Stalheim konnte den Bedarf an Kinderheimplätzen im westlichen Norwegen nicht decken. Also wurde in dieser Gegend weiter nach geeigneten Gebäuden gesucht. Im Herbst 1940 war der ehemalige Ministerpräsident und wohlhabende Schiffsreeder Johan Ludvig Mowinckel aus dem Land geflohen und hatte mehrere Immobilien sowie ein beträchtliches Vermögen in Norwegen zurückgelassen. Alles wurde von den Deutschen umgehend beschlagnahmt, darunter das Anwesen Moldegård i Os außerhalb von Bergen, zu dem ein Bauernhof und mehrere große Gebäude gehörten. Diesen großen Besitz hatten die Deutschen bereits im April 1941 als Lebensbornheim in Betracht gezogen. Sie waren von seiner Lage begeistert, da er ihrer Ansicht nach in der Gegend mit dem besten Klima von ganz Norwegen lag. In dem großartigen Park rund um die Gebäude wuchsen tropische Planzen und der Bauernhof würde vermutlich nicht nur das Kinderheim Moldegård, sondern auch noch Stalheim und das Stadtheim in Bergen mit Lebensmitteln versorgen können.

Auch in Moldegård waren Umbauten vonnöten, bevor es als Kinderheim genutzt werden konnte, aber im Frühjahr 1943 wurde dort das dritte Kinderheim des Lebensborn in Norwegen eröffnet, mit Platz für etwa 80 Kinder.

Eröffnung von Stadtheimen und Mütterschulen

Seit dem Frühjahr 1941 wollte Tietgen auch »Stadtheime« eröffnen, vor allem in Oslo. Schon damals wurde eine Wohnung in Oslo als vorläufiges Stadtheim genutzt, es handelte sich dabei um eine 336 m^2 große Wohnung, die ebenfalls dem früheren Ministerpräsidenten Mowinckel gehört hatte. Die Abteilung Lebensborn bezeichnete die Wohnung allerdings nicht als »Lebensbornheim«, da sie keine der an ein solches Heim gestellten Anforderungen erfüllte. Sie galt nur als Notlösung, bis man in der Hauptstadt ein richtiges »Lebensbornheim« gefunden hatte.

Die Wohnung wurde im Dezember 1941 durch ein geeigneteres Objekt ersetzt, das als Stadtheim Oslo bezogen wurde und 20 Müttern Platz bot. Im Sommer 1942 kamen Stadtheime in Bergen und Trondheim hinzu, sie hatten Platz für 20 bzw. 30 Mütter.

Im Herbst des gleichen Jahres eröffnete die Abteilung Lebensborn außerdem nahe dem südnorwegischen Drammen eine Mütterschule für Norwegerinnen, die mit Deutschen verlobt waren. Diese Mütterschule, die bis Kriegsende in Betrieb war, hatte 28 Plätze.

Auch die Norwegerinnen in den Mütter- und Entbindungsheimen erhielten Unterricht und Anweisungen, wie man eine deutsche Hausfrau wird. In die Mütterschule wurden übrigens auch Frauen aufgenommen, die mit Deutschen verlobt waren, aber noch kein Kind erwarteten.

Pläne für Erweiterungen und neue Heime

Vor allem im Frühjahr 1942 suchte die Abteilung Lebensborn im Regierungsdistrikt Trøndelag unermüdlich nach einem Objekt, das als Entbindungs- und Kinderheim in Frage gekommen wäre, aber keines der in Erwägung gezogenen Häuser schien geeignet, weshalb schließlich kein Lebensbornheim in Trøndelag eröffnet wurde.

Neben der Suche in Trøndelag wurde auch die Errichtung von Heimen in den Distrikten Rogaland und Agder in Betracht gezogen, im Frühjahr 1942 aber als vorläufig unnötig verworfen. Man ging davon aus, dass das Kinderheim Godthaab, das Ende Mai 1942 eröffnet werden sollte, genügend Kapazitäten haben werde, um, falls erforderlich, auch Kinder aus Süd- und Südwestnorwegen aufnehmen zu können.

Der Lebensborn-Sachbearbeiter in der Außenstelle des Reichskommissariats Stavanger sprach sich im Juni 1942 gegen ein einziges zentrales Kinderheim aus. Er führte unter anderem an, er sei selbst Vater und wisse daher, dass es am besten sei, wenn ein Kind bei seiner Mutter oder zur Not in einem Kinderheim am Ort wohne, drang aber mit seinen Argumenten nicht durch. Die Leitung der Abteilung Lebensborn wollte offenbar die existierenden Heime ganz ausnutzen, bevor sie kostspielige Investitionen in neue Heime tätigte. Im Februar 1943 bemängelte das Reichskommissariat Stavanger erneut das Fehlen eines Kinderheims im Regierungsdistrikt Rogaland: »Der Notschrei der Kindsmütter nach Raum hält unvermindert an, weil kein Heim mehr in der Lage ist, Neuaufnahmen von Kindern zu tätigen.«

Im August 1942 erhielt die Abteilung Lebensborn auch vom Lebensborn-Sachbearbeiter in Kristiansand einen Bericht über die dortige Situation: »Ich bitte sehr dringend um Einrichtung eines Heimes im hiesigen Bezirk, da die für Kinder zur Verfügung stehenden Heime so ungeeignet und ungesund sind. Auch für Mütter vor der Entbindung wäre ein Heim hier im Bezirk eine dringende Notwendigkeit.« Dennoch wurden dort niemals Lebensbornheime eröffnet.

Es hat den Anschein, als habe die Abteilung Lebensborn ihre Heime im zentralen Ostnorwegen sowie im Umland von Bergen konzentrieren wollen. Ausnahmen waren Geilo und Stalheim, die immerhin beide zwischen Bergen und Oslo liegen. Die räumliche Nähe der Heime bot zahlreiche praktische Vorteile: Es war problemloser für die Zentrale, die tägliche Übersicht über den Betrieb der Heime zu behalten, und man konnte Personal, Kinder und Mütter zwischen Entbindungs-, Mütter- und Kinderheimen einfacher austauschen.

Gegen Kriegsende arbeitete die Abteilung Lebensborn an der Eröffnung eines neuen Kinderheims für mindestens 18 Mütter und 52 Kinder unweit von Oslo, das aber vor Kriegsende nicht mehr fertig wurde.

Deutsche in leitenden Stellungen

Die Abteilung Lebensborn versuchte den ganzen Krieg über unermüdlich, deutsches Personal für alle leitenden Positionen in den Heimen anzuwerben. Hurdal Verk verfügte bei seiner Eröffnung im August 1941 über 23 Angestellte: einen Arzt/Leiter, einen Verwalter, eine Oberschwester, eine Hebamme, eine Sekretärin, eine Bürohilfe/Übersetzerin, einen Sprachlehrer, zwei norwegische Krankenschwestern, einen Küchenchef, einen stellvertretenden Küchenchef, zwei Küchenmädchen, eine Stallmagd, vier Hausgehilfinnen, zwei Waschfrauen sowie je einen Wachtmeister, Heizer und Gärtner. Davon waren mindestens sieben Deutsche.

Jedes Heim sollte von einem Arzt geleitet werden. Zur Eröffnung von Hurdal Verk konnte Tietgen einen Arzt einstellen, der über ein Jahr lang dessen verantwortlicher Leiter war. Er blieb allerdings der einzige fest angestellte Arzt, den die Abteilung Lebensborn jemals für ihre Heime in Norwegen gewinnen konnte.

Vor allem im Frühjahr 1942, als Tietgen Personal für die neuen Heime suchte, die im Laufe des Jahres eröffnet werden sollten, hatte er Schwierigkeiten, Ärzte für die Leitung zu finden. Seine Anfrage beim Leiter des Hauptamts für Volksgesundheit nach Ärzten aus Deutschland wurde abschlägig beschieden. Auch Rediess vermochte es nicht, über seine SS-Beziehungen Ärzte zu beschaffen. Tietgen musste sich folglich mit der zweitbesten Lösung zufrieden geben, die darin bestand, dass die Heime mit den nächstgelegenen Wehrmachtsstellen übereinkamen, dass deren Ärzte eine gewisse Verantwortung für die medizinische Versorgung der Mütter und Kinder übernahmen. Diese Lösung wurde in Klekken, Stalheim, Moldegård sowie im Stadtheim Bergen umgesetzt. Vor der Eröffnung des Vorheims im Hotel Dr. Holmes in Geilo konnte man eine deutsche Hebamme anstellen, musste aber mit einem Wehrmachtsarzt vereinbaren, dass dieser das Heim einmal pro Woche besuchen werde. Die Wehrmacht gab ihrem Bedauern darüber Ausdruck, keinen Gynäkologen stellen zu können!

Die schwierige ärztliche Versorgung der Mütter und Kinder hielt den ganzen Krieg über an. Einfacher war es, genügend deutsche Hebammen für die Lebensbornheime zu beschaffen.

Im September 1942 waren in den norwegischen Lebensbornheimen insgesamt zehn deutsche Krankenschwestern beschäftigt, die überwiegend von der »NS-Schwesternschaft« in München kamen. Tietgen meinte damals, diese Zahl müsse binnen eines halben Jahres verdoppelt werden, aber auch mit dem Nachschub an deutschen Krankenschwestern gab es Probleme. Über die »Reichsfachschaft der Schwestern und Pflegerinnen« nahm Tietgen Kontakt mit der Leiterin des norwegischen Krankenschwesternbundes auf, der dann nach und nach mehrere norwegische Schwestern für die Heime organisierte.

Ursprünglich hatte man das gesamte Hilfspersonal der Heime

aus Deutschland holen wollen, aber mit der Zeit wurden in den meisten Heimen viele Norwegerinnen und Norweger angestellt. Das betraf vor allem Handwerker, Landarbeiter und die Frauen in der Küche und der Wäscherei, Leute also, die untergeordnete Arbeiten verrichteten. So waren im September 1943 in Godthaab insgesamt 13 Deutsche, und zwar die Oberschwester, der Verwalter, die Sekretärin und zehn Pflegerinnen, daneben gab es 45 norwegische Beschäftigte.

Viele Norwegerinnen, deren Kind im Heim war, wurden angestellt, um bei der Pflege der Kinder oder anderen Arbeiten zu helfen. So konnten sie mit ihrem Kind zusammen sein und gleichzeitig Geld verdienen. Sie bekamen einen Monatslohn von 80 bis 100 Kronen bei freier Kost und Logis, die Arbeitskleidung wurde gestellt. Ein großer Teil des Hilfspersonals, das im September 1943 in Godthaab beschäftigt war, bestand vermutlich aus Müttern von Heimkindern.

Zwölf Lebensbornheime
für mehrere hundert Mütter und Kinder

In den knapp vier Jahren vom Sommer 1941 bis zum Kriegsende im Frühjahr 1945 eröffnete die Abteilung Lebensborn in Norwegen also zwölf Heime und eine Mütterschule. Das Erste, die nur vorübergehend genutzte »Mütteraufenthaltsstätte« im Osloer Kristinelundveien 5, wurde schon im Frühjahr 1941 eröffnet, im Sommer folgte Hurdal Verk.

1942 war das große Gründungsjahr der Lebensbornheime in Norwegen, es gab Stadtheime in Oslo, Bergen und Trondheim, die großen Heime Klekken, Dr. Holms Hotel, Godthaab und Stahlheim, außerdem die Mütterschule bei Drammen. Erst im Oktober 1942 wurde im »Verordnungsblatt für die besetzten norwegischen Gebiete« bekannt gemacht, dass künftig nicht norwegische, sondern deutsche Stellen für die Nachkommen der Wehrmachtssoldaten zuständig sein würden. Der späte Termin dieser Bekanntmachung mag damit zu erklären sein, dass sich die Deutschen erst jetzt in der Lage sahen, den Müttern solide Angebote für die Aufnahme in Heimen machen zu können.

Danach kamen – mit Ausnahme von Moldegård im Frühjahr 1943 – keine neuen Heime mehr dazu. Das Entbindungsheim Geilo wurde kurz vor Kriegsende in das Høsbjør Hotel verlegt und man hätte es fast noch geschafft, bei Oslo ein neues Entbindungs- und Kinderheim zu eröffnen.

Im Mai 1945 waren insgesamt zehn Heime in Betrieb, die zusammen Platz für etwa 450 Kinder und 280 Mütter boten.

Durchgehendes Merkmal aller Heime war also, dass sie in ausgesprochen eleganten Gebäuden, bevorzugt in bekannten Touristenhotels untergebracht waren. Das war bezeichnend für den hohen Stellenwert, den die Deutschen der Arbeit mit den norwegisch-deutschen Kriegskindern beimaßen. Für die rassisch wertvollen Kinder und ihre Mütter war nur das Beste gut genug.

Betten in norwegischen Krankenhäusern und Heimen

Die Errichtung und der Betrieb eigener Heime in Norwegen hatten bei der Abteilung Lebensborn höchste Priorität. Dennoch war von Anfang an klar, dass es ausgeschlossen sein würde, wirklich alle Mütter und Kinder in eigenen Institutionen unterzubringen. Man würde in hohem Maße auch auf normale norwegische Krankenhäuser und verschiedene Heime im ganzen Land ausweichen müssen.

Viele Norwegerinnen, die von einem deutschen Soldaten ein Kind erwarteten, kamen vom Land oder aus kleineren Orten und arbeiteten in einer größeren Stadt, wo sie auch ihren deutschen Freund kennen gelernt hatten. Andere verließen ihren Heimatort und zogen in eine größere Stadt, wenn der Geburtstermin näher rückte, da sie wegen

Heimtyp	Namen	Ort	Plätze	In Betrieb
Mütter- u. Entbindungsheim	Hurdal Verk	Hurdal	Kinder: 69 Mütter: 40	August 1941 bis Mai 1945
	Klekken	bei Hønefoss	Kinder: 60 Mütter: 35	Mai 1942 bis Mai 1945
Vorheim	Hotel Dr. Homs	Geilo	Mütter: 60	Herbst 1942 bis März 1945
	Hotel Høsbjør	bei Hamar	Mütter: 15	März 1945 bis Mai 1945
Stadtheim	Kristinelundv. 5	Oslo	Mütter: 15	Frühjahr 1941 bis Dez. 1941
	Olav Kyrrespl. 1 »Heim Olav«	Oslo	Kinder: 6 Mütter: 20	Februar 1942 bis Mai 1945
	Hop	bei Bergen	Kinder: 6 Mütter: 20	Juni 1942 bis Mai 1945
	Trondheim	Trondheim	Kinder: 10 Mütter: 30	Herbst 1942 bis Mai 1945
Kinderheim	Godthaab	bei Oslo	Kinder: 160	Februar 1942 bis Mai 1945
	Stalheim	Voss	Kinder: 100	Februar 1943 bis Mai 1945
	Moldegård	bei Bergen	Kinder: 80	Frühjahr 1943 bis Mai 1945
Mütterschule	Reistad	bei Drammen	Mütter: ca. 20	Herbst 1942 bis Mai 1945

Anfeindungen nicht in ihrem Heimatort bleiben wollten. Diesen Frauen, für die eine Geburt in ihrem Heimatort nicht in Frage kam, wollte die Abteilung Lebensborn unbedingt Entbindungsplätze in Krankenhäusern beschaffen. Tietgen begriff sofort nach seiner Ankunft in Oslo im Frühjahr 1941, dass die Zahl solcher Fälle sprunghaft ansteigen könnte. Daher musste schleunigst eine Liste aller Entbindungsstationen erstellt werden, wohin man die Frauen schicken konnte, die sich in immer größerer Zahl bei der Abteilung Lebens-born meldeten.

Neben der Gründung der ersten Mütter- und Entbindungsheime investierten Tietgen und seine Mitarbeiter im Frühjahr und Sommer 1941 daher sehr viel Zeit darauf, eine Übersicht über die Kapazitäten der Entbindungsstationen norwegischer Krankenhäuser zu bekommen. Von den örtlichen Außenstellen des Reichskommissariats erhielten sie die Adressen der dortigen Krankenhäuser und schrieben alle an. In den Briefen wurde angefragt, ob das Krankenhaus eine eigene Entbindungsstation habe, wie viele Betten es gebe, wie teuer der Aufenthalt sei, wie lange die Mütter im Krankenhaus bleiben könnten, welche Kleidung sie mitbringen müssten, ob das Neugeborene unter Umständen nach der Entlassung der Mutter im Krankenhaus bleiben könne, ob Kleidung für die Kinder bereitgestellt werde und ob das Krankenhaus zum gegenwärtigen Zeitpunkt außer den Frauen des direkten Einzugsgebietes weitere Schwangere aufnehmen könne. Es handelte sich um eine gründliche und umfassende Kartierung, die typisch für die Systematik ist, mit der Tietgen an seine Aufgaben heranging.

Die Struktur des norwegischen Gesundheitswesens befand sich in der Kriegszeit im Umbruch, wovon auch die Geburten betroffen waren. Nachdem Kinder lange ausschließlich zu Hause und mit Hilfe einer Hebamme geboren wurden, hatten immer mehr Krankenhäuser Entbindungsstationen eingerichtet, die aber vor allem für Schwangere gedacht waren, bei denen man mit Komplikationen rechnete. Während des Krieges wurde es immer erstrebenswerter, auch bei normalen Geburten ins Krankenhaus zu gehen. Schätzungen gingen 1941 davon aus, dass in den größeren Städten bereits zwei von drei Kindern im Krankenhaus zur Welt kamen, während auf dem Land die Hausgeburt weiterhin der Normalfall war. Aufgrund weiter Wege, mangelnder Kommunikationsmöglichkeiten und des häufig schlechten Wetters war es oft sehr schwierig, eine Gebärende ins nächste Krankenhaus zu bringen.

Es gab also in den Krankenhäusern noch nicht sehr viele Entbindungsabteilungen. Außerdem blieb nach einer Geburt ein Bett verhältnismäßig lange belegt, denn es war normal, dass eine Wöchnerin nach der Geburt etwa eine Woche lang das Bett hütete und das Krankenhaus erst nach 10–14 Tagen mit dem Kind verließ. Daher fand Tietgen in den Entbindungsstationen normaler Krankenhäuser kaum freie Kapazitäten. Seine Nachforschungen ergaben, dass viele Krankenhäuser dem Bedarf der eigenen schwangeren Bürgerinnen nur knapp gewachsen waren, sodass es oft schwierig war, für Ortsfremde einen Platz zu bekommen.

Die Großstädte Oslo, Bergen und Trondheim aber hatten eigene Entbindungskliniken, die sich in den folgenden Jahren als außerordentlich hilfreich erweisen sollten. Verglichen mit den kleinen Entbindungsstationen der normalen Krankenhäuser verfügten gerade diese Spezialkliniken über ausreichend Kapazitäten, um auch unkomplizierte Geburten betreuen zu können. Die Abteilung Lebensborn sollte diese Kliniken im Laufe des Krieges in großem Umfang nutzen. Eine vergleichsweise große Zahl der norwegischen Kriegskinder kam in solchen Entbindungskliniken zur Welt.

Zu einem gewissen Grad belegte die Abteilung Lebensborn auch Plätze in anderen privaten Entbindungskliniken, beispielsweise in der Frogner Private Fødselklinikk in Oslo, die im Winter 1942 von der Abteilung Lebensborn sogar als Entbindungs- und Säuglingsheim übernommen wurde. Als solches wurde es zwar weiterhin von den bisherigen Eigentümern betrieben, aufgenommen wurden aber nur Frauen, die von einem deutschen Soldaten schwanger waren.

Belegung in norwegischen Kinderheimen

Wie über die Entbindungsstationen der Krankenhäuser, verschaffte sich Tietgen auch über die Kapazitäten der Kinderheime in ganz Norwegen einen systematischen Überblick. Die Eröffnung eigener

Kinderheime, erst Godthaab, dann Stalheim und Moldegård, hielt in keinster Weise mit dem Bedarf an Heimplätzen für Kriegskinder Schritt. Viele Mütter konnten ihr Kind nicht zu sich nehmen, weshalb diese Kinder für kürzere oder längere Zeit von der Abteilung Lebensborn betreut wurden. Obwohl die Deutschen das nicht als ideale Lösung erachteten, blieb ihnen oft keine andere Wahl, als Plätze in normalen norwegischen Kinderheimen aufzukaufen. Im März 1945, also kurz vor Kriegsende, waren in insgesamt 48 norwegischen Kinderheimen im ganzen Land mindestens 225 Kriegskinder »eingekauft«.

Da es schwierig war, für die Kriegskinder in norwegischen Kinderheimen Plätze zu finden, musste sich die Abteilung Lebensborn ständig um frei werdende Plätze bemühen. Außerdem konkurrierte die Wehrmacht um solche Heime, weil sie die Gebäude als Kasernen oder zu anderen Zwecken nutzen wollte.

Die Probleme bei der Beschaffung von Kinderheimplätzen waren so gravierend, dass die Deutschen offensichtlich darüber hinwegsahen, dass das Personal in vielen Heimen unverhohlen deutschfeindlich war. Wegen des Platzmangels stand man unter solchem Druck, dass man darauf keine Rücksichten nehmen konnte. Ein Lebensborn-Inspektor, der ein norwegisches Heim in Arendal besuchte, in dem Kriegskinder untergebracht waren, berichtete, dass die Kinder mit vollen Fläschchen unbeaufsichtigt in ihren Betten lagen. Als er das Personal darauf hinwies, erhielt er zur Antwort, »dass wir die deutschen Kinder mitnehmen könnten, wenn wir nicht zufrieden seien«. Dennoch wurde gegen das Heim offenbar nichts unternommen. In einem anderen Bericht über das Kinderheim Rosenvilde Husmorskole bei Oslo, wo die Abteilung Lebensborn einige Zeit lang sechs Kinder untergebracht hatte, findet sich die Bemerkung, im Heim sei man äußerst deutschfeindlich.

Die Eröffnungen von Godthaab, Stalheim und Moldegård nahmen der Platzsuche etwas von ihrem Druck, aber die Deutschen mussten sich ständig weiter bemühen. Dabei stieß die Abteilung Lebensborn neben der Schwierigkeit, dass fast alle Heime überfüllt waren, mitunter auch auf die Weigerung von Heimbetreibern, Frauen, die von einem deutschen Soldaten schwanger waren, oder deren Kinder überhaupt aufzunehmen. Einmal musste die Abteilung Lebensborn sogar die deutsche Sicherheitspolizei einschalten, um Kinder in einem Tagesheim in Bergen unterzubringen. Im Sommer 1943 eröffnete das Sozialministerium ein neues Säuglingsheim in Oslo. Dieses Heim gehörte zu den geburtensteigernden Maßnahmen der *Nasjonal Samling,* um günstige Voraussetzungen für ein höheres Bevölkerungswachstum zu schaffen. In der Begründung für den Bau dieses Heimes heißt es unter anderem: »Ganz Europa kämpft um das Lebensrecht der neuen Generation, daher sind auch wir verpflichtet, unseren kleinen Einsatz zu leisten, damit die kommenden Geschlechter gesund und stark heranwachsen, um das von uns teuer erworbene Erbe übernehmen zu können.«[17] Das Heim wurde im Herbst in das Fylke Akershus verlegt. Es bestand der Plan, in jeder der 20 norwegischen Regierungsdistrikte ein solches Heim zu eröffnen.

Das Säuglingsheim war ein Prestigeprojekt des *Helsedirektorats,* das vorführen sollte, wie offensiv die *Nasjonal Samling* eine neue Bevölkerungspolitik vorantrieb. Sobald die Kinder allein essen konnten, bekamen sie jeden Tag »Vollmilch, gute Butter, Gemüse, Obst und Tran«. Die »große nationale Bedeutung« des Heimes wurde hervorgehoben, hier sollten nur gesunde Kinder aufgenommen und gut versorgt werden.

Aber schon im September setzte sich die Abteilung Lebensborn mit der Gesundheitsbehörde in Verbindung. Die Deutschen wussten natürlich von der Eröffnung des neuen Säuglingsheimes und wollten nun für ihre Kriegskinder zwölf der insgesamt 37 Plätze reservieren. Dazu allerdings waren die Vertreter der *Nasjonal Samling* nicht bereit. Der Leiter der obersten Gesundheitsbehörde schrieb zurück, er könne »leider nicht in Aussicht stellen, dass es überhaupt freie Plätze geben wird«, um dann zu betonen, dass »wir selbstverständlich hier, wie auf anderen Gebieten, die gute Zusammenarbeit mit unserem deutschen Brudervolke in vollster Übereinstimmung weiterzuführen wünschen«.

Aber letztendlich setzte die Abteilung Lebensborn, wie meist, ihren Willen durch, und in den letzten Kriegsjahren belegten die Kriegskinder auch in diesem norwegischen Heim den Großteil der Plätze. Im März 1945 waren es z. B. 28 Kriegskinder, also mehr als doppelt so viele, wie die Abteilung Lebensborn ursprünglich dort unterbringen wollte.

Obwohl sich die norwegischen Einrichtungen dem deutschen Druck in diesem Falle beugen mussten, blieb die Suche nach norwegischen Kinderheimplätzen schwierig. Die Deutschen hätten natürlich ihre Machtposition nutzen können, um weitere Plätze zu requirieren, was aber die Feindseligkeit der norwegischen Bevölkerung geschürt hätte, und zwar nicht nur gegen die Deutschen, sondern auch gegen die Mütter jener Kinder, die in den Genuss einer solchen Bevorzugung kamen. Dass das vermieden werden sollte, mag einer der Gründe gewesen sein, warum die Abteilung Lebensborn bei der Beschaffung der benötigten Plätze vergleichsweise vorsichtig vorging.

In einem Fall verlangten die Deutschen allerdings von den norwegischen Behörden die Eröffnung eines neuen Kinderheimes, in dem die Abteilung Lebensborn das Anrecht auf eine gewisse Anzahl Plätze haben würde. Das geschah in Stavanger, wo, wie wir bereits sahen, ein Lebensbornmitarbeiter darauf gedrungen hatte, dass man in dieser Gegend ein eigenes Lebensbornheim brauche. Im Februar 1943 hatte er einen letzten, gescheiterten Versuch unternommen, Tietgen davon zu überzeugen, wie dringend das sei.

Als das nicht weiterführte, übte er auf die örtlichen norwegischen Stellen Druck aus, sich der Frage eines Säuglingsheims in Stavanger anzunehmen, da »norwegische Frauen jetzt Kinder von Deutschen gebären, ohne zu wissen, wohin sie und das Kind gehen sollen«.[18]

Die Deutschen waren mit den Vorschlägen der örtlichen Behörden zur Lösung des Problems nicht zufrieden und setzten ihren eigenen Vorschlag zur Eröffnung eines Kinderheims durch. Sie akzeptierten, dass sich die Abteilung Lebensborn nicht in die Heimleitung einmischen durfte und es dort auch kein deutsches Personal geben würde. Das Heim wurde bis Kriegsende formell als Kommunales Säuglingsheim Stavanger geführt, aber über die Aufnahmen bestimmte der Lebensbornvertreter in Stavanger. Bei Kriegsende lebten in diesem Heim 88 Kriegskinder und 23 »norwegische« Kinder.

Die Mitarbeiter der Abteilung Lebensborn mussten sich nicht nur um die Kinder kümmern, sondern auch um Frauen, die entweder von ihren Eltern verstoßen worden waren oder aus anderen Gründen während der Schwangerschaft nicht in ihrem Heimatort wohnen wollten und deshalb eine Unterkunft benötigten. Wegen solcher Vorkommnisse legte man großen Wert auf die Gründung von separaten Mütter- und Entbindungsheimen. Später kamen »Vorheime« hinzu, wo die werdenden Mütter in Ruhe die Niederkunft erwarten konnten.

Auch bezüglich der Mütterheime war man dem ständigen Bedarf an neuen Plätzen nicht gewachsen, sodass man sich nach Plätzen in norwegischen Heimen umsah, was vermutlich nicht einfacher war als die Suche nach Entbindungs- und Kinderheimplätzen. In ganz Norwegen gab es kaum »Mütterheime«.

Die Verwaltung von mindestens 50 Heimen

Im Laufe ihrer gut vier Jahre währenden Arbeit in Norwegen entwickelte die Abteilung Lebensborn eine beträchtliche Aktivität bei dem Versuch, in verschiedenen Heimen Plätze zu beschaffen. In eigener Regie eröffnete und betrieb sie zwei Mütter- und Entbindungsheime, zwei Vorheime, vier Stadtheime und drei Kinderheime. Des Weiteren kauften sie in mindestens 50 bis 60 norwegischen Heimen Plätze auf. Planung, Eröffnung und Betrieb der eigenen Heime,

Verhandlungen mit den norwegischen Heimen wegen der Belegung von Plätzen, Finanzierung und Inspektion der Heime stellten einen großen Aufwand dar. Hinzu kamen die tägliche Bearbeitung der konkreten Fälle und die Verteilung von Frauen und Kindern in die jeweils geeigneten Heime. Alles in allem sorgte die Abteilung Lebensborn dafür, dass mehrere tausend Kriegskinder und deren Mütter für kürzere oder längere Zeit entweder in einem vom Lebensborn geleiteten Heim oder in einem norwegischen Heim wohnen konnten.

Materielle Unterstützung für Mutter und Kind

Die Deutschen sahen einen klaren Vorteil darin, sich so gut wie möglich um die norwegischen Kriegskinder und deren Mütter zu kümmern. Sie waren sich selbstverständlich darüber im Klaren, dass die norwegischen Mütter an die deutschen Soldaten oder den deutschen Staat keinerlei finanzielle Ansprüche stellen konnten.[19] Eine Besatzungsmacht muss auf Derartiges keine Rücksicht nehmen. Die Gründe für die Unterstützung der Mütter waren politischer Natur.

Hilfe mit politischem Hintergrund

Im Frühjahr 1941 war beschlossen worden, dass die norwegischen Kriegskinder und deren Mütter vom deutschen Staat finanziell unterstützt werden würden. Tietgen war kaum in Norwegen angekommen, da setzte er sich schon dafür ein, dass die norwegischen Mütter eine monatliche Unterstützung erhalten sollten: 45 Kronen, wenn sie in der Stadt, 40 Kronen, wenn sie auf dem Land lebten. Außerdem wollte er, dass die Abteilung Lebensborn alle Kosten für die Entbindung und einen eventuellen Krankenhausaufenthalt übernahm und dachte auch daran, den Müttern Beihilfen für Kinderkleider und einen Kinderwagen, entgangenen Lohn usw. zu geben. Die Beträge sollten sich nach der wirtschaftlichen Situation der betreffenden Frau richten. Er äußerte sich allerdings nicht dazu, ob diese Zuwendungen ein Geschenk oder ein Darlehen sein sollten. Bereits in der Anfangsphase seiner Arbeit kritisierte er, dass für die Überführung der Mütter nach Deutschland keine staatlichen Mittel bereitgestellt wurden. Tietgen wollte nämlich, dass der deutsche Staat die Reisekosten für die betroffenen schwangeren Norwegerinnen übernehmen sollte. Er setzte sich damit durch, doch die Übersiedlungen nach Deutschland blieben zahlenmäßig weit unter dem, was sich Tietgen im Frühjahr 1941 ausgemalt haben mochte. Seine Vorschläge wurden im Großen und Ganzen angenommen. Die Unterhaltszahlung betrug schließlich für alle Mütter 45 Kronen, gleich, ob sie in der Stadt oder auf dem Land lebten.

Das Interesse der Nationalsozialisten an den norwegischen Kriegskindern war rein bevölkerungspolitischer Natur. Diese übergeordneten politischen Motive werden beispielsweise bei der Festsetzung der Unterhaltszahlungen sehr deutlich. Im Winter 1942 begründete Tietgen den Entschluss, die monatlichen Zahlungen an die Mütter ab dem 1. April 1942 zu erhöhen, damit, dass eine Unterstützung von 45 Kronen zwar für viele ausreichend sei, er aber eine Erhöhung auf 50 Kronen befürworte: »Nach meiner Auffassung kann Deutschland gerade auch in dieser Hinsicht zeigen, daß es in der Betreuung vorbildlich ist.« Der norwegische Mindestsatz betrug 25 Kronen in der Stadt und 20 auf dem Land, die Mütter der Kriegskinder sollten jedoch 50 Kronen bekommen, was dem Mindestsatz in Berlin von 28,50 RM entsprach.

Die Deutschen übernahmen die Unterhaltszahlungen, die an sich der Kindsvater erbringen musste. Die deutschen Soldaten sollten für die Dauer ihres Dienstes in der Wehrmacht nicht belastet werden. Es gab allerdings Überlegungen, ob man es den deutschen Vätern nicht ermöglichen sollte, ihre norwegischen Freundinnen freiwillig zu unterstützen. Dr. Meyer schlug vor, dass es den Vätern erlaubt sein müsse, ihren Freundinnen Unterhalt zu zahlen, falls sie beabsichtigten, sie zu heiraten. Es hätte auch wenig Sinn gehabt, solche freiwilligen Zahlungen zu verbieten. Die normalen deutschen Unterhaltszahlungen blieben in jedem Fall unberührt davon.

Die deutschen Behörden übernahmen die Unterhaltszahlungen für Mutter und Kind für die Dauer des Krieges, wobei unklar war, was dies konkret bedeutete. Das erörterten die Verantwortlichen im Herbst 1942. Bislang hatte in den Briefen an die Kindsväter gestanden, dass der Reichskommissar alle Unterhaltszahlungen übernahm, und auch die Wehrmacht war gebeten worden, die Soldaten in diesem Sinne zu unterrichten. Nun waren einzelne Kindsväter nach Deutschland zurückgekehrt und aus der Wehrmacht entlassen worden. Für sie war der Krieg also gewissermaßen vorüber und es stellte sich die Frage, ob sie den Unterhalt selbst zahlen sollten, da sie als Zivilisten wirtschaftlich anders gestellt waren als als Soldaten.

Am Ende wurde beschlossen, dass alle deutschen Väter bis Kriegsende von der Unterhaltspflicht befreit waren, unabhängig davon, ob sie noch in der Armee waren oder nicht. Nach dem Krieg müsse in jedem einzelnen Fall entschieden werden, ob der Kindsvater den Unterhalt übernehmen müsse oder nicht, was unter anderem von seiner familiären Situation in Deutschland abhinge. Diese Debatte war möglicherweise auch der Grund, warum im Februar 1943 beschlossen wurde, dass die Deutschen die Unterhaltsverpflichtungen für sämtliche norwegischen Kinder übernahmen, deren Väter Reichsdeutsche waren, ob diese der Wehrmacht angehörten oder nicht.[20]

Die Wehrmacht fürchtete, dass die Soldaten ihren Dienst nicht mehr ordentlich versehen würden, wenn sie sich um ein Kind und dessen Mutter in Norwegen kümmern mussten. Es zeigte sich allerdings, dass manche Soldaten durchaus freiwillig für ein Kriegskind sorgten, manchmal sogar, wenn sie gar nicht sein Vater waren. In mindestens drei Fällen taten sich die Kameraden eines gefallenen Vaters zusammen und richteten für sein Kind ein Bankkonto ein. Die

Sparbücher wurden bei Kriegsende der Abteilung Lebensborn übergeben und Ragaller bewahrte sie in seiner Schreibtischschublade auf. Nach dem Krieg wurden sie vermutlich von norwegischen Stellen als »feindliches Eigentum« beschlagnahmt.

Umfassende Beihilferegelung

Die Deutschen unterstützten die Frauen vor der Geburt, falls sie aufgrund der Schwangerschaft arbeitsunfähig waren oder sich in einer Notlage befanden; dabei entschied die wirtschaftliche Situation der Frau über die Höhe der Zuwendungen. Mitunter mussten nach der Geburt des Kindes weitere Unterstützungen gewährt werden. Die Deutschen trugen alle Kosten für die Entbindung, egal wo sie vorgenommen wurde. Kam das Kind in einem Lebensbornheim zur Welt, war auch das für die Mutter kostenlos.

Die Deutschen übernahmen die Reise ins Krankenhaus oder die Entbindungsklinik. Wurde die Mutter krank oder bekam sie aufgrund der Schwangerschaft schlechte Zähne, wurden die Behandlungen und Arztrechnungen bezahlt. Solange die Mutter im Entbindungsheim lag, konnte sie bis zu 20 Kronen Taschengeld im Monat bekommen. Mütter, die ihr Kind in der Zeit im Entbindungsheim stillten, bekamen monatlich 30 Kronen Stillgeld. Diese Unterstützung sollte mehr Frauen zum Stillen bewegen. Ebenfalls übernommen wurden alle Kosten für Blutgruppenbestimmung, Rassenuntersuchung, ärztliche Routineuntersuchungen, Untersuchungen bei Spezialisten sowie die Hin- und Rückreisen zu diesen Untersuchungen.

Nahm die Mutter das Kind zu sich, erhielt sie 100 Kronen Beihilfe für den Kauf von Kinderkleidung. Ging es ihr finanziell sehr schlecht, konnte auch die Anschaffung einer kompletten Säuglings-Erstausstattung bezahlt werden. Wer das Kind zu sich nahm, bekam weitere 100 Kronen zum Kauf eines Kinderwagens oder eines

Kinderbettes. Falls erforderlich, wurden alle Kosten übernommen. Blieb das Kind nach der Geburt in einem norwegischen Kinderheim, trug die Abteilung Lebensborn die Kosten bis zu jenem Betrag, den Mütter erhielten, die ihr Kind bei sich hatten. Der Aufenthalt in einem Kinderheim der Abteilung Lebensborn war kostenlos. In den ersten neun Monaten nach der Geburt erhielten alle Mütter, die sich selbst um ihr Kind kümmerten, 30 Kronen im Monat. Hinzu kam, wie gesagt, die feste Unterhaltszahlung von zunächst 45 Kronen, später 50 Kronen im Monat, für Mütter, die ihr Kind bei sich zu Hause hatten.

Müttern, die vor oder nach der Geburt nach Deutschland umzogen, wurden alle entstehenden Kosten ersetzt: für die Reise, die Wegzehrung, eventuelle Übernachtungen sowie den Gepäcktransport. Kindsmütter, die in Deutschland lebten, bekamen so lange Unterstützung, bis sie heirateten. Arbeiteten die Frauen in Deutschland, wurden die Kosten für ein Kinderheim bis zur Heirat übernommen. Norwegerinnen, die ihr Kind in Deutschland zur Welt brachten und noch nicht verheiratet waren, bekamen die Geburtskosten erstattet. Die Abteilung Lebensborn sorgte dafür, dass alle Frauen, die nach Deutschland zogen, sozusagen mit Grenzübertritt in einer deutschen Krankenkasse versichert waren. Kinder, die vor der Eheschließung in Deutschland zur Welt kamen, wurden sofort nach der Geburt krankenversichert, was bis zur Heirat der Eltern galt. Starb eine Mutter während oder nach der Geburt, übernahm die Abteilung Lebensborn die Kosten für die Beisetzung. Das galt auch beim Tod eines Kindes. Die Abteilung Lebensborn trug außerdem alle Kosten, die einer Mutter entstanden, wenn sie die Vaterschaft gerichtlich feststellen lassen musste.

Diese umfassende Beihilferegelung galt im Grunde seit Frühjahr 1941 bis Kriegsende, selbst wenn sie als Vorschrift erst im Herbst 1943 offiziell in Kraft trat.

In manchen Fällen mussten verschiedene Arten von Beihilfe gewährt werden. Dazu gehörte die 24-jährige Marie, die sich im

Sommer 1941 an den Lebensborn wandte. Sie hatte mit 14 Jahren begonnen, als Näherin zu arbeiten, und seit ihr Vater einige Jahre zuvor gestorben war, versorgte sie auch noch ihre Mutter und eine jüngere Schwester. Marie schrieb: »Ich wurde am 2. September mit Friedrich bekannt, und ich wurde so froh und verliebt. Wenn ich verstand dass ich ein Kind erwartete, hat es mir sehr leid getan. Ich wusste nicht was ich machen sollte bis ich nach deutsche Behörde hinging. Die waren alle da so gut zu mir.«

Marie war vor der Geburt in einer Entbindungsklinik in Oslo untergebracht. Deren Besitzer hatte ihr geraten, sich mit einer deutschen Stelle in Verbindung zu setzen. Als sie das tat, hatte sie bereits zwei Wochen in dieser Klinik verbracht. Die Abteilung Lebensborn hinterlegte beim Heim sofort 200 Kronen für Maries Aufenthalt. Das war die erste finanzielle Unterstützung, die Marie vom Lebensborn bekam. Sie erfuhr auch, dass der Lebensborn alle Kosten für den Aufenthalt und die Geburt übernehmen würde.

Anfang Juni kam das Kind zur Welt und da die Geburt komplizierter gewesen war, blieben Mutter und Kind danach weitere zwei Wochen in dem Heim. Die Rechnung für den Aufenthalt und die Pflege im Heim belief sich auf 430 Kronen. Einen Teil davon trug die Krankenkasse, den größten Teil von 302,50 Kronen die Abteilung Lebensborn. Vermutlich erstatteten die Deutschen, wie in vielen anderen Fällen, auch den Krankenkassenanteil zurück. Da es um deutsche Belange ging, würden die Deutschen auch für alle Kosten aufkommen.

Am 24. Juni wechselten Marie und das Kind von der privaten Entbindungsklinik in Oslo in eine Pension bei Drammen. Diese Pension benutzte die Abteilung Lebensborn seit Sommer 1941 als Notlösung, bis das erste Entbindungs- und Mütterheim Hurdal Verk fertig war. Zusammen mit einigen anderen Müttern und Kindern, die in der gleichen Situation waren, wohnte Marie mit ihrem Kind dort weitere vier Wochen. Die Abteilung Lebensborn bezahlte für Maries Aufenthalt 289 Kronen.

Solange Marie und das Kind in der Pension wohnten, erhielt sie 135 Kronen zum Kauf eines Kinderwagens, außerdem 127 Kronen und 15 Øre für Kinderbedarf, den Marie nach ihrer Entlassung aus der Klinik in Oslo gekauft hatte. Während der Zeit in der Pension fielen kleinere Ausgaben in einer Gesamthöhe von 30 Kronen an, unter anderem ein Arztbesuch und Arzneikosten. Marie und die sieben anderen Mütter, die in diesem Sommer in der Pension wohnten, konnten während eines gesonderten Gottesdienstes in der Kirche ihre Kinder taufen lassen. Die Pension streckte die Kosten für die Taxifahrten zur Kirche und zurück sowie für den Pfarrer vor, zusammen 132 Kronen. Die Abteilung Lebensborn beglich auch das.

Mit ihrem Jahreseinkommen von etwa 2200 Kronen ernährte Marie auch ihre Mutter und ihre Schwester. Die geringen Ersparnisse waren aufgebraucht, weshalb die Mutter sich Anfang Juli, als Marie sich in der Pension befand, an die Abteilung Lebensborn wandte und um finanzielle Unterstützung bat. Sie habe keinerlei Einkünfte und könne die Miete nicht bezahlen. Sie erhielt 50 Kronen als sofortige Nothilfe.

Marie und das Kind wohnten bis zum 19. Juli in der Pension, dann wurden sie mit anderen Müttern und Kindern in das Heim Hurdal Verk gebracht, das inzwischen so weit fertig war, dass einige wenige Mütter mit ihren Kindern einziehen konnten. Dort blieb sie gut einen Monat, bis sie am 23. August mit dem Kind wieder zu ihrer Mutter zog. Einen Monat später erhielt sie von der Abteilung Lebensborn einen Brief mit der Nachricht, dass sie ein monatliches »Unterhaltsgeld« in Höhe von 45 Kronen erhalten werde sowie weitere 30 Kronen »Betreuungsgeld«, bis das Kind neun Monate alt sei. Sie bekam auch die 70 Kronen zurück, die sie bei der Geburt im Juni ausgelegt hatte.

Marie versorgte die weiteren Kriegsjahre ihr Kind selbst und erhielt währenddessen Unterhalt von der Abteilung Lebensborn. Nachdem sie Hurdal Verk verlassen hatte, wurden ihr noch 138 Kronen für ein Kinderbett mit Matratze gewährt.

Die junge Frau verstand offenbar nicht ganz, wie die Zahlungen der Abteilung Lebensborn geregelt waren. Im Winter 1942, als sie monatliche Zuwendungen erhielt, schrieb sie in Zusammenhang mit den Bemühungen, die Vaterschaft festzustellen, sie wolle vom Vater keine Alimente fordern, woraufhin die Abteilung Lebensborn ihr folgende Erklärung schickte:

»Sie schreiben, daß Sie gegen ihn keine Forderungen erheben werden. Dazu teile ich Ihnen mit, daß für die Dauer des Krieges der Reichskommissar für die besetzten norwegischen Gebiete die Unterhaltungspflicht für Ihr Kind übernimmt. Wie nun nach dem Kriege eine Regelung erfolgt [...] ist zur Zeit noch nicht abzusehen. Sie dürfen sich aber bestimmt für die Zukunft Ihres Kindes keine Sorgen machen, denn es wird jederzeit alles getan, um Ihnen und Ihrem Kind weiter zu helfen.«

Insgesamt beliefen sich die Beihilfen für Marie und das Kind im Laufe des Krieges auf gut 3600 Kronen. Sollte die Abteilung Lebensborn für alle bekannten 7600 Fälle ebenso viel bezahlt haben, wäre dies – nur für direkte Unterhaltszahlungen und die Erstattung von Auslagen im Laufe des Krieges – eine Gesamtsumme von mehr als 20 Millionen Kronen gewesen, was vermutlich nicht zutrifft. Maries Fall ist insofern untypisch, als er einer der ersten Kriegskinderfälle ist, die die Abteilung Lebensborn betreute. Die Laufzeit des Unterhaltes war für diese Fälle länger, daher war natürlich auch der ausbezahlte Gesamtbetrag höher als für später geborene Kinder und ihre Mütter. Andererseits waren Maries Ausgaben für Fahrten zwischen den Heimen und Institutionen weitaus niedriger als die Unkosten anderer Mütter, die von ihrem Heimatort in ein Lebensbornheim in einen weit entfernten Landesteil oder nach Deutschland reisten.

Der größte Posten unter den Beihilfen bestand zweifellos aus monatlichen Unterhaltszahlungen, die bis zur Volljährigkeit des Kindes gezahlt werden sollten. Diese Alimente bezahlte die Abteilung

Lebensborn für alle Kinder, die während des Krieges geboren wurden und bei ihrer Mutter lebten, was fast immer der Fall war. Eine Übersicht über die Höhe des Gesamtbetrages der bis Mai 1945 tatsächlich ausbezahlten Unterhaltszahlungen existiert, soweit bekannt, nicht mehr. Da wir aber die Höhe der Beihilfen und die Zahl der Fälle pro Jahr kennen, können wir dennoch eine grobe Schätzung vornehmen. Eine solche Rechnung kommt zu dem Ergebnis, dass die Abteilung Lebensborn im Laufe des Krieges Unterhaltszahlungen in Höhe von nahezu zehn Millionen Kronen geleistet haben könnte.

Auch die anderen Unterhaltszuschüsse summierten sich im Laufe des Krieges zu großen Beträgen. Mütter, die ihre Kinder behielten, bekamen in den ersten neun Lebensmonaten monatlich zusätzlich 30 Kronen. Wenn wir grob veranschlagen, dass dies für 5000 Kinder galt, schlägt diese Hilfe mit etwa 1 350 000 Kronen zu Buche. Die meisten Mütter erhielten auch noch 100 Kronen für den Kauf eines Kinderwagens sowie 100 Kronen für Kinderkleidung, das sind nochmals etwa eine Millionen Kronen.

Die Abteilung Lebensborn finanzierte sehr vielen Frauen einen Aufenthalt in norwegischen Entbindungskliniken oder die Betreuung durch eine Hebamme. Sie bezahlten Frauen, die ihr Kind stillten, Stillgeld, und Frauen, die in einem Entbindungs- und Mütterheim des Lebensborn wohnten, erhielten Taschengeld. Die Frauen bekamen das Fahrgeld für die Reisen aus ihrem Heimatort in ein Lebensbornheim. Wer nach Deutschland umzog, erhielt nicht nur die Reisekosten, sondern wurde auch bis zur Heirat des deutschen Freundes vom Lebensborn unterstützt. Im August 1943 etwa überwies die Abteilung Lebensborn Unterhalt an insgesamt 134 Frauen, die in Deutschland wohnten, aber noch nicht geheiratet hatten. Ausgaben, die den Müttern durch Arztbesuche, Arzneien und Krankenhausaufenthalte für das Kind entstanden, wurden ausnahmslos übernommen.

Schon in der ersten Etataufstellung für die Lebensbornarbeit in

Norwegen für das Abrechnungsjahr 1. April 1941 bis 31. März 1942 veranschlagte Tietgen 600 000 Kronen für Beihilfen an die Mütter. Die Kosten für die Aufenthalte in den Entbindungskliniken und alle damit verbundenen Ausgaben setzte er mit 100 000 Kronen an, Unterhaltszahlungen mit 350 000 Kronen, sonstige Unterhaltszuschüsse mit 100 000 und die Reisekosten der Mütter mit 50 000.

Mit der Zeit eröffnete die Abteilung Lebensborn zwar eigene Entbindungsheime, gleichzeitig aber stieg die Zahl der Geburten. Daher kann als sicher gelten, dass auch in den folgenden Kriegsjahren die vom Lebensborn getragenen Kosten für die norwegischen Entbindungskliniken nicht sanken. Das galt vermutlich auch für die gesamten Reisekosten. Mit der wachsenden Kinderzahl wuchsen sowohl die Reisekosten als auch die Ausgaben für alle anderen zusätzlichen Leistungen. Wenn wir unserer Schätzung ausschließlich die Summen für Entbindungskliniken, Reisen und Unterhaltszuschüsse zugrunde legen, die Tietgen selbst für das Betriebsjahr 1941/1942 veranschlagte, addieren sich diese Posten auf etwa eine Million Kronen.

Zusammengefasst heißt das, dass die Abteilung Lebensborn im Laufe des Krieges für die Mütter und Kinder Unterhaltszahlungen und andere Beihilfen in Höhe von etwa 10 bis 15 Millionen Kronen aufbrachte.

Die Aufnahme ins Heim

»Da ich ab Juni keine Wohnung mehr habe und keinen Ort, wo ich wohnen kann, und da meine Mittel äußerst knapp sind, muss ich Sie leider um Hilfe bitten, mich an ein Heim zu verweisen, wo ich ab Juni bis nach der Geburt sein kann.«

Die 19-Jährige, die dies schrieb, hatte sich mit ihren Eltern überworfen, weil sie ein Kind von einem Deutschen erwartete. Nun, im April

1944, wandte sie sich an den Lebensbornmitarbeiter in ihrer Heimatstadt in Nordnorwegen und bat darum, in eines der Entbindungsheime der Abteilung Lebensborn aufgenommen zu werden. Gut
einen Monat später wurde sie aufgefordert, nach Oslo zu reisen, sie
solle ihre Rationierungskarten, Fotos ihrer Familie und, wenn möglich, Kinderkleidung mitbringen. Der Lebensbornmitarbeiter in ihrer
Heimatstadt bat die Sicherheitspolizei, dafür zu sorgen, dass sie mit
dem nächsten Schiff nach Süden reisen könne: »Bei Ankunft in
Trondheim kann die Kindsmutter im Lebensborn-Stadtheim Nedre
Allee Nr. 16; bei Ankunft in Oslo im Lebensborn-Stadtheim Olav
Kyrresplatz 1, Eingang Bygdöalle wohnen.«

Eine Woche später hatte sie die Reise noch nicht angetreten. Der
Grund dafür war, dass sie kein Geld für die Fahrkarte hatte. Also bat
sie den Mitarbeiter des Lebensborns erneut um Hilfe. Am folgenden
Tag erhielt sie einen Vorschuss von 200 Kronen für die Fahrkarte und
die Verpflegung auf der Reise, die auf drei Tage veranschlagt wurde.
Aufgrund von Schwierigkeiten mit dem Schiffsverkehr dauerte es
weitere drei Wochen, bis die deutsche Sicherheitspolizei an den
Lebensborn telegrafieren konnte: »KM heute 11 Uhr mit D/S Nord-
stjernen nach Oslo in Marsch gesetzt.«

Vier Tage später wurde sie im »Heim Olav« in Oslo aufgenommen. Hier blieb sie drei Wochen, bis die Geburt näher rückte und
sie nach Hurdal Verk geschickt wurde. Kaum dort angekommen,
brachte sie ihr Kind zur Welt und blieb mit ihm bis Ende September
in dem Heim. Sie verließ es, um mit ihrem Kind zu den Eltern
zurückzuziehen, die nun doch bereit waren, die Tochter mit dem
Kind bei sich aufnehmen. Sie nahm die gleiche Route nach Norden,
auf der sie zu Beginn des Sommers in den Süden gekommen war: Sie
und ihr Kind blieben eine Nacht im Stadtheim am Olav Kyrresplatz
und reisten am nächsten Tag weiter. Zwei Tage später kamen sie in
Trondheim an, wo sie drei Tage im Stadtheim blieben, bevor sie die
Heimreise fortsetzten.

Improvisierte Lösungen

Dies ist ein typisches Beispiel dafür, wie die verschiedenen Lebensbornheime genutzt wurden. Aus ganz Nordnorwegen wurden werdende Mütter nach Südnorwegen in eines der Lebensborn-Entbindungsheime geschickt, um dort ihr Kind zur Welt zu bringen. Die Stadtheime dienten auf der Reise als »Hotels«. Trotz der forcierten Gründung eigener Lebensbornheime und der Belegung von Plätzen in norwegischen Heimen hatte die Abteilung Lebensborn den ganzen Krieg über große Mühe, die immer zahlreicher werdenden Mütter und Kinder unterzubringen.

Wir haben im letzten Kapitel Marie kennen gelernt, die sich im Juni 1941 an die Abteilung Lebensborn wandte. Zu diesem Zeitpunkt war sie bereits fast zwei Wochen in einer privaten Entbindungsklinik in Oslo gewesen und erwartete ihr Kind in den nächsten Tagen. Den Rat, sich um Hilfe an die Abteilung Lebensborn zu wenden, hatte ihr der Eigentümer der Entbindungsklinik gegeben.

Ein Angestellter der Abteilung Lebensborn, der sie in dieser Klinik besuchte, versprach ihr finanzielle Unterstützung und Hilfe bei der Suche nach einer Unterkunft. Wenige Tage später kam das Kind zur Welt, Mutter und Kind blieben weitere zwei Wochen in der Klinik. Dann holte ein Lebensbornmitarbeiter sie ab und brachte sie in die erwähnte Pension bei Drammen, wo sie bis auf weiteres wohnen sollte.

Sie war im Sommer 1941 in dieser Pension nicht allein mit ihrem Kind. Im Laufe weniger Tage sammelte die Abteilung Lebensborn dort acht Frauen mit ihren Neugeborenen. Aber eine solche Einquartierung in norwegische Hotels und Pensionen war eine Notlösung und der Aufenthalt dort war nur vorübergehend. Gerade in diesem Frühjahr und Sommer stieg die Zahl der vom Lebensborn betreuten Frauen und Kinder stark an, weshalb zu improvisierten Lösungen Zuflucht genommen werden musste. Und solange die Vorbereitungen für das Heim Hurdal Verk noch in vollem Gang waren, war auch das Stadtheim Oslo überfüllt.

Obwohl diese Pension nur eine Übergangslösung war, stattete die Abteilung Lebensborn sie so aus, dass es den Müttern mit ihren Kindern dort möglichst gut ging. Sie erhielten unter anderem Kinderbetten und zwei Kinderwagen, die sie sich teilen konnten. In dem knappen Monat, den die acht Frauen und Kinder in der Pension verbrachten, schickte man sogar einen deutschen Arzt von der Abteilung Gesundheitswesen, um das »Heim« zu inspizieren.

Etwa Mitte Juli war Hurdal Verk so weit hergerichtet. Ein deutscher Arzt, eine Oberschwester sowie Personal für einfache Arbeiten waren gefunden, sodass zumindest ein paar Frauen und Kinder aufgenommen werden konnten. Einen Tag, bevor die Ersten von ihnen nach Hurdal Verk kamen, wurden zur Ausschmückung der Räume unter anderem ein Bild des »Führers« sowie 32 Kinderbilder angeschafft. Als offiziell eröffnet galt Hurdal Verk erst am 14. August 1941, dem Tag, als die erste Schwangere ankam, obwohl in diesem ersten Entbindungs- und Mütterheim seit fast einem Monat mehrere Frauen mit Kindern wohnten.

Es ist selbstverständlich, dass die Abteilung Lebensborn in der ersten Zeit zu solch improvisierten Lösungen greifen musste. Trotz der Einrichtung weiterer Heime konnte der Bedarf an Heimplätzen nicht gedeckt werden. Nach der Eröffnung von Hurdal Verk strömten Schwangere wie auch Frauen mit Säuglingen dorthin, hinzu kamen Kinder, die nach und nach dort geboren wurden. Bereits am 12. September lebten etwa 70 Erwachsene und 25 Kinder in Hurdal Verk, im Frühjahr 1942 war es praktisch zu einem Kinderheim geworden. Solange dies das einzige Heim des Lebensborn war, sammelten sich hier jene Kinder, die nicht mit ihren Müttern das Heim verlassen konnten. Als im Sommer 1942 das erste Kinderheim Godthaab eröffnet wurde, brachte man binnen einer Woche 81 Kinder von Hurdal Verk in drei Transporten dorthin. Ähnliches wiederholte sich in den anderen Heimen, die im folgenden Jahr eröffnet wurden. Da in den letzten Kriegsjahren keine neuen Heime entstanden, obwohl die Zahl der Kinder stieg, wurde der Druck immer größer. Im August

1944 beispielsweise klagte Hurdal Verk der Zentrale in Oslo seine Not:

»Das Heim Hurdals Verk hat zur Zeit 81 Kinder, davon sind 13 Kinder mit Diphtherie isoliert und 3 mit Windpocken. Da wir Entbindungsheim sind und durchschnittlich 10–15 Geburten im Monat haben, müssen wir unbedingt die Möglichkeit haben, ältere Kinder in entsprechende Kinderheime zu verlegen. Es ist für uns platz- und pflegemässig zur Zeit untragbar, mehr als 60–70 Kinder im Heim unterzubringen, da wir die kranken Kinder mit Pflegepersonal isolieren müssen und wir für die Säuglingsstation nur 3 ausgebildete deutsche Schwestern zur Verfügung haben. Ich bitte darum, daß es uns möglich gemacht wird, gesunde Kinder in eins der Heime zu verlegen.«

Im folgenden Monat befanden sich noch 85 Kinder in Hurdal Verk. Danach aber gelang es offenbar, das Heim etwas zu entlasten, denn in den weiteren Kriegsjahren waren dort durchschnittlich 60 bis 80 Kinder. Die Situation in den anderen Heimen war vergleichbar, sodass man zusätzliche Plätze in den norwegischen Entbindungs-, Kinder- und Mütterheimen belegen musste.

Außer für Kinder mit deutschem Vater und norwegischer Mutter war die Abteilung Lebensborn noch für eine Reihe anderer Fälle zuständig. Dazu gehörten unter anderem deutsche Frauen, die während ihres Norwegenaufenthaltes ein Kind bekamen. Diese Frauen durften ihre Kinder in einem der Lebensbornheime zur Welt bringen und eine Zeit lang dort bleiben. Einige Kinder blieben auch in einem Heim, nachdem ihre Mutter die Arbeit bei einer deutschen Dienststelle in Norwegen wieder aufgenommen hatte. Diesen Frauen wurden allerdings keinerlei Beihilfen von der Abteilung Lebensborn gezahlt, denn sie gehörten in den Zuständigkeitsbereich des Lebensborn e. V. in Deutschland, dem auch die Rechnungen für den Heimaufenthalt der Frauen zugeschickt wurden.

Im Sommer 1942 hatte sich Tietgen mit Sollmann in Deutschland in Verbindung gesetzt und vorgeschlagen, dass die Lebensbornheime in Norwegen schwangere Deutsche aufnehmen könnten. Dies führte zu einem Missverständnis: Sollmann glaubte, Tietgen wolle Schwangere aus Deutschland in seine Heime nach Norwegen überführen, und lehnte brüsk ab. Nachdem Tietgen allerdings die Zusammenhänge erläutert hatte, stimmte Sollmann zu. Bis dahin waren ledige Deutsche, die in Norwegen als Nachrichtenhelferinnen oder Krankenschwestern Dienst taten, im Falle einer Schwangerschaft zu ihren Eltern nach Hause geschickt worden. Tietgen meinte, das sei jedoch problematisch, wenn die Frauen ihren Eltern die Schwangerschaft verheimlichen wollten. Anlass für Tietgens Initiative war ein konkreter Fall:

>In dem genannten Fall ist die werdende Mutter hier beim Deutschen Theater tätig. Der Kindsvater ist ein Offizier; die Vaterschaft wird anerkannt. Eine Heirat ist nicht möglich, da der Kindsvater verheiratet ist. Den Eltern der werdenden Mutter kann zurzeit keine Mitteilung darüber gemacht werden, da vor kurzer Zeit ein Bruder und ein Schwager gefallen sind. Wenn die Schwangerschaft jetzt bekannt wird, würden nur grosse familiäre Schwierigkeiten auftreten.«

Bis zum Kriegsende gab es in den norwegischen Lebensbornheimen eine gleich bleibende, jedoch geringe Zahl deutscher Mütter. Der Großteil wurde offenbar in Klekken untergebracht, da es das modernste Heim war und in der Nähe von Oslo lag, wo vermutlich die meisten deutschen Frauen eingesetzt waren. Von den 39 Müttern, die im Mai 1943 in Klekken wohnten, waren vier Deutsche. Es lebten auch immer einige wenige deutsche Kinder dort – im Juni 1944 waren es drei, im Dezember eines und im März 1945 zwei.

Heimaufnahmen nach
rassen- und erbbiologischen Kriterien

»Zur Zeit haben von 29 Kindern 21 deutsche Kindsväter [...] Bei den meisten Kindern zeigte sich, daß ihr Allgemeinzustand und Entwicklungsgrad nicht ihrem Alter entsprechend ist. Es handelt sich aber fast durchweg um Kinder mit weniger wertvollem Erbgut, so daß eine Verlegung einzelner nach Godthåb [sic] nur nach sorgfältiger Prüfung in Frage käme.«

Diesen Bericht verfasste ein Sachbearbeiter der Abteilung Lebensborn im Sommer 1942 nach der Inspektion eines kommunalen norwegischen Kinderheims. Eines der Kinder wird als »schlappes Kind mit deformierten Ohren« beschrieben, ein anderes als »häßliches kleines Kind mit mongolischer Augenstellung«. Solche Kinder wollte man nicht in einem Lebensbornheim haben.

Die Abteilung Lebensborn kümmerte sich zwar um alle norwegischen Mütter und ihre Kinder, aber jede Mutter und jedes Kind wurden genauestens bewertet, wenn es beispielsweise um die Aufnahme in ein bestimmtes Heim ging. Grundsätzlich sollten in einem Lebensbornheim nur diejenigen einen Platz bekommen, die als »wertvoll« angesehen wurden. Das geht unter anderem aus einem Rundschreiben von Dr. Ebner hervor, der als ärztlicher Leiter des Lebensborn e.V. auch für Rassefragen zuständig war. In dem Schreiben an die »untersuchenden Ärzte« heißt es, Ziel der Untersuchung der Frauen sei es, ein klares Bild über ihren Charakter, Gesundheitszustand und erbbiologischen Wert zu bekommen. »Für die Entscheidung, ob eine werdende Mutter in ein Heim des Lebensborn aufgenommen werden kann, ist die gewissenhafte Beantwortung der in dem ›Gesundheitsnachweis‹ gestellten Fragen dringend erforderlich.«

Das Rundschreiben trug den Vermerk »Streng vertraulich«. Die Frauen sollten nicht wissen, dass die Ärzte nicht nur ihren Gesundheitszustand untersuchten, sondern auch eine Rassenzuordnung vornahmen und ihren erbbiologischen Wert bestimmten. Das Prinzip war klar: »Fallen dagegen die politischen Auskünfte über die Frau selbst oder das rassepolitische Gutachten negativ aus, dann wird die werdende Mutter in einem norwegischen Heim auf Kosten des ›Lebensborn‹ untergebracht.« Eine entsprechende Auswahl wurde auch bei den Neuaufnahmen in die Kinderheime getroffen. Nachdem das Entbindungs- und Mütterheim Klekken im Frühjahr 1942 eröffnet worden war, sollten die fraglichen Frauen zwischen Hurdal Verk und Klekken aufgeteilt werden. Es wurde angeordnet,

> »daß die rassisch besseren Frauen im Heim Klekken und die rassisch weniger guten im Heim Hurdalsverk Aufnahme finden sollten. Den Müttern wird der Grund für ihre Zuweisung in ein bestimmtes Heim selbstverständlich nicht bekannt gegeben. Rassisch und charakterlich minderwertige Frauen finden in unseren Heimen keine Aufnahme, sie werden in norwegischen Mütterheimen, die von uns ausgerichtet wurden, aufgenommen.«

Diese Aufteilungen basierten zum Teil auf den rassen- und erbbiologischen Gutachten der ärztlichen Pflichtuntersuchungen. Wichtig war auch die Beurteilung des Charakters und des Auftretens der jeweiligen Frau, soweit es vor ihrer Aufnahme die Möglichkeit gab, sich davon einen Eindruck zu verschaffen. Dies war z. B. bei jenen Frauen gegeben, die sich vor der Weiterreise in eine Entbindungsklinik in einem »Stadtheim« aufhielten. Die Heimleitungen beobachteten die Frauen während ihres Aufenthaltes und ihre Einschätzungen wurden bei der Zuweisung eines Platzes berücksichtigt. Oft verschafften sich die Mitarbeiter der Lebensbornstellen einen ersten Eindruck, wenn sie die Frauen vor Ort registrierten.

Als Leitfaden zur Beurteilung der Frauen wurde eigens ein »Fragebogen über Kindsmütter im Vorheim« gedruckt. Die Formulare trugen den Aufdruck »Geheim!«. Während viele gängige Formulare in norwegischen Druckereien hergestellt wurden, kamen diese aus einer deutschen Druckerei in Oslo. Der zweiseitige Fragebogen sammelte Angaben über die Frauen, die der abschließenden Beurteilung ihres rassenpolitischen Wertes dienten. Es finden sich Fragen nach der Mitgliedschaft in der *Nasjonal Samling,* in deren Frauenschaft oder anderen Sparten der Partei sowie zur rassischen Einstufung – Haarfarbe, Augenfarbe, Hautfarbe, Größe und Gewicht. Des Weiteren wurde nach der »weltanschaulichen Einstellung« und dem Verhalten im Heim gefragt, nach der »Einstellung zur Heimgemeinschaft, Hausfraueneigenschaften, Verhalten während der Schwangerschaft, Einstellung zum zu erwartenden Kind« und nach der »Einstellung der Mutter zum Stillen ihres Kindes«. Es folgten Fragen nach dem allgemeinen Gesundheitszustand der Mutter und ihrer Beziehung zum Kindsvater. Bei jenen Frauen, die die Mütterschule besucht hatten, wurde unter anderem nach ihrem Verhalten in den Kursen gefragt, nach ihrem Interesse an den Kursen und ob »die Mutter nach den Voraussetzungen der deutschen Mütterschulkurse die nötigen Kenntnisse zum Erhalt der Großbescheinigung« habe. Schließlich musste beantwortet werden, ob die Mutter »dem Auslesprinzip: a. rassisch, b. weltanschaulich, c. charakterlich« entspreche. Der ausgefüllte Fragebogen war von der Leiterin der Mütterschule sowie dem Heimleiter zu unterschreiben. Die Mütter selbst sollten also nichts über ihre Beobachtung und Bewertung erfahren. Dass die Fragebögen benutzt wurden, ist sicher: Einmal wurden beispielsweise 300 Stück nach Hurdal Verk bzw. nach Klekken geschickt.

Die Nationalsozialisten befassten sich nicht aus Gründen der Wohlfahrt mit den norwegischen Kriegskindern. Dass die Abteilung Lebensborn einige Frauen und Kinder in einem Lebensbornheim und andere in einem norwegischen Heim unterbrachte, mochte der betroffenen Frau willkürlich erscheinen, in Wahrheit aber waren diese Entscheidungen das Ergebnis eingehender Prüfungen, denen jede einzelne Frau ohne ihr Wissen durch die Abteilung Lebensborn unterworfen wurde und die ihren rassenpolitischen Wert festlegten.

In der Praxis kamen allerdings nicht nur die »Wertvollen« nach Klekken oder in ein anderes Lebensbornheim. Sehr viele der »wertvollsten« Mütter waren ganz sicher niemals in einem der Lebensbornheime. Die Gründe dafür waren Kapazitätsprobleme, die wirtschaftliche Situation der Frauen, die großen geografischen Entfernungen, aber auch, dass manche Mütter einfach eine andere Wahl trafen. Andererseits wurden auch Frauen in »gute« Heime aufgenommen, bei denen rassenpolitische und sonstige Aspekte offenbar nicht berücksichtigt wurden.

So wurden im Sommer 1942 sieben Kinder aus einem norwegischen Heim in Arendal nach Godthaab überführt. Im April hatte ein Mitarbeiter der Lebensbornzentrale das norwegische Heim besucht und festgestellt, dass es für die Unterbringung älterer Kinder geeignet sei, Säuglinge aber nicht dorthin verlegt werden sollten. Deren Zimmer seien klein und so überfüllt, dass man zwischen den Betten kaum hindurchgehen könne. Der Mitarbeiter bemerkte auch, dass jeweils zwei Kinder von einem Teller gefüttert wurden und alle Kinder blass und unterernährt wirkten.

Dennoch blieben die Kinder bis in den Sommer hinein dort. Im August dieses Jahres brachte auch der Lebensbornmitarbeiter beim Reichskommissariat in Kristiansand die Situation der Kriegskinder in diesem norwegischen Kinderheim zur Sprache. Die acht Kriegskinder seien in einem Raum an der Nordseite des Gebäudes untergebracht, in den nur in den Sommermonaten ein wenig Abendsonne fiel. Im Herbst und Winter kämen die Kinder nie an die frische Luft und selbst im Hochsommer »schlug einem beim Eintritt in diesen Raum ein dumpfer, modriger Geruch entgegen. An den Wänden, die nur roh verputzt sind, befinden sich Moderflecke. Bis auf ein 14 Tage altes Kind […] standen die Kinder alle in ihren Bettchen draussen, daher war der Raum ganz leer. Ich kann diesen nur mit einem Stall vergleichen.«

Auch einige Mütter bemängelten die schlechten Zustände im Heim. Da beschloss die Abteilung Lebensborn, die Kinder ins Heim nach

Godthaab zu bringen, das in diesem Sommer eröffnet worden war. Als sie bei ihrer Ankunft untersucht wurden, zeigte sich, dass alle mehr oder weniger krank und in schlechter körperlicher Verfassung waren. Sie waren ungepflegt und trugen Kleider, die ihnen nicht passten. Mehrere hatten offene Stellen, die nicht richtig verbunden waren.

Die Überführung der Kinder nach Godthaab wurde also erst beschlossen, nachdem man mehrere alarmierende Berichte über den Zustand der Kinder erhalten hatte und die Mütter protestiert hatten. Die Abteilung Lebensborn wollte nicht, dass die unterschiedliche Behandlung der Kinder, die sich an dem jeweiligem »Wert« orientierte, allzu offensichtlich wurde. Vor allem aber wollte sie verhindern, dass man den Deutschen nachsagen könnte, sie kümmerten sich nicht angemessen um die Nachkommen ihrer Soldaten. Dennoch blieben zwei Kinder in dem norwegischen Heim zurück, weil sich »die Mütter mit der Verlegung nicht einverstanden erklärten«. Die Abteilung Lebensborn ließ also »deutsche« Kinder in einem Heim, mit dem sie selbst nicht zufrieden war.

Das galt auch für ein Kinderheim bei Oslo, wo man den ganzen Krieg über mehrere Kinder untergebracht hatte. 1944 reichten die Schwesternschülerinnen des Heimes Beschwerde über die Verhältnisse im Heim ein und kündigten geschlossen. Sie beschrieben die Zustände im Haus als skandalös, die Kinder würden schlecht versorgt und schlecht ernährt:

»Das Mittagessen besteht jeden Tag aus Kartoffelpürée mit ein wenig Gemüse und einem dünnen Hagebuttenkompott. Um 5–6 Uhr wachen die Kinder auf und werden von der Nachtwache aus den Betten geholt, dann gehen sie barfuß und mit nacktem Unterkörper umher, bis um 7 Uhr die anderen Schülerinnen kommen. In dieser Zeit fließen viel Urin und Stuhl auf den Boden, in dem die Kleinen herumtreten und auch herumkrabbeln [...] Die Kinder werden tagsüber zum Schlafen nicht ins Bett gelegt, sondern müssen den Schlaf, den sie brauchen, auf dem Fußboden oder auf einem Hocker sitzend bekommen.«

Als die Besitzerin des Heimes um eine Stellungnahme gebeten wurde, bestritt sie die Schilderungen entschieden und verwies unter anderem darauf, dass »die Abteilung Lebensborn (Reichskommissariat), die bei mir einige Plätze requiriert hat«, das Heim besucht und niemals etwas zu beanstanden gehabt habe. Es wurde übrigens 1947 geschlossen, nachdem Berichte über die dortigen Zustände zu einem großen Presse-Echo geführt hatten.

Wir sahen bereits, dass manche »wertvollen« Kinder auch dann nicht in ein anderes Heim überführt wurden, wenn die Zustände in dem bisherigen schlecht waren. Das galt auch für das Heilsarmee-Heim in Kristiansund, wo im Sommer 1942 vier Kriegskinder untergebracht waren. Das Heim war zu klein, überfüllt, die Kinderzimmer waren schlecht belüftet, im Jahr zuvor waren drei Kriegskinder an Lungenentzündung gestorben. Dennoch sollten dort weiterhin Kriegskinder aufgenommen werden. In der Praxis konnte es also vorkommen, dass »wertvolle« Mütter und Kinder in schlechte norwegische Heime eingewiesen wurden, während Mütter und Kinder, die als weniger wertvoll galten, in eines der Lebensbornheime kamen. Das aber waren Ausnahmen.

Der kontrollierte Alltag

»Standartenführer!
Am 24.8.1941 gebar die Norwegerin […] ein Mädchen mit Namen […] Es ist die erste Geburt in dem ersten Lebensbornheim in Norwegen […] Bis zum heutigen Tage wurden in dem Heim weitere vier Mädchen und ein Junge geboren.«

Diese Meldung schickte Tietgen am 28. August 1941, nicht ohne einen gewissen Stolz, an Max Sollmann nach München.[21] In der Woche zuvor hatte er gemeldet: »Am 14.8.1941 wurde die erste werdende Mutter im Heim Hurdal Verk aufgenommen. Dieser Tag gilt als Eröffnungstag des Heimes. Wir erwarten die ersten Geburten bereits im Laufe dieser Woche.«

Das war ein großes Ereignis für den Lebensborn und die SS. Die ersten Norwegerinnen brachten ihre Kinder in deutschen Lebensbornheimen zur Welt! Nun war es an der Abteilung Lebensborn, die Kontrolle über Mütter und Kinder zu behalten, damit diese auf lange Sicht zur »Aufnordung« des deutschen Volkes beitragen würden.

Damit begann in Norwegen die Arbeit der Lebensbornheime. Bis Ende August 1943 hatte die Abteilung Lebensborn die Geburten von insgesamt 2782 Kriegskindern registriert, davon waren 561, also 20 %, in einem Lebensbornheim zur Welt gekommen. Dieser Anteil sank mit der Zeit etwas, da man beim Ausbau neuer Heime nicht mit der wachsenden Schwangerschaftsrate Schritt zu halten vermochte.

Dennoch kamen während des Krieges in den deutschen Heimen in Norwegen mindestens 1089 Kriegskinder zur Welt. Bis Ende März 1944 waren es in Hurdal Verk 600, im Dr. Holms-Heim in Geilo 198 und in Klekken 267 Kinder. In Høsbjør wurden in den letzten Kriegswochen, als das Heim gerade in Betrieb genommen worden war, 24 Kinder geboren. Hinzu kommt eine unbekannte Anzahl von Kindern, die in Heimen geboren wurden, die nicht primär als Mütter- und Entbindungsheime eingerichtet waren.

Die Entbindungsprotokolle von Klekken sind verschollen, daher ist die genaue Zahl der dort geborenen Kinder nicht bekannt. Aber wenn wir für dieses Heim im letzten Kriegsjahr etwa 150 Neugeborene annehmen, liefe eine grobe Schätzung darauf hinaus, dass in den norwegischen Lebensbornheimen gut 1200 Kinder geboren wurden.

Außer den dort geborenen Kindern lebten viele hundert Kinder, die anderswo zur Welt gekommen waren, für kürzere oder längere Zeit in einem der Heime. Auch bei den Müttern gab es neben denen, die ihr Kind in einem Lebensbornheim bekommen hatten, viele, die vorübergehend in einem oder sogar mehreren Stadtheimen wohnten. Andere nahmen in einem Kinderheim eine Stelle an, weil sie auf diese Weise mit ihrem Kind zusammen bleiben konnten. Im März 1945 lebten 62 Kinder in Klekken und die Mütter von 15 dieser Kinder arbeiteten im Heim. Ähnliches galt für die Kinderheime, die viele Beschäftigte haben mussten, um die Kinder zu versorgen und auf sie aufzupassen. In Stalheim, wo 124 Kinder lebten, waren 41 der Mütter dort beschäftigt. So lebten viele Kinder zwar in einem Kinderheim, aber dennoch mit ihren Müttern zusammen.

Die meisten Kriegskinder und ihre Mütter waren vermutlich niemals in einem Lebensbornheim. Dennoch spielen diese Heime in der Geschichte der Kriegskinder eine zentrale Rolle. Der Aufenthalt dort schuf für sehr viele Mütter und Kinder einen gemeinsamen Erlebnisrahmen. Hier, wo der Alltag von Müttern und Kindern durch die Abteilung Lebensborn bestimmt war, wurden deren ideologische Ziele am deutlichsten.

Die Kinder erinnern sich heute natürlich kaum noch an die Heimaufenthalte in ihren ersten Lebensjahren, aber für die Mütter muss die Zeit in einem der Lebensbornheime ein außergewöhnliches Erlebnis gewesen sein. Viele junge Mädchen kamen vom Land und hatten zuvor vielleicht nie das Elternhaus verlassen. Nun waren sie von ihrer Familie und ihrem Freundeskreis mitunter regelrecht verstoßen worden und völlig verzweifelt. In den Heimen trafen sie Frauen, die zwar in einer vergleichbaren Situation waren, zum Teil aber aus völlig anderen Kreisen stammten. Allein das muss für viele schwierig gewesen sein. Hinzu kam, dass die Heime von deutschem Personal geführt wurden und mit Sicherheit stark davon geprägt waren, dass sie SS-Institutionen waren.

Ein Heim, keine Institution

Die Abteilung Lebensborn gab sich große Mühe, damit ihre Heime als Zuhause und nicht als Institution erlebt wurden. Im ersten Heim Hurdal Verk wurden einige kleinere Räume als Wohnzimmer eingerichtet. Aus dem Wohnsitz des Kronprinzen in Skaugum, der jetzt von Terboven bewohnt wurde, schaffte man einige Möbel herbei und schickte darüber hinaus Kinderspielzeug des damaligen Kronprinzen Harald nach Hurdal Verk. Zusätzlich wurden Mobiliar und andere Einrichtungsgegenstände gekauft, so lieferte ein Osloer Möbelgeschäft im März 1942 Möbel für über 6000 Kronen.

Innerhalb der Abteilung Lebensborn herrschte gelegentlich Uneinigkeit darüber, wie die Heime geführt werden sollten. So trat im März 1944 die Oberschwester von Stalheim in einem Brief an die Zentrale dafür ein, die Bedingungen für die größeren Kinder zu verbessern. Man müsse einen Kindergarten einrichten und Kindergärtnerinnen einstellen. Sie glaubte zu erkennen, dass die größeren Kinder »alle eine typische Heimentwicklung zeigen«, und hoffte, dass eine Kindergärtnerin die Situation verbessern könne. Das Pflegepersonal in den Heimen habe weder Zeit noch Übung darin, sich mit Kindern zu beschäftigen und mit ihnen zu spielen.

Ebenfalls im Frühjahr 1944 bat die Zentrale die Oberschwester in Stalheim, Vorbereitungen für die Überführung der »Adoptionskinder« nach Godthaab zu treffen. Man wollte einen Tausch vornehmen, bei dem größere Kinder von Stalheim nach Godthaab und kleinere von Godthaab nach Stalheim gebracht werden würden. Die Oberschwester reagierte in einem Schreiben an die Zentrale sehr scharf auf diese Bitte: Sie fürchte, dass die ständige Verlegung dazu führen werde, dass die Kinder Merkmale »typischer Heimkinder« entwickeln könnten. Sie schrieb unter anderem:

> »Eine nochmalige Verlegung würde nicht ohne ein schweres psychisches Trauma zu bewerkstelligen sein. Die Umstellung vom nor-

wegischen Kinderheim nach hier war so gewaltsam, daß das Einleben den Kindern sehr schwer fiel. Erst nach einer verhältnismässig langen Zeit konnte eine systematische Erziehungsarbeit einsetzen, die Unterbrechung würde sicher wieder alles nutzlos werden lassen und in Godthaap [sic] müsste neu begonnen werden.«

Die Lebensbornleitung verfolgte die konkrete Absicht, alle älteren Kinder in Godthaab für einen Transport nach Deutschland zu sammeln. Davon wusste die Oberschwester von Stalheim ganz offensichtlich nichts. Sie dachte vor allem an das Wohl der Kinder.

Mütter, die sowohl Hurdal Verk als auch Klekken kannten, sagen heute, für sie sei Hurdal Verk eher ein Zuhause gewesen als das funkelnagelneue Hotel Klekken, das eben genau das war – ein Hotel. Sauber, praktisch und ordentlich, aber ohne die »heimelige« Atmosphäre von Hurdal Verk, das allerdings hin und wieder sehr überfüllt war. Das galt unter anderem für die Zeit vor der Eröffnung des Entbindungs- und Mütterheims Klekken und des Kinderheims Godthaab. Gelegentlich waren auch die Stadtheime überlastet. Im Winter 1942 befanden sich im Heim am Olav Kyrresplatz in Oslo beispielsweise 30 Frauen, obwohl es eigentlich nur für 20 Platz bot. Dort wohnten sehr viele Frauen, die eigentlich auf dem Weg nach Deutschland waren, wo sie heiraten wollten. Da es öfter Schwierigkeiten mit dem Transport nach Deutschland gab, blieben sie länger als geplant in Oslo. Das verursachte natürlich Probleme, und die Überbelegung der Heime bedeutete auch für das Personal einen großen Arbeitsdruck. So wurde im März 1942 eine der deutschen Krankenschwestern in Hurdal Verk wegen Überarbeitung krank geschrieben, obwohl das Heim im Februar zusätzlich zum bisherigen Personal zwei deutsche und zwei norwegische Pflegerinnen bekommen hatte.

Die Stimmung im jeweiligen Heim war natürlich auch von der Heimleitung abhängig. In den Erzählungen von Müttern und anderen, die die Heime kannten, taucht beispielsweise immer wieder die deutsche Krankenschwester Berta Betz auf, deren markante Persönlichkeit die Atmosphäre der Heime, in denen sie arbeitete, in hohem Grad prägte.

Als Berta Betz im Juli 1941 aus Deutschland nach Hurdal Verk kam, war sie eine erfahrene Krankenschwester von 33 Jahren. Sie begann sofort mit den Vorbereitungen zur Eröffnung des Heimes. Sie gehörte der Schwesternschaft der Nationalsozialistischen Volkswohlfahrt (NSV) an, der Wohlfahrtsorganisation der NSDAP; diese Schwestern trugen den Beinamen »Braune Schwestern«. Die NSV hatte Berta Betz an die Abteilung Lebensborn nur »ausgeliehen« und musste für Betz' Arbeit in Norwegen bezahlen. Bei der Eröffnung von Klekken wurde sie als Oberschwester dorthin versetzt, vor Kriegsende übernahm sie ebenfalls als Oberschwester Godthaab, wo sie bis Kriegsende blieb. Sie arbeitete also fast vier Jahre lang in norwegischen Lebensbornheimen und war dort in vielerlei Hinsicht eine prägende Gestalt.

Betz trug in ihren Jahren in Hurdal Verk, Klekken und Godthaab die Verantwortung für Hunderte norwegische Mütter und Kinder und hatte zu vielen einen engen Kontakt. Sie mag für ihre Arbeit klare politische Motive gehabt haben, aber denen, die mit ihr zu tun hatten, ist sie vor allem als streng, fürsorglich und gerecht in Erinnerung. Sie selbst war kinderlos und alle sind sich darin einig, dass sie sich um jedes einzelne Kind kümmerte.

Eine Norwegerin, die in allen drei Heimen mit Berta Betz zusammenarbeitete, erinnert sich besonders gut an eine Begebenheit aus Hurdal Verk. Unter den allerersten Kindern, die nach Hurdal Verk kamen, war ein Kind, das ohne Mutter über die Heilsarmee in Oslo kam. Das Neugeborene war stark vernachlässigt und hatte unter anderem eine sehr wunde Haut. Berta Betz kochte Kartoffeln und badete das Kind in dem lauwarmen Kochwasser. Sie setzte sich mit dem Kind im Arm in die Sonne, denn sie glaubte fest an die heilende Kraft von Sonne und frischer Luft. Sie war der Überzeugung, dass auch die beiden Schweine, die man in Hurdal Verk hielt, möglichst viel in der

Sonne sein sollten, weil davon das Fleisch besser werde. Die Landbewohner rund um Hurdal Verk nahmen allerdings daran Anstoß, dass die Kinder dort auch im Winter lange im Freien lagen, was damals auf dem Land nicht üblich war.

Viele norwegische Mütter erinnern sich noch heute an Berta Betz, die die Lebensbedingungen Hunderter norwegischer Kriegskinder prägte. Sie bemühte sich engagiert darum, dass die Lebensbornheime genügend Lebensmittel und alles Notwendige erhielten. Von den Leitern der Abteilung Lebensborn wurde sie hoch geschätzt, denn neben ihren anderen Aufgaben inspizierte sie auch die Zustände in den norwegischen Kinderheimen, in denen Kriegskinder lebten. Unmittelbar nach Kriegsende lernte der Generalsekretär des Norwegischen Roten Kreuzes Arnold Rørholt Berta Betz kennen. Auch er war offenbar beeindruckt von ihr: »Die Oberschwester machte einen sehr guten Eindruck und verstand sich offenbar hervorragend auf ihre Arbeit.«

»Alles ist darauf abgestellt, einen deutschen Menschen zu formen«

Neben der täglichen Betreuung und Versorgung von Müttern und Kindern wurde auch bewusst daran gearbeitet, die Mütter »einzudeutschen«.

»Die Norwegerinnen sind unter völlig anderen Bedingungen aufgewachsen als die deutschen Frauen. Sie kennen keinen völkischen Kampf, durch einseitige politische Propaganda ist ihr Blick getrübt […] Eine Norwegerin, die ein Kind von einem deutschen Soldaten erwartet, ihn vielleicht später heiraten und in Deutschland leben wird, muß aber unbedingt mit deutschem Gedankengut vertraut sein. Vorbedingung für eine erfolgreiche Schulung ist jedoch, daß die werdende Mutter möglichst früh aus ihrer Umwelt herausgezogen wird.«

Die Frauen sollten schon bei ihrer Aufnahme in ein Vorheim und noch vor der Entbindung »mit deutschem Gedankengut« vertraut gemacht werden. Es gab Kurse in Hauswirtschaft, Säuglingspflege und Kochen. Im Mai oder Juni 1941 wurden im vorübergehenden Osloer Stadtheim im Kristinelundvei mindestens drei Kochkurse für Norwegerinnen veranstaltet. Großes Gewicht wurde auf Unterricht in deutscher »Weltanschauung« gelegt, um die Mütter an die »germanische Kultur« heranzuführen. Außerdem bemühte man sich, ihnen Deutsch beizubringen. Schon vor der Eröffnung von Hurdal Verk im Sommer 1941 ordnete Rediess an, dass die Mütter in dem geplanten Heim täglich eine Stunde Deutschunterricht bekommen sollten, wofür eigens ein Lehrer angestellt wurde. Man versuchte auf unterschiedliche Weise, einen funktionierenden Unterricht durchzuführen, stieß aber auf viele praktische Schwierigkeiten. Beispielsweise wollte Tietgen im Herbst 1942 einige Filmvorführgeräte aus Deutschland haben. Er wusste, dass die RuSHA solche Apparate besaß, doch die Antwort auf sein Gesuch fiel negativ aus, weil die Geräte anderweitig vergeben waren.

In einigen Räumen der Mütter- und Entbindungsheime wurden »Mütterschulen« eingerichtet, eine Ausnahme war die spezielle Mütterschule in Reistad, die einer traditionellen Hauswirtschaftsschule glich. Die Schulen funktionierten nach dem gleichen Prinzip wie die Reichsbräuteschulen in Deutschland. Außerdem wollte man den Norwegerinnen zeigen, wie eine Wohnung eingerichtet sein sollte und stattete deshalb einige Räume, die als Vorbild dienen sollten, mit neuen Möbeln aus.

Die Schule wurde von Lehrerinnen geleitet, die vom Lebensborn e.V. in Deutschland »ausgeliehen« waren. Dennoch gelang es der Abteilung Lebensborn offenbar nicht besonders gut, die norwegischen Mütter einzudeutschen. Zum einen waren die meisten für solche Bemühungen offenbar nicht besonders empfänglich, zum anderen war eine sinnvolle Organisation des Unterrichts grundsätzlich schwierig, da die meisten Frauen sich nur kurze Zeit in den Heimen aufhielten und vermutlich stark mit sich und ihren Kindern beschäftigt waren.

Doch die Deutschen versuchten, die Mütter während ihres Heimaufenthaltes nicht nur in explizit dafür anberaumten Unterrichtsstunden, sondern auch auf andere Weise zu beeinflussen. Abends wurden oft deutsche Lieder angestimmt, um die Frauen mit dieser Seite der deutschen Kultur vertraut zu machen.

Die Frauen wurden aufgefordert, nicht nur Kleidung für ihre Kinder zu stricken, sondern auch für deutsche Soldaten. »Durch solche Arbeiten soll in ihnen das Gefühl geweckt werden, daß die Frau im Kriege noch mehr als sonst für ihren Mann zu sorgen hat.« Im Januar 1942 wurde eine Aktion gestartet, um die Mütter in den Heimen dazu zu bringen, für deutsche Soldaten an der Ostfront Wäsche zu stricken. Dafür setzten sich sowohl Tietgen als auch Dr. Richert entschieden ein. Hurdal Verk bekam 25 Kilo Wolle, woraus die Mütter »150 Finnlandshetter (ganze Kopfschützer), 50 Ohrenwärmer und 5 Schlüpfer stricken« sollten. Eine der Frauen, die damals im Heim war, erinnert sich noch gut, dass sie strickte, bis sich die Haut von den Fingerkuppen löste.

Einige Mütter waren sehr fleißig; so strickte eine Frau allein 15 *Finnlandhetter*. Aber die Frauen wollten für ihren Einsatz auch belohnt werden. Als die Mütter in Hurdal Verk erfuhren, dass die Frauen im Stadtheim Oslo eine Anerkennung in Form von Kaffee und Kuchen erhalten hatten, wollten auch sie etwas bekommen. Der Wunsch wurde auf höchster Ebene befürwortet. Tietgen besprach sich mit Dr. Richert und schlug vor, für die 70 Frauen in Hurdal Verk, die sich an der Aktion beteiligt hatten, einen festlichen Abend auszurichten. Dafür erbat er die Zuteilung von fünf Pfund Kaffee, 20 Pfund Mehl, fünf Pfund Butter sowie einer kleinen Tafel Schokolade für jede Frau.

Wie die Norwegerinnen dazu standen, mit ihrer Arbeit deutsche Soldaten mit Winterkleidung zu versorgen, ist unklar. Eine kleine Geschichte aber zeigt, dass dieses Problem auf jeden Fall für andere von Bedeutung war. Eine junge Norwegerin hatte eine feste Beziehung mit einem deutschen Soldaten, der in ihrem Dorf stationiert war. Er wurde mit der Zeit auch von ihren Eltern akzeptiert, obwohl die Familie im Krieg zwei Söhne verloren hatte, einen im Frühjahr 1940 in Narvik und einen zweiten auf See. Der Deutsche freundete sich mit dem jüngeren Bruder seiner Freundin an und einmal nahm die Familie ihn als Norweger verkleidet zu einem Tanzvergnügen mit. Der Mutter seiner Freundin schenkte er einen Militärmantel, den sie zu einem Wintermantel für sich selbst umnähte und den sie sehr schätzte. Als Dank wollte sie ihm dicke Winterstrümpfe stricken, löste damit aber im Familienkreis heiße Debatten aus, denn es konnte als Landesverrat angesehen werden, einem deutschen Soldaten Winterstrümpfe zu stricken. Zum Tanzen konnte man ihn gern mitnehmen, aber Strümpfe durfte man ihm nicht schenken!

Die deutschen Stellen hatten eine sehr genaue Vorstellung von der Erziehung der Kinder. Ein Kinderheim konnte zwar kein vollwertiger Ersatz für ein Elternhaus sein, aber »der Vater weiss, daß sein Kind hier als deutsches Kind angesehen wird und daß alles darauf abgestellt ist – soweit bei einem Kleinkind von Erziehung gesprochen werden darf – einen deutschen Menschen zu formen, der später einmal ein wertvolles Mitglied der Volksgemeinschaft sein soll«.[22]

Das Ziel war klar und die Abteilung Lebensborn konnte das Heimleben mit ihrer SS-Ideologie bis zu einem gewissen Grad prägen. Da die SS eine atheistische Organisation war, versuchte sie unter anderem, christliche Zeremonien und Festtage durch eigene zu ersetzen. Noch im November 1944 wurde betont, dass ein SS-Führer kein Kirchenmitglied sein dürfe.[23] In einigen Lebensbornheimen fand am 13. Dezember eine alternative SS-Weihnachtsfeier statt, während das traditionelle Weihnachtsfest später im Monat völlig übergangen wurde.

Die SS hatte eine eigene Taufzeremonie, die »Namensgebung« oder »Namensweihe«, bei der das Kind in die »SS-Sippengemeinschaft« aufgenommen wurde. Das war ein festlicher Anlass, an dem meist mehrere Mütter mit ihren Kindern teilnahmen und zu dem hochstehende SS-Offiziere anreisten. Die Zeremonie fand im geschmückten Festsaal des Heimes statt und es wurde passende deutsche Musik gespielt. Von November 1941 bis Mai 1942 gab es z.B. in Hurdal Verk neun solcher Zeremonien mit insgesamt 61 Kindern. Aber als einige der Mütter, die im Sommer 1941 in einer Pension bei Drammen wohnten, ihre Kinder in der Kirche taufen ließen, übernahm die Abteilung Lebensborn auch hierfür alle Kosten.

Namensgebungszeremonien fanden in Hurdal Verk und Klekken statt, die letzte in Hurdal Verk offenbar im Mai 1942. Danach scheinen diese Zeremonien nur noch in Klekken abgehalten worden zu sein, wo am 22. Februar 1945 die letzte stattfand. Die Gründe hierfür sind ungeklärt, denkbar ist, dass nur bestimmte Kinder der »Aufnahme« in die SS und somit dieser Zeremonie für würdig befunden wurden. Das würde auch erklären, warum sie nach der Eröffnung von Klekken nur noch dort stattfanden. Denn dort sollten ja, wie erwähnt, die »wertvollsten« Frauen untergebracht werden.

Da die Deutschen alle Kriegskinder ständig kontrollieren wollten, durften Mütter ihr Kind nicht ohne Genehmigung aus einem Kinderheim nach Hause holen. Im Frühjahr 1944 wurde ein Kinderheim streng ermahnt: Wünsche von Müttern, ihre Kinder nach Hause zu holen, seien ausnahmslos und sofort an die Abteilung Lebensborn weiterzuleiten. Anlass dafür war, dass eine Norwegerin ihr Kind ohne Zustimmung der Deutschen abgeholt hatte.

Krankheit und Tod

Die Atmosphäre in den Mütter- und Entbindungsheimen muss stark davon geprägt gewesen sein, dass viele Frauen ihre Lage als äußerst belastend erlebten. Was würde aus ihnen und ihren Kindern werden? Würde der Kindsvater zu ihnen stehen und sich zu seiner Verantwortung bekennen? Und auch in den Heimen gab es Vorfälle, die Mütter bedrückten.

Eine Mutter, die in Stalheim arbeitete, wo ihr Kind war, war mit dem Vater des Kindes verlobt. Er war Flieger in der Luftwaffe, das Heiratsgesuch war bereits gestellt. Eines Tages erhielt die junge Frau die Nachricht, dass ihr Verlobter vermisst und vermutlich gefallen sei. Sie brach völlig zusammen und rief ihre Eltern in Ostnorwegen an, die sie baten, nach Hause zu kommen. Sie wollten allerdings nicht, dass sie ihr Kind mitbrachte. Das stürzte die Frau in tiefste Verzweiflung. Kurze Zeit später reiste sie mit dem Bus aus Stalheim ab, stieg aber nach knapp einem Kilometer wieder aus, ging in den Fluss und wurde vom Wasserfall erfasst. Wenige Tage später fand ein junges Mädchen, das das Zimmer mit ihr geteilt hatte, dort unter einem Tischtuch einen Brief. Es war ein letzter Gruß, in dem sie ihre Zimmernachbarin bat, sich um das Kind zu kümmern, das aber bereits von ihrer Familie aus Ostnorwegen abgeholt worden war. Die Familie, die ihre Tochter nur ohne Kind zu Hause aufnehmen wollte, bekam nun also das Kind, während die Tochter tot war.

Diese erschütternde Geschichte ist kein Einzelfall und solche Geschehnisse werden die Stimmung im Heim sicher lange Zeit geprägt haben. Ähnlich traurig ist folgendes Ereignis. Eine der Mütter ging abends auf ihr Zimmer und traf auf der Treppe ein hochschwangeres junges Mädchen. Die Geburt stand unmittelbar bevor und die junge Frau hatte furchtbare Angst, ob alles gut gehen werde. Die andere Frau unterhielt sich ein wenig mit ihr und sagte: »Das geht bestimmt alles gut. Morgen ist es vorbei, dann hast du dein Kind.« Am nächsten Morgen war es wirklich »vorbei« – das Kind war nachts zur Welt gekommen, aber die Mutter war bei der Geburt gestorben. Noch am gleichen Tag kam ein deutscher Soldat nach Klekken. Üblicherweise hatten sich Väter und Freunde, wenn sie auf Besuch kamen, in ihren Ausgehuniformen fein gemacht, sie traten selbstsicher und stramm auf. Dieser Soldat aber trug eine schmutzige und unordentliche Felduniform und wirkte völlig verloren. Er war der

Kindsvater, der gerade die Meldung von der Geburt und dem Tod erhalten hatte. Man legte ihm sein Kind in den Arm, aber dann musste er zu seiner Einheit zurückkehren. Es war vermutlich das einzige Mal, dass er sein Kind sah.

Auch deutsche Angestellte in den Heimen hatten private Sorgen. So erschoss sich an einem Nachmittag im Oktober 1942 eine 25-jährige deutsche Sekretärin. Sie wurde etwa 500 Meter vom Heim entfernt auf einem Waldweg gefunden.

Selbstverständlich kam es vor, dass Kinder krank wurden oder auch starben. Alle Heime hatten eine eigene Isolierstation, wo Kinder mit ansteckenden Krankheiten untergebracht wurden, aber es kam vor, dass auch andere Kinder angesteckt wurden. Im Frühjahr 1943 brach in Godthaab die Diphterie aus und vier erkrankte Kinder wurden ins Krankenhaus gebracht. Drei davon wurden allerdings als gesund entlassen, bevor sie wirklich genesen waren. Sie kamen nicht mehr auf die Isolierstation, sondern in die normalen Stuben und steckten weitere Kinder an, sodass die Epidemie anhielt. In den Heimen brach mehrfach Diphterie aus, im August 1944 waren beispielsweise in Hurdal Verk 13 Kinder isoliert.

Eines Nachmittags im Mai 1942 litt plötzlich eine norwegische Pflegerin an Kopfschmerzen, Fieber und einer Lähmung des linken Arms. Während der Heimarzt noch mit ihr beschäftigt war, teilte man ihm mit, eine weitere norwegische Pflegerin habe ähnliche Symptome. Die beiden wurden noch am gleichen Abend in ein Krankenhaus nach Oslo gebracht, aber am folgenden Tag waren bereits drei Kinder krank, von denen eines so gravierende Lähmungen hatte, dass man es ins Krankenhaus brachte. Es erkrankten drei weitere Norwegerinnen aus dem Personal, aber nicht so schlimm wie die Frauen am Vortag.

Der deutsche Arzt fürchtete, es könnte sich um Kinderlähmung handeln, war aber völlig unsicher. Unmittelbar nachdem die beiden Frauen und das Kind ins Krankenhaus gebracht worden waren, bekam er Besuch von dem norwegischen Bezirksarzt für Hurdal. Dieser verhehlte später nicht, dass ihn die Kenntnisse seines deutschen Kollegen nicht sonderlich beeindruckten, entschuldigte ihn allerdings, indem er ihn als »alten Hals-, Nasen-, Ohrenarzt in Sturm-Uniform« beschrieb.[24] Nachdem der deutsche Arzt die Symptome geschildert und mit der Vermutung geschlossen hatte, es müsse sich um Kinderlähmung handeln, beruhigte ihn der Bezirksarzt: »›Es ist sicher Dysenterie [Ruhr]‹, sagte ich. Er schickte die Proben ein und es stimmte. Sie hatten Wasser aus dem Damm geholt.«

Nun wurden die Kranken völlig isoliert und das gesamte Heim abgesperrt. Später legte die Abteilung Lebensborn größten Wert darauf, bei allen Objekten, die als Heim in Betracht gezogen wurden, die Wasserqualität genauestens zu untersuchen, und in mehreren Heimen wurde für viel Geld die Wasserversorgung verbessert. Aus dem Vorkommnis in Hurdal Verk wurden also ernste Konsequenzen gezogen.

Trotz der Erfahrung mit dem Betrieb ähnlicher Heime in Deutschland, machte die Abteilung Lebensborn Fehler. So musste Tietgen im Herbst 1943 dem Heim Godthaab einschärfen, dass Neugeborene nur dann in ein anderes Heim überführt werden durften, wenn sie ein gewisses Alter erreicht hatten und in gutem Gesundheitszustand waren. Stalheim hatte gemeldet, dass es mit einem Kind aus Godthaab nicht zum Besten stand, und die Oberschwester meinte, es sei zu früh nach der Geburt verlegt worden. Der Säugling wog bei der Geburt im Frühjahr 1943 3250 Gramm. Nur drei Wochen später wurde er von Geilo nach Stalheim gebracht und wog im August nur 4300 Gramm. Das Personal in Stalheim hatte eine eigene Erklärung für den schlechten Zustand des Kindes, nämlich »die schnell aufeinanderfolgende zweimalige Umstellung in der Ernährung (von Muttermilch auf künstliche Ernährung und von der Ernährung in Geilo auf die in Stalheim)«. Dergleichen schaffe nur Probleme und müsse vermieden werden.

Im November 1942 besuchte die deutsche Reichshebammenführerin Nanna Conti Norwegen. Sie inspizierte unter anderem die

105

Lebensbornheime Hurdal Verk, Godthaab, Klekken und Geilo. Es wurde auch ein Treffen mit allen deutschen Hebammen in Norwegen arrangiert, deren Arbeit sehr geschätzt wurde. Schließlich trugen sie die Verantwortung für die Geburt der Kinder, die ein wertvoller Zuwachs für das deutsche Volk sein sollten.

Die deutschen Hebammen und Krankenschwestern versorgten die Mütter und Frauen in aller Regel sehr gut. Der Mangel an Heimärzten konnte allerdings dazu führen, dass sie gelegentlich zu Dingen gezwungen waren, die ihre Kompetenzen eigentlich überstiegen. Weil es bei einer Geburt Komplikationen gab, wurde der norwegische Bezirksarzt für Hurdal nach Hurdal Verk gerufen. Er berichtet:

»Einmal hatte die deutsche Hebamme nach der Geburt etwas injiziert, um die Blutungen zu stillen. Als Folge davon schloss sich der Muttermund um die Nabelschnur [...] und die Nabelschnur riß. Wir brachten die Patientin in Hans' Taxi nach Stensby [Krankenhaus]. Ich hatte ihr bereits [...] gegeben. Bis wir im Krankenhaus ankamen, hatte dieses Mittel den Muttermundkrampf gelöst [...] Dr. [...] gab der Patientin eine Bluttransfusion von der deutschen Hebamme. Wir brachten die Patientin im Taxi zurück. Danach sagte uns der Oberarzt die Meinung: ›Wenn das schief gegangen wäre, wären wir alle von den Deutschen verhaftet worden.‹«

Etwas spezieller war das Problem, dass einige Mütter bei ihrer Aufnahme an Geschlechtskrankheiten wie Syphilis und Gonorrhoe litten. Offenbar herrschte keine Einigkeit darüber, ob man sie in ein Lebensbornheim aufnehmen sollte oder nicht. Im Januar 1942 verfasste Dr. Grabhorn, der Arzt von Hurdal Verk, hierzu einen sechsseitigen Vermerk, der das ganze Frühjahr über diskutiert wurde. Dr. Grabhorn war der Ansicht, man solle die Mütter auch dann in die Lebensbornheime aufnehmen, wenn sie an Gonorrhoe litten. Das sei keine Erbkrankheit, die ihren erbbiologischen Wert schmälere. Negativ daran sei nur, dass einige Frauen dadurch unfruchtbar werden könnten.

Skeptischer sah er die Aufnahme von Frauen mit Syphilis, meinte aber offensichtlich, dass man sich trotzdem um sie kümmern solle, vorausgesetzt die notwendigen Vorkehrungen gegen Ansteckungen seien getroffen worden. Dr. Richert war anderer Meinung. Er entschied, dass Frauen mit diesen Krankheiten unter keinen Umständen in die Heime aufzunehmen seien. Dem schloss sich auch Dr. Ebner vom Lebensborn e.V. an, sodass der Arzt von Hurdal Verk nachgeben musste. Offenbar sah Dr. Grabhorn vor allem die rein medizinische Seite, während die anderen die betroffenen Frauen als moralisch minderwertig abstempelten, obwohl sich die meisten sicher bei ihrem deutschen Freund angesteckt hatten.

Es kam natürlich auch vor, dass ein Kind tot geboren wurde oder an einer Krankheit starb. Im November 1944 beispielsweise waren zwei Kinder aus Stalheim in ein Krankenhaus gebracht worden, wo sie an Meningitis bzw. an Diphterie starben. Schon im Sommer zuvor war ein Kind an Meningitis und ein weiteres an einem Nierenleiden gestorben.

Tötung »Minderwertiger«?

Die Abteilung Lebensborn bemühte sich sehr, die Mütter und Kinder in den Heimen bestmöglich zu versorgen. Schließlich waren sie wegen ihres »guten Blutes« kostbar für das deutsche Volk. Was aber geschah mit jenen Kriegskindern, die den strengen Kriterien der Deutschen an den »rassisch wertvollen Nachwuchs« nicht genügten?

Es ist allgemein bekannt, dass die deutschen Nationalsozialisten mit der SS an der Spitze mehrere Millionen Menschen getötet haben, die ihnen als rassisch »minderwertig« galten: Juden, Roma und Sinti, russische Kriegsgefangene und viele andere. Im Rahmen des nationalsozialistischen »Euthanasieprogramms« wurden Menschen, die an sich rassisch »wertvoll« waren, getötet, wenn sie aufgrund bestimmter unheilbarer Krankheiten oder Behinderungen der Gesellschaft nicht »von Nutzen« sein konnten und deswegen als »lebensunwertes Leben« eingestuft wurden. Betroffen davon waren unter anderem körperlich Missgebildete und Geisteskranke, es gab in Deutschland allein 30 »psychiatrische Kinderfachabteilungen«, in denen bis Mai 1945 etwa 5000 Kinder medikamentös oder durch Hungerkost ermordet wurden.[25]

Auch aus dem Lebensborn e.V. wurden Kinder in solche Spezialabteilungen verlegt, und zwar in der eindeutigen Absicht, sie zu töten. Das geschah zwar in Deutschland, aber die Verantwortlichen der Abteilung Lebensborn in Norwegen waren Deutsche und ihre Handlungsmaximen waren in Norwegen die gleichen wie in Deutschland. Es gibt daher wenig Grund für die Annahme, dass norwegische Kriegskinder anders beurteilt wurden als Kinder in den deutschen Lebensbornheimen.

Es ist allerdings kaum möglich, Beweise dafür beizubringen, dass norwegische Kriegskinder im Rahmen eines Euthanasie-Programms getötet wurden. Die Deutschen trafen solche Beschlüsse in aller Stille, die Angehörigen erfuhren dann nur, dass das Kind leider an einer Lungenentzündung oder Ähnlichem gestorben sei. So ist bekannt, dass Ärzte, die in Deutschland an diesen Tötungen beteiligt waren, eine Liste mit 61 in Frage kommenden Todesursachen hatten.[26] Das betroffene Opfer wurde vor seiner Ermordung untersucht, dann wählte man aus der Liste eine Todesursache aus, die zu Alter, Gesundheitszustand und den bisherigen Krankheiten passte und glaubwürdig klang. Daher werden in den Unterlagen dieser Kinder sicherlich keinerlei Spuren einer absichtlichen Tötung zu finden sein.

Unter den Angestellten und Müttern einiger norwegischer Lebensbornheime war allerdings durchaus die Rede davon, dass die Deutschen offenbar einzelne Kinder töten. Eine Beschäftigte erinnert sich noch heute, dass Tietgen und andere führende Lebensborn-Leute bei Heimbesuchen mehrfach Kinder mit offensichtlichen Missbildungen oder Krankheiten auswählten und dass diese Kinder kurze Zeit später abgeholt wurden. Das deutsche Personal behauptete, sie würden nach Deutschland geschickt. Unter den Müttern und bei den norwegischen Beschäftigten herrschte allerdings die Meinung vor, dass diese Kinder Deutschland niemals lebend erreichen würden.

Eine Norwegerin, die damals in Hurdal Verk arbeitete, erinnert sich an einen speziellen Vorfall. Das Heim war bis zur Eröffnung von Godthaab *de facto* auch ein Kinderheim und in der fraglichen Zeit waren einige geistig behinderte Kinder dort. Sie waren getrennt von den anderen Kindern untergebracht und wurden von den Deutschen spöttisch »die Alliierten« genannt. Für eines dieser Kinder empfanden diese norwegische Angestellte und eine Freundin eine besondere Zuneigung. Es war ein kleiner Junge, den sie »den Major« nannten. Sie schauten nach dem Kind und sorgten dafür, dass es genug aß. Eines Tages erhielten sie die strenge Anweisung, dass sich künftig nur noch das deutsche Personal um diese Kinder kümmern dürfe. Die beiden Norwegerinnen fürchteten, dass die Deutschen vorhatten, den kleinen »Major« verhungern zu lassen. In der folgenden Nacht stahlen sie sich zu den »Alliierten« und fütterten den Jungen. Während sie dort saßen, tauchte plötzlich Berta Betz auf und tadelte sie streng dafür, ihre Anweisung missachtet zu haben. Kurz darauf verschwand der »Major«, ohne dass sie erfuhren, wohin man ihn geschickt hatte.

Der Verdacht, dass die Deutschen ein Kind verhungern lassen würden, war nicht ganz aus der Luft gegriffen. Ein deutscher SS-Mann, der in Deutschland eine der psychiatrischen Kinderabteilungen besucht hatte, berichtete nach dem Krieg, wie die Kinder nach Angaben des Institutionsleiters getötet wurden:

»Nein, unsere Methode ist viel einfacher und natürlicher, wie Sie sehen. Bei diesen Worten zog er […] ein Kind aus dem Bettchen. Während er dann das Kind wie einen toten Hasen herumzeigte, konstatierte er mit Kennermiene und zynischem Grinsen: ›Bei diesem wird's noch zwei bis drei Tage dauern.‹ Der Anblick des fetten, grinsenden Mannes, in der fleischigen Hand das wimmernde Gerippe, umgeben von anderen hungernden Kindern, ist mir noch immer deutlich vor Augen.«[27]

Die Behauptung des deutschen Personals in Hurdal Verk, dass die Kinder nach Deutschland geschickt würden, könnte also selbst dann wahr gewesen sein, falls man sie zu töten beabsichtigte. Auch in Deutschland wurden Kinder, die einem Euthanasie-Programm zugeordnet wurden, nicht in den Heimen ermordet, in denen sie lebten. Einen Menschen zu töten, der unter Rassegesichtspunkten einer »wertvollen« Volksgruppe angehörte, war auch für die deutschen Nationalsozialisten eine ernste Angelegenheit. Daher wurden diese Kranken gründlich untersucht und oft über längere Zeiträume hinweg beobachtet. So wurde 1943 in Deutschland ein gehörloses Mädchen von 2½ Jahren von einem Lebensbornheim zur genauen Begutachtung in eine psychiatrische Kinderabteilung gebracht, weil man die Entwicklung des Kindes ein weiteres Jahr verfolgen wollte, bevor die Zuständigen ein endgültiges Urteil über den »Wert« des Kindes und sein weiteres Schicksal fällten.

Im Sommer 1942 wies Rediess Tietgen explizit an, dass die Monatsberichte über die Arbeit des Lebensborn auch »die Zahlen der Fremdrassigen, Idioten und Annormalen« enthalten sollten. Rediess forderte diese Informationen an, um sie an Himmler weiterzugeben. Diese Aufforderung an Tietgen fällt zeitlich mit der Eröffnung des ersten Kinderheimes in Godthaab zusammen. In den folgenden Jahren wurde eine ganze Reihe psychisch behinderter Kinder dorthin verlegt; bis heute ist nicht geklärt, was dann mit ihnen geschah.

Es ist also schwierig, mit letzter Gewissheit zu sagen, ob im Rahmen des Euthanasie-Programms auch norwegische Kriegskinder getötet wurden. Sicher ist nur, dass Norwegerinnen in den Lebensbornheimen – Mütter wie Beschäftigte – es vermuteten, was sich sicher auf die Atmosphäre in den Heimen auswirkte.

Der Mythos von der Zuchtanstalt

Die Nationalsozialisten – und ganz besonders die SS – waren in ihren politischen Anschauungen extrem und scheuten, wie allgemein bekannt, auch vor dem Äußersten nicht zurück, um ihre rassenpolitischen Ziele zu erreichen. Worte wie »Holocaust« oder »Euthanasie« sind die Schlüsselbegriffe für die Politik von Menschen, die es sich zur Aufgabe gemacht hatten, alle diejenigen auszurotten, die ihrer Ansicht nach wertlos oder schädlich waren. Und sie waren bereit, mit ihren »positiven« bevölkerungspolitischen Maßnahmen sehr weit zu gehen, also Schritte zu unternehmen, um eine rassische Elite zu schaffen und den erwünschten Nachwuchs zu vermehren und qualitativ zu verbessern. Sie kidnappten in den besetzten Gebieten Osteuropas einzelne »wertvolle« Kinder, sie stellten die Abtreibung unter Todesstrafe, experimentierten mit künstlicher Befruchtung und erwogen, die Bigamie zuzulassen, um so das brachliegende Gebärpotenzial zu nutzen, das junge Kriegerwitwen für sie darstellten.

Von Himmler und anderen führenden SS-Leuten sind Äußerungen bekannt, die den Schluss zulassen, dass man durchaus daran dachte, rassenreine Kinder eines Tages regelrecht zu »züchten«. Dafür sollten SS-Männer, die eine Auslese rassisch »wertvoller« Männer darstellten, und sorgfältig ausgewählte Frauen »dem Führer ein Kind schenken« und die SS würde die Verantwortung für die Erziehung dieser Kinder übernehmen. Auch Hitler hegte solche Gedanken und lancierte 1942 den Plan, in den rassisch zurückgebliebenen deutschen Regionen das Blut »aufzunorden«,[28] z. B. durch die Verlegung von Einheiten der Waffen-SS dorthin.

1943 legte Himmler angeblich seine Zukunftspläne für den Lebensborn dar.[29] Danach sollten sich sämtliche ledige Frauen, die bis zu ihrem 30. Lebensalter noch kein Kind bekommen hatten, dem Lebensborn zur Verfügung stellen, um geschwängert zu werden. Hier taucht also der Lebensborn als »Zuchtanstalt« auf. Diese und eine Reihe ähnlicher Bemerkungen wurden erst nach dem Krieg bekannt, aber bereits während des Krieges agitierten die National-sozialisten für eine aktive Bevölkerungspolitik. Es wäre also keines-wegs erstaunlich, wenn die SS mit einer regelrechten Zucht begon-nen hätte, um das Bevölkerungswachstum der von ihr als »wertvoll« eingestuften Gruppen zu fördern. Es ist auch verständlich, dass viele glaubten, dass der Lebensborn dergleichen tatsächlich tat. Schließ-lich kümmerte sich diese Institution um ledige Mütter und deren Kinder, zeichnete sich überdies durch starke Geheimhaltung aus und betrieb eigene Heime, die oft sehr abgeschieden lagen.

Selbst in Kreisen der deutschen Nationalsozialisten wurde von Zuchtplänen gemunkelt und einige distanzierten sich sogar expli-zit davon. Einer von ihnen war H. G. Günther, Begründer jener Rassenkunde, die der Lebensborn zur Einordnung von Müttern und Kindern benutzte.[30] Günther meinte, dass jegliche Art von geplanter Zucht den Menschen zum Tier erniedrige, was im direkten Wider-spruch zur Vorstellung von der Überlegenheit der nordischen Rasse stehe. Ein Zuchtprogramm sei unvereinbar mit der »nationalsozia-listischen Wirklichkeit«, damit wähle man den gleichen Weg wie Liberale und Marxisten. Die Familie werde sich auflösen und man bekomme den familienlosen Massenmenschen. Diese Gedanken leg-te Günther in einer Arbeit über uneheliche Geburten dar, die er wäh-rend des Krieges schrieb. Die Veröffentlichung des Aufsatzes wurde allerdings von SS-Kreisen gestoppt, er erschien vor Kriegsende nicht mehr.

Auch in Norwegen gab es Gerüchte über die Lebensbornheime. Viele Norweger waren den jungen Norwegerinnen, die ein Kind von einem Deutschen bekamen, alles andere als gewogen. Damals war für die meisten Norweger ein uneheliches Kind als solches bereits ein Makel, und diese Schwangeren waren, wie ihre Kinder, zudem ein außerordentlich sichtbares Zeichen der Fraternisierung mit dem Feind. Außerdem waren viele verärgert darüber, dass die Deutschen so gut für diese Frauen und ihre Kinder sorgten. Sie durften ihre Kinder in eleganten Heimen zur Welt bringen und manche erhielten höhere Unterhaltszahlungen, als sie für ledige Mütter in Norwegen üblich waren. Viele nahmen sicherlich auch daran Anstoß, dass einige Frauen die Heime ohne ihr Kind verließen, das dann bei den Deutschen blieb. Derartige Umstände, gepaart mit dem Wissen über die rassenorientierte deutsche Bevölkerungspolitik, waren ohne Zweifel auch in Norwegen ein fruchtbarer Nährboden für die Annahme, dass die Mütter Teil eines deutschen Zuchtprogrammes« seien.

1941 befürchtete Himmler, dass diese Gerüchte über die Lebensbornheime als Zuchtanstalten der Institution schaden könnten.[31] Deswegen befahl er, dass Männern der Zugang zu den Heimen praktisch untersagt wurde. Väter und Freunde der dort lebenden Frauen sollten sie ausschließlich in den Gemeinschaftsräumen besuchen dürfen, wo dann Kaffee serviert wurde.

Auch in norwegischen Lebensbornheimen waren Besuche von außerhalb nur sehr eingeschränkt erlaubt. Bei den Vorbereitungen zur Eröffnung des Entbindungsheimes in Klekken erhielten die Lebensbornbeschäftigten viel Unterstützung von Wehrmachtsoffizieren in Hønefoss. Sie halfen bei den Transporten, die Oberschwester konnte den Übersetzer der Wehrmacht mitnehmen, wenn sie in der Gegend für das Heim einkaufen wollte, und sie wurde regelmäßig zu Veranstaltungen und Festen nach Hønefoss eingeladen. Im Frühjahr 1942 baten die Offiziere, Klekken besuchen zu dürfen, um sich über die dortige Arbeit zu informieren. Ein solcher Besuch musste von Dr. Richert genehmigt werden und Tietgen machte darauf aufmerksam, dass »diese Besichtigung im Interesse der Mütter und ärztlicherseits nur möglich ist, solange das Heim nicht belegt ist«. Die Besuchserlaubnis wurde daher nur für einen Zeitpunkt vor der Eröffnung erteilt.

Im Dezember 1942 wollte die Leiterin des nazifizierten norwegischen Krankenschwesternbundes einige Lebensbornheime besuchen. Sie hatte der Abteilung Lebensborn geholfen, norwegische Krankenschwestern für die Heime zu finden. Tietgen schlug daher

Rediess persönlich vor, »in diesem Ausnahmefall die Besichtigung zu genehmigen«. Er meinte, man solle ihr Godthaab und Klekken zeigen und er werde persönlich dafür Sorge tragen, dass sie bei ihren Besuchen mit keiner der norwegischen Mütter in Kontakt komme. Im Sommer 1942 wollte Rediess selbst Klekken und Godthaab besuchen, er dürfte sich dort etwas freier bewegt haben als diese Besucherin. Grundsätzlich aber versuchte man, Besuche in den Heimen zu begrenzen. Das Heimleben sollte möglichst wenig gestört werden.

Einige Orte boten sich für die Entstehung von Gerüchten über Menschenzucht geradezu an. Bevor das Hotel Dr. Holmes in Geilo als Vorheim eröffnet wurde, hatte es der deutschen Marine als Erholungsheim für U-Boot-Mannschaften gedient. Angeblich wohnten zu dieser Zeit auch französische Prostituierte im Hotel.[32] Dann kamen statt der deutschen Matrosen und französischen Prostituierten schwangere Norwegerinnen in das Gebäude und das Heim wurde von der SS geführt. Wie die Französinnen waren auch die vielen schwangeren Norwegerinnen in dem kleinen Ort deutliche Fremdkörper. Es verwundert nicht, dass die Bevölkerung darüber zu spekulieren begann, was in dem Hotel eigentlich vorging.

Auch heute noch denken viele bei dem Wort »Lebensborn« an Menschenzucht. Zeitungen und Zeitschriften bezeichnen den Lebensborn regelmäßig als »Zuchtanstalt«, und es gibt norwegische, aber auch deutsche Lebensbornkinder, die mit der Vorstellung leben, sie seien das Resultat des Lebensborn-Zuchtprogramms. Unlängst wurden diese Behauptungen konkretisiert, als zwei Norwegerinnen behaupteten, während des Krieges tatsächlich an einem regelrechten Zuchtprogramm unter deutscher Leitung teilgenommen zu haben. Sie erzählten unabhängig voneinander sehr ähnliche Geschichten.[33] Beide hatten der Jugendorganisation der *Nasjonal Samling* angehört. Man habe ihnen angeboten, ein Kind für Hitler zu gebären und sie hätten eingewilligt. Man habe sie in die Nähe von Hurdal, aber offenbar nicht nach Hurdal Verk gebracht, dort seien sie einige Zeit lang mit einem deutschen SS-Mann zusammen gewesen und schwanger geworden. Beide sagten, sie hätten ihr Kind im Lebensbornheim in Geilo zur Welt gebracht, eine zuvor vereinbarte Geldsumme erhalten, wie vereinbart das Kind abgegeben und es nie wieder gesehen.

Es ist nicht auszuschließen, dass diese Berichte wahr sind. Da wir wissen, dass die Deutschen im Rahmen ihrer Ideologie vor nichts zurückschreckten, kann dergleichen vorgekommen sein. Wenn dem so war, dann aber nur in äußerst begrenztem Umfang. Die noch existierenden Unterlagen vieler tausend Kriegskinder, die von der Abteilung Lebensborn betreut wurden, enthalten keinen einzigen Hinweis darauf, dass diese Organisation mit einer Norwegerin Kontakt hatte, bevor sie schwanger wurde. Ebenso wenig deutet darauf hin, dass eine andere deutsche Instanz versucht hätte, Norwegerinnen mit Deutschen zu verkuppeln. Diese Paare lernten sich auf ganz normale Weise kennen.

Einige Akten im Archiv der Abteilung Lebensborn trugen den Vermerk »Geheim«. Sie sind in den üblichen Protokollen nicht verzeichnet, alle Unterlagen dazu sind verschollen. Der Grund dafür ist vermutlich, dass in diesen Fällen der deutsche Kindsvater ein hoher Offizier oder einflussreicher Zivilangehöriger war. Es ist allerdings nicht völlig auszuschließen, dass darunter auch »Zuchtfälle« waren. Sollte es tatsächlich Kinder geben, die gezielt »gezüchtet« wurden, kann als absolut sicher gelten, dass dies nur vereinzelte Experimente waren, die für die Zahl der norwegischen Kriegskinder ohne jede Bedeutung sind.

Der Kampf um Lebensmittel

Ende März 1945, also unmittelbar vor Kriegsende, lebten in den norwegischen Lebensbornheimen insgesamt 485 Kinder. Die Kinder in den Heimen wechselten zwar ständig, doch kann diese Zahl als konstante Belegung der letzten Kriegsjahre gelten. Hinzu kamen neben den Müttern, die sich in den Mütter- und Entbindungsheimen aufhielten, noch das Personal, sodass in den Heimen etwa ebenso viele Erwachsene wie Kinder lebten. So schätzte die Abteilung Lebensborn im Herbst 1942, dass in den Heimen, die damals in Betrieb waren oder vor der Eröffnung standen, im Durchschnitt 388 Kinder und 495 Erwachsene sein würden. Das heißt, dass man über mehrere Jahre hinweg 400 bis 500 Kinder und etwa gleich viele Erwachsene ernähren musste, darunter viele werdende oder junge Mütter.

Es war ohne Zweifel keine leichte Aufgabe, für die Heime mit etwa 1000 Bewohnern eine regelmäßige Lebensmittelversorgung sicherzustellen. Dabei ist offensichtlich, dass die Beschäftigten des Lebensborn von der ersten Stunde an bestrebt waren, eine gute Ernährung der Kinder sicherzustellen. Als im Frühjahr 1941 die Heime geplant wurden, dachten die Deutschen daran, dass sich Heime durch einen angegliederten Bauernhof weitestgehend selbst versorgen könnten. Später erwogen sie, Bauernhöfe zu beschlagnahmen, um die Lebensmittelversorgung der Heime gewährleisten zu können. Im Lebensborn-Etat für 1942/43 waren 450000 Kronen für den Kauf eines eigenen Bauernhofes vorgesehen und bei der Begutachtung von Objekten für Heime wurden auch mehrere Höfe in Betracht gezogen.

Die norwegischen Lebensbornheime wurden in ihrer Lebensmittelversorgung niemals autark, aber man bemühte sich, zumindest einen Teil selbst zu produzieren. Zum ersten Heim Hurdal Verk gehörte ein kleiner Bauernhof mit etwas Ackerland, zwei Kühen und einem Pferd, aber die Bewirtschaftung war nicht einfach. Vor allem die Beschaffung von Tierfutter bereitete Probleme.

In Godthaab baute man Kartoffeln an, im Stadtheim Bergen Gemüse. Die größte Produktion hatte das Heim Moldegård, das sowohl das Stadtheim Bergen als auch Stalheim mit Lebensmitteln versorgen konnte.

Die Essensbeschaffung bereitete der Leitung der Lebensbornheime ständige Sorge. Es ging um große Mengen, daher war auch die Hoffnung, autark zu werden, gänzlich unrealistisch: Von Oktober 1942 bis August 1943 wurden 28900 Kilo Kartoffeln nach Godthaab, im Oktober 1943 6150 Kilo Kartoffeln an das Stadtheim Bergen geliefert. Neben solchen großen Lieferungen war man auch abhängig von der täglichen Versorgung mit leicht verderblicher Ware wie Milch.

Im Oktober 1941, also wenige Monate nach der Eröffnung von Hurdal Verk, orderte die Abteilung Lebensborn für das Heim 3000 Kilo Käse aus Deutschland, doch Himmlers Stab gab zur Antwort, dass man keinen Käse aus Deutschland in die norwegischen Lebensbornheime schicken könne, da er beim Transport verderbe. Später wurde dann doch etwas Käse aus Deutschland an die Heime geschickt, aber nach und nach wurde auch die Versorgungslage in Deutschland schwierig. So musste Himmlers Stab im April 1943 bedauernd mitteilen, »dass in Zukunft nicht mit größeren, sondern leider mit kleineren Käselieferungen aus Deutschland gerechnet werden muss«.

Die Abteilung Lebensborn musste gut argumentieren, um jene Mengen zugeteilt zu bekommen, die sie für die Heime haben wollte. Im Herbst 1942 setzten die deutschen Stellen die Rationen Gemüse und Käse fest, die pro Kind und pro Mutter für den kommenden Winter eingeplant waren. Ausgehend davon wurde ausgerechnet, wie viel jedes Heim bekommen würde. Die neuen Werte lagen niedriger als die bisherigen und sahen im Winter und Frühjahr 1942/43 für sämtliche Heime unter anderem 36618 kg Gemüse und 15011 kg Äpfel vor. Tietgen war mit den neuen Mengen nicht zufrieden und wurde darin von Dr. Paris unterstützt, der die Abteilung Gesundheitswesen im Reichskommissariat leitete. Er schrieb in einem Bericht, mit dem er Tietgen unterstützte: »Ich bestätige hiermit, daß ich die von der Abteilung Lebensborn angeforderten wöchentlichen Mengen an Gemüsen: 1) für Erwachsene 1000 gr, 2) für Kinder 1500 gr, 3) für Erwachsene u. Kinder 500 gr Äpfel vom ärztlichen Standpunkt aus

für notwendig halte.« Bei ihren Berechnungen des Lebensmittel-
bedarfs der Heime gingen die Deutschen äußerst systematisch vor.

Es wurde großer Wert darauf gelegt, dass Mütter und Kinder Tran,
Obst und Gemüse bekamen. Im Oktober 1941 bat Dr. Richert Himm-
lers Stab in Deutschland schriftlich um Apfelsinen und Zitronen
für Hurdal Verk: »Wegen der besonders schwierigen klimatischen
Verhältnisse in Norwegen ist es notwendig, daß den Müttern und
Kindern nach Möglichkeit Vitamin-C in Form von Apfelsinen und
Zitronen gegeben wird. Leider ist dies aus dem Lande nicht möglich.« Himmlers Stab antwortete, man werde untersuchen, »in welchem Umfang es möglich sein wird, von den im Laufe des nächsten
Monats sicher einsetzenden Sendungen an Apfelsinen und Mandari-
nen Mengen für Ihre Heime abzuzweigen. Sie erhalten so bald als
möglich weitere Nachricht«.

Die Vitamine aus Obst und Gemüse galten als so wichtig, dass
Rediess und Dr. Richert im Sommer 1942 für alle Lebensbornheime
die Einrichtung eines Treibhauses sowie eines Frühbeetes anord-
neten.

Die Anerkennung der Vaterschaft

Im Laufe des Krieges konnten deutsche Stellen in 2930 Fällen die
Vaterschaft feststellen.[34] Das sind knapp 40 % der geschätzten Gesamtzahl von 7600 tatsächlichen Geburten, die die Abteilung Lebensborn registrierte.

Die Deutschen setzten viel daran, so viele Vaterschaften wie möglich formell bestätigen zu lassen. Zunächst mussten sie größtmög-
liche Sicherheit darüber erlangen, dass der Kindsvater wirklich ein
Deutscher war. Als Zweites wollten sie die Vaterschaft einem bestimmten Deutschen zuschreiben können, damit dieser nach Kriegsende die Unterhaltszahlungen übernehmen würde.

Die Vaterschaftsfeststellung war oft sehr schwierig und zeitraubend. Weil die Schwangeren mitunter nur vage Angaben zum Geburtsdatum und der Einheit des genannten Kindsvaters machen konnten, dauerte es oft lange, bis der Lebensborn ihn aufspürte. Aber oft hatten die Mütter genaue Angaben zu Namen, Geburtsdatum, Heimatadresse und Feldpostnummer, und schon Name und Feldpostnummer genügten häufig, um ihn zu finden. Es konnte aber sein, dass er inzwischen mehrfach verlegt worden war, dann folgte, bevor ihm ein Brief zugestellt werden konnte, ein umfangreicher Schriftverkehr mit verschiedenen Wehrmachtsstellen. In dem Brief wurde der betreffende Soldat aufgefordert, sich zu der Behauptung zu äußern, dass er der Vater dieses Kindes sei. Danach konnte noch einmal viel Zeit vergehen, bis die Vaterschaft eindeutig feststand.

Die Vaterschaft konnte bei Kindern, die zu Beginn des Krieges geboren wurden, häufiger geklärt werden als bei solchen, die gegen Kriegsende zur Welt kamen. Der Grund dafür war meist, dass die Vaterschaftsfeststellung viel Zeit beanspruchte. Von den 7250 Kindern mit bekanntem Geburtsjahr wurde die Vaterschaft bei den Geburten bis Ende 1942 in gut 50 % aller Fälle ermittelt. Für 1943 beträgt der Anteil 45 %, für 1944 33 %. Von den 710 Kindern, die im Frühjahr 1945 geboren wurden, konnte vor dem Kriegsende am 8. Mai nur bei 31 Kindern, also bei 4 %, die Vaterschaft eindeutig festgestellt werden.

Nichts spricht für die Annahme, dass die über die Kriegsjahre stetig sinkenden Zahlen bei der Klärung der Vaterschaften daher rühren, dass es immer mehr lockere Verbindungen gegeben hätte, die die Feststellung des Kindsvaters unmöglich gemacht hätten. Es lag wohl schlicht daran, dass die deutschen Stellen diese Fälle vor Kriegsende nicht mehr abschließen konnten. Zudem wurden die Verhältnisse gegen Kriegsende schwieriger, da zahlreiche Soldaten aufgrund der Kriegsentwicklung nicht mehr zu finden waren. Viele waren gefallen oder vermisst gemeldet, andere lagen im Lazarett oder waren zu einer anderen Einheit verlegt worden.

Das Verhalten der Väter

Ein großer Teil der Väter wollte sich ihrer Verpflichtung gegenüber Mutter und Kind nicht entziehen, obwohl viele schon in Deutschland verheiratet waren und Familie hatten. Ein typisches Beispiel dafür ist ein 30 Jahre alter Soldat, der 1944 mit einer 20-jährigen Norwegerin ein Kind bekam. Er war verheiratet und hatte in Deutschland Kinder, wollte sich aber zu seinem Kind in Norwegen bekennen. Im Herbst 1944 bat die Abteilung Lebensborn ihn, sich zur Vaterschaftsanerkennung bei einem Wehrmachtsgericht in Oslo zu melden. Er schrieb zurück:

»Bezug Ihres Schreiben vom 4.11.44 möchte ich höflichst fragen, da es mir nicht möglich ist nach Oslo zu kommen, wo ich die gerichtliche Urkunde ausstellen lassen kann. Falls es sein muß, daß ich zum Kriegsgericht muß, bitte ich mir mitzuteilen, wohin ich mich in Oslo wenden muß. Ich muß dann allerdings meine Dienststelle davon in Kenntnis setzen, weil ich sonst keine Möglichkeit habe, in der Woche nach Oslo zukommen. Nun bitte ich mir mitzuteilen, wie ich die Sache am besten erledigen kann. Ich habe selbst Interesse, es so schnell wie möglich zu erledigen, auch hätte ich mich gerne mal bei Ihnen erkundigt, was aus dem Kind wird, aber das läßt sich wohl an einem anderen Tag erledigen. In der Hoffnung, bald Nachricht zu erhalten […]«

Daraufhin teilte man ihm mit, dass er die Vaterschaft vor jedem deutschen Gericht anerkennen könne. Er möge, so das Schreiben weiter, auch die Kindsmutter bitten, mit der Abteilung Lebensborn Verbindung aufzunehmen. Sie habe auf einige Briefe nicht geantwortet und man müsse mit ihr klären, was mit dem Kind geschehen solle.

Meist erfolgte die freiwillige Anerkennung zügig. Es gab allerdings auch Väter, die lange zögerten, wie im Falle von Friedrich und Marie. Der deutsche Soldat hatte im September 1940 Marie kennen gelernt, die wir bereits im Abschnitt über die Unterhalts- und

Beihilfezahlungen für Mütter und Kinder erwähnt haben. Friedrich war fast zehn Jahre älter als Marie, die wusste, dass er in Deutschland verheiratet war. Als er dann einige Zeit vor der Geburt des gemeinsamen Kindes aus ihrem Heimatort verlegt wurde, schrieben sie sich weiterhin. Einen Monat vor der Geburt besuchte er sie im Urlaub. Danach hatte sie jedoch nichts mehr von ihm gehört und im Winter 1941/42 informierte die Abteilung Lebensborn sie davon, dass er sich weigere, die Vaterschaft anzuerkennen.

Als die Abteilung Lebensborn Friedrich brieflich mitteilte, dass Marie ihn als Vater angegeben hatte, antwortete er zunächst gar nicht. Man schrieb jedoch an Friedrichs Einheit und bat dafür zu sorgen, dass er sich zur Frage der Vaterschaft äußerte. Im Februar 1942 beantwortete er endlich die Anfrage. Er bestritt zwar nicht, der Vater des Kindes zu sein, fühlte sich aber offensichtlich in der Zwickmühle zwischen Rücksicht auf seine Familie in Deutschland einerseits und Marie und das Kind andererseits: »Ich kann nicht so einfach mein Familienglück zerstören lassen. Ich habe in der Heimat nichts zu verlieren als nur meine Frau und mein Kind. Und sollte ich sie auf diese Weise verlieren, dann hat das Leben für mich keinen Zweck mehr.« Er behauptete außerdem, Marie sei auch mit einem anderen Soldaten zusammen gewesen.

Marie konnte nicht fassen, dass Friedrich versuchte, sich so aus der Verantwortung zu stehlen. Ihr gegenüber hatte er sich zu der Vaterschaft bekannt und noch einen Monat vor der Geburt über die Zukunft des gemeinsamen Kindes gesprochen. Und nun behauptete er, sie sei mit einem anderen deutschen Soldaten zusammen gewesen! Als sie gebeten wurde, zu Friedrichs Äußerungen Stellung zu nehmen, schrieb sie unter anderem, sie habe »mit keinem anderen deutschen Soldat Umgang gehabt. Er ist der erste und soll auch *der letzte* werden. Für mich hat das wenig Interesse, aber ich denke an das Kind.«

Die Abteilung Lebensborn schenkte in dieser Frage Marie offensichtlich mehr Glauben als Friedrich, zeigte aber auch Verständnis für Friedrichs Situation:

»Durch Ihr Schreiben erhalte ich nun auch Kenntnis, daß Sie verheiratet sind und auf jeden Fall vermeiden möchten, daß durch dieses Kind Ihre Ehe auseinandergerissen wird. Ich teile Ihnen dazu mit, daß ich von hier aus für die Dauer des Krieges keinerlei Verbindung mit einer heimatlichen Behörde oder Dienststelle aufnehme. Wenn also die Kindsmutter nicht von Ihnen Ihre Anschrift in Deutschland weiss, so dürfte von dieser ganzen Angelegenheit vorerst in Deutschland nichts bekannt werden. Wenn über ein uneheliches Kind, dessen Vater ein deutscher Soldat ist, die Vaterschaft in einer feldgerichtlichen Urkunde anerkannt wird, so wird auch später nicht ein Gericht in Deutschland hinzugezogen.«

Darauf folgte ein Briefwechsel, bis Friedrich Ende 1942 folgendes Schreiben erhielt:

»Ich habe allerdings den Eindruck, daß Sie wohlweislich nur versuchen, die Klärung der Angelegenheit in die Länge zu ziehen […] Sie geben selbst zu, daß Sie durchaus keinen Beweis des Mehrverkehrs erbringen können. Es hat daher wohl auch für Sie keinen Wert, die Vaterschaftsanerkennung immer wieder aufzuschieben […] Ich erwarte von Ihnen nunmehr, daß Sie Ihrer Pflicht der Mutter und dem Kind gegenüber nachkommen und die Vaterschaft in einer feldgerichtlichen Urkunde anerkennen.«

Doch Friedrich zog die Angelegenheit in die Länge, bis man im Winter 1943 von ihm, Marie und dem Kind Blutproben nahm. Erst dann gab er seinen Widerstand auf und erkannte im April 1943, fast zwei Jahre nach der Geburt des Kindes, die Vaterschaft an.

Wenn sich der genannte Soldat einer Vaterschaftsanerkennung zu entziehen suchte, schenkte die Abteilung Lebensborn den Aussagen der Mütter durchgehend mehr Glauben als denen der deutschen Soldaten. Ebenfalls typisch ist, dass sich eine ganze Reihe der Kindsväter mit der unbewiesenen Behauptung aus der Affäre zu ziehen versuchten, die Kindsmutter habe auch mit anderen deutschen Soldaten oder einem Norweger Verkehr gehabt. Sehr häufig erging es ihnen am Ende wie Friedrich: Sie mussten nach einiger Zeit einsehen, dass sie ihren Verpflichtungen nicht entkommen konnten, und erkannten schließlich, wenn auch widerwillig, die Vaterschaft an.

Vaterschaftsfeststellung durch deutsche Gerichte

Einige deutsche Soldaten gingen in ihren Versuchen, der Vaterschaftsanerkennung zu entgehen, so weit, die Frage von einem deutschen Gericht entscheiden zu lassen. Im Januar 1943 hatte ein 18-jähriges Mädchen einen 30-jährigen Soldaten kennen gelernt. Er war in Deutschland verheiratet, unterhielt aber mit seiner jungen norwegischen Freundin fast ein Jahr lang eine feste Beziehung. Das Mädchen hatte seit seinem 16. Lebensjahr als Hausmädchen gearbeitet und wurde im Januar 1943 Küchenhilfe in einer Wehrmachtsunterkunft, wo es seinen zukünftigen Freund traf.

Als sie im Herbst 1943 schwanger wurde, verschlechterte sich ihr Verhältnis zu ihren Eltern, aber der Freund versprach ihr, sich um sie und das Kind zu kümmern und sie nach dem Krieg zu heiraten. Dabei verschwieg er ihr, dass er bereits verheiratet war. Nachdem jedoch das Kind im Frühjahr 1944 zur Welt gekommen war und die Abteilung Lebensborn mit ihm Verbindung aufnahm, wollte er die Vaterschaft nicht anerkennen. Er sagte, sie habe in der fraglichen Zeit ihren Heimatort besucht und sei dort sicher mit ihrem früheren norwegischen Freund zusammen gewesen. Als die Kindsmutter davon erfuhr, schrieb sie an die Abteilung Lebensborn einen dreiseitigen Brief, in dem sie alle Behauptungen, mit denen der Soldat die Vaterschaft bestritt, detailliert zurückwies.

Aussage stand gegen Aussage, und man sammelte möglichst viele präzise Auskünfte, bevor gegen den Soldaten eine Vaterschaftsklage eingereicht wurde. Im Januar 1945 wurde er dann vom Gericht als

Vater festgestellt, was der Richter wie folgt kommentierte: »Im übrigen hat das Gericht der eidlichen Aussage der Kindsmutter vollen Glauben beigemessen. Sie wird von dem Richter als glaubwürdig bezeichnet.«

Einige Soldaten verstrickten sich so sehr in ihre Ausreden, dass sie sich selbst der Lüge überführten. So erging es einem angegebenen Kindsvater, der nicht nur bestritt, der Vater des Kindes zu sein, sondern auch, die Kindsmutter überhaupt zu kennen:

> »Da ich von 1940 bis April 1942 in Oslo stationiert war und dort als Angehöriger der Einheit […] einen sehr grossen Bekanntenkreis hatte, bitte ich Sie zu veranlassen, mir ein Bild der Norwegerin […] zu übersenden. Sollte ich auf diesem Bilde die Norwegerin erkennen, so werde ich Ihnen sofort näheres in dieser Angelegenheit mitteilen.«

Es war durchaus zutreffend, dass er in Norwegen einen großen Bekanntenkreis hatte, denn er hatte bereits die Vaterschaft für ein anderes Kind zugegeben. Dieses zweite Kind aber wollte er nun nicht anerkennen. Die Abteilung Lebensborn schrieb ihm im Herbst 1943 mehrere Briefe, aber nachdem er ein Bild der betreffenden Frau erhalten hatte, behauptete er weiterhin, sie nicht zu kennen, worüber die Kindsmutter sehr empört war. Immerhin hatten sie in einem deutschen Krankenhaus in Norwegen zusammen gearbeitet, er als Sanitäter, sie als Krankenschwester. Nachdem sie sich dort kennen gelernt hatten, waren sie mehrere Monate lang fest befreundet gewesen, bis sie erfuhr, dass er in Deutschland verheiratet war und Kinder hatte. Da beendete sie die Beziehung, war aber schon schwanger. Später erfuhr sie auch noch von dem Kind, das er bereits in Norwegen hatte. Sie konnte mehrere Zeugen dafür beibringen, dass sie im Krankenhaus Kollegen und miteinander befreundet gewesen waren. Sie schrieb an die Abteilung Lebensborn: »Ich glaube schon, dass Sie auch verstehen werden, dass Herr […] durch diese Äußerung ›er kenne mich nicht‹ eindeutig erklärt hat, dass er doch der Vater ist.«

So weit war die Sache gediehen, als die Abteilung Lebensborn im Februar 1944 erfuhr, dass der betreffende Soldat in Russland gefallen war. Dennoch wurde die Arbeit zur Vaterschaftsfeststellung fortgesetzt und man schickte die Sache schließlich im April 1944 an ein deutsches Gericht, das im Oktober 1944 zu dem Schluss kam, dass der Genannte tatsächlich der Kindsvater sei. Man vertraute den Aussagen der Kindsmutter.

Es gab Soldaten, die Selbstmord begingen, nachdem sie als Kindsvater angegeben worden waren, wie ein Deutscher, der als Vater eines im Herbst 1942 geborenen Kindes genannt worden war. Als ihm die Behauptung vorgelegt wurde, sagte er, er sei tatsächlich zur fraglichen Zeit mit der Norwegerin zusammen gewesen und falls die Blutgruppenuntersuchung ergäbe, dass er der Vater sei, habe er nichts dagegen, die Vaterschaft anzuerkennen. Aus diesem Brief wird allerdings deutlich, dass ihm dieser Gedanke großes Unbehagen bereitete, er erwähnt unter anderem, er müsse auf seine Eltern Rücksicht nehmen, die von all dem nichts wüssten.

Einen Monat später beging er Selbstmord, ohne die Vaterschaft endgültig anerkannt zu haben. Davon erfuhr die Abteilung Lebensborn erst, als sie einige Monate danach wegen einer Blutprobe des Soldaten den für ihn zuständigen Wehrmachtsarzt anschrieb. Nachdem sie von seinem Tod informiert worden war, teilte die Abteilung Lebensborn diesem Arzt mit, dass die Sache trotz des Selbstmordes geklärt werden müsse. »Auch müssen in diesem Fall Unterlagen über die Erbwerte des Kindes beigebracht werden. Ich bitte mir deshalb im Interesse des Kindes mitzuteilen, ob dort bekannt ist, welche Gründe zu dem Selbstmord des […] Veranlassung gegeben haben. Des weiteren, ob in der Einheit, im Kameradenkreise des […] die Tatsache seiner Vaterschaft bekannt ist.« Noch im Sommer 1943 wurde er juristisch als Kindsvater festgestellt.

Als Ergebnis einer eingehenden Prüfung der 681 Kriegskinderakten aus dem Bereich Bergen und dem Regierungsdistrikt Hordaland ergibt sich, dass die meisten Väter ihr Kind freiwilig anerkannten. In etwa 40 % der Fälle wurde die Vaterschaft nach deutschem Recht anerkannt, nur in 29 Fällen, also etwa 4 %, musste sie durch einen Richter festgestellt werden. Auf jeden vor Gericht geklärten Fall kamen also zehn andere, in denen der Vater die Vaterschaft freiwillig anerkannte.

Abgelehnte Vaterschaftsklagen

Neben 2930 Fällen, in denen die Vaterschaftsfeststellung erfolgte, kamen die Gerichte in 134 Fällen zu dem Ergebnis, dass der angegebene Soldat nicht der Vater des Kindes sei. Das sind weniger als 2 % aller Fälle und etwa 5 % der Fälle, die während des Krieges von einem deutschen Gericht entschieden wurden. Auch hier ging es fast immer um Kinder, die in den ersten Kriegsjahren zur Welt gekommen waren. 21 Kinder waren 1941, 48 im Jahr 1942 und 50 im Jahr 1943 geboren, während es nur sechs Vaterschaftsklagen für den Jahrgang 1944 und keine für das Frühjahr 1945 gab. Die Fälle, in denen der angegebene Kindsvater »freigesprochen« wurde, machen also einen verschwindend kleinen Anteil aus. Wenn wir von den vorliegenden Zahlen hochrechnen, beläuft sich der Prozentsatz aller abgelehnten Vaterschaftsklagen für den gesamten Krieg auf etwa 3 % – oder hätte sich darauf belaufen, wenn es den deutschen Stellen gelungen wäre, alle Fälle zu verhandeln.

Wie wir sahen, erkannte Friedrich die Vaterschaft an, weil die Blutgruppenuntersuchungen ergeben hatten, dass er als Kindsvater in Frage kam, und er nicht beweisen konnte, dass Marie in der fraglichen Zeit mit einem anderen Mann zusammen gewesen war. Andere gaben sich nicht so leicht geschlagen, sondern gingen vor Gericht. Einer von ihnen war der deutsche Soldat Heinz, der als Vater eines im Frühjahr 1943 geborenen Kindes angegeben worden war.

Die norwegische Kindsmutter Inger hatte ihn im April 1942 kennen gelernt, als er in einem Lager unweit ihres Heimatortes in

Ostnorwegen stationiert war. Als er im Juni nach Trøndelag versetzt wurde, zog Inger nach und fand in der Nähe Arbeit. Sie waren noch zusammen, als Heinz im August an die Ostfront geschickt wurde und nicht nach Norwegen zurückkehrte. Im Herbst wusste Inger, dass sie schwanger war. Sie erzählte Heinz in einem Brief davon, erhielt aber keine Antwort. Sie schrieb weitere Briefe und nachdem das Kind geboren war, schickte sie einen Brief an seinen Heimatort in Deutschland. Sie sprach über das Kind und bat ihn um Unterstützung:

> »Jetzt mußt du mir helfen […] Kannst Du nicht versuchen, Urlaub nach Norwegen zu bekommen und hierher zu kommen, ich hoffe, daß Du mich mit dem Kind nicht allein lässt […] Ich habe es jetzt wirklich schwer. Du weißt ja wie die Leute von uns reden, die wir von einem Deutschen ein Kind bekommen. Ich bin froh, daß ich jetzt Mutter und Vater habe.«

Heinz erhielt den Brief, nahm aber dennoch keine Verbindung auf. Erst nach der Geburt des Kindes ging Inger zur Abteilung Lebensborn, die sich wegen der Vaterschaftsanerkennung an Heinz wandte. Er bestritt die Vaterschaft mit der Begründung, Inger habe sich im Laufe des Sommers auch mit anderen deutschen Soldaten getroffen. Das könne er allerdings nicht beweisen. Der Kamerad, mit dem sie seiner Behauptung zufolge zusammen gewesen war, sei, wie er schrieb, »leider bei den Kämpfen bei Willikije Luki gefallen«. Inger blieb bei dem, was sie gesagt hatte. Im April 1944 wurde Heinz von einem deutschen Kriegsgericht als Vater des Kindes festgestellt.

Damit fand er sich aber nicht ab und legte im Sommer 1944 die schriftliche Erklärung zweier Kameraden vor, die beide eidesstattlich versicherten, dass Inger im Sommer 1942 mit dem gefallenen Soldaten zusammen gewesen sei. Aufgrund dieser beiden Aussagen wurde das Verfahren im August 1944 vor einem höheren deutschen Gericht in Norwegen erneut verhandelt. Dieses Gericht kam zu dem Schluss, dass Heinz nun doch nicht der Kindsvater sei und begründete das damit, dass seine Behauptung durch seine Kameraden gestützt werde. Die beiden Zeugen erschienen nicht persönlich, die schriftlichen Erklärungen genügten dem Gericht.

Da das Gericht den beiden Zeugen glaubte, musste Inger nach Ansicht des Gerichts einen Meineid geschworen haben. Das war eine ernste Angelegenheit und Ragaller setzte sich deswegen im September 1944 mit dem SS- und Polizeigericht in Oslo in Verbindung, weil er wollte, dass gegen Inger Anklage wegen Meineids erhoben wurde. Das Gericht bezweifelte allerdings die Glaubwürdigkeit der beiden Zeugen. Die SS-Richter meinten, derartige eidesstattliche Erklärungen hätten als Beweise nur einen begrenzten Wert, insbesondere in Fällen, bei denen es um die Feststellung einer Vaterschaft gehe: »Es ist gerichtsbekannt, daß gerade in Soldatenkreisen sich Kameraden eines als Vater in Anspruch Genommenen aus falsch verstandener Kameradschaft dazu verleiten lassen, unrichtige Erklärungen abzugeben.«

Das SS-Gericht erachtete es daher in solchen Fällen als äußerst fragwürdig, die Mutter wegen Meineids anzuklagen. Man müsse jeden einzelnen Fall untersuchen, aber was Inger anging, so fanden sie, dass sie einen sehr guten und glaubwürdigen Eindruck mache und es keinen Grund gebe, ihrer Darstellung weniger Glauben zu schenken als denen von Heinz' Kameraden. Daher, so das SS-Gericht weiter, werde man Inger nicht anklagen.

Das war eine Spitze gegen das Wehrmachtsgericht, das den Erklärungen der beiden Kameraden ohne weiteres geglaubt hatte. Möglicherweise ist der wahre Hintergrund ein nicht offen ausgetragenes Gerangel zwischen Juristen der SS und der Wehrmacht, insgesamt aber zeigt dieser Fall, dass es die deutschen Gerichte mit den Vaterschaftsfeststellungen nicht immer leicht hatten.

Ungeklärte Vaterschaftssachen

In nahezu jedem zweiten Fall, den die Abteilung Lebensborn betreute, konnte die Vaterschaft während des Krieges weder von einem deutschen Gericht abschließend geklärt werden noch hatte der genannte Kindsvater die Vaterschaft schriftlich anerkannt. Wie gesagt, blieben vor allem gegen Kriegsende viele Fälle offen: Das war bei etwa zwei Dritteln der 1944 geborenen Kinder der Fall, bei den Kindern vom Frühjahr 1945 waren es sogar 96 %.

Aber auch bei den Kindern der ersten drei Kriegsjahre konnte bei etwa der Hälfte der Vater nicht bindend festgestellt werden. Bei den meisten lag das vermutlich daran, dass es der Abteilung Lebensborn nicht gelang, den angegebenen Kindsvater ausfindig zu machen, oder sie ihn zwar fand, er die Vaterschaft vor Kriegsende aber nicht mehr anerkannte.

Manchmal konnte die Kindsmutter nicht die Auskünfte geben, die für eine erfolgreiche Suche nötig waren. Vielleicht wusste sie nur, dass der Vater Kurt hieß und etwa 25 Jahre alt war. Wenn es einige Zeit her war, seit sie mit ihm Kontakt gehabt hatte, und er seither verlegt worden war, war es für die Abteilung Lebensborn oft unmöglich, ihn zu identifizieren. Andere Kindsmütter hatten den Nachnamen ihres deutschen Freundes nie geschrieben gesehen, sondern nur gehört. Wenn sie ihn nun der Abteilung Lebensborn nennen sollten, konnten leicht Missverständnisse und Unklarheiten hinsichtlich der Schreibweise auftreten. Es kam offenbar auch vor, dass Soldaten bewusst einen falschen Namen angaben, um bei einer eventuellen Schwangerschaft nicht auffindbar zu sein.

In einem Fall wusste die 19-jährige Mutter nur den Vornamen des Kindsvaters und wo er in ihrer Heimatstadt stationiert gewesen war. Sie waren mehrere Wochen miteinander befreundet gewesen, bevor er an die Ostfront geschickt wurde und sie schwanger zurückblieb. Die Abteilung Lebensborn versuchte vergeblich, ihn mit diesen wenigen Angaben zu finden. Die Deutschen zweifelten offenbar dennoch nicht an den Beteuerungen der Mutter, dass dieser unbekannte Soldat der Vater ihres Kindes sei, und kümmerten sich ohne Einschränkungen um sie. Sie wurde für die Entbindung in Hurdal Verk aufgenommen, das Kind blieb erst in diesem Heim und lebte später in Godthaab.

Die Abteilung Lebensborn bewertete die Frauen sehr genau im Hinblick auf ihre Persönlichkeit, ihren Charakter und ihre Lebensführung. Von dieser Einschätzung hing häufig ab, wie der Fall weiter behandelt wurde. Selbst wenn die gerade erwähnte Frau keine genauen Angaben über den Kindsvater machen konnte, wurden sie und ihr Kind von den Deutschen dennoch sehr geschätzt. Dabei war gewiss von Belang, dass sie zuvor bei zwei Untersuchungen als rassisch wertvoll eingestuft worden war. Nach der ersten Untersuchung hieß es, sie sei rein nordisch, nach der zweiten, sie sei überwiegend ostbaltisch mit nordischem Einschlag. Beide Ärzte kamen jedoch zu dem Schluss, dass eine Fortpflanzung aus rassenpolitischer Sicht wünschenswert sei.

Vielleicht spielte es auch eine Rolle, dass sie bei ihrem ersten Kontakt mit den deutschen Ämtern sagen konnte, dass sie Mitglied der *Nasjonal Samling* war. Sie kam vom Land, arbeitete aber schon seit ihrem siebzehnten Lebensjahr in einer ostnorwegischen Stadt als Hausmädchen, 1941 war sie in die *Nasjonal Samling* eingetreten. Als sie von dem deutschen Soldaten schwanger geworden war, schrieb sie an das Reichskommissariat und bat um Hilfe. Sie wusste offenbar nicht, dass es die Abteilung Lebensborn gab, sondern appellierte ganz unumwunden an das Rassebewusstsein der Deutschen, als sie um Unterstützung für sich und ihr »vaterloses Kind« bat. »Es wäre doch sehr schade, wenn ein Kind, ein germanisches Kind, dem deutschen Volk verloren ginge und ich möchte mein Kind deutsch erziehen.«

In anderen Fällen waren die Deutschen abweisender, was vielleicht auf die Unbeholfenheit mancher Mutter zurückzuführen ist. Eine Kindsmutter, die sich wegen ihrer Schwangerschaft an die Deutschen gewandt hatte, schrieb über sich Folgendes:

»Über meinen Lebenslauf gibt es nicht viel zu sagen. Ich arbeite, seit ich 15 Jahre alt bin, hatte Hausmädchenstellen in großen Bauernhöfen und schönen Privathaushalten in Oslo. Ich galt immer als ehrliches, fleißiges und anständiges Mädchen. Natürlich habe ich gefeiert und ich hatte auch Herrenbekanntschaften, wie alle, aber deswegen war ich kein unanständiges Mädchen. Habe auch mit deutschen Soldaten gesprochen und mit ihnen gefeiert.«

Als das Kind geboren wurde, nannte sie als Kindsvater einen deutschen Soldaten, der die Vaterschaft aber bestritt. Er räumte ein, mit der Norwegerin zusammen gewesen zu sein, aber erst einen Monat, nachdem sie schwanger geworden war. Daraufhin sagte sie, ein anderer Soldat sei der Kindsvater: »Aber ich weiß von ihm keine Adresse oder Namen, weil ich nur zweimal mit ihm gesprochen habe.« Sie konnte ihn nur als klein und dunkelhaarig beschreiben, er habe gesagt, er müsse nach Russland. Sie gab für diese Begegnung ein genaues Datum an, aber laut der Abteilung Lebensborn konnte auch dieser Soldat zeitlich nicht als Kindsvater in Frage kommen.

Daraufhin wurde sie um eine vollständige Liste aller Männer gebeten, mit denen sie in der Zeitspanne, in der sie hatte schwanger werden können, Umgang gehabt hatte. Die Kindsmutter schrieb zurück: »In der Zeit von […] bis […] war ich mit einigen Deutschen zusammen, deren Namen ich nicht mehr weiß, außerdem mit […] [Name eines Norwegers]. Mit dem Norweger […] und den Deutschen hatte ich in dieser Zeit Geschlechtsverkehr.«

Nun stellte die Abteilung Lebensborn ihre Bemühungen ein, da keine Aussicht bestand, den Kindsvater festzustellen. Und da unter den möglichen Vätern auch ein Norweger war, hatten die Deutschen sowieso jedes Interesse verloren, in dieser Sache noch etwas zu unternehmen. Sie beabsichtigten, die Unterhaltsverpflichtungen an die norwegischen Stellen weiterzugeben, am Ende wurde der Fall allerdings zu den Akten gelegt, weil das Kind von einer norwegischen Familie adoptiert wurde.

In dem geschilderten Fall verhielt sich die Kindsmutter also nicht so, dass die Abteilung Lebensborn ihren Angaben Glauben schenken konnte. Ohne danach gefragt worden zu sein, erzählte sie nicht nur, dass sie mit vielen deutschen Soldaten »gefeiert« hatte, sondern obendrein, dass sie in der fraglichen Zeit auch mit einem Norweger zusammen gewesen war. Allein dieses Benehmen mag ausgereicht haben, um sie als nicht »wünschenswert« einzustufen.

Wenn die Abteilung Lebensborn vermutete, dass der Kindsvater ein Norweger sein könnte, überwies sie den Fall an die Heimatgemeinde der Frau. Die Mitarbeiter der Abteilung Lebensborn scheinen diesen Weg mitunter auch gewählt zu haben, wenn sie die Frau als »rassisch oder charakterlich minderwertig« ansahen. Auch dafür gibt es Beispiele, selbst wenn man den Müttern zumeist Glauben schenkte.

Gelegentlich kam die Abteilung Lebensborn zu dem Ergebnis, dass die Mütter Prostituierte waren. Diese wurden in der Regel an norwegische Behörden verwiesen. Prostituierte waren bevölkerungspolitisch uninteressant und außerdem konnte man nicht sicher sein, ob der Kindsvater tatsächlich ein Deutscher war. Solche Fälle waren selten, vermutlich, weil diese Frauen mit Empfängnisverhütung besser vertraut waren.

Unter den ersten 2000 Lebensbornfällen gibt es 76 Fälle, also etwa 4 %, in denen die Abteilung Lebensborn zu dem Ergebnis kam, dass eine Vaterschaftsfeststellung nicht möglich sei. In elf dieser 76 Fälle wurde die Mutter von der Abteilung Lebensborn als Straßenmädchen bezeichnet, in 17 Fällen sah es die Abteilung Lebensborn als sehr wahrscheinlich an, dass der Kindsvater ein deutscher Soldat war, und übernahm die Betreuung von Mutter und Kind.

Umgerechnet auf alle 7600 Lebensbornfälle bedeutet das, dass die Vaterschaft in rund 300 Fällen nicht feststellbar war bzw. gewesen wäre. Hierzu gehören auch die meisten jener 134 Fälle, in denen deutsche Rechtsinstanzen zu dem Schluss kamen, dass der angegebene Kindsvater nicht der Vater des Kindes sein könne. Nach diesen Zahlen wären etwa 40 Mütter als Prostituierte zu charakterisieren, doch solche Schätzungen sind äußerst vage. Vorstellbar wäre theoretisch, dass sich in den letzten Kriegsjahren der Anteil der Prostituierten unter den Müttern verändert hat, aber sicher ist nur: Im Vergleich zu den vielen tausend Fällen, in denen die Vaterschaft von Anfang an bekannt war, ist die Zahl möglicher Prostituierter völlig unerheblich.

Jede zweite Vaterschaft festgestellt

Wir wissen, dass in 2930 der Fälle, die während des Krieges bearbeitet wurden, die Vaterschaft festgestellt wurde. Die übrigen Zahlen, die hier vorgelegt werden, basieren hauptsächlich auf Berechnungen der Fälle aus dem Gebiet Bergen, dem Regierungsdistrikt Hordaland sowie auf den 2000 Lebensbornfällen mit den niedrigsten Aktennummern. Auf der Grundlage solcher Schätzungen kommen wir bei der Frage der Vaterschaft zu folgender grober Aufteilung:

Stand der Vaterschaftsfeststellung	Zahl der Fälle	Prozentualer Anteil
Vaterschaft nach deutschem Recht anerkannt	2930	38
Vaterschaft außergerichtlich anerkannt	800	11
Vaterschaft nicht feststellbar	300	4
Vaterschaft aus unterschiedlichen Gründen nicht festgestellt	3570	47
Gesamtzahl der bearbeiteten tatsächlichen Vaterschaftsfälle	7600	100

In etwa der Hälfte der Fälle wurde also die Vaterschaft von der Abteilung Lebensborn noch während des Krieges festgestellt, sei es durch ein deutsches Gericht, sei es, dass der Betreffende sich informell, aber schriftlich zur Vaterschaft bekannte. In der anderen Hälfte der Fälle konnte die Vaterschaft aus verschiedenen Gründen nicht festgestellt werden. Das lag vor allem daran, dass entweder die genannten Kindesväter wegen des Krieges nicht auffindbar waren oder die Fälle vor Kriegsende nicht mehr abgeschlossen werden konnten.

Norwegisch-deutsche Ehen

»Sehr geehrter Herr Reichsminister!

Ich wende mich heute an Sie in einer für Norwegen sehr wichtigen Sache.

Es liegt eine Verfügung vor, die deutschen Soldaten aller Dienstgrade verbietet, norwegische Mädchen zu heiraten, auch in solchen Fällen, in denen die Mädchen Kinder erwarten, die als Väter deutsche Soldaten haben.

Das rassisch hochstehende norwegische Volk muß ein solches generelles Heiratsverbot als eine tiefe Kränkung empfinden [...] Eine solche Maßnahme ist geeignet, das norwegische Volk als rassisch zweitklassig hinzustellen, was, wie allgemein bekannt, völlig den Tatsachen widerspricht [...] Ich bitte Sie deshalb, Herr Reichsminister, diese Angelegenheit in meinem Namen dem Führer vorzutragen, zugleich mit der Bitte, das Eheverbot aufzuheben.«[35]

Dies schrieb Vidkun Quisling am 25. Februar 1941 an Reichsminister Dr. Hans-Heinrich Lammers in Berlin.

Die Rolle der Wehrmacht

Im Winter 1941 war das Problem norwegisch-deutscher Ehen den Deutschen keineswegs unbekannt. Bereits im Herbst 1940 hatten sich die ersten deutschen Soldaten an das Reichskommissariat gewandt, weil sie ihre norwegische Freundin heiraten wollten. Das Reichskommissariat war offensichtlich nicht darauf vorbereitet, solche Anfragen zu bearbeiten. Sie wurden an Dr. Richert weitergeleitet, blieben aber den Winter über unbeantwortet.

Als SS-Mann und Rassenexperte war Dr. Richert in der Frage der Eheschließung zwischen deutschen Soldaten und Norwegerinnen selbstverständlich stark engagiert. Er wollte die Frage so rasch wie möglich geklärt wissen. Dem stand allerdings das ernste Hindernis entgegen, dass die Wehrmacht den deutschen Soldaten mit einer »Heiratsverordnung« die Ehe mit einer Ausländerin ausdrücklich verboten hatte.[36] Dieses Verbot widersprach den bevölkerungspolitischen Interessen der SS, und in ihm spiegelten sich auch die grundlegend unterschiedlichen Denkweisen von SS-Kreisen und Wehrmachtsoffizieren. Während es der SS um Rassenfragen ging, dachte man in der Wehrmacht an die Probleme, die entstehen könnten, wenn die Soldaten mit der Zivilbevölkerung des Landes, in dem sie als Besatzungssoldaten Dienst tun sollten, allzu persönliche Kontakte hatten. Es konnte zu Loyalitätskonflikten führen, zudem bargen solch enge Verbindungen immer ein Sicherheitsrisiko.

Das Problem der norwegisch-deutschen Ehen wurde in den Osloer SS-Kreisen den ganzen Winter über eingehend diskutiert. Es war auch ein Thema bei jener »großen Besprechung« im Februar 1941, bei der unter anderem die Einrichtung der Abteilung Lebensborn in Norwegen beschlossen worden war.[37] Aus Sicht der SS war das Heiratsverbot der Wehrmacht zwischen Deutschen und Norwegerinnen äußerst beklagenswert. Es betraf zwar nur die Soldaten und konnte nicht verhindern, dass deutsche Zivilangehörige Norwegerinnen heirateten, aber die überwiegende Mehrzahl der deutschen Männer in

Norwegen waren nun einmal Wehrmachtssoldaten. Dr. Richert und Himmler gaben bei dem Treffen zu bedenken, dass durch das Verbot viele rassisch wertvolle Kinder verloren gehen könnten. Außerdem wären die Frauen durch die Heirat automatisch deutsche Staatsangehörige, was den Einfluss Deutschlands stärken würde.

Mitte Februar ergriff Dr. Meyer von der Abteilung Gesundheitswesen im Reichskommissariat die Initiative. Er strebte eine spezielle Verordnung für Fälle an, in denen Norwegerinnen verlangten, dass die deutschen Kindsväter ihre Vaterschaft anerkennen sollten.

»Die Ehre des deutschen Mannes und Soldaten erfordert, daß er zu seinem Wort steht. Sie erfordert Ritterlichkeit und Achtung der Frau gegenüber [...] Soweit aus Verbindungen zwischen deutschen Wehrmachtsangehörigen und norwegischen Frauen Kinder hervorgegangen oder zu erwarten sind, muß es als eine Ehrenpflicht der Betreffenden angesehen werden, nun auch für die Folgen ihres Handelns einzustehen und diesen Frauen und Kindern nach vorhandener Möglichkeit Hilfen zu gewähren. Es darf nicht im norwegischen Volke der Eindruck entstehen, daß der deutsche Soldat wortvergessen ist und gewissenlos und unritterlich handelt.«

In den Osloer SS-Kreisen, zu denen unter anderem Dr. Richert, Dr. Reinecke und Rediess gehörten, befürwortete man die Eheschließungen. Das galt auch für Terboven. Laut Dr. Richert hege Terboven »nicht nur nicht die geringsten Bedenken hinsichtlich des Eingehens von Ehen zwischen Deutschen und Norwegerinnen, sondern er begrüsst eine solche Entwicklung durchaus und unterstützte sie, soweit immer möglich«. Diese Einigkeit illustriert die gute Zusammenarbeit zwischen der SS und Terboven, die zumindest auf diesem Gebiet offenbar den ganzen Krieg über andauerte. Bei dem Treffen mit Himmler im Februar 1941 wurde Terboven beauftragt, sich mit dem Oberkommandierenden der Wehrmacht in Norwegen, Generaloberst Nikolaus von Falkenhorst, in Verbindung zu setzen, um eine Modifizierung des Heiratsverbotes zu erreichen. Nun erhielt Terboven von Himmler persönlich Rückendeckung.

Am 23. Februar erörterte Terboven das Heiratsverbot mit von Falkenhorst, zwei Tage später schickte Quisling den zitierten Brief an Lammers. Das wirkt wie abgesprochen, aber ob Quisling beim Verfassen des Briefes tatsächlich wusste, dass auch die SS und Terboven das Heiratsverbot aufheben wollten, ist ungewiss. Quisling schrieb ihn jedenfalls zu einem Zeitpunkt, der Terboven und der SS in Norwegen sehr gelegen kam.

Gerade zu dieser Zeit ging es auch um einen konkreten Fall, was auf eine gemeinsame Aktion von *Nasjonal Samling* und Reichskommissariat zur Abschaffung oder Modifizierung des Heiratsverbotes hinweisen könnte. Die Tochter eines sehr einflussreichen Mitglieds der norwegischen *Nasjonal Samling* wollte einen deutschen Soldaten heiraten, von dem sie ein Kind erwartete. Sowohl ihr Vater als auch die *Nasjonal Samling* wandten sich mit der Bitte um Heiratserlaubnis an das Reichskommissariat. Dort entsprach man dieser Bitte insoweit, als man an die Wehrmacht schrieb und um eine Ausnahme in diesem Fall ersuchte. Es bestehe sicher keine Spionagegefahr und deutschfreundliche Kreise in Norwegen hätten kaum Verständnis dafür, wenn das Paar nicht heiraten dürfe. Doch noch bevor die Wehrmacht darüber entscheiden konnte, wurde die Sache von anderer Seite grundsätzlich geregelt.

Terbovens Verhandlungen mit der Wehrmacht nach dem Treffen mit Himmler hatten nicht weitergeführt, und Mitte März erhielt einer der heiratswilligen deutschen Soldaten einen Brief vom Reichskommissariat, in dem ihm kategorisch mitgeteilt wurde, dass eine Eheschließung zwischen einem deutschen Soldaten und einer Norwegerin für die Dauer des Krieges nicht möglich sei. Zu dieser Zeit wurde Quislings Protest in Berlin auf höchster Ebene erwogen. Drei Wochen, nachdem er den Brief geschrieben hatte, bekam Quisling Antwort, Hitler habe angeordnet, dass »gegen Eheschliessung von Wehrmachtsangehörigen mit rassisch verwandten Personen der germanischen Nachbarvölker Holland, Norwegen, Dänemark und Schweden an sich nichts einzuwenden ist«. Es ist zu bezweifeln, dass die Lockerung des Eheverbots ausschließlich auf Quislings Schreiben zurückzuführen ist, doch vermutlich beschleunigte es die Entscheidung.

Der Antwortbrief an Quisling trug das Datum vom 14. März 1941 und nur drei Tage später formulierte von Falkenhorst die neuen Bestimmungen für Eheschließungen zwischen deutschen Wehrmachtsangehörigen und Norwegerinnen.[38] Verwiesen wurde auf den »Führerentscheid« vom 28. Februar.[39] In SS-Kreisen trafen die Bestimmungen allerdings nicht auf Zustimmung, denn sie sahen vor, dass Hitler jedes einzelne Gesuch persönlich vorgelegt werden musste. Außerdem sollten die Frauen sofort nach der Trauung nach Deutschland umsiedeln, da ein Soldat seine Ehefrau nicht in Norwegen haben durfte.

Dr. Richert war nicht zufrieden, da er fürchtete, dass dieser Befehl »zwar grundsätzlich die Genehmigung einer Heirat von Wehrmachtsangehörigen mit Norwegerinnen ermöglicht, jedoch durch seinen Formalismus aus verschiedenen Gründen jede Heirat erschwert«. Aus Erfahrung mit anderen Entscheidungen, die dem Führer persönlich vorgelegt werden mussten, wusste man, wie lange das dauern konnte. Für die schwangeren Frauen wäre es sehr belastend, drei Monate oder länger auf die Heiratserlaubnis warten zu müssen. Den meisten war es sehr wichtig, dass ihr Kind ehelich zur Welt kam, was durch diese Bestimmungen erschwert wurde. Dr. Richert war auch dagegen, dass die Frauen sofort nach der Trauung Norwegen verlassen und nach Deutschland in eine völlig fremde Umgebung ziehen sollten. Das Argument der möglichen Spionage wies er zurück. Erstens seien die meisten heiratswilligen Norwegerinnen sowieso deutschfreundlich, zweitens spiele es für die Spionagegefahr keine Rolle, ob ein Soldat mit einer Frau befreundet oder verheiratet sei. Wenn die junge Ehefrau nach Deutschland reisen musste, hätte ihr Mann sicher noch Kontakt zu den Schwiegereltern, solange er noch in Norwegen stationiert war. Dr. Richert befürchtete, dass diese Verordnung dazu führen werde, dass die Frauen lieber nicht heirateten oder ihr Kind abtrieben.

Zusammenfassend meinte er, dass die Anordnung der Wehrmacht der begonnenen Arbeit der »Lebensborn-Aktion« zuwiderliefe, da sie in der Praxis die Verbindung von deutschem und norwegischem Blut verhindere. Als alternative Umsetzung des Führererlasses schlug er vor, dass heiratswillige Paare von einem deutschen Wehrmachtsarzt untersucht und rassisch bewertet werden sollten, während die Sicherheitspolizei in Zusammenarbeit mit dem Reichskommissariat die politische Beurteilung übernehmen könne. Die Frauen sollten selbst bestimmen dürfen, ob sie nach der Heirat in Norwegen bleiben oder zur Familie ihres Mannes nach Deutschland umsiedeln wollten. Der gesamte Fragenkomplex solle Hitler vorgelegt werden, nicht zuletzt, weil diese Heiratsverordnung auch andere besetzte Länder betreffe und somit von allgemeinerer Bedeutung sei.

Terboven wies jedoch Dr. Richerts Vorschlag zurück. Dergleichen könne man gegenwärtig nicht an den Führer senden, der mit wichtigeren Fragen beschäftigt sei. Über Dr. Richert wurde die Sache Himmler vorgelegt, der keinen Rat wusste, sondern vorschlug, die Fälle nach bestem Vermögen, mit persönlicher Tüchtigkeit und Einfühlungsvermögen zu bearbeiten.

Etwa um diese Zeit kam Tietgen nach Oslo und gründete die Abteilung Lebensborn. Neben der Arbeit für die Nachkommen der deutschen Wehrmachtssoldaten wurde ihm auch die Aufgabe übertragen, den heiratswilligen Paaren zu helfen. Mitte April schrieb er an jene Soldaten, die sich Monate zuvor nach der Möglichkeit einer Heirat erkundigt hatten, und teilte ihnen mit, dass Eheschließungen inzwischen zugelassen seien.

Um den Jahreswechsel 1941/42 wurde also emsig gearbeitet, denn nun bereitete man sich nicht nur auf die zu erwartenden Kriegskinder, sondern auch auf die ersten Heiratsgesuche vor. Vor allem die SS wollte solchen Ehen den Weg ebnen. Wenn werdende Eltern heirateten, erledigte sich damit eine ganze Reihe von Formalitäten. Die Frau wurde automatisch deutsche Staatsbürgerin, was den Zielen des Lebensborn in Norwegen sehr entgegenkam, da Mutter und Kind so unter deutsche Kontrolle gelangten. Auch wenn ein Paar noch kein Kind erwartete, befürwortete man deren Heirat, denn es war sehr wahrscheinlich, dass die Frau später ein Kind bekommen und damit dem deutschen Volke kostbares nordisches Blut zuführen würde.

Hitlers Verordnung sah vor, dass Norwegerinnen sofort nach der Heirat nach Deutschland umsiedelten. Im Mai 1941 schlug Tietgen vor, man solle auch Frauen, die von einem Deutschen ein Kind erwarteten, ohne dass gegenwärtig von Heirat die Rede war, die Umsiedlung nach Deutschland gestatten. Da sie in Norwegen von ihren Landsleuten oft herabsetzend behandelt würden, sollte man es ihnen ermöglichen, ihr Kind in einem Lebensbornheim in Deutschland zu bekommen. Tietgen sah darin einen eindeutigen Vorteil: »Da die Norwegerinnen, die nach Deutschland übersiedeln, in den meisten Fällen rassisch über dem Durchschnitt der Bevölkerung Deutschlands liegen, ist die Aufnahme im deutschen Reich absolut wünschenswert.«

Später schlug Tietgen außerdem vor, man solle auch den mit einem Deutschen verlobten Norwegerinnen erlauben, ihren Verlobten im Urlaub nach Deutschland zu begleiten. Die Frauen sollten so früh wie möglich ihre künftigen Schwiegereltern, ihre neue Familie sowie die späteren Lebensumstände kennen lernen. Dabei setzte Tietgen voraus, dass die Frauen zuvor gründlich rassisch und ideologisch geprüft worden waren, damit man keine Spioninnen ins Reich schickte. Sein Vorschag wurde allerdings nicht umgesetzt, zum Teil deshalb, weil es zu problematisch schien, die Frauen mit deutschen Truppentransporten reisen zu lassen.

Im Sommer 1941 fuhren einige Norwegerinnen nach Deutschland, zumeist allein oder mit anderen Frauen. Weil viele von ihnen unter anderem wegen mangelnden Sprachkenntnissen zahlreiche

Schwierigkeiten hatten, ergriff Tietgen erneut die Initiative und regte eine Stelle an, die den Frauen in Deutschland künftig helfen sollte. In einem Brief vom Juli 1941 sagte er, die Sache eile, da bereits in der kommenden Woche zehn bis 20 Frauen nach Deutschland abreisten. Die meisten Norwegerinnen fuhren über Berlin, sodass die Zentrale des Lebensborn e.V. in München wenig zur Lösung des Problems beitragen konnte. Im August entschied Himmler, dass eine Abteilung des Rassen- und Siedlungshauptamtes-SS (RuSHA) den Frauen bei Übernachtungen und anderen Problemem helfen sollte.

Die deutsche Heiratsverordnung

Die zuständigen deutschen Stellen bemühten sich in der Folgezeit, die Voraussetzungen für die norwegisch-deutschen Eheschließungen zu schaffen. Eingebunden wurde dabei auch die Abteilung Lebensborn, die den norwegisch-deutschen Ehen sehr wohlgesonnen war. Sie konnte zwar keine Trauung durchführen, aber das Lebensbornpersonal versuchte, allen Heiratswilligen zu helfen, die sich an sie wandten – auch wenn sie kein Kind erwarteten.

Im Sommer 1941 nahm Terboven die Sache wieder auf und verfügte per Verordnung die Errichtung eines deutschen Standesamtes im Reichskommissariat Oslo.[40] Es war von Januar 1942 bis Kriegsende tätig und war für alle Geburten, Todesfälle und Trauungen zuständig, die deutsche Staatsbürger in Norwegen betrafen.

Die »Eheunbedenklichkeitsbescheinigungen« für die Norwegerinnen, die dem Heiratsgesuch beigelegt werden mussten, wurden vom Amtsarzt beim Reichskommissariat Oslo ausgestellt.[41] Waren alle Formalitäten erledigt und war das Gesuch bewilligt, konnte die Trauung bei dem für den Soldaten zuständigen Wehrmachtsgericht, beim Standesamt in Oslo oder bei einem Standesamt in Deutschland vorgenommen werden. Räumlich getrennte Partner konnten auch per

»Ferntrauung« heiraten. Dabei fand sich jeder der beiden in dem jeweiligen Gericht oder Standesamt vor Ort ein und erklärte in einer Trauzeremonie, den abwesenden Partner heiraten zu wollen. Diese Lösung wurde gewährt, wenn der deutsche Soldat nicht mehr in Norwegen stationiert war.

Die für das Heiratsgesuch erforderlichen Unterlagen, die dem Führer zur Bewilligung vorgelegt werden mussten, entsprachen den Anforderungen, die sich aus Hitlers »Heiratsverordnung« vom 28. Februar 1941 ergaben. Im Laufe des Krieges kamen einige Zusatzbestimmungen hinzu.[42] Ab März 1942 beispielsweise musste der Landesleiter der Auslandsorganisation der NSDAP Oslo in die politische Beurteilung einbezogen werden und im gleichen Jahr wurde den Antragstellern auch eingeschärft, dass das Gesuch nur Aussicht auf Erfolg habe, wenn die Norwegerin rassisch über dem Durchschnitt der deutschen Bevölkerung liege und ihrem deutschen Verlobten geistig ebenbürtig sei. Sie solle auch in der Lage sein, sich auf Deutsch mit ihrem Ehepartner unterhalten zu können. Falls die deutschen Stellen an der Erfüllung dieser Voraussetzungen zweifelten, sollte die NSDAP im Heimatort des Soldaten ersucht werden, sich mit ihm in Verbindung zu setzen. Der NSDAP-Vertreter solle ihn befragen, ob er wirklich beabsichtige, seine norwegische Freundin zu heiraten, und versuchen, ihn zur Rücknahme des Heiratsgesuchs zu bewegen. Im Herbst 1942 folgte die geheime Verordnung des Oberkommandos der Wehrmacht, wonach Gesuche grundsätzlich abzulehnen seien, wenn die Frau samischer Herkunft war. Gleiches galt für Norwegerinnen, die krank oder als »Straßendirnen« bekannt waren.

Hintergrund dieser deutschen Bestimmungen des Jahres 1942 waren Erfahrungen, die man im Vorjahr gemacht hatte. Norwegerinnen, die geheiratet hatten und nach Deutschland gezogen waren, bekamen Probleme, weil sie kein Deutsch sprachen. Zudem hatten die Deutschen schon bald ein differenzierteres Bild vom rassischen Zustand des norwegischen Volkes – auch hier, im Land der »nordischen Rasse«, musste man wachsam sein und prüfen, welche Norwegerinnen man in das deutsche Volk aufnahm.

Obwohl das Heiratsverbot im Winter 1941 aufgehoben worden war, widersetzte sich die Wehrmacht offenbar in Einzelfällen dennoch der Heirat eines Soldaten. Das lag aber vermutlich daran, dass manche Offiziere mit den geltenden Regeln nicht vertraut waren. 1943 erhielt die Abteilung Lebensborn einen Brief von einem Soldaten, der seine norwegische Freundin heiraten wollte. Seine Dienststelle habe das Heiratsgesuch abgelehnt, nun bat er um Rat, was er tun könne. In ihrem Antwortbrief wies die Abteilung Lebensborn in scharfem Ton darauf hin, dass keine Dienststelle ein solches Gesuch eigenmächtig abschlagen dürfe: »Da die rassische Beurteilung nicht erfolgt ist, kann auch das Ehegesuch nicht abgelehnt werden.«

Die Soldaten sollten ihre Heiratsgesuche auf dem Dienstweg über ihre Vorgesetzten schicken. Bei Soldaten, die außerhalb von Norwegen stationiert waren, wussten allerdings die Dienststellen, die das Gesuch weiterleiten sollten, mitunter nichts von der Ausnahmeregelung für Norwegen und einige wenige andere besetzte Länder und schickten daher das Gesuch nicht weiter. Das verzögerte offenbar im Jahr 1943/44 die Heiratspläne eines Paares, das bereits ein Kind hatte und schon seit längerem heiraten wollte. Im Sommer 1944 schrieb der Soldat an die Abteilung Lebensborn und bat um Hilfe, damit seine Verlobte zu seinen Eltern umziehen könne:

»Mein Heiratsansuchen habe ich vor ungefähr 1 Jahr, nach meinem Feldheer, gemacht. Das war an der Eismeerfront und zu dieser Zeit ging aus einem Befehl hervor, daß eine Heirat mit Ausländerinnen unerwünscht sei. Von dieser Zeit an habe ich kein Ansuchen mehr gestellt [...] Nun habe ich versucht, daß meine Braut, ohne daß wir verheiratet sind, hierher kommen kann, was auch nicht genehmigt wurde. So habe ich mich entschlossen, wenn sie nicht jetzt nach Deutschland fahren kann, mit dieser Angelegenheit bis zum Kriegsende zu warten. Ich wartete immer in dem Bewusstsein, doch noch eine günstige Lösung zu finden [...] Da Ihnen aber andere Mittel zur Verfügung stehen, würde ich Sie nochmals bitten, die Reise meiner Braut zu ermöglichen. Ich habe noch meine Eltern u. 4 Schwestern, die in der Lage sind, ohne weiteres meine Braut bis zur Verehelichung aufzunehmen. Ich kann ja jeden Tag wieder an die Front abgestellt werden und es ist mein Wunsch, sie doch noch davor hierher zu bringen.«

Der Sachbearbeiter der Abteilung Lebensborn schrieb, von einem Eheverbot zwischen Norwegerinnen und Deutschen sei ihm nichts bekannt: »Es werden auch heute noch laufend Ehegenehmigungen erteilt, nur sind die Bedingungen sehr streng und dauert die Genehmigung längere Zeit. Ich möchte Ihnen daher raten, Ihr Heiratsgesuch erneut bei Ihrer derzeitigen, vorgesetzten Dienststelle einzureichen.«

Für dieses Paar bedeutete die Fehlinformation durch die »vorgesetzte Dienststelle«, dass sich die Bearbeitung seines Heiratgesuchs um ein Jahr verzögert hatte und vor Kriegsende nicht mehr bewilligt werden konnte. Die Abteilung Lebensborn wusste, dass vielen dieser »vorgesetzten Dienststellen« nicht bekannt war, dass Ehen mit Norwegerinnen erlaubt waren. Im Januar 1943 brachte Tietgen das bei einem Gespräch mit der Wehrmacht nochmals zur Sprache und bat erneut darum, dies nicht nur den Einheiten in Norwegen, sondern der Wehrmacht generell mitzuteilen. Denn vor allem Soldaten, die nicht mehr in Norwegen stationiert waren, hörten von ihren Vorgesetzten, dass die Heirat mit einer Norwegerin ausgeschlossen sei.

Andererseits scheinen manche Soldaten die Aufhebung des Heiratsverbotes so gedeutet zu haben, dass sie jetzt jede Norwegerin geradezu zur Ehe zwingen konnten. So fragte eine Norwegerin bei der Abteilung Lebensborn schriftlich an, ob ihr deutscher Freund sie wirklich zwingen könne, ihn zu heiraten. Sie wolle mit der Heirat bis nach dem Krieg warten, weil sie hoffe, dass er sich »bis dann vielleicht etwas gebessert hat«. Die Abteilung Lebensborn antwortete, dass niemand sie zur Ehe zwingen könne, und legte den Fall zu den Akten. Wir haben nicht den geringsten Hinweis dafür finden können, dass deutsche Behörden Zwang auf Norwegerinnen ausgeübt hätten, während des Krieges einen Deutschen zu heiraten.

Es gab Perioden, in denen Heiratsgesuche nicht bearbeitet wurden, so eine fünfmonatige Unterbrechung ab Oktober 1944. Danach wurde die Bearbeitung der Gesuche bis Kriegsende wieder aufgenommen, doch von solchen Zeiten abgesehen, wurden Gesuche offenbar von Frühjahr 1941 bis Mai 1945 bearbeitet. Noch am 18. April 1945, also nur drei Wochen vor Kriegsende, stellte beispielsweise der Amtsarzt beim Reichskommissariat einem Deutschen ein Ehetauglichkeitszeugnis für die Heirat mit einer Norwegerin aus, und das Standesamt im Reichskommissariat nahm bis zur Kapitulation Trauungen vor.

Wollten Norwegerinnen wirklich deutsche Soldaten heiraten?

Die Nationalsozialisten widmeten sich vielem, das geradezu bizarr und wirklichkeitsfremd anmutet. Das gilt nicht zuletzt für die SS und deren Schritte zur Durchsetzung einer rassenorientierten Bevölkerungspolitik. Wollten wirklich so viele Norwegerinnen einen Soldaten der deutschen Besatzungsmacht heiraten oder war die Aufhebung des Verbots norwegisch-deutscher Ehen ein Resultat verblendeter Rassenideologie? Doch tatsächlich hatten etwa 40 % der norwegischen Mütter den deutschen Vater ihres Kindes geheiratet oder wollten ihn heiraten.

Ende 1942 hatte die Abteilung Lebensborn 2514 Norwegerinnen registriert, die von einem Deutschen ein Kind erwarteten oder bereits hatten. 139 von ihnen waren mit dem Kindsvater verheiratet, 890 gaben an, ihn heiraten zu wollen.[43] Von den verlobten Norwegerinnen wohnten schon 191, von den verheirateten 103 bei ihren (künftigen) Schwiegereltern in Deutschland. Ende 1942 waren also 294 der 2514 registrierten Kindsmütter, über 10%, zur Familie ihres Mannes bzw. Verlobten nach Deutschland gezogen.

Ein Jahr zuvor, also Ende 1941, waren bei der Abteilung Lebensborn etwa 800 Geburten registriert. Für 487 dieser 800 Kriegskinder liegen heute noch detaillierte Angaben vor, deren Auswertung ergab, dass gut 40% der Kindeseltern Heiratspläne hatten, und von diesen 204 Paaren haben im Laufe des Krieges mindestens 98% tatsächlich geheiratet.[44] 70 weitere Paare gaben an, heiraten zu wollen, aber es ist unbekannt, ob die Heirat tatsächlich stattfand, 21 wollten mit der Heirat warten, bis der Krieg zu Ende, sieben, bis der Mann in Deutschland geschieden war. Weitere sechs Paare wollten zwar heiraten, konnten es aber nicht, weil die Frauen nicht nach Deutschland umziehen wollten, der Mann sich in englischer Kriegsgefangenschaft befand oder ihr Heiratsgesuch abgelehnt worden war.

Die meisten, die nicht heiraten wollten, begründeten das sehr ausführlich. Aus den Fallakten geht übrigens hervor, dass auch einige dieser Paare ihre Freundschaft sehr ernst genommen und Heiratspläne gehabt hatten, sich dann aber doch trennten. Vier Paare hatten später ihre Verlobung gelöst, in 24 Fällen starb der Kindsvater vor Kriegsende, auch hier war bei einigen Paaren von Heirat die Rede gewesen.

Die größte Gruppe allerdings bestand aus jenen 149 Elternpaaren, für die eine Heirat nicht in Frage kam, weil der Kindsvater in Deutschland bereits verheiratet oder verlobt war, in acht Fällen war die Kindsmutter mit einem Norweger verheiratet. Diese Fälle machen gut 30% aller erhaltenen Fälle im fraglichen Zeitraum aus. In sehr vielen dieser Fälle bekannten sich die Väter übrigens zur Vaterschaft und bemühten sich nach Kräften, Mutter und Kind zu unterstützen. Einige deutsche Kindsväter, die erfuhren, dass die Kindsmutter das gemeinsame Kind nicht zu sich nehmen konnte, wollten das Kind in ihrer deutschen Familie großziehen.[45] Praktisch bedeutete das, dass die Ehefrau in Deutschland sein norwegisches Kind aufziehen würde, solange er im Krieg war. In 101 Fällen, also 20 %, wurde die Auskunft, an eine Heirat sei nicht gedacht, nicht näher erläutert.

Es ist offensichtlich, dass viele tausend Mütter von Kriegskindern den deutschen Vater heiraten wollten. Aber wie konnte es geschehen, dass so viele Norwegerinnen einen deutschen Freund hatten und sogar seine Frau werden wollten? Diese Frage beschäftigt in Norwegen seit über 50 Jahren den sprichwörtlichen »Mann auf der Straße« ebenso wie Journalisten, Autoren, Psychiater, Geistliche und Kriminologen.

Während des Krieges lebten viele Deutsche in Norwegen, allein bei Kriegsende waren es 350 000. Vor allem in den ersten zwei oder drei Kriegsjahren, als für die Deutschen noch alles nach Plan zu laufen schien, müssen viele junge Mädchen geglaubt haben, dass die Soldaten für immer bleiben würden. Die Situation der Besatzung war für Norwegen völlig neu und unbekannt. Viele Soldaten waren bei Familien einquartiert oder lebten in der Stadt und auf dem Land eng mit der Zivilbevölkerung zusammen. Es gab viele Soldaten, die mehrere Jahre in Norwegen blieben und norwegisch lernten. Diese Deutschen begegneten den Einwohnern nicht nur als Soldat, sondern als Individuum. Verglichen mit anderen europäischen Ländern Europas gab es in Norwegen kaum »Krieg« und im Großen und Ganzen benahmen sich die Deutschen diszipliniert und korrekt. Vor allem bevor das Kriegsglück die Deutschen verließ, mögen sich einige Frauen von der Ehe mit einem Deutschen auch finanzielle oder soziale Vorteile versprochen haben. Wenn man all dies bedenkt, ist es gar nicht so verwunderlich, dass viele persönliche Beziehungen entstanden und sich viele junge Norwegerinnen in einen Deutschen verliebten.

Nun war es eine Sache, sich in einen Deutschen zu verlieben, weitaus dramatischer und folgenreicher war die Entscheidung, ihn zu heiraten. Auch hier ist natürlich der einleuchtendste Grund, dass die Frauen ihren deutschen Freund so sehr liebten, dass sie ihr Leben mit ihm teilen wollten. Für manche mag auch erst die Schwangerschaft ein triftiger Grund gewesen sein, den Kindsvater heiraten zu wollen. Der Ausdruck »sie muss heiraten« war in jener Zeit für viele weitaus mehr als eine Floskel. Wenn in ihrem sozialen Umfeld bekannt wurde, dass sie von einem Deutschen schwanger waren, mochte es einigen Frauen als Lösung vieler Probleme erscheinen, zu heiraten und nicht nur ihren Heimatort, sondern das Land zu verlassen.

So erging es der 20-jährigen Liv. Seit Oktober 1940 hatte sie eine feste Beziehung mit dem gleichaltrigen Soldaten Gustav, knapp ein Jahr später erwartete sie ein Kind und bat die Abteilung Lebensborn, ihr bei der Übersiedlung zu Gustavs Mutter nach Deutschland zu helfen. Ihre eigene Mutter war verzweifelt darüber, dass ihre Tochter von einem Deutschen schwanger war. Vielleicht verständlich, schließlich war Livs Vater im Frühjahr 1940 bei den Kämpfen gegen die Deutschen umgekommen. Liv wollte unbedingt aus ihrem Heimatort fort: »Ich kann nicht zu Hause bleiben und Schande über alle bringen.«

Ihr Freund Gustav hatte nicht nur für Livs Lage, sondern auch für die ihrer Mutter Verständnis. Es ist ganz deutlich, dass er seine Freundin aufrichtig liebte. Nun war er an die Ostfront versetzt worden und als Liv ihm dorthin schrieb, dass sie ein Kind erwarteten, und ihm von ihren Sorgen wegen ihrer Mutter berichtete, antwortete er in einem Brief, der in einem etwas holprigen Norwegisch beginnt:

»*Min elskede Liv, du min kjäreste, söt fru!* [Meine geliebte Liv, du meine liebste, süße Frau] […] so wollen wir sofort alles machen, daß wir jetzt heiraten per Ferntrauung und dann kannst du sofort als meine Frau nach Deutschland reisen. Die Reise wird dir von Norwegen aus bezahlt und meine Mamma nimmt dich freudig in ihren Schutz, so sei also ohne Sorge und habe keine Angst und Gott wird uns nun bestimmt beschützen, alles wird gut […] Ich bin immer bei dir und meine Mamma auch und so bist du niemals allein und brauchst keine Sorge zu haben vor deiner Mutter, denn wir sind doch verheiratet, wenn unser Baby kommt.«

Liv und Gustav waren keineswegs das einzige Paar, das seine Heiratspläne beschleunigte, weil es ein Kind erwartete. Zudem war der schiere Umstand, von einem Deutschen schwanger zu sein, Grund genug, so bald wie möglich zu heiraten. Durch eine Heirat würde das Kind ehelich geboren und es wurde möglich, der heimatlichen Umgebung zu entkommen. Auch Paare, die kein Kind erwarteten, sahen in der Heirat und dem Umzug nach Deutschland die Lösung vieler akuter Probleme. Dass zahlreiche Mädchen wegen ihres deutschen Freundes von ihren Eltern verstoßen wurden, ist bekannt. Wie ein Soldat es ausdrückte:

»Seit meiner Abreise aus [...] bestehen nun für meine Braut große Schwierigkeiten. Sie wird von der Bevölkerung, die von ihrer Verlobung weiss, sehr feindselig behandelt und auf der Strasse sehr häufig mit allen möglichen Schimpfwörtern bedacht. Ausserdem kann sie aus demselben Grunde keine Arbeit finden, was wiederum ein gespanntes Verhältnis zwischen ihr und ihren Eltern hervorgerufen hat.«

Es war, wie hier, ganz üblich, dass die Frauen von ihrem direkten Umfeld »feindselig« behandelt wurden, weshalb die Abteilung Lebensborn oft noch vor der Heirat den sofortigen Umzug einer Norwegerin nach Deutschland befürwortete. Etwas ungewöhnlicher war wohl der Fall einer Siebzehnjährigen, die den Lebensborn um Hilfe bat, damit sie ihren deutschen Freund heiraten konnte. Aus dem ebenfalls erhaltenen Antwortbrief auf ihre Anfrage wird übrigens deutlich, dass auch die Abteilung Lebensborn den Heiratswunsch vor allem als Ausdruck von jugendlichem Trotz und Widerspruchsgeist deutete:

»Da ich erst 17 Jahre alt bin und Eltern mit englischen Idiotien im Kopf habe, darf ich nicht machen, was ich will. Sie haben [...] nachdem sie mich halbtot geschlagen haben, gedroht, ihm einen Brief zu schreiben, dass ich mit ihm nichts mehr zu tun haben darf. Aber zum

Glück konnte ich vorher einen Brief schreiben und ihm erklären, wie die Sache liegt. Er weiß selbst, wie es hier zu Hause ist und will mich nach Deutschland haben, damit wir heiraten können. Seine Mutter will mich aufnehmen.«

Norwegerinnen, die mit einem Deutschen eine feste Beziehung eingingen, dachten offenbar recht schnell an Heirat. Eine Ehe erschien zwar als Ausweg, aber das allein genügt keinesfalls als Erklärung, warum – jedenfalls in den ersten Kriegsjahren – etwa 40 % der Frauen, die von einem Deutschen schwanger wurden, ihn auch heiraten wollten. Wichtiger als alle äußeren Gründe war fraglos, dass sie sich in den Menschen verliebt hatten, der in der Uniform steckte, und mit ihm zusammenbleiben wollten.

Viele wollten heiraten, nur wenigen gelang es

Ob die Frauen von ihrem deutschen Freund ein Kind bekamen oder nicht: Viele wollten ihn heiraten. Es gibt keine bestätigten Angaben, wie viele Norwegerinnen während des Krieges tatsächlich einen Deutschen heirateten. Norwegische Stellen sprachen Jahrzehnte später von 306 norwegisch-deutschen Eheschließungen bis Kriegsende.[46] Es ist allerdings zweifelhaft, ob diese Zahl wirklich alle Trauungen umfasst. In der fraglichen Zeit wurden beim deutschen Standesamt in Oslo mindestens 200 norwegisch-deutsche Ehen geschlossen.[47] Bekannt ist auch, dass von den etwa 800 registrierten Lebensbornkindern, die 1941 geboren wurden, mindestens 95 Elternpaare noch im Krieg heirateten, 40 in Norwegen und 55 in Deutschland. Wenn wir davon ausgehen, dass dieses Verhältnis zwischen Trauungen in Norwegen und in Deutschland ein »Schlüssel« für die folgenden Kriegsjahre ist, hieße das, dass zu den gut 200 in Norwegen bekannten Trauungen mindestens ebenso viele in Deutschland hinzuzurechnen wären. Die relevanten Akten, die an mehreren Orten verstreut aufbewahrt werden und zugänglich sind, deuten darauf hin, dass bis zum Kriegsende etwa 400 bis 500 norwegisch-deutsche Ehen geschlossen wurden.

Wenn wir bedenken, dass mindestens 8000 Kriegskinder geboren wurden und die Zahl der norwegisch-deutschen Liebespaare, die nicht vom Lebensborn registriert wurden, mit Sicherheit ein Vielfaches davon betrug, sind allerdings 400 bis 500 Trauungen eher wenig. Sehr viele Paare aber hatten konkrete Heiratspläne und selbst wenn die Gesamtzahl der norwegisch-deutschen Liebespaare ebenso unbekannt ist wie die Zahl derer, die vor Kriegsende tatsächlich heiraten konnten, klafft eine große Lücke zwischen denen, die es wollten und denen, die es bis Mai 1945 taten. Bedenken muss man natürlich auch, dass es vielen Norwegerinnen mit dem Fortgang des Krieges vermutlich immer weniger erstrebenswert schien, ihren deutschen Freund zu heiraten. 1944 war die Vorstellung einer Zwangsumsiedlung nach Deutschland viel weniger attraktiv als wenige Jahre zuvor. Und nachdem immer größere Teile Deutschlands durch alliierte Bombardierungen in Schutt und Asche gelegt wurden, konnten die deutschen Männer immer weniger garantieren, dass ihre Verlobte dort angemessen untergebracht und versorgt sein würde.

In den letzten Kriegsjahren wurden tatsächlich weniger Ehen geschlossen. Beim deutschen Standesamt in Oslo fielen die Zahlen: 1942 waren es 76, 1943 noch 61, 1944 nur noch 45 und im Frühjahr 1945 schließlich 17. Diese Tendenz ist gegenläufig zu dem Trend, dass es mit fortschreitendem Krieg immer mehr Beziehungen zwischen Norwegerinnen und deutschen Soldaten und somit auch immer mehr potenzielle Brautpaare gab. Ausschlaggebend für dieses Missverhältnis war, dass die Deutschen vor Kriegsende nicht mehr alle eingereichten Gesuche bearbeiten konnten. Es gab auch Perioden, eine war der Herbst 1944, in denen alle Gesuche liegen blieben. Außerdem wuchs mit jedem Kriegsjahr die Zahl der Männer, die fielen oder in Gefangenschaft gerieten, bevor sie heiraten konnten. Das sind einleuchtende Gründe dafür, dass die Heiratszahlen sanken und nur ein kleiner Teil derer, die feste Heiratspläne hatten, ihr Ziel bis Kriegsende erreichten.

Die norwegisch-deutschen Paare mussten vor ihrer Hochzeit sehr viele Hindernisse überwinden. Viele gaben auf, oft wurde das Gesuch abgelehnt. Von der Antragstellung bis zur Genehmigung konnte das Verfahren mehrere Jahre dauern. Die Paare wurden darauf aufmerksam gemacht, dass allein die Zustimmung des Führers in Berlin bis zu einem halben Jahr beanspruchen konnte. Das Beschaffen aller erforderlichen Unterlagen konnte aufgrund praktischer und bürokratischer Probleme gut und gern noch einmal so lange dauern. So wurde im Frühjahr 1943 einem deutschen Soldaten mitgeteilt: »Eheschließungen mit Norwegerinnen sind grundsätzlich nicht verboten. Sie werden nur sehr eingeschränkt durch strenge Bestimmungen.«

Nachdem norwegisch-deutsche Eheschließungen erlaubt worden waren, wurden sehr genaue bürokratische Abläufe erarbeitet, die sicherstellen sollten, dass jedes Gesuch komplett und fehlerfrei war, bevor es zur endgültigen Beurteilung und Entscheidung an den Führer nach Berlin geschickt wurde.[48] Ihm musste unter anderem das »Ehefähigkeitszeugnis« eines deutschen Amts- oder Truppenarztes beigelegt sein, polizeiliche, politische und rassenpolitische Gutachten, Ahnennachweise von beiden bis zu den Großeltern sowie ein Porträtfoto und eine Ganzaufnahme der Frau.

Hatte Hitler das Gesuch bewilligt, mussten die Paare weitere Unterlagen beischaffen, bevor die Trauung stattfinden konnte. Neben den eigenen Geburtsurkunden und denen der Eltern des Paares gehörte dazu auch deren Heiratsurkunde, er musste von seiner Einheit die Genehmigung zur Eheschließung, sie ein Ehezeugnis vom norwegischen Justizministerium beibringen. Dafür brauchte sie eine Geburtsurkunde, einen Impfschein, eine Verlobungserklärung sowie einen Abstammungsnachweis. War sie jünger als 21 Jahre, brauchte sie die Zustimmung der Eltern, war sie jünger als 18 Jahre, auch noch die Zustimmung des zuständigen *Fylkesmann*. Der deutsche Soldat musste garantieren, dass seine Frau nach der Trauung in Deutschland eine Wohnung hatte und versorgt war.

Rassische Begutachtung

Hitlers Verordnung vom Winter 1941, die deutschen Soldaten die Ehe mit einer Ausländerin nur erlaubte, wenn diese rassisch wertvoll und somit würdig war, in das deutsche Volk aufgenommen zu werden, wurde sehr ernst genommen. An den Gutachten waren neben der Abteilung Lebensborn auch das Rasse- und Siedlungswesen in Norwegen sowie SS-Ärzte aus dem Reichskommissariat beteiligt. Die bestmögliche Beurteilung der Frauen war sehr wichtig, denn damit trug die Abteilung Gesundheitswesen zu »der Förderung eines gesunden germanischen Nachwuchses für einen Nachkriegsaufbau« bei.[49] Man hatte schon bald einsehen müssen, dass das norwegische Volk nicht nur aus »nordischen Menschen« bestand, daher waren in jedem einzelnen Fall sehr gründliche Rasseuntersuchungen durchzuführen. Auch Weltanschauung und Lebensführung der Frau und ihrer Familie wurden geprüft.[50]

Die Abteilung Lebensborn und andere SS-Kreise, die vor allem an der bevölkerungspolitischen Seite der norwegisch-deutschen Ehen interessiert waren, sahen sich auch zu »vorbeugenden Maßnahmen« genötigt. Sie hatten schon bald erfahren müssen, wie schwierig es sein konnte, einen Soldaten zu der Einsicht zu bewegen, dass seine norwegische Freundin »nicht wertvoll« war und das Heiratsgesuch abgelehnt werden musste. Sie versuchten daher, auf alle deutschen Dienststellen in Norwegen, auf die SS und die Wehrmacht einzuwirken, dass diese ihrerseits durch Vorträge, Schriften und Bilder laufend darüber aufklärten, »wie die Norwegerin aussehen, welche Qualitäten sie besitzen und in welchem Verhältnis zum deutschen Volke sie stehen muß, wenn er als bewußter Deutscher mit ihr eine Verbindung eingehen will [...] Denn nur dann, wenn er bei der Wahl seiner zukünftigen Lebensgefährtin und Mutter seines Kindes sich seiner hohen Verpflichtung seinem Volk gegenüber bewußt ist, wird er den tiefen Sinn dieses Führererlasses erfüllt haben.«[51]

Aber die Deutschen verließen sich nicht darauf, dass die Soldaten bei ihrer Partnerwahl sorgfältig vorgingen. Für die meisten normalen Gesuche mussten sich die Frauen von deutschen Ärzten und Rassenexperten gründlichst untersuchen lassen. Auch die Familie der Frau wurde, und zwar mehrere Generationen zurück, genauestens überprüft, bevor das »Ehefähigkeitszeugnis« ausgestellt wurde. Die Frauen mussten Auskünfte über Geisteskrankheiten, Epilepsie, Missbildungen, Blindheit, Taubheit, Selbstmorde usw. in der Familie geben und beim geringsten Hinweis darauf wurde eine noch genauere Untersuchung vorgenommen.

Bei einer Frau, die 1944 angab, dass einer ihrer Onkel als geistesgestört gelte, schrieben die Deutschen an den für ihren Heimatort zuständigen Bezirksarzt und erbaten weitere Informationen. Daraus entstand ein langer Briefwechsel, der sich um die Frage drehte, ob die Geisteskrankheit des Onkels erblich, durch Verletzungen bei der Geburt oder in der Kindheit bedingt war. In einem anderen Fall zögerte man mit der Ausstellung des benötigten Zeugnisses, weil ein Onkel der Antragstellerin unter erblich bedingter Geisteskrankheit litt. Zweifel hatten die Deutschen auch an der Eignung einer Frau, die auf einem Auge ein vermindertes Sehvermögen hatte. Diese Bedenken konnten allerdings durch den Nachweis beschwichtigt werden, dass ein Unfall in der Kindheit Schuld daran war: Ein Schneeball hatte ihr Auge getroffen. Die Deutschen zögerten sogar bei einer Frau, die auf die Frage nach Krankheiten in der Familie angab, ihr Vater sei 20 Jahre zuvor an Tuberkulose gestorben. Sie erhielt ihr Zeugnis erst, nachdem sie schriftlich angefragt hatte, ob die Deutschen Tuberkulose wirklich für ein erblich bedingtes Leiden hielten.

In anderen Fällen galten die Vorbehalte dem rassischen Hintergrund. Die Experten fanden, der rassische Wert einiger Frauen liege unter dem Durchschnitt der deutschen Bevölkerung. So hieß es über eine Antragstellerin: »Die Norwegerin [...] sowie deren Familie, entspricht in ihrem rassischen Erscheinungsbild nicht mehr dem Durchschnitt des deutschen Volkes. Gegen eine Heirat mit einem Deutschen werden daher von hier aus Bedenken erhoben.«

Es gab Fälle, wo die Zweifel der Deutschen an der Herkunft der Frau dazu führten, dass sie nicht nur von der Frau und ihren Eltern, sondern auch von den Großeltern Fotos haben wollten. Dazu schrieb eine der Betroffenen: »Ich kann von meinen Großeltern keine Bilder schicken, das ist ganz unmöglich. Die anderen Bilder kann ich schicken, aber wie gesagt, von den Großeltern nicht. Darf ich nicht reisen, wenn ich nicht alle Bilder habe? Dann halte ich es nicht mehr aus, ich sehne mich krank.«

Auch die 22-jährige Johanne und ihr deutscher Freund Jakob bekamen ähnliche Schwierigkeiten. Sie hatten sich in der Nachweihnachtswoche 1940 kennen gelernt und waren seit Ostern 1941 ein festes Paar. Im Herbst wurde Johanne schwanger, im Februar 1942 setzte sie sich mit der Abteilung Lebensborn in Verbindung. Die beiden wollten heiraten, damit Johanne möglichst schnell nach Deutschland umsiedeln konnte.

Die Abteilung Lebensborn bearbeitete den Fall sofort, bereits einen Monat später erhielt Johanne die Erlaubnis, zu Jakobs Mutter in Deutschland zu ziehen, bei der sie bis zur Heirat leben wollte. Doch dann begannen die Probleme. Es zeigte sich, dass Jakobs Mutter Johanne und das erwartete Kind doch nicht zu sich nehmen konnte. Jakob, der Urlaub bekommen hatte, um sie nach Deutschland zu begleiten, besorgte ihr daher eine Stelle in einer Restaurantküche unweit seines Heimatortes, wo sie auch ein Zimmer bekam. Unmittelbar danach musste er zu seiner Einheit zurückkehren.

Im Juli 1942 wurde das Kind geboren, aber Johanne bekam von ihrer Schwiegermutter auch jetzt keine Hilfe. Jakob war an der Front und konnte wenig tun. Es scheint auch, als hätte die Abteilung Lebensborn dieses Paar nahezu vergessen. Andererseits unternahm Johanne auch nichts, um für sich und das Kind Alimente zu beantragen.

Kurz nach der Geburt musste Johanne wieder arbeiten, um sich ernähren und das örtliche Säuglingsheim bezahlen zu können, in das sie ihr Kind bringen musste. So ging der Herbst vorüber und Johannes Situation wurde immer verzweifelter. Im Februar 1943 endlich schrieb sie an die Abteilung Lebensborn und fragte, ob Jakob und sie nicht bald heiraten dürften:

»Nun bin ich seit fast einem Jahr in Deutschland. Bin hierher gereist, um zu heiraten und damit mein Kind ein Zuhause bekommt. Wie es jetzt ist, sehe ich mein Kind eine Stunde pro Woche. Das halte ich nicht aus. Wenn es keine Veränderung geben kann, möchte ich zurück nach Norwegen. Ich liebe mein Kindchen über alles und habe es selbst haben wollen […] Wenn Sie wüßten, wie ich in diesem Jahr hier gelitten habe. Es ging mir furchtbar. Daß ich hier war, ist nur wegen meines Kindes gewesen […] Ich bin in einer verzweifelten Situation und ich weiß nicht mehr, was ich tun soll.«

Jakob, der an der Ostfront war, versuchte so gut wie möglich zu helfen. Er hatte schon längst über seine Dienststelle das Heiratsgesuch eingereicht, aber er bekam erst im Frühjahr 1943 eine Antwort und die lautete, er müsse auch die Geburtsurkunden von Johannes Großeltern einreichen. Bei der Überprüfung des Heiratsgesuches waren einige Zweifel an Johannes rassischem Hintergrund aufgetaucht, man wollte mehr über ihre Ahnen wissen und zwar bis zu den Urgroßeltern.

Jakob bat die Abteilung Lebensborn um Hilfe bei der Beschaffung dieser Papiere. Er fragte auch, ob die Mitarbeiter der Abteilung Lebensborn »dafür sorgen könnten, daß meine Braut von der Arbeit befreit werden könnte, um den kleinen […] zu sich zu nehmen. Wenn sie um etwas fragt in […], so heißt es nur: ›Du bist ja nur eine Ausländerin‹.«

Erst da bemerkte die Abteilung Lebensborn offenbar, dass in diesem Fall einiges im Argen lag. Sie waren entsetzt darüber, dass das Kind im Heim war und Johanne nicht bei Jakobs Eltern wohnte, denn das war schließlich die Bedingung für die Umsiedlung nach Deutschland gewesen. Nun schaltete sich die Abteilung Lebensborn auch in die Bearbeitung des Heiratsgesuchs ein. Da ergaben sich allerdings neue Probleme, denn Johanne hatte nicht die geringste Ahnung, wo und wann ihre Großeltern geboren waren und wollte ihre Eltern nicht fragen, zu denen der Kontakt wegen ihrer Beziehung zu einem Deutschen abgerissen war.

Die Abteilung Lebensborn versuchte, Geburtsurkunden für ihre Eltern und Großeltern zu beschaffen, was sehr lange dauerte. Die fraglichen Kirchenbücher mit den Angaben zu den Großeltern waren inzwischen dem Staatsarchiv in Trondheim überstellt worden und lagerten nun, für die Dauer des Krieges, in den Silberminen im süd-norwegischen Kongsberg. Es stellte sich heraus, dass Johannes Mutter unehelich geboren war. Der Name ihrer Mutter war zwar ebenso bekannt wie der Name des Vaters, dessen Geburtsort aber war unbekannt, sodass es nicht gelang, weitere Angaben zu seinen Eltern, also Johannes Urgroßeltern, zu ermitteln.

Im Juli 1943 schrieb Jakob erneut an den Lebensborn. Er habe in den vergangenen Monaten nichts unternehmen können, weil er nach einer Verwundung eben erst aus dem Lazarett entlassen worden sei. Nun machte er sich Sorgen darüber, wie man die Geburtsurkunde von Johannes Großvater beschaffen könnte und bat um einen weiteren Versuch, bei der Lösung dieses Problems behilflich zu sein. Es eile, denn er hoffe, endlich heiraten zu können, wenn er im August auf Urlaub nach Hause fahre.

Das Kind war seit seiner Geburt oft krank gewesen und hatte mehrere Male im Krankenhaus gelegen. Jetzt war es wieder dort, aber Johanne wurde im Juli 1943 mitgeteilt, sie möge es abholen, weil das Krankenhaus überfüllt sei. Sie wusste nicht weiter und bat um Hilfe:

»Da ich es nicht mehr ertrage, anzusehen, wie mein armes Kindchen immer festgebunden in einem Bettchen liegt, bitte ich Sie, so freundlich zu sein, mich nach Norwegen zurückreisen zu lassen oder mir zu ermöglichen, dass ich das Kind zu mir nehme, solange wir auf die Erlaubnis warten, zu heiraten.«

Jakob kam im August nach Hause, aber heiraten durften sie immer noch nicht. Er war erschüttert, als er Johanne sah. Sie wog nur noch 47 Kilo und klagte über Schmerzen. Jakob brachte sie zu einem Arzt, der sie sofort krankschrieb, dann holten sie das Kind aus dem Krankenhaus. Jakob fand, dass Johanne schon in den drei Wochen seines Urlaubs gesünder und optimistischer wurde, und hoffte, dass das Heiratsgesuch nun bald bewilligt werden würde.

Die Frau wurde wieder schwanger, im Mai 1944 kam Johannes und Jakobs zweites Kind zur Welt und die Abteilung Lebensborn übernahm auch für dieses Kind die Unterhaltszahlungen. Die Bearbeitung des Heiratsgesuchs stagnierte wegen der fehlenden Informationen zu Johannes Großvater indes weiterhin und der Krieg ging zu Ende, ohne dass in dieser Sache noch etwas geschehen wäre.

Johanne und Jakob, die seit Weihnachten 1940 zusammen waren, konnten also bis Mai 1945 nicht heiraten. Im Laufe von gut vier Jahren hatten sie zwei Kinder bekommen und sich seit dem Winter 1942 aktiv um die Genehmigung ihres Heiratsgesuchs bemüht. Dieses jedoch scheiterte an der rassischen Beurteilung von Johannes Ahnen, denn ihr Großvater stammte aus Nordnorwegen und die Nationalsozialisten wollten auf keinen Fall samisches Blut ins deutsche Volk aufnehmen.

Der geringste Verdacht, dass der rassische Hintergrund der Frau nicht makellos war, gab Anlass für genaueste Nachforschungen. Das galt nicht nur für die Bearbeitung von Johannes und Jakobs Gesuch, doch die meisten Norwegerinnen, die von einem deutschen Arzt und Rassenexperten ein Ehefähigkeitszeugnis brauchten, erhielten es umgehend. Dr. Schumacher vom Reichskommissariat in Oslo stellte Hunderte solcher Zeugnisse aus, da es sich, wie er schreibt, »meist um gesunde, kräftige, nordische Frauen handelte, die äußerlich wohl den Reichsdurchschnittsbefunden entsprechen«.[52]

Diese rassischen Begutachtungen waren aber nicht immer so einfach. Auch wenn die deutschen Ärzte und Rassenexperten nach festgelegten Kriterien vorgingen, kam es vor, dass sie sich in ihrem Urteil nicht einig waren. In einem Fall lautete das Untersuchungsergebnis beispielsweise, die Frau gehöre der »ostischen Rasse« an. Damit war sie zwar etwas weniger wertvoll als die rein nordischen Frauen, gehörte dennoch zur gemanischen Rasse. Daher wurde auf dem Untersuchungsformular die Frage, ob etwas dagegen spreche, dass sie ein Kind bekommen und in das deutsche Volk einheiraten dürfe, mit »Nein« beantwortet. Später wurde sie erneut untersucht, da lautete das Ergebnis, sie sei zwar »ostisch«, allerdings mit »lappischem Einschlag«. Das war bedenklich. Die Samen gehörten nicht der germanischen Rasse an und sollten deswegen nicht in das deutsche Volk aufgenommen werden. Andererseits erwartete die Frau von ihrem deutschen Freund ein Kind. Die Entscheidung war eine Kompromisslösung: Die Frage »Ist Fortpflanzung im völkischen Sinne wünschenswert?« wurde bejaht, von der Heirat mit einem Deutschen aber abgeraten. Die Abteilung Lebensborn übernahm schließlich die Unterhaltszahlungen für die Frau und ihr Kind, doch die Heirat blieb dem Paar verwehrt.

Praktische Schwierigkeiten

Auch wenn die Deutschen an den Ehewilligen nichts auszusetzen hatten, war die Beschaffung der erforderlichen Urkunden und Papiere für viele problematisch. Die Männer waren weit von zu Hause fort, daher war jeder Kontakt mit Ämtern und Behörden schwierig und umständlich, vor allem natürlich, wenn die Soldaten unter erbärmlichen Umständen an der Front lebten.

So bat im Januar 1941 ein junger Soldat um Unterstützung, weil er seine norwegische Freundin heiraten wolle. Die Abteilung Lebensborn schrieb ihm, er möge sich mit seinem Fürsorgeoffizier in Verbindung setzen, was aber nicht so einfach war. Er schrieb: »Ich bin nicht in der Lage, mich hier an einen Fürsorgeoffizier zu wenden, da es an der Front keinen gibt«, und bat erneut um Hilfe. Er könne nicht in seine Heimatstadt reisen, um dort herauszufinden, welche Papiere man für eine Heiratsgenehmigung benötige.

Die Angelegenheit zog sich den ganzen Sommer und Herbst 1941 hin, ohne dass es ihm gelungen wäre, die nötigen Papiere zusammenzubekommen. Am Ende wurde die Verlobung im Frühjahr 1942 gelöst, also ein gutes Jahr, nachdem er wegen der Heirat erstmals mit den deutschen Stellen Verbindung aufgenommen hatte.

Auch ein SS-Rottenführer schrieb wegen solcher Schwierigkeiten an die Abteilung Lebensborn:

> »Da ich kurz vor einem eventuellen Einsatz stehe und die kommenden Wochen sehr viel Veränderungen mit sich bringen werden, die mich voll in Anspruch nehmen, bitte ich Sie aus ganzem Herzen, mir bei diesem Schritt behilflich zu sein, da ich die feste Absicht habe, das Mädel zu heiraten. Mein Truppenteil, der seit Mitte April 41 im höchsten Norden stationiert war, wurde verlegt, dadurch wurde ich von ihr getrennt […] Meine Eltern sind mit meinem Entschluss vollkommen einverstanden und nehmen das Mädel gerne im elterlichen Hause auf.«

Er wurde gebeten, ein beigefügtes Formular auszufüllen und die erforderlichen Bescheinigungen sowie ein Foto von sich zurückzuschicken. Einige Monate später schrieb der Soldat, solange er an der Front sei, sei es unmöglich für ihn, das zugesandte Antragsformular auszufüllen. Er liege zurzeit verwundet im Lazarett, wo er weder die nötigen Unterlagen noch das Porträt habe, das er einschicken solle. Tietgen wiederholte, er müsse nicht nur das ausgefüllte Formular und das Foto, sondern auch noch eine Reihe weiterer Papiere einreichen. Nachdem der Soldat aus dem Lazarett entlassen worden war, konnte er nur wiederholen, »daß ich z.Zt. noch im Felde bin und es mir deshalb unmöglich ist, Ihrer Aufforderung Folge zu leisten. Die einzige Möglichkeit, Ihrer Aufforderung nachzukommen, besteht in meinem Urlaub […] Ich hoffe nicht, daß durch das Ausbleiben meiner Unterlagen ein Hindernis in Bezug auf die Einreisegenehmigung meiner Braut zustande kommt.«

Etwa ein halbes Jahr, nachdem der Soldat das erste Mal an die Abteilung Lebensborn geschrieben hatte, wurde er von Tietgen nochmals angemahnt. Es lasse sich doch gewiss arrangieren, dass ein Wehrmachtsarzt ihn während einer Kampfpause untersuche und die Papiere ausfülle. Wie es weiterging, ist nicht mehr festzustellen, aber vermutlich gelang es dem Paar nicht, noch während des Krieges alle nötigen Unterlagen zu beschaffen.

So verstrich bei zahlreichen Liebespaaren die Zeit. Weil sie den unnachgiebigen Forderungen nach Attesten und anderen Papieren nicht entsprechen konnten, mussten viele ihre Heiratspläne aufgeben. Ein frustrierter Soldat, dem ständig irgend ein Papier fehlte, schilderte in einem Brief an die Abteilung Lebensborn seine Situation: »Sie können sich wohl vorstellen, wie bitter es für meine Braut wie für mich ist, die Heirat von Jahr zu Jahr verschoben zu sehen.«

Im Prinzip war es eine Voraussetzung für die Umsiedlung nach Deutschland und somit für eine Heiratsgenehmigung, dass der Bräutigam für Aufenthalt und Unterhalt seiner Braut in Deutschland garantieren konnte. Dazu musste er in aller Regel seine Eltern um Hilfe bitten und war abhängig von deren Bereitschaft, diese für sie Fremde in die Familie aufzunehmen. Das galt unabhängig davon, ob sie schon als seine Ehefrau nach Deutschland umziehen wollte oder ob die Heirat erst nach dem Umzug stattfinden sollte.

Die Abteilung Lebensborn bat die deutschen Schwiegereltern um eine Stellungnahme und nahm Verbindung mit den Behörden im Heimatort des Soldaten auf, um Auskünfte über Wohnverhältnisse und finanzielle Lage der Familie einzuholen. 1944 erhielt eine Frau von der Abteilung Lebensborn folgende Nachricht: »Ich bedaure

Ihnen mitteilen zu müssen, daß Ihre Schwiegereltern aus Raummangel nicht in der Lage sind, Sie aufzunehmen, und sich auch nicht verpflichten können, Sie bis zur Eheschliessung zu unterhalten. Dadurch werden die Übersiedlungsbedingungen nicht erfüllt und ich bedauere, die Übersiedlung nicht vornehmen zu können.«

Gegen Kriegsende wurde auch geprüft, ob die fragliche Gegend von Fliegerangriffen betroffen war und ob die Gefahr einer Evakuierung bestand. Im Winter 1944 erhielt die Abteilung Lebensborn den Brief der »Schwiegereltern« einer Norwegerin. Sie wohnten im österreichischen Graz und wollten die norwegische Freundin ihres Sohnes und deren gemeinsames Kind gern bei sich aufnehmen. In dem Brief heißt es jedoch: »Es ist aber zu berücksichtigen, daß unsere Stadt fliegergefährdet ist und Frauen mit Kindern evakuiert werden.« Aufgrund dieser Bemerkung bat die Abteilung Lebensborn den Bürgermeister von Graz um Auskunft, ob Evakuierungen erwogen würden und ob es gegenwärtig überhaupt empfehlenswert sei, Frauen mit Kindern nach Graz zu schicken. Der Bürgermeister, der auch SS-Standartenführer war, schilderte in einem Brief seinen SS-Kameraden in Oslo die Lage unumwunden und eher pessimistisch:

»Die Genannte scheint ein Kleinkind mitbringen zu wollen, weil Sie anfragen, ob es empfehlenwert sei, daß die Genannte mit dem Kind zur Zeit nach Graz übersiedle. Dazu ist zu bemerken, daß unser Gauleiter vor einiger Zeit die Evakuierung vorerst von Kleinkindern bis 6 Jahren, sodann auch von die Schule besuchenden Kindern bis zur Oberschule und von Müttern von Kleinkindern verfügt hat, weil die gegenwärtige Beurteilung der Luftlage dies verlangt. Wenngleich wir erst einen nicht sehr bedeutenden Angriff hatten, so rechnen wir doch mit stärkeren in der Zukunft. Es kann daher nicht empfohlen werden, angesichts der Tatsache, daß wir selbst hier evakuiert haben, den Zuzug von Müttern mit Kleinkindern anzuraten.«

Zur gleichen Zeit erhielt die Abteilung Lebensborn ein Schreiben der Grazer Polizei, die ebenfalls warnte, Frauen mit Kindern in die Stadt zu schicken. Nachdem sie diese beiden Lagebeschreibungen erhalten hatte, teilte die Abteilung Lebensborn dem deutschen Soldaten mit, dass ein Umzug seiner Freundin und des Kindes zu seinen Eltern nicht in Frage komme. Man fragte aber auch nach, ob er vielleicht eine andere Unterbringungsmöglichkeit habe. Der Soldat antwortete, seine Schwester wohne in den Außenbezirken von Graz und habe angeboten, die Freundin und das Kind bei sich aufzunehmen.

Daraufhin wurden auch über diese Familie Auskünfte eingeholt. Die Grazer Polizei teilte mit, die Schwester lebe mit ihrem Mann und einem Kind in einer Zweizimmerwohnung mit Küche, die finanziellen Verhältnisse seien geordnet. Es wurde allerdings betont, dass ganz Graz als bombengefährdet gelte und in der Stadt zudem Wohnungsmangel herrsche: »Eine Übersiedlung nach Graz ist daher nur auf Grund einer ausdrücklichen Zuzugsbewilligung des Oberbürgermeisters der Stadt Graz zulässig.«

Im Frühherbst 1944 begannen die Deutschen mit der so genannten »Aktion Rückführung Mütter und Kind ins Reich«, mit der möglichst viele zivile »Deutsche« in die Heimat gebracht werden sollten, obwohl das Leben dort inzwischen mehr als unsicher war. Offenbar nahm man nun auf die Gefahren durch Bombenangriffe nicht mehr viel Rücksicht. Jedenfalls wurden die junge Frau und ihr Kind mit einem der Sammeltransporte dieser Aktion Mitte September per Zug losgeschickt, von Oslo über Warnemünde, Rostock, Stettin, Breslau und Wien nach Graz. Während sie durch ein Deutschland reisten, das in Schutt und Asche fiel, war der Kindsvater an der Front. Mutter und Kind kamen in Graz an und noch im März 1945 waren alle Seiten bemüht, die nötigen Papiere und Genehmigungen für die Heirat zu beschaffen.

Diese Frau durfte also trotz der unsicheren Lage in Graz zu den Eltern ihres Freundes reisen. Bei vielen anderen verhinderten die Lage in der Heimatstadt des Bräutigams oder die Wohnverhältnisse seiner Familie eine solche Umsiedlung. In einigen wenigen Fällen jedoch ebnete man den Antragstellern den Weg. Dahinter stand meist ein bedeutender Vertreter des Nazi-Regimes. Das galt für einen deutschen SS-Soldaten, der im Herbst 1941 an der Ostfront durch Granatsplitter verletzt worden und nun erblindet und im Gesicht leicht entstellt war.[53] Obwohl zuvor von Heirat nicht die Rede gewesen war, war seine norwegische Freundin sofort bereit, ihn zu heiraten. Nachdem die Abteilung Lebensborn den Antrag erhalten hatte, begann sie mit seiner regulären Bearbeitung.

Zur gleichen Zeit waren auch andere Stellen auf den Fall aufmerksam geworden. Rediess hatte nämlich das Lazarett besucht und war von der »tadellosen Haltung« der Norwegerin so tief beeindruckt, dass er Himmler auf diesen SS-Soldaten und seine außergewöhnliche norwegische Freundin aufmerksam machte. Himmler griff dies sofort mit einer Anweisung auf, der Soldat und seine norwegische Braut seien in jeglicher Hinsicht zu unterstützen.

Himmlers Befehl ging an das RuSHA in Berlin und da der Soldat wollte, dass seine Verlobte das Weihnachtsfest in Deutschland verbrachte, telegrafierte das RuSHA sofort an die Abteilung Lebensborn und bat dafür zu sorgen, dass dies ermöglicht werde. Obwohl die Bearbeitung des Heiratsgesuches nicht abgeschlossen war, reiste die Frau nur vier Tage später nach Deutschland. Drei Wochen später sollte die Abteilung Lebensborn die erforderlichen Unterlagen der Braut nach Deutschland schicken, damit das Paar heiraten konnte. Dem wurde umgehend entsprochen. Die Norwegerin war 18 Jahre alt und zwei Wochen vor dem Hochzeitstermin wurde die Abteilung Lebensborn daher gebeten, die Einwilligung der Brauteltern einzuholen. Dieses Dokument traf am Tag der Hochzeit telegrafisch ein.

Dieser Fall ist jedoch in keinster Weise typisch. Wer während des Krieges heiraten wollte, musste dafür normalerweise so viele Hindernisse überwinden, dass vermutlich die meisten mit ihrem Vorhaben scheiterten.

Der Bräutigam starb vor der Heirat

Viele deutsche Soldaten fielen, darunter natürlich auch Soldaten, die sich während ihrer Stationierung in Norwegen in eine Norwegerin verliebt hatten. Im Sommer 1941 bekam die Norwegerin Bente von der Schwester ihres 20-jährigen Freundes Karl einen Brief mit einer traurigen Nachricht:

> »Es fällt mir schwer, Dich mit meinen Zeilen so traurig machen zu müssen, aber was hilft das Herumreden? Karl ist am 2. Juli in Sala gefallen [...] Es ist für uns alle furchtbar, denn er war unser Jüngster und Liebster in der Familie. Wir würden uns sehr freuen, wenn Du uns in Deutschland mal besuchen könntest. Schließlich warst Du seine Braut und er hat viel Liebes über Dich nach Hause berichtet.«

Die Schwester schrieb das zwei Tage, nachdem die Familie die Nachricht von Karls Tod bekommen hatte. In der folgenden Wochen bekam Bente auch von Karls Mutter einen Brief, in dem sie die Norwegerin einlud, sie in Deutschland zu besuchen. Bente bemühte sich sofort um die Erlaubnis, ihre »Schwiegermutter« besuchen zu dürfen, und konnte im Sommer des folgenden Jahres endlich zu Karls Familie reisen.

Auch die Beziehung zwischen der gut 30-jährigen Sonja und ihrem Freund Hans endete auf diese Weise. Sie waren im Winter 1941 ein Paar geworden, als Hans in ihrem Heimatort stationiert gewesen war. Als sie vermutete, sie könnte schwanger sein, sprachen sie über Heirat, wollten aber mit dem Ehegesuch warten, bis sie sich der Schwangerschaft ganz sicher waren. Völlig überraschend erhielten Hans und seine Einheit einen Marschbefehl und verließen die Stadt zu Ostern 1941. Genau an diesem Tag erfuhr Sonja, dass sie wirklich schwanger war. In den folgenden Wochen schrieb sie drei Briefe an Hans, ohne allerdings eine Antwort zu bekommen. Dann kam die Erklärung für sein Schweigen: Er war nur eine Woche, nachdem er Norwegen verlassen hatte, bei einem Unglück umgekommen. Er hatte nicht einmal mehr ihre Briefe erhalten.

Wir hatten in einem früheren Fall gesehen, dass die schwangere Liv ihren Freund Gustav so schnell wie möglich heiraten wollte, um keine Schande über ihre Familie zu bringen. Gustav seinerseits war fraglos begeistert über das kommende Kind, als er schrieb, sie wären bestimmt verheiratet, bevor »unser Baby kommt«.

Das war im Juli 1941. Zwei Monate später schrieb Gustavs Mutter an Liv, sie freue sich, dass Liv nach Deutschland komme und habe bereits das Geld für die Fahrkarte geschickt. Sie schloss mit den Worten: »Wollen nur beten, daß Gustav gesund bleibt.« Er war gerade an die Ostfront geschickt worden.

Im Oktober 1941 zog Liv zu ihrer künftigen Schwiegermutter. Einige Wochen später schrieb sie an die Abteilung Lebensborn: »Leider ist meine liebe gute verlobte unteroffisir […] den 16. oktober in Marinelasaret II in […] gestorben. Ich bitte Sie herzlish um eine unterstuzung da ich middellös bin, und von mein verlobte ein Kind erwarte in Mai.« Gustav war an der Ostfront gefallen – eine Woche, bevor Liv die wichtigste Reise ihres Lebens angetreten hatte.

Auch Grete und Heinrich, ein weiteres Paar, konnten im Krieg nicht heiraten. Sie waren seit Februar 1944 zusammen, und hatten sich im September verlobt, wollten aber erst nach dem Krieg heiraten, weil Heinrichs Heimat im Herbst 1944 nah an der Front lag und Grete nicht dorthin umsiedeln wollte. Im Januar 1945 bekamen sie ein Kind, im Februar schrieb Heinrich an die Abteilung Lebensborn mit der Bitte, Grete und das Kind zu unterstützen. Sie hatte nach der Geburt wieder angefangen zu arbeiten und hatte niemanden, der das Kind in den Stunden ihrer Abwesenheit betreute. Heinrich fragte daher bei der Abteilung Lebensborn an, ob sie einen Platz in einem deutschen Kinderheim bekommen könnte.

Heinrich sorgte sich offenkundig sehr um Grete und das Kind. Um diese Zeit wurde er, in einem letzten Versuch, der militärischen Übermacht der Alliierten zu trotzen, an die Ostfront versetzt. Von dort schrieb er am 5. März erneut an die Abteilung Lebensborn und erinnerte an seinen vorherigen Brief. Gut einen Monat später, am 9. April 1945, schrieb Grete an die Abteilung Lebensborn: »Ich bitte um die nachträgliche Heiratsgenehmigung mit dem am 3. April 1945 tötlich [sic] verunglückten Feldwebel [...] Der normale Heiratsantrag wurde von Feldw. [...] bereits eingereicht. Es ist daraus ersichtlich, daß er die feste Absicht hatte, mich zu heiraten.«

Das Gesuch konnte die Abteilung Lebensborn vor Kriegsende nicht mehr bearbeiten. Am 20. April, also fast zwei Wochen, nachdem Heinrich gefallen war, antwortete man auf seine Bitte, Grete und dem Kind beizustehen. Man schrieb, er möge dafür sorgen, dass Grete mit dem Kind zum Lebensborn-Büro in Oslo komme, sie solle auch ihre Lebensmittelkarten, Familienbilder usw. mitbringen. Wenige Wochen später war der Krieg vorbei. Was danach mit Grete und dem Kind geschah, ist nicht bekannt.

In den Akten von 487 der insgesamt 800 Kinder, die vor Ende 1941 geboren wurden, finden sich entsprechende Vermerke über die Väter, aus denen hervorgeht, dass mindestens 24 dieser 487 Väter im Krieg fielen. Der Anteil stieg in den folgenden Jahren und wir können davon ausgehen, dass mehrere hundert Väter norwegischer Kriegskinder als Soldaten starben. Hinzu kommen die als vermisst Gemeldeten, bei denen ungewiss war, ob sie gefallen oder in Kriegsgefangenschaft gekommen waren. Dass die Zahl der Heiratswünsche und die der realen Eheschließungen so weit auseinander klaffen, lag aber nicht nur an der Bürokratie und den Rassenvorschriften.

Soldaten, die nach ihrem Tod getraut wurden

Nicht wenige Norwegerinnen konnte ihren Freund also nicht mehr heiraten, weil er vor der Hochzeit fiel. Für einige änderte sein Tod allerdings nichts an dem Ehewunsch.

Das galt auch für Liv, von der gerade die Rede war. Kaum bei ihrer

Schwiegermutter in Deutschland angekommen, erreichte sie die Nachricht vom Tod ihres Verlobten Gustav. Liv blieb bei Gustavs Mutter, bis im Mai 1942 das Kind geboren wurde. Es war ein Junge, der »selbstverständlich« nach dem Vater Gustav getauft wurde. Um diese Zeit schrieb auch Livs Schwiegermutter an die Abteilung Lebensborn und bat um finanzielle Hilfe. Der Beihilfeantrag für Liv beim örtlichen Wohlfahrtsamt sei mit der Begründung abgelehnt worden, sie sei Ausländerin. Aber »nun haben wir doch noch einen Kinderwagen zu kaufen und für unseren lieben Jüngsten allerlei. Wir sind ja so glücklich, den lieben, kleinen Gustav als Andenken von meinem geliebten Sohn zu besitzen.«

Seit ihrem ersten Kontakt mit der Abteilung Lebensborn hatte Liv immer wieder eindringlich darauf hingewiesen, dass sie die Heiratsgenehmigung bekommen müsse, damit das Kind ehelich zur Welt komme. Nach Gustavs Tod hatte sie beantragt, seinen Nachnamen tragen zu dürfen. Sie wollte ganz offensichtlich mit allen Mitteln vertuschen, dass das Kind unehelich zur Welt gekommen war. Sie schrieb unter anderem: »Mein einziger Wunsch ist jetzt, daß ich den Namen meines Verlobten tragen darf […], damit mein Kind achtbar zur Welt kommt. Die Papiere für unsere Hochzeit waren doch alle in Ordnung. Wir waren in allen Ämtern in Berlin, aber eine Namensänderung ist so schwierig, weil ich Norwegerin bin.«

Die Abteilung Lebensborn begann zu untersuchen, auf welche Weise Liv Gustavs Nachnamen annehmen könnte. Man fand eine Lösung, die vermutlich etwas anders ausfiel, als Liv sie sich vorgestellt hatte. Am 24. Juni 1942 wurde sie nämlich mit ihrem Verlobten Gustav, der im Oktober des Vorjahres gestorben war, rechtsgültig getraut. So wurde sie zu einer deutschen Staatsangehörigen und trug nun Gustavs Nachnamen. Solche »nachträglichen« Trauungen waren in Deutschland aufgrund eines Führererlasses vom 6. November 1941 möglich. Als Heiratsdatum wurde der Tag vor Gustavs Tod eingetragen und somit war auch das Kind ehelich geboren.

Liv hatte es also geschafft, Gustavs Ehefrau zu werden. Damit waren allerdings keineswegs alle ihre Probleme gelöst. Als die Abteilung Lebensborn erfuhr, dass sie mit dem verstorbenen Gustav getraut worden war, stellte sie sofort alle Beihilfen ein, die nur ledigen Müttern und ihren Kindern zustanden. Von da an bekam Liv vom Wohlfahrtsamt in Deutschland Familienhilfe.

Im August 1942 schrieb Liv an die Abteilung Lebensborn und dankte für die Unterstützung der letzten Jahre. Da sie nun offiziell verheiratet sei, wolle sie mit ihrem Sohn eine zweiwöchige Norwegenreise machen, um ihre kranke Mutter zu besuchen. Sie bat die Abteilung Lebensborn um Hilfe, die dazu erforderliche Reiseerlaubnis zu bekommen. Hier allerdings musste die Abteilung Lebensborn passen. Auch für Liv galt, dass Norwegerinnen, die nach Deutschland umgesiedelt waren, für die Dauer des Krieges nicht mehr nach Norwegen reisen durften.

Das Leben in Deutschland wurde mit jedem Kriegsjahr schwerer, was auch für Liv und den kleinen Gustav galt. Im März 1944, fast zwei Jahre, nachdem sie geheiratet hatte, meldete sie sich wieder, dieses Mal mit einem Brief an Terboven: »Wir sind in Berlin total ausgebombt [...] Ich bitte Sie herzlich darum, geben Sie mir die Erlaubnis nach Hause zu fahren mit meinen kleinen Jungchen, jedenfalls bis Kriegsende, denn ich habe immer angst um den kleine, denn durch dass wir so oft in Luftschutzkeller gehen muß, hast den kleine sich jetzt eine Lungenentzündung geholt.«

Die Abteilung Lebensborn lehnte auch diese Bitte ab, und das ist das letzte Lebenszeichen, das wir von Liv, ihrem Sohn Gustav und ihrer Schwiegermutter aus Berlin haben. Wie es ihnen im letzten Kriegsjahr erging, wissen wir nicht.

Wenn deutsche Männer nach ihrem Tod rechtskräftig getraut wurden, galt auch ein gemeinsames Kind als ehelich geboren. Außerdem standen der Witwe und dem verwaisten Kind eine Rente zu. Die Deutschen sicherten sich damit aber auch die Kontrolle über Frauen und Kinder, da diese nach der Trauung nach Deutschland umsiedeln bzw. dort bleiben mussten.

Sonja, die fast gleichzeitig ihren lieben Hans verloren und von ihrer Schwangerschaft erfahren hatte, nahm umgehend mit seiner Mutter in Deutschland Verbindung auf. Diese hieß Sonja in der Familie willkommen und bat sie, so schnell wie möglich zu ihnen zu ziehen:

»Liebe Sonja! Entschuldige, dass ich gleich per du bin, aber nach deinem lieben Brief, in dem du mir mitteilst, dass du dich entschlossen hast, zu uns zu kommen, gehörst du doch zu uns und so möchte auch ich dich bitten, zu mir du und Mutter zu sagen. Auch ich habe hier schon viel Wege für dich gemacht, und bitte komme so bald als möglich herüber [...] Was in meinen Kräften steht, will ich gerne für dich tun und das Kleine soll mir ein Ersatz für meinen innig geliebten Sohn sein.«

Auch die SS wollte, dass Sonja so schnell wie möglich umzog: »Es steht im allgemeinen Interesse der SS, daß das Kind in Deutschland zur Welt kommt.« Dann nämlich, das stand wohl hinter dieser Bemerkung, würde die SS viel einfacher sicherstellen können, dass es im deutschem Geiste erzogen wurde.

Mitte August 1941 reiste Sonja zu Hans' Eltern nach Deutschland. Deren Wohnung bestand aus einem Wohnraum, einem Schlafraum und der Küche. Dort wohnten nicht nur die Eltern, sondern drei weitere Kinder zwischen 12 und 16 Jahren. Trotzdem wollte die Familie, dass auch Sonja bei ihnen wohnte. Die SS an Sonjas neuem Wohnort hatte wegen dieser Wohnverhältnisse allerdings Bedenken und schlug vor, dass sie vor der Entbindung in ein Lebensbornheim gehe.

Als der Geburtstermin näher rückte, wechselte sie tatsächlich in eines der deutschen Lebensbornheime, wo sie im Oktober 1941 ihr Kind zur Welt brachte. Sie blieb dort bis Februar 1942, dann zog sie wieder zu den Schwiegereltern und blieb dort fünf Monate lang. Obwohl die Schwiegereltern sich die allergrößte Mühe gaben, war

Sonja sehr deprimiert. Ihre Schwiegereltern berichteten, dass sie oft die halbe Nacht weinte.

Seit sie die Nachricht von Hans' Tod erhalten hatte, war Sonja, wie Liv, sehr bemüht, den Nachnamen ihres Freundes anzunehmen. In Sonjas Fall aber erwies sich das als ausgesprochen schwierig, da weder ein Schriftstück noch ein Zeuge eindeutig über Hans' Heirats-absicht Auskunft geben konnten. Solange er in Norwegen stationiert war, hatten die beiden so nah beieinander gewohnt, dass Briefe über-flüssig waren. Daher besaß Sonja nichts Schriftliches, in dem er von Heirat gesprochen hatte. Und bevor er ein eventuelles Heiratsgesuch hätte einreichen können, war er umgekommen. Daher waren die deutschen Behörden unsicher, wie sie mit Sonjas Wunsch verfahren sollten.

Hier griff das RuSHA ein. Hans' Eltern hatten Sonja sehr herzlich aufgenommen, waren also ohne Zweifel der Meinung, dass ihr Sohn sie habe heiraten wollen. Daher riet das Amt im Mai 1942 zur Trau-ung, damit Sonja und ihr Sohn den Namen von Hans tragen durften. Während sie auf die Trauung wartete, durfte Sonja mit ihrem Kind nach Norwegen reisen. Man machte eine Ausnahme, zum einen, weil Sonja so niedergeschlagen war, zum anderen, weil sie ihren Ver-lobten verloren hatte. Man arrangierte, dass sie in einem Heim der Abteilung Lebensborn, wo sie mit dem Kind zusammensein konnte, eine Stelle als Übersetzerin und Pflegerin bekam.

Nachdem sie acht Monate lang in Norwegen gearbeitet hatte, kehrte sie im März 1943 zu ihren Schwiegereltern zurück. Sie bereu-te, vor ihrer Abreise aus Deutschland die Frage der Heirat mit Hans nicht abschließend geklärt zu haben. Es wurde ihr immer wichtiger, dass sie und das Kind Hans' Namen trugen. Wieder nahmen ihre Schwiegereltern sie gern bei sich auf: »Die Kleine kann sofort her-kommen, da sie noch keinen Paß braucht […] Nun, wir gehen in das kleine Zimmer und du kannst mit […] im grossen Zimmer wohnen. Und ich habe schon für […] eingekauft: Kinderbett, Sportwagen, Kindertisch und Bettzeug.«

Die Bearbeitung des Antrages auf Eheschließung zog sich hin, aber im Juli 1943, also über zwei Jahre nach Hans' Tod, wurde endlich die Trauung vollzogen. Auch in diesem Fall galt der Tag vor seinem Tode als offizielles Datum der Eheschließung. Im Mai 1944 waren alle Formalitäten abgeschlossen, die Hans offiziell zum Vater seines Kindes erklärten. Auch bei Sonja und ihrem Kind wissen wir nicht, wie es ihnen im letzten Kriegsjahr in Deutschland erging. Sonja hatte aber auf jeden Fall erreicht, dass sie Hans' Namen annehmen durfte.

Glückliche Stunden nur für wenige

Trotz des endlosen Papierkriegs und der Bürokratie mit ständigen Verschiebungen und Wartezeiten waren viele auch dankbar für die Hilfe, die sie von den deutschen Stellen in Norwegen erhielten, um heiraten zu können. 1943 schrieb ein deutscher Soldat aus Deutschland an die Sachbearbeiterin in der Osloer Abteilung Lebensborn, die sein Heiratsgesuch bearbeitet hatte: »Lassen Sie mich Ihnen zunächst danken für die freundliche Unterstützung und Hilfe, die Sie meiner Verlobten gemacht haben, als sie vor nunmehr ca. 3 Wochen nach Deutschland reiste! Wir haben nun inzwischen geheiratet und meine Frau hat so oft von Ihnen erzählt und sich über die Behandlung sowohl in Oslo wie auch die Betreuung auf der Reise lobend ausgesprochen, dass es mich gedrängt hat, Ihnen für alles meinen verbindlichsten Dank zu sagen.«

In sehr vielen Fällen nahmen die Familien der deutschen Soldaten deren norwegische Freundin gern bei sich auf. Die Gastfreundlichkeit und Großzügigkeit, mit der Anne von ihren deutschen Schwiegereltern willkommen geheißen wurde, war damals offenbar für viele Schwiegereltern typisch.

Anne hatte im Spätherbst 1940 ein uneheliches Kind von einem Norweger bekommen, aber die Beziehung zu ihm beendet. Im Winter hatte sie sich mit einem deutschen Soldaten angefreundet, und weder er noch seine Familie sahen in dem Kind einen Hinderungsgrund für eine Ehe. Schon bald korrespondierte sie mit der Schwester ihres Freundes in Deutschland, die im März 1941 nach Norwegen schrieb: »Liebe Anne, wir freuen uns, dass es dir und der kleinen [...] gut geht. Gesundheit ist doch immer das Wichtigste. Und wie wir uns darüber freuen, dass das Kleine ein Mädchen ist. Selbst habe ich ja nicht diese Freude, ich habe nur drei Buben.« Ein gutes Jahr später waren Anne und ihre Tochter bei den Schwiegereltern in Deutschland.

Viele Frauen, die heirateten und nach Deutschland umsiedelten, erlebten in ihrer neuen Heimat ganz offensichtlich trotz Krieg und schwieriger Umstände auch gute Zeiten. Allen gemeinsam aber war, dass sie die Schlussphase des Krieges in einem Land erleben mussten, in dem große Not herrschte. Viele hatten nach der Eheschließung nur wenig Zeit mit ihrem Soldaten-Ehemann verbringen können, einige der Männer waren gefallen, viele kehrten als Invaliden zurück, andere gerieten in Kriegsgefangenschaft und es konnten Jahre vergehen, bevor das Paar sich wieder sah. Nur wenige Norwegerinnen werden an die Möglichkeit solcher Schicksale gedacht haben, als sie ihren deutschen Freund heirateten.

Aber nicht alle deutschen Familien hießen die norwegische Freundin ihres Sohnes willkommen und es kam durchaus vor, dass Eltern ihre Zustimmung zur Heirat ihres Sohnes glatt verweigerten.

Der 25-jährige Unteroffizier Willy war bereits seit Sommer 1940 fest mit der gleichaltrigen Astrid liiert. Als sie im Frühjahr 1941 schwanger wurde, sprachen sie von Heirat, aber als die Pläne konkreter wurden, zögerte Willy. Er wolle zwar gern heiraten, aber: »Ich halte es für unbedingt notwendig, mit meinen Eltern [...] eine mündliche Aussprache herbeizuführen. In Folge des Osteinsatzes wird dies noch lange Zeit unmöglich sein.«

Entweder war Willy von der Erlaubnis seiner Eltern sehr abhängig oder er benutzte sie nur als Ausrede für seine eigene Unschlüssigkeit.

Im Oktober 1941 klagte er, da er noch immer an der Front sei, habe er die Frage der Heirat bisher nicht mit seinen Eltern besprechen können. Er ließ allerdings keinen Zweifel daran, dass er keinesfalls ohne die Zustimmung seiner Eltern heiraten werde, da er sich mit ihnen unter keinen Umständen überwerfen wolle. Als das Kind geboren wurde, erklärte er sich sofort bereit, für Mutter und Kind einen monatlichen Unterhalt von 50 Mark zu bezahlen, woran die Abteilung Lebensborn durchaus interessiert war. Wichtiger allerdings war, dass er sich schnell entschied, ob er die Kindsmutter zu heiraten gedachte, was im Hinblick auf das Kind das Beste sei.

Im November 1941 bekam Willy endlich Urlaub und konnte seine Eltern besuchen. Bevor er die Reise antrat, schrieb er an die Abteilung Lebensborn, er werde mit seinen Eltern über die Heirat sprechen und falls seine Eltern einverstanden seien, sollten Astrid und seine Tochter so bald als möglich nach Deutschland zu seinen Eltern ziehen. Er bat auch, alles für die Reise vorzubereiten, er werde ein Telegramm schicken, sobald er mit seinen Eltern gesprochen habe.

Ganz offensichtlich waren die zuständigen Sachbearbeiter der Abteilung Lebensborn mit ihrer Geduld am Ende. Sie entschieden sich, den Brief als Bitte zu deuten, Astrid und die Tochter möglichst schnell zu seinen Eltern reisen zu lassen. Jedenfalls erhielten sie umgehend einen Pass und traten am 13. Dezember 1941 die Reise nach Deutschland an. Sie waren noch unterwegs, als die Abteilung Lebensborn von Willy folgendes Telegramm erhielt: »Jetzt habe ich mit meinen Eltern über meine Heirat mit Frl. […] gesprochen. Meine Eltern sind aber auf keinen Fall einverstanden, dass ich eine Norwegerin heirate. Ich habe mich nun endgültig entschlossen, Frl. […] nicht zu heiraten. Bitte wollen Sie Frl. […] von meiner Absicht in Kenntnis setzen.«

Als Astrid bei Willys Eltern ankam, war dieser gerade an die Front abgereist und man ließ sie wissen, dass es keine Hochzeit geben werde. Sie kam bei einer Schwester von Willy unter, aber auch diese hatte ein Kind und wohnte beengt. Astrid wollte gern allein wohnen und arbeiten, wusste aber nicht, was sie mit dem Kind machen sollte. Sie schrieb an die Abteilung Lebensborn und bat um Hilfe: »Ich bin leider in einer grossen Verlegenheit […] Was soll ich mit der Kleinen machen. Ich möchte sie ja so gern behalten, aber ich verstehe, es geht nicht. Dann muss die Kleine wohl ins Heim kommen […] Wie Sie verstehen, weiß ich nicht, was ich tun soll. Ergebenst, Astrid«

Es endete damit, dass man Astrid eine Stelle in Berlin beschaffte und das Kind im Kinderheim »Sonnenwiese« unterbrachte, das dem Lebensborn e.V. gehörte. In den folgenden Jahren setzte sich die Abteilung Lebensborn mehrfach mit Willy in Verbindung und warf ihm vor, sich als deutscher Soldat »der Norwegerin Astrid gegenüber so unehrenhaft« verhalten zu haben. Dergleichen missbilligten die deutschen Behören stark. Im März 1943 erhielt Willy von der Abteilung Lebensborn einen unmissverständlichen Brief:

»Ihre Akten wurden nochmals einer eingehenden Prüfung unterzogen. Wenn Sie sich der Mutter Ihres Kindes gegenüber so schlecht benommen haben, so müssen Sie bedenken, dass Sie das letzten Endes auch auf das Kind übertragen und es ist bedauerlich, dass dadurch Anlass gegeben wird, über einen deutschen Soldaten schlecht zu sprechen. Der Fall ist noch nicht abgeschlossen.«

Willy, der immer noch an der Ostfront war, räumte in einer Antwort ein, dass er sich in dieser Angelegenheit wohl schlecht benommen habe, aber nicht anders habe handeln können. Er machte sich allerdings Sorgen, dass die Abteilung Lebensborn die Angelegenheit weiter verfolgen könnte, denn er fragte ganz direkt, »ob mir wegen dieser Sache auch Schwierigkeiten in meiner militärischen Laufbahn gesetzt werden«. Danach geschah bis zum Kriegsende in diesem Fall nicht mehr viel. Astrid arbeitete in Berlin, das Kind blieb im Kinderheim Sonnenwiese. Willy starb vermutlich im Herbst 1944 an der Ostfront, wo er seit dem deutschen Überfall auf die Sowjetunion im Sommer 1941 fast ohne Unterbrechung gewesen war.

Zwar behauptete Willy, seine Eltern hätten die Heirat mit Astrid verboten, aber es ist klar, dass er selbst äußert unschlüssig und wankelmütig war. Dafür hatte die Abteilung Lebensborn wenig Verständnis und befand ein solches Verhalten eines deutschen Soldaten für unwürdig. Es war auch sehr ungewöhnlich, dass der Mann selbst dann noch einen Rückzieher machte, nachdem die Frau bereits nach Deutschland umgezogen war.

Norwegisch-deutsche Ehen und die deutsche Bevölkerungspolitik

Vor allem im Winter 1941 hegte man in SS-Kreisen große Hoffnungen, dass sich viele in Norwegen stationierte Soldaten in eine rassenreine Norwegerin verlieben und sie als Ehefrau nach Deutschland heimführen würden. Tatsächlich aber erfüllten sich die Erwartungen der SS in keinster Weise, es wurden letztlich nur einige hundert norwegisch-deutsche Ehen geschlossen.

Dr. Richert behielt also mit seiner Prophezeiung aus dem Winter 1941 Recht, dass die strengen Voraussetzungen zur Bewilligung einer norwegisch-deutschen Heiratsgenehmigung die Verbindung von deutschem und norwegischem Blut nicht fördern, sondern vereiteln würden. Es hätten mit Sicherheit sehr viel mehr Paare geheiratet, wenn man es ihnen einfacher gemacht hätte.

Anfangs war die Wehrmacht aus rein militärischen Erwägungen dagegen gewesen, die Besatzungssoldaten einheimische Frauen heiraten zu lassen. Später behinderte teilweise die SS selbst die Eheschließungen durch strenge Bestimmungen und mühevolle Verfahren, weil sie sicherstellen wollte, dass nur »rassisch hochstehende« Norwegerinnen in das deutsche Volk aufgenommen wurden.

Auch der Kriegsverlauf trug dazu bei, dass es nicht mehr norwegisch-deutsche Ehen gab. Je länger der Krieg dauerte, desto weniger Ehen wurden geschlossen. Mit schwindendem Kriegsglück der

Deutschen wurden die Ehe und der Umzug nach Deutschland immer unattraktiver. Außerdem wurde die Beschaffung einer Unterkunft für die Braut immer schwieriger, diese aber war Voraussetzung für eine Heiratserlaubnis.

Verallgemeinernd kann man sagen, dass vor allem in den ersten Kriegsjahren sehr viele norwegisch-deutsche Paare heiraten wollten, die strengen Bestimmungen und der Kriegsverlauf aber dazu führten, dass nur wenigen Norwegerinnen das »Glück« einer Heirat vergönnt war.

Nach eigenen Angaben planten etwa 40 % der Kriegskindereltern zu heiraten. Dass so viele Paare konkrete und ernsthafte Heiratspläne hatten, entlarvt die verbreitete Behauptung, viele Frauen seien flüchtige Beziehungen eingegangen und hätten kaum gewusst, wer der Vater ihres Kindes war, als puren Mythos. Dergleichen gab es zwar, es war aber sicher nicht die Regel.

Deutsche Väter und ihre Kinder

Wenn eine Adoption in Betracht gezogen wurde, weil die Mutter das Kind nicht behalten konnte, musste auch der deutsche Kindsvater alle Rechte an dem Kind aufgeben, bevor es an eine Adoptionsfamilie vermittelt werden konnte. Für die Abteilung Lebensborn stand völlig außer Frage, dass die Mutter größere Rechte hatte als der Vater. Deutlich wird dies beispielsweise bei einer Mutter, die von der Abteilung Lebensborn gedrängt wurde, ihr Kind nun entweder aus dem Kinderheim zu holen oder einer Adoption zuzustimmen. Sie konnte es nicht zu sich nehmen, bat aber die Abteilung Lebensborn, in Erfahrung zu bringen, ob nicht jemand aus der Familie des Kindsvaters es adoptieren könne. Darauf antwortete die Abteilung Lebensborn:

»Gewiss ist es für Sie unter den gegebenen Umständen kaum möglich, das Kind zu sich zu nehmen. Dann ist es sicher das Beste, wenn es in einer guten Familie, bei liebevollen Adoptionseltern richtige Pflege und eine persönliche sorgsame Erziehung erhält. Ehe ich mit der Familie des Kindsvaters Verbindung aufnehme, um ihr das Kind anzuvertrauen, brauche ich Ihre grundsätzliche Einverständniserklärung mit der Adoption Ihres Kindes. Ich füge in der Anlage ein Schema bei, in doppelter Ausführung, und bitte Sie, mir dasselbe unterschrieben wieder zuzuleiten.«

Meist konnte auch der Kindsvater das Kind nicht zu sich nehmen. Manche Väter weigerten sich dennoch, auf ihr Kind zu verzichten:

»Weil ich die Zukunft meines Sohnes nur zum Besten haben will, soll er in meiner Familie bleiben. Ich stehe täglich im Einsatz und dann ist er mir die größte Freude. Auch ist er der einzige Nachfolger der Familie S., denn ich habe jetzt zwei Brüder im besten Alter verloren und mein Sohn stellt dann einen Ersatz für sie dar. Sollte auch ich fallen, dann hoffe ich, so viel erkämpft zu haben, dass auch mein Sohn für immer das Recht hat, bei meinen Eltern dann in Deutschland weiterzuleben. Ich hoffe auch dadurch Frl. T. ihre Zukunft erleichtert zu haben. Wenn das Kind nach Norwegen kommt, ist es für mich voll und ganz verloren. Ich bitte Sie, dementsprechend alles zu erledigen und dafür zu sorgen, dass mein Sohn ab sofort Reichsdeutscher ist und nicht mehr Norweger.«

Dieser Brief an die Abteilung Lebensborn wurde Neujahr 1944 geschrieben. Das Kind war in Deutschland zur Welt gekommen, da seine Eltern heiraten wollten und die Mutter bereits zu den Eltern des Kindsvaters gezogen war. Dort aber ging es ihr sehr schlecht. In der Familie herrschte eine sehr niedergedrückte Stimmung, denn der älteste Sohn war gerade gefallen, der Jüngste lag lebensgefährlich verletzt in einem Lazarett und der dritte, der Verlobte der Norwegerin, war an der Front.

Das Kind war seit seiner Geburt im Frühjahr 1944 ständig krank und lag lange im Krankenhaus. Die Kindsmutter sorgte sich sehr um das Kind und die Verzweiflung ihrer Schwiegereltern steigerte sich noch, als auch ihr jüngster Sohn starb. Die Kindsmutter war so deprimiert, dass die Ärzte des Krankenhauses, in dem ihr Kind lag, meinten, sie müsse zur Erholung nach Norwegen reisen. Mit Unterstützung der örtlichen Behörden erhielt sie die Reiseerlaubnis und fuhr im Sommer 1943 zu ihren Eltern nach Norwegen, während ihr Kind im Krankenhaus blieb. Es sollte für beide – für sie und das Kind – eine schicksalsträchtige Reise werden.

Als die Sachbearbeiter von der Abteilung Lebensborn einige Zeit danach erfuhren, dass die Frau sich in Norwegen aufhielt, waren sie entsetzt. Ihrer Auffassung nach hatte sie gegen die Bedingungen verstoßen, unter denen sie ein halbes Jahr zuvor zu ihren künftigen Schwiegereltern nach Deutschland reisen durfte: Es sollte eine Übersiedlung für immer sein. Zwar hatte der Lebensbornmitarbeiter in ihrer norwegischen Heimatstadt sehr großes Verständnis für ihre Situation, doch die Zentrale ließ sich nicht erweichen. Sie habe gegen die Regeln verstoßen, eine erneute Reise nach Deutschland komme selbst dann nicht in Frage, wenn dies die Trennung von ihrem Kind und ihrem Freund bedeute.

Kurze Zeit später löste der Kindsvater die Verlobung. Er war immer noch an der Front und meinte, es sei das Beste, wenn das Kind in einem Kinderheim untergebracht werde, bis er sich selbst um es kümmern könne. Aber als es im Januar 1944 aus dem Krankenhaus entlassen wurde, nahmen die Großeltern das Kind zu sich. Offenbar hatten sie sich vom Verlust ihrer beiden Söhne etwas erholt. Dies war der Stand der Dinge, als der Kindsvater den zitierten Brief schrieb, in dem er inständig bat, das Kind bei seiner Familie zu lassen.

Die Sachbearbeiter der Abteilung Lebensborn, die ursprünglich die Kindsmutter nach Deutschland hatten übersiedeln lassen, reagierten nun sehr ungehalten auf ihre Erklärung, sie sei »zur Erholung« nach Norwegen gereist. Vorstellbar wäre auch, dass die Krankheit des Kindes bei ihnen Zweifel darüber auslöste, wie »wertvoll« Mutter und Kind tatsächlich waren.

So stand denn die Abteilung Lebensborn dem Wunsch der Mutter, das Kind wieder nach Norwegen zu holen, auch sehr aufgeschlossen gegenüber. Die junge Frau wollte das Kind nämlich behalten: »Ob ich von Deutschland weggefahren bin, so war es nicht meine Wunsch mein Kind zu verlassen. Wenn es nicht sein kann das ich nach Deutschland darf, so möchte ich selbstverständlich das ich mein Kind zu mir nach Norwegen bekomme. Denn sie werden verstehen dass jede Mutter sich nach Ihrem Kinde sehnt.«

Man war ganz ihrer Meinung. Dem Kindsvater gegenüber äußerte man Verständnis dafür, dass es den Großeltern sehr nahe gehen würde, nun auch noch ihr Enkelkind zu verlieren, die Kindsmutter habe aber das Entscheidungsrecht über das Kind. Die Großeltern wurden darauf vorbereitet, dass eine Krankenschwester das Kind im Juli 1944 abholen würde. Das war jedoch aufgrund der Kriegsentwicklung nicht möglich und im Herbst entschied Ragaller, dass das Kind vorerst in Deutschland bleiben müsse, »da es unter den heutigen Umständen nicht möglich ist, das Kind mit einer Schwester nach Norwegen zurückreisen zu lassen«.

Die Kindsmutter fragte unentwegt nach, wie es ihrem Kind in Deutschland gehe. Zum letzten Mal hörte sie im Januar 1945 von den Großeltern, dass »der Bub gesund sei und inzwischen laufen« könne. Die weitere Entwicklung ist nicht bekannt.

Im Juli 1944 teilte ein deutscher Kindsvater der Abteilung Lebensborn mit, dass »ich mit einer Adoption des von mir anerkannten Kindes [...] nicht einverstanden bin [...] Da ich in Kürze wieder freier Soldat bin und ausser meinem Wehrsold auch Anspruch auf Familienunterstützung habe, bin ich in der Lage, für den Unterhalt meines Kindes selbst zu sorgen«.

Die norwegische Mutter hatte lange gehofft, selbst für das Kind aufkommen zu können, es aber nicht geschafft. Als ihre Eltern erfuhren, dass sie von einem Deutschen ein Kind erwartete, hatten sie sie mehr oder weniger vor die Tür gesetzt. Die deutsche Sicherheitspolizei berichtete, die Eltern seien äußerst deutschfeindlich und der Vater sei »überzeugter Demokrat. Von seinen Arbeitskameraden wurde er früher als Syndikalist angesehen.«

Die Eltern des Kriegskindes wollten heiraten, aber etwa gleichzeitig mit der Geburt des Kindes wurde der deutsche Vater vor Gericht gestellt und zu drei Jahren Haft verurteilt. Somit waren die Heiratspläne gescheitert, aber beide wollten das Kind unbedingt behalten. Die Kindsmutter besuchte es jede Woche im Kinderheim und suchte vergebens Pflegeeltern für das Kind. Im Frühjahr 1944, das Kind war inzwischen zwei Jahre alt, drängte die Abteilung Lebensborn darauf, dass nun eine Lösung gefunden werden müsse. Solange der Kindsvater in der Osloer Festung Akershus einsaß, hatte seine Freundin ihn besucht und sie konnten eine gewisse Verbindung zueinander aufrechterhalten, doch als er nach Deutschland verlegt wurde, brach der Kontakt ab. Sie verzichtete auf das Sorgerecht für das Kind, das im Juni 1944 nach Godthaab gebracht wurde.

Für die Abteilung Lebensborn war die Zustimmung des Kindsvaters zur Adoption kaum mehr als eine Formalität. Doch der Vater, der inzwischen in Hamburg im Gefängnis war, bestand darauf, sein Vorrecht auf das Kind wahrzunehmen, und schickte den bereits zitierten Brief. Die Antwort der Abteilung Lebensborn darauf war kurz: »Da es unter den derzeitigen Umständen nicht möglich ist, dass Sie selbst für Ihr Kind sorgen, bzw. das Kind Unterbringung in Ihrer Familie findet, sehe ich mich gezwungen, das Kind anderweitig adoptieren zu lassen.« Es wurde keine Rücksicht darauf genommen, dass es dem Vater aus der Haft heraus gelungen war, für das Kind im Kinderheim St. Anna in Neuss am Rhein bis Kriegsende einen Heimplatz zu beschaffen.

Die Abteilung Lebensborn bezweifelte offenbar, dass der Kindsvater im Stande sein würde, für sein Kind zu sorgen, und überging seine Wünsche. Obwohl die Kindsmutter aus einer deutschfeindlichen Familie stammte und der Kindsvater zu einer Gefängnisstrafe verurteilt worden war, waren sie unter Rasseaspekten günstig bewertet worden. Daher hielt die Abteilung Lebensborn den Jungen ohne Einschränkung für eine Adoption in Deutschland geeignet und schickte ihn als eines von 48 Kindern am 24. September 1944 mit einem Sammeltransport nach Deutschland. Er kam am 28. September 1944 im Kinderheim Sonnenwiese an, zwei Monate später fand er eine deutsche Adoptionsfamilie. In diesem Fall wollten also sowohl die Mutter als auch der Vater das Kind behalten, aber es gelang keinem der beiden.

Es gibt allerdings norwegische Kriegskinder, die zu ihren deutschen Vätern oder deren Familien nach Deutschland geschickt wurden, und es kam sogar vor, dass Kindsväter, die in Deutschland verheiratet waren, ihr norwegisches Kind in ihrer dortigen Familie aufziehen wollten: »Die deutsche Frau bringt also auch hier grosses Verständnis auf und nimmt das Kind ihres Mannes in die eigene Familie auf.«[54]

So hatte ein deutscher Kindsvater im Frühjahr 1944 mit der norwegischen Mutter vereinbart, dass ihr gemeinsames Kind in seiner Familie in Deutschland aufwachsen solle. Er war kinderlos verheiratet, hatte allerdings seiner Frau von dem Kind in Norwegen noch nichts erzählt. Er bat darum, es in einem Kinderheim unterzubringen, bis er mit seiner Frau alles so geregelt hatte, dass er das Kind zu ihr nach Deutschland schicken konnte.

Die norwegische Kindsmutter war erst 20 Jahre alt. Ihre Eltern wussten von dem Kind nichts und sie sah keine Möglichkeit, es zu behalten. Da sie einen Monat nach der Geburt wieder arbeiten musste, kam der Säugling nach Godthaab und wurde im Juni 1944 von dort in das Kinderheim Sonnenwiese überführt. Es gab viele Formalitäten zu regeln, damit das Kind zum Vater kommen konnte. Erst im März 1945 konnte die Abteilung Lebensborn die letzten Unterlagen nach Deutschland schicken. Inzwischen war der Kindsvater vermisst gemeldet und nach dem Krieg wurde er für tot erklärt. Seine Frau heiratete wieder und das Kind verbrachte seine ganze Kindheit und Jugend in einem deutschen Kinderheim.

Ein anderer deutscher Soldat konnte sein norwegisches Kind nicht zu sich nehmen, da er bereits in Deutschland verheiratet und Vater eines Kindes war. Auch in diesem Fall wussten die norwegischen Großeltern nichts vom Kind ihrer Tochter, die sich nicht in der Lage sah, das Kind zu behalten. Der deutsche Kindsvater fühlte sich aber für das Kind und die erst 18-jährige Mutter verantwortlich und arrangierte daher bereits vor der Geburt des Kindes, dass seine Schwester, die in Deutschland verheiratet war, das Kind zu sich nehmen würde. Dem stimmte die junge Kindsmutter zu, bestand aber auf Besuchs- und Sorgerecht.

Im August 1943 informierte der Kindsvater die Abteilung Lebensborn, dass die Familie der Schwester inzwischen evakuiert worden sei und das Kind nun doch nicht aufnehmen könne. Er selbst sei an der Front, könne nicht viel machen, aber hoffe auf eine andere Lösung:

»Wenn möglich bitte ich die Lösung der Frage noch etwas hinauszuschieben, da sich ein Kamerad bereit erklärt hat, das Kind bei sich aufzunehmen. Er ist verheiratet, hat aber selbst keine Kinder, das Einverständnis seiner Frau steht aber noch aus. Sobald letztere Möglichkeit geklärt ist, gebe ich sofort Bescheid.«

Es zeigte sich nach einiger Zeit, dass auch der Kamerad das Kind nicht nehmen konnte. Ein Jahr später aber hatte sich die Situation der Schwester und ihres Mannes gebessert. Sie hatten eine neue Wohnung bezogen und wollten das Kind nun doch aufnehmen. Im April 1944 wurde das Kind ins Heim Sonnenwiese gebracht, im September kam es zu seiner Tante und seinem Onkel, wo es bis Kriegsende blieb.

Eine 23-jährige Norwegerin zog im Frühjahr 1944 zu ihren künftigen Schwiegereltern nach Deutschland, während ihr Verlobter noch in Norwegen stationiert war. Im Sommer brachte sie ein Kind zur Welt und starb wenige Wochen später. Ihr Schwiegervater, der die

Abteilung Lebensborn schriftlich von ihrem Tod in Kenntnis setzte, erwähnte in dem Brief, dass sie in der Zeit bei ihnen glücklich gewesen sei.

Der Kindsvater beschloss, das Kind zu behalten, das bis Kriegsende bei seinen Eltern leben würde. Er schrieb an die Eltern seiner Freundin in Norwegen, dass das Kind seinen Nachnamen bekommen und deutscher Staatsbürger werden solle. Im Herbst berichteten seine Eltern erneut der Abteilung Lebensborn, »dass es unserem Enkelkind B. ausserordentlich gut geht und dieses Kind auch wirklich der Sonnenschein der ganzen Familie ist«. Vermutlich wuchs das Kind dann tatsächlich in Deutschland auf.

Ein ähnlicher Fall war der einer Schwangeren, die im Juni 1942 zu ihren deutschen Schwiegereltern zog. Das Kind kam im Herbst zur Welt, kurz darauf erkrankte die Mutter an Lungentuberkulose. Im folgenden Jahr wohnten sie und das Kind immer noch bei den Eltern ihres Verlobten. Inzwischen war sicher, dass die Krankheit unheilbar war und sie nicht mehr lange zu leben hatte. Ihr Verlobter reichte ein Heiratsgesuch ein: »Ich habe vor der Geburt des Kindes bei den maßgebenden Stellen um die Genehmigung zur Heirat nachgesucht, die mir aber bis heute nicht erteilt worden ist. Inzwischen ist meine Braut an Lungentuberkulose erkrankt. Mit ihrem baldigen Ableben ist zu rechnen. Wie ich in Erfahrung gebracht habe, kann die Genehmigung zur Heirat ausnahmsweise und dann erteilt werden, wenn mit dem baldigen Tode des Tb-kranken Ehepartners zu rechnen ist.« Es bedeute ihm viel zu heiraten, damit das Kind als ehelich gelten konnte.

Zur gleichen Zeit bat die Kindsmutter, nach Norwegen zurückkehren zu dürfen: »Ich bin am 5. Juni 1942 hierher gekommen. Leider wurde ich im Februar 1943 krank und habe seither im Krankenhaus gelegen. Meine Eltern wollen, dass ich nach Hause komme und ich möchte gern wissen, ob das möglich ist und wie in einem solchen Fall die Reise vor sich gehen könnte.«

Beide Gesuche wurden abgelehnt. Das Gesuch, nach Norwegen zurückzureisen, weil die Kindsmutter zuvor endgültig nach Deutschland umgesiedelt war, das Heiratsgesuch, weil »nach § 1 Abs.(1) a) des Gesetzes zum Schutz der Erbgesundheit des deutschen Volkes vom 18.10.1935 (R.G.Bl. I S. 1246) eine Ehe nicht geschlossen werden darf, wenn einer der Verlobten an einer mit Ansteckungsgefahr verbundenen Krankheit leidet, die eine erhebliche Schädigung der Gesundheit des anderen Teiles oder der Nachkommen befürchten lässt«. Die Abteilung Lebensborn wusste zwar, dass die Krankheit gegen eine Eheschließung sprach, hatte sich aber vor allem wegen des Kindes dennoch für das Paar eingesetzt. Vergebens. Die Frau starb kurz darauf, das Kind blieb bei der Familie des Vaters.

Adoptionen während des Krieges

»Im SS-Kinderheim Sonnenwiese befinden sich gegenwärtig einige norwegische Buben [...] Sie haben alle blonde Haare und blaue Augen und sind 2–3 Jahre alt [...] Wir haben einen hübschen kleinen Bub, geboren am [...] 1943 [...] Er ist ein sehr lebhafter und lieber Junge. Sie können ihn sofort abholen [...] Ich hoffe, Ihnen mit meinem Brief heute eine Freude gemacht zu haben. Heil Hitler.«

Dieses Schreiben erhielt eine Deutsche im Dezember 1944 vom Lebensborn e.V. Ihre drei eigenen Kinder waren gestorben und ihr Mann an der Ostfront gefallen. Allein zurückgeblieben, hatte sie daher beschlossen, ein Kind zu adoptieren.

Ersatz für verlorenes deutsches Blut

Im Laufe des Krieges wurden schätzungsweise 200 norwegische Kriegskinder ohne ihre Mütter nach Deutschland gebracht, die meisten in die Kinderheime Sonnenwiese bei Leipzig, Hohenhorst bei Bremen und Bad Polzig im jetzigen Polen.[55] In Deutschland übernahm der Lebensborn e.V. die Kinder und bemühte sich um deutsche Adoptionsfamilien.

Die norwegischen Mütter hatten diese Kinder notgedrungen freigegeben und der Abteilung Lebensborn zur Adoption überlassen. Die meisten Kinder lebten eine Zeit lang in einem norwegischen Lebensbornheim, aber die Deutschen fürchteten, sie könnten sich zu typischen »Heimkindern« entwickeln und wollten daher keinesfalls, dass ein Kind nach seinem zweiten Lebensjahr im Heim lebte. Daher drängte die Abteilung Lebensborn die Mütter zu einer Entscheidung über die Zukunft ihres Kindes: Sie konnten es zu sich nehmen, es für einige Zeit bei ihren Eltern oder anderen Angehörigen unterbringen oder in eine Pflegefamilie geben. War nichts davon möglich, machte es sich die Abteilung Lebensborn zur Aufgabe, das Kind zur Adoption zu vermitteln.

Einer Mutter, deren Kind in Hurdal Verk lebte, teilte die Abteilung Lebensborn eines Tages mit, dass es nicht mehr dort bleiben könne. Man werde es nach Stalheim verlegen, allerdings könne es auch dort nicht unbegrenzt bleiben, da es »für das Kind besser ist, in einer Familie aufzuwachsen. Ein längerer Heimaufenthalt wäre nachteilig für seine körperliche und geistige Entwicklung.« Die Frau möge sich daher bitte dazu äußern, wie »Ihre Pläne für die Zukunft des Kindes sind. Möchten Sie Ihr Kindchen zu sich holen oder haben Sie eine gute Pflegefamilie für die Kleine?«

Einige Wochen später antwortete die Kindsmutter, dass sie das Kind nur zu gern zu sich nähme, wenn es ihr möglich wäre. Sie wohne allerdings bei ihrem alten Großvater, wo sie nicht mit dem Kind leben könne. Sie sei auch der Meinung, dass es »für ein kleines Kind viel besser ist, in einer Familie statt in einem Kinderheim aufzuwachsen. So hatte ich es mir nicht vorgestellt, aber daran ist nun nichts zu ändern. Auch wenn es für mich schmerzlich ist, ist es doch für das Kind viel besser, wenn es zu einer lieben Familie kommt.« Danach gab die Mutter die Rechte an ihrem Kind auf und überließ es der Abteilung Lebensborn, für das Kind eine »gute, ordentliche Familie« zu finden.

Die meisten Kindsmütter erfuhren dann nichts mehr über ihr Kind, aber werden davon ausgegangen sein, dass es in eine norwegische Pflegefamilie kommen würde, die das Kind eines Tages adoptieren würde. So waren viele Mütter völlig entsetzt, als sie nach dem Krieg erfuhren, dass man ihr Kind nach Deutschland gebracht hatte, damit es dort von einer deutschen Familie adoptiert werden konnte.

1944 war das Jahr, in dem die meisten norwegischen »Adoptionskinder« nach Deutschland geschickt wurden. Am 14. März beispielsweise reisten zwölf Kleinkinder mit vier Pflegerinnen in einem Lufthansa-Flugzeug von Oslo nach Dresden. Knapp einen Monat später folgten mit einem weiteren Lufthansaflug nach Dresden 16 Kinder mit fünf Pflegerinnen, zwei Monate später brachte das Flugzeug »Ju52 DAF SD« 15 Kinder mit fünf Pflegerinnen nach Leipzig. Der letzte große Gruppentransport fand vermutlich im September 1944 statt, als insgesamt 48 Kinder mit dem Schiff nach Deutschland verfrachtet wurden. Neben diesen großen Transporten kamen 1942 und 1944 auch kleinere Gruppen nach Deutschland. Das letzte Kind kam, soweit wir wissen, noch im März 1945 in Deutschland an.

Auf den ersten Blick scheint es verständlich, dass 1944 die ersten großen Transporte organisiert wurden, denn erst in diesem Jahr war eine nennenswerte Anzahl norwegischer Kriegskinder älter als zwei Jahre, also in dem Alter, in dem sie zur Adoption freigegeben werden sollten. Diese Erklärung ist allerdings nicht stichhaltig, denn obwohl in diesem Jahr viele Zweijährige nach Deutschland geschickt wurden, waren auch jüngere Kinder darunter. Von den 48 Kindern des erwähnten Gruppentransports vom September 1944 waren 21 unter zwei Jahren und sieben sogar nicht einmal ein Jahr alt.

Offensichtlich begann die Abteilung Lebensborn in diesem Jahr mit der systematischen Verschickung einer größeren Anzahl »wertvoller« norwegischer Kriegskinder. In keinem anderen Jahr wurden so viele Kinder nach Deutschland gebracht, weshalb die Abteilung Lebensborn Pläne ausarbeitete, um den Ablauf solcher Transporte effektiver zu gestalten. So brachte man die »Adoptionskinder« aus anderen Heimen nach Godthaab, das man nahezu als »Verschiffungshafen« für Kinder bezeichnen könnte, die nach Deutschland sollten.

Parallel dazu arbeiteten die Deutschen daran, alle juristischen Probleme aus dem Weg zu räumen, die die Adoption norwegischer Kinder in Deutschland erschweren oder unmöglich machen könnten. Die norwegischen NS-Behörden waren keineswegs damit einverstanden, dass norwegische Kinder ohne weiteres an Familien in Deutschland gegeben werden sollten. Anfang 1944 ließ der Sozialminister der norwegischen NS-Regierung verlauten, man finde es »äußerst bedenklich, eine größere Anzahl norwegischer Kinder in einen anderen Staat zu verbringen, um sie dort zur Adoption zu geben«. Zuvor hatte das Justizministerium dem Sozialministerium ein Dokument der Abteilung Lebensborn zugeleitet, in dem sich 17 norwegische Mütter schriftlich mit der Adoption ihrer Kinder einverstanden erklärten.

Das Justizministerium schloss sich der Auffassung des Sozialministers an. Nach norwegischem Recht sprach zwar nichts dagegen, dass norwegische Mütter ihre Kinder zur Adoption nach Deutschland freigaben, aber das norwegische Justizministerium fand, dass es nicht ausreichend sei, wenn die Mütter der Adoption ihrer Kinder nur generell zustimmten.[56] Künftig müsse jede Mutter unterschreiben, dass ihr bekannt sei, dass man ihr Kind zur Adoption nach Deutschland bringen werde. Außerdem, so das Justizministerium weiter, müsse jeder Fall individuell bearbeitet werden. Nach norwegischem Gesetz bedurfte jede einzelne Adoption eines norwegischen Kindes ins Ausland der ausdrücklichen Genehmigung des Justizministeriums. Das Ministerium stellte sich daher auf den Standpunkt, von einer endgültigen Entscheidung könne erst dann die Rede sei, wenn es darum gehe, der Adoption eines bestimmten Kindes durch eine bestimmte Familie zuzustimmen.

Beim Lebensborn wünschte man eine zügige und standardisierte

Bearbeitung der Adoptionsverfahren und war daher mit dieser Regelung nicht einverstanden. Auch wollten die Deutschen nicht bei jeder Adoption vom Wohlwollen norwegischer Behörden abhängig sein. Im April gab die Rechtsabteilung in Rediess' Osloer Stab ihre Einschätzung der Lage ab, nachdem die Angelegenheit zuvor mit Tietgen erörtert worden war. Das Gutachten kam zu dem Schluss, dass für die Frage, ob die Adoptionen nach deutschem Recht gültig seien, die Staatsangehörigkeit der Kinder nicht von Belang sei. Ausschlaggebend sei, dass die Adoptiveltern Deutsche seien.

Die Abteilung Lebensborn leitete die Angelegenheit an den deutschen Lebensborn e.V. weiter, der im Juli das Reichsjustizministerium um eine Entscheidung bat: »Ich wäre Ihnen dankbar, wenn Sie sich bald entscheiden würden, in welcher Weise die Adoptionen norwegischer Kinder im Reich vereinfacht zum Abschluss gebracht werden können.« In seinem Antwortschreiben vom 21. August 1944 schloss das Reichsjustizministerium die norwegischen Stellen von ihrer Zuständigkeit für solche Fälle *de facto* aus: Wenn die norwegische Kindsmutter einer Adoption zugestimmt habe, müsse man keine Rücksicht darauf nehmen, dass das norwegische Justizministerium Mitsprache bei der Entscheidung wünsche, ob das Kind zur Adoption nach Deutschland dürfe. Das Reichsjustizministerium schloss sich auch nicht der Meinung von SS-Juristen in Oslo an, wonach die Erklärung der Mütter notariell beurkundet sein müsse. Das sei in diesen Fällen unnötig, eine einfache schriftliche Erklärung genüge. Damit war das letzte Wort gefallen und die Deutschen hatten alle formellen Hindernisse aus dem Weg geräumt, die die Überführung einer großen Anzahl norwegischer Kriegskinder nach Deutschland verzögert oder gar verhindert hätte.

Schon einen Monat später, im September 1944, wurden, wie erwähnt, 48 Kinder nach Deutschland gebracht. Welche weiteren Überführungspläne die Deutschen gehabt haben mögen, ist nicht bekannt, doch dass sie zum einen im Sommer 1944 den Norwegern jede Mitsprachemöglichkeit über das Schicksal der Kinder nahmen und zum Zweiten viele der kurz darauf verschickten Kinder jünger als zwei Jahre waren, lässt vermuten, dass weitere große Gruppentransporte geplant waren. Das scheiterte vermutlich, weil sich im Herbst und Winter 1944 die Kriegslage für die Deutschen dramatisch verschlechterte.

Vor allem das letzte Kriegsjahr, in dem zahlreiche Soldaten fielen und durch die Bombenangriffe auch sehr viele Zivilisten umkamen, war für die Deutschen schwer. In SS-Kreisen herrschte Einigkeit, dass das verlorene Blut ersetzt werden müsse. Die SS-Angehörigen wurden geradezu gedrängt, Kinder zu zeugen, bevor sie selbst an die Front zurückkehren mussten. Die Familien sollten nicht aussterben. Auch die Überführung der norwegischen Kriegskinder nach Deutschland war Teil der Bemühungen, das verlorene deutsche Blut zu ersetzen.

Welche Kinder sollten in Deutschland adoptiert werden?

»Das oben genannte Kind ist körperlich gut entwickelt und selten krank. Bis jetzt konnte man keine wie auch immer gearteten auffallenden schlechten Eigenschaften bei ihm feststellen. Er benimmt sich wie alle Kinder in diesem Alter, sodass man bisher nichts darüber sagen kann, ob sich Erbeigenschaften der Mutter bei ihm durchschlagen könnten. Ich kenne die Mutter persönlich aus meiner Zeit in Hurdal Verk. Sie ordnet sich gut in die Hausordnung ein, machte aber einen absolut minderwertigen Eindruck. Aus diesem Grund kann ich nicht zu einer Adoption nach Deutschland raten.«

So beurteilte Oberschwester Berta Betz in Godthaab im Dezember 1943 eines der dortigen Kinder. Die Abteilung Lebensborn gab diesen Jungen schließlich in eine norwegische Adoptionsfamilie.

In den Akten der Abteilung Lebensborn finden sich etwa 100 Kinder, die an norwegische Adoptiveltern vermittelt wurden. Hinzu kommen weitere 370 Fälle, deren Bearbeitung bei Kriegsende nicht abgeschlossen war.[57] Auch bei zahlreichen weiteren Kindern war von einer Adoption innerhalb Norwegens die Rede, bei ihnen war aber vor der Kapitulation noch nicht mit der konkreten Auswahl möglicher Adoptiveltern begonnen worden.

Wenn die Abteilung Lebensborn ein Kriegskind von einer norwegischen Familie adoptieren ließ, gaben die Deutschen damit jeden Zugriff auf das Kind auf. Das war ein ernster Schritt, denn die Kinder waren ja Nachkommen deutscher Männer und galten deswegen als Deutsche. Als man im Winter 1941 die Errichtung der Abteilung Lebensborn in Norwegen beschlossen hatte, war keine Entscheidung darüber gefallen, was auf lange Sicht mit den Kindern geschehen sollte, ob sie beispielsweise mit ihren Müttern nach Deutschland verschickt werden sollten. Sie galten bis auf weiteres als »deutsche Vorposten im norwegischen Volk«.

Die Deutschen duldeten daher auch nicht, dass Norwegen die Adoption solcher Kinder eigenmächtig in die Wege leitete: »Ohne Zustimmung des ›Lebensborn‹ darf das norwegische Justizdepartement keine Adoption für das uneheliche Kind eines deutschen Vaters durchführen, da ja das Kind deutsches Blut in sich hat, und über solche Kinder zu entscheiden, liegt einzig und allein in deutscher Hand.«[58]

Bevor eine Adoption dem Justizministerium zur Bewilligung vorgelegt wurde, musste die Abteilung Allgemeine Staatsverwaltung im Reichskommissariat die formelle Erlaubnis geben, dass das Kind in Norwegen vermittelt werden durfte. Um sicherzustellen, dass kein Kriegskind ohne Wissen der Deutschen in Norwegen zur Adoption gegeben wurde, schickte das Justizministerium im Dezember 1944 den *Fylkesmenn* ein Rundschreiben dazu: »Nach Absprache mit dem Reichskommissar für die besetzten norwegischen Gebiete müssen ausnahmslos alle Fälle von Kindern mit deutschen Vätern, die zur Adoption gegeben werden sollen, dem Reichskommissar, Abteilung Lebensborn, zur Zustimmung vorgelegt werden.«[59]

Oft wurde sehr viel Arbeit investiert, um den deutschen Kinds-vater aufzuspüren und seine Zustimmung zur Adoption zu erlangen, da er ja für den Fall, dass die Mutter verzichtete, als Erster das Recht auf das Kind hatte. Stand die Vaterschaftsfeststellung noch aus, wur-de auch deren Bearbeitung intensiviert, um in der Adoptionssache voranzukommen.

Die Abteilung Lebensborn bestand unerbittlich darauf, dass die Deutschen über die Kinder deutscher Väter das alleinige Sagen hatten. In einem Fall durfte ein Kind erst dann an eine norwegische Familie vermittelt werden, als die Kindsmutter sagte, der Kindsvater sei Norweger. Nachdem das Kind fast ein Jahr lang bei einer nor-wegischen Familie gelebt hatte und das Adoptionsverfahren bereits angelaufen war, stellte sich heraus, dass der Vater doch Deutscher war. Er war in Deutschland verheiratet und als seine norwegische Freundin schwanger wurde, hatte er sie bedrängt, als Kindsvater einen unbekannten Norweger anzugeben. Er hatte behauptet, wenn sie ihn als Kindsvater angebe, sei »sein ganzes Familienglück in Deutschland in Gefahr«.

Kaum hatte die Abteilung Lebensborn davon erfahren, nahm sie Verbindung mit den Adoptiveltern auf und zog die bereits erteilte Adoptionserlaubnis für das Kind zurück. Es hatte einen deutschen Vater, folglich sollten deutsche Behörden über das Kind bestimmen. Örtliche norwegische Stellen wie der *Lensmann* und der Bezirksarzt unterstützten die Adoptiveltern in ihrer Forderung, das Kind behalten zu dürfen, aber die Abteilung Lebensborn beharrte auf ihrem Recht, den Fall noch einmal ganz von vorne aufzurollen.

Was die Adoptionen durch norwegische Familien anging, behan-delten die deutschen Behörden diese in der Praxis offenbar ohne be-sonderes Augenmerk. Über die in Frage kommenden Adoptiveltern wurden zwar rassische wie politische Auskünfte eingeholt, tatsäch-lich aber wurden mögliche »negative« Ergebnisse nicht beachtet. Der Junge, den Berta Betz für eine deutsche Adoptivfamilie ungeeignet fand, wurde beispielsweise in eine norwegische Familie gegeben, deren Mitglieder nach Auskünften der deutschen Sicherheitspolizei »passive Gegner der [nationalsozialistischen] Neuordnung« waren. Solange die Überprüfung ergab, dass eine Familie die üblichen Anforderungen erfüllte – stabile Familienverhältnisse, geordnete Finanzen und ausreichend Wohnraum –, riet man zur Adoption und sorgte dafür, dass das Justizministerium zustimmte.

Damals wie heute war es ein langwieriger Prozess, alle Formalitäten einer Adoption zu erledigen. Dies ist vermutlich der Grund, warum die Abteilung Lebensborn vor Kriegsende nicht mehr als etwa 100 norwegische Adoptionen zu Ende führte.

Auf den rassischen »Wert« der norwegischen Adoptiveltern wurde kaum geachtet, die Einschätzung der Kinder und ihrer Eltern hingegen war ausschlaggebend für die Entscheidung, ob die Adoption in Norwegen oder in Deutschland geschehen sollte.

Bevor eine Adoption in Deutschland angestrebt wurde, musste man absolut sicher sein, dass das Kind es wert war, »eingedeutscht« zu werden. Dazu wurden hohe Ansprüche z. B. an seinen rassischen und erbbiologischen Wert gestellt, der minutiös belegt sein musste. Bezüglich eines der Kinder, das 1944 nach Deutschland kam, bekam der Lebensborn e. V. eine Akte mit insgesamt 24 verschiedenen Dokumenten. Sie enthielt die Unterlagen, die bei jeder Adoption üblich waren, wie die Geburtsurkunde des Kindes, die Zustimmung der Mutter zur Adoption, der ausgefüllte Fragebogen der Mutter mit Foto, der ausgefüllte Fragebogen des Vaters mit Foto, das Gesundheitsattest der Mutter und die Vaterschaftsanerkennung des Kindsvaters. Hinzu kamen die rassenpolitischen Gutachten zur Kindsmutter und dem deutschen Kindsvater, Auskünfte der Sicherheitspolizei über die Kindsmutter und ihre Eltern sowie nicht weniger als elf Gutachten zur arischen Abstammung des Kindes.

Solch gründliche Beweise ihrer arischen Abstammung bekamen die meisten Kinder mit nach Deutschland. Die Abteilung Lebensborn arbeitete mitunter mehrere Jahre, um alle erforderlichen Auskünfte über die Eltern, Großeltern, ja sogar die Urgroßeltern des Kindes einzuholen, bevor Lebensborn e.V. daran gehen konnte, deutsche Adoptiveltern für das Kind zu suchen.

Bevor die Abteilung Lebensborn die mühevolle Aufgabe in Angriff nahm, all diese Nachweise und Papiere für ein Kind zu beschaffen, wurden die zur Adoption freigegebenen Kriegskinder zunächst grob »vorsortiert«. So machte die Leitung des Heimes Stalheim im Sommer 1944 eine Aufstellung aller 69 Kinder, die sich zu diesem Zeitpunkt im Heim befanden. Neben Gewicht und Größe wurde auch die Farbe von Haaren, Augen und Haut angegeben, bei den meisten gibt es weitere Anmerkungen. Acht Kinder werden als »geeignet« bezeichnet, das bedeutet, dass sie für deutsche Adoptiveltern in Frage kamen. Fünf dieser acht kamen 1944 tatsächlich nach Deutschland. Die »geeigneten« Kinder hatten ausnahmslos blondes oder hellblondes Haar, blaue Augen und helle Haut. Von einem heißt es außerdem, dass »Stirn und Hinterkopf schön gewölbt« seien.

Ganz anders war es bei einem Kind, dessen Mutter bei der rassischen Begutachtung im Wesentlichen als der nordischen Rasse zugehörig bezeichnet wurde, allerdings mit stark »mongolischem« Einschlag. Nach Einschätzung der deutschen Rassenexperten hatte ein recht großer Anteil der Bevölkerung im nördlichsten Norwegen samische Vorfahren. Sie hatten schwerste Bedenken, das deutsche Volk mit einem solchen »mongolischen« Einschlag zu belasten. Das bedeutete in diesem konkreten Fall, dass eine »Fortpflanzung aus deutscher Sicht nicht wünschenswert« sei. Die Abteilung Lebensborn übernahm zwar die Unterhaltszahlungen für Mutter und Kind, nahmen sie aber in keines der Lebensbornheime auf. Als die Mutter das Kind nicht behalten konnte, brachte die Abteilung Lebensborn es in einem norwegischen Kinderheim unter, bis norwegische Adoptiveltern gefunden waren.

In vielen Fällen baten die Deutschen um Fotos der Eltern, Geschwister und Großeltern der Kindsmutter, um vor der Entscheidung, ob ein Kind »geeignet« sei, die Familie unter Rasseaspekten zu begutachten. Auch andere negative Einschätzungen konnten dazu führen, dass das Kind als nicht wert angesehen wurde, Deutscher zu werden. Wie wir bereits sahen, riet Berta Betz in einem Fall von »einer Adoption nach Deutschland« ab, weil die Mutter einen »minderwertigen Eindruck« machte. In einer anderen Sache äußerte ein Sachbearbeiter der Abteilung Lebensborn: Da »der Vater der [...] wegen Brutalität und als Alkoholiker oftmals von der Polizei in Haft genommen wurde, lege ich auf das Kind keinen besonderen Wert«. Gleichermaßen ungünstig für die Beurteilung der möglichen Erbeigenschaften des Kindes war die Tatsache, dass der Kindsvater die Mutter zu einer Abtreibung gedrängt und ihr außerdem 1000 Kronen dafür geboten hatte, ihn nicht als Kindsvater anzugeben. Da dieses Kind von beiden Seiten schlechte Eigenschaften mitbekommen haben könnte, wurde es einem norwegischen Paar zur Adoption überlassen.

In einigen Fällen vollzog die Abteilung Lebensborn in der Beurteilung von Mutter und Kind eine komplette Kehrtwendung, nachdem neue Fakten bekannt geworden waren. 1942 ordneten deutsche Rassenexperten eine Schwangere als »rein nordisch« ein, die Geburt sei »sehr erwünscht« und im Interesse des deutschen Volkes. Der Arzt, der sie begutachtete, wusste zwar, dass ein Onkel zehn Jahre zuvor an Tuberkulose gestorben war, dem wurde jedoch keine Bedeutung beigemessen. Später kamen allerdings bedenklichere Auskünfte hinzu. Die Abteilung Lebensborn erhielt einen Auszug aus der Krankenhausakte des Onkels, in der er als »geistig zurückgeblieben« bezeichnet wurde. Noch gravierender war, dass man inzwischen in Erfahrung gebracht hatte, dass eine Schwester der Kindsmutter in einer psychiatrischen Anstalt lebte. Sie war in religiöse Wahnvorstellungen verfallen, die in einer Anstaltseinweisung gipfelten, nachdem sie erfahren hatte, dass ihre Schwester von einem Deutschen ein Kind erwartete und nach Hurdal Verk abgereist war. Nun wurde die Kindsmutter nochmals begutachtet. Im Gegensatz zur ersten Untersuchung ergab die zweite, dass der Gesamteindruck der Frau negativ und eine Fortpflanzung nicht wünschenswert sei. Wegen der Vorfälle in ihrer nächsten Familie hielt man es offenbar nicht mehr für möglich, dass die Frau nordischer Abstammung war. Laut der neuen rassischen Einordnung war sie nun »ostisch« mit ostbaltischem oder samischem Einschlag, also ohne jedes nordische Blut. Das Kind wurde daraufhin den Eltern der Kindsmutter überlassen, die es 1944 formell adoptierten.

Es kam, wenn auch vermutlich nur selten, vor, dass norwegische Kriegskinder ohne Wissen der Abteilung Lebensborn oder des Lebensborn e.V. in Deutschland zur Adoption freigegeben wurden. Ein solcher Fall betraf eine junge Norwegerin, die 1941 von ihrem deutschen Freund ein Kind erwartete. Er sprach vage von Heirat, doch als er versetzt wurde, brach ihre Verbindung ab. Statt ihre Schwangerschaft der Abteilung Lebensborn zu melden, reiste sie nach Deutschland, offenbar, nachdem sie sich zum Arbeitsdienst gemeldet hatte. Dort angekommen, besuchte sie ihren Freund und musste feststellen, dass er bereits verheiratet war und Familie hatte. Sie brachte das Kind in Deutschland zur Welt, aber sah keine Möglichkeit, es zu behalten und setzte sich wegen einer Adoption mit den zuständigen deutschen Stellen in Verbindung. Man verwies sie an ein deutsches Ehepaar, das ein Kind adoptieren wollte und den Säugling in Pflege nahm, als dieser erst vier Wochen alt war. Zwei Jahre später wurde das Kind von diesem Paar nach deutschem Recht adoptiert, wovon weder die norwegischen Stellen noch die Abteilung Lebensborn etwas erfuhren.

Wurden norwegische Kinder geraubt?

Schon kurz nach dem Krieg wurde bekannt, dass der Lebensborn e.V. Kinder aus Polen, der Tschechoslowakei und Jugoslawien regelrecht geraubt hatte. Das war auch einer der Anklagepunkte gegen die Leiter des Lebensborn e.V. bei den Nürnberger Kriegsverbrecherprozessen.

196

Anlässlich der Vorbereitungen zu den Prozessen wurde auch untersucht, ob während des Krieges norwegische Kinder gegen den Willen ihrer Mütter nach Deutschland geschickt worden waren.[60] Der norwegische Staat kam zu dem Ergebnis, dass sich nicht eindeutig klären ließ, ob Kinder aus Norwegen verschleppt worden waren. Viele Mütter erklärten zwar nach dem Krieg, sie hätten nicht die geringste Ahnung gehabt, dass man ihre Kinder nach Deutschland gebracht hatte, doch ist das nicht gleichbedeutend mit Verschleppung oder gar Raub der Kinder. Die Mütter hatten sie schließlich zur Adoption freigegeben, weshalb letztlich keine Anklage in Nürnberg erhoben wurde.

Wenn man bedenkt, auf welche Weise die Deutschen 1944 dafür sorgten, dass die norwegischen Stellen bei der Bewilligung von Adoptionen nach Deutschland ausgeschaltet wurden, ist es sehr wahrscheinlich, dass man es bewusst unterließ, die Mütter zu unterrichten. Manche Frauen hätten wohl ihr Kind unter diesen Umständen nicht abgegeben, denn ihnen war bekannt, dass ein Aufenthalt in Deutschland aufgrund der Kriegsentwicklung immer gefährlicher wurde.

Im November 1944 schrieb eine Norwegerin an die Abteilung Lebensborn und bat um Hilfe bei der Adoption ihres Kindes:

»Da ich keine Eltern mehr habe und selbst nicht in der Lage bin, ihn zu ernähren und zu kleiden, bitte ich Sie, meinen Jungen für mich wegzuadoptieren […] Das ist die schlimmste Entscheidung, die ich je getroffen habe, aber ich muss an das Wohl des Jungen denken. Wenn ich plötzlich eines Tages dastehe und nicht weiß, wohin mit dem Jungen, dann ist es bestimmt das Beste für ihn, wenn er zu guten Menschen kommen kann. Der Junge wird ja immer größer, und es wird für ihn immer schlimmer, fortzugehen.«

Am Ende des Briefes wurde mit Bleistift vermerkt »Adoption Deutschland«. Die Kindsmutter erhielt von der Abteilung Lebensborn umgehend ein Schreiben, in dem sie gebeten wurde, ihre Einwilligung zur Adoption mit ihrer Unterschrift zu bestätigen. »Sobald ich diese Erklärung vorliegen habe, werde ich mit der Arbeit beginnen, ein liebevolles Elternpaar für den Jungen zu finden, bei dem es ihm gut gehen wird. Auch ich bin der Meinung, dass es für den Jungen am besten ist [...] wenn er in geordneten Familienverhältnissen aufwächst.« Die Absicht, das Kind zur Adoption nach Deutschland zu schicken, blieb unerwähnt.

Dass es dazu doch nicht kam, lag offenbar nur an praktischen Hindernissen aufgrund des Krieges. Der Fall beweist aber schlüssig, dass die Abteilung Lebensborn Müttern bewusst verschwieg, dass sie ihre Kinder nach Deutschland bringen wollte.

Adoption mit unterschiedlichen Absichten

Der Lebensborn e.V. war auch in den besetzten Gebieten Osteuropas tätig, deren Bevölkerung grundsätzlich nicht als »rassisch wertvoll« galt. Hier zeigten die Deutschen keinerlei Interesse daran, sich um alle Nachkommen deutscher Werhmachtsangehöriger zu kümmern. In diesen Regionen begnügten sie sich mit der Verschleppung einiger hundert sorgfältig ausgewählter Kinder, die sie als »gutrassisch« bezeichneten.[61] Diese Kinder aus Polen, der Tschechoslowakei und aus Jugoslawien wurden nach Deutschland gebracht, um dort rassisch genauestens untersucht und eventuell an deutsche Adoptiveltern vermittelt zu werden.

Auch in Norwegen waren für die Deutschen nur jene Kinder von Interesse, die als »rassisch wertvoll« galten. Da aber die norwegische Bevölkerung generell als wertvoll galt, entschied man hier, sich zunächst aller Nachkommen deutscher Werhmachtsangehöriger anzunehmen. Dabei spielten auch taktische Überlegungen eine Rolle. Die Deutschen befürchteten in Norwegen negative Reaktionen, wenn sie sich allzu offensichtlich nur um bestimmte Mütter und Kriegskinder gekümmert und alle anderen den norwegischen Ämtern überlassen hätten. Das hätte nicht nur zu feindseliger Propaganda geführt, möglicherweise hätten einige Schwangere und Mütter die Abteilung Lebensborn gemieden, sodass wertvolles Blut verloren gegangen wäre. Auch hätte man die Frauen, die angesprochen werden sollten, nicht in dem Maße erreicht wie durch die breite Streuung der Information über deutsche Hilfsangebote. Im Verborgenen aber sammelte die Abteilung Lebensborn emsig Daten über den rassischen und erbbiologischen Wert aller Mütter und Kinder. Es ging nicht um Wohlfahrt, sondern um den »Wert« eines Menschen nach den Kriterien der deutschen Bevölkerungspolitik.

Bei Kriegsende hatte die Abteilung Lebensborn mindestens 600 bis 700 Adoptionsverfahren abgeschlossen oder in Bearbeitung. Mit der Adoption einiger »wertvoller« Kinder in Deutschland war das Ziel erfüllt, das man sich im Frühjahr 1941 mit der Etablierung der Abteilung Lebensborn in Norwegen gesetzt hatte. Man kann durchaus sagen, dass die Deutschen im Herbst 1944 schließlich daran gingen, die Früchte ihres mehrjährigen, mühevollen Engagements in Norwegen zu ernten. Zugleich war die Lösung, »weniger wertvolle« Kinder in norwegische Familien zu geben, eine einfache Methode, sich der Verantwortung für die »uninteressanten« Kinder zu entledigen, ohne dass die Norweger die unterschiedliche Behandlung erkannt hätten.

Die Rückführungsaktion »In die Heimat« – Herbst 1944

Es war sieben Uhr morgens. Ihre kleine Tochter schlief neben ihr. Plötzlich, ohne jede Vorwarnung, tat es einen ohrenbetäubenden Schlag und sie rollte fast aus der Koje, die sich aus der Wandbefestigung lockerte. Im gleichen Augenblick wurde es dunkel. Sie griff das Kind und die Rettungsweste und lief, wie alle, mit denen sie die Kabine teilte, auf den Gang hinaus. Dort herrschte völliges Chaos. Ihr erster Gedanke war, dass das Schiff torpediert wurde. Nun gab es nur eines: sofort die Rettungsweste überziehen und an Deck kommen.[62]

Aber es folgten keine weiteren Explosionen und das Schiff begann auch nicht zu sinken. Die Mannschaft und die Soldaten konnten die Frauen und Kinder an Bord nach einiger Zeit beruhigen. Zehn Meter neben dem Schiff war eine Mine explodiert, aber das Schiff war nicht in Gefahr. Niemand wurde ernstlich verletzt.

Als sie sich nach diesem furchtbaren Tagesbeginn etwas beruhigt hatte, kam ihr der Gedanke, dass das vielleicht nur ein Vorgeschmack darauf war, was sie, das Kind und alle anderen erwartete, die buchstäblich im gleichen Boot saßen. Sie wusste natürlich, dass Krieg war, aber in ihrem Dorf in Norwegen hatte sie davon nicht allzu viel gemerkt. Ohne diesen Krieg hätte sie auch nie den deutschen Soldaten kennen gelernt, in den sie sich verliebt und den sie später geheiratet hatte. Und sie wäre nicht hier, mit einem Kind im Arm, auf dem Weg in ein fremdes Land, das ihre Heimat werden sollte.

Es war Dienstag, der 26. September 1944. Sie war an Bord des deutschen Passagierschiffs »Monte Rosa« auf dem Weg von Norwegen nach Deutschland. Es heißt »Geteiltes Leid ist halbes Leid«, und vielleicht half das Wissen, dass mindestens 700 Frauen und Kinder in der gleichen Lage waren wie sie. Ebenfalls an Bord des brechend vollen Schiffes waren etwa doppelt so viele deutsche Soldaten.

Hätte sie allerdings gewusst, welche Passagiere zwei Jahre zuvor auf diesem Schiff transportiert worden waren und welches Schicksal sie erwartet hatte, wäre sie vielleicht unruhiger gewesen. Ein Teil der norwegischen Juden, die nach Deutschland verschleppt worden waren, hatte seine letzte Reise auf der »Monte Rosa« gemacht. Die beiden Transporte waren zwei Seiten der gleichen rassistischen Bevölkerungspolitik Deutschlands. Aber während die Juden nach Deutschland geschickt wurden, um dort als »rassisch Minderwertige« ermordet zu werden, sollten diese Frauen und Kinder nach Deutschland gebracht werden, weil sie als rassisch wertvoll galten.

Rückführung
deutscher Frauen und Kinder aus Norwegen

Ein Monat war vergangen, seit Hitler am 25. August 1944 befohlen hatte, alle deutschen Frauen und Kinder umgehend nach Deutschland zu bringen. Terboven reagierte sofort auf den Führerbefehl und benannte einen Stab, der die »Aktion Rückführung deutscher Frauen und Kinder in die Heimat« organisieren sollte. Gleichzeitig zerbrach man sich im Reichskommissariat den Kopf darüber, was dieser Befehl bedeuten mochte. Wie war die Gruppe »deutsche Frauen und Kinder« zu definieren? Darüber herrschte Unklarheit, bis am 14. September die Reisebefehle verschickt wurden.

Beschlossen wurde, dass die 90 deutschen Nonnen, die in Norwegen lebten, dort bleiben durften. Alte und Kranke hingegen sollten reisen, solange sie »transportfähig« waren. Frauen, die aufgrund einer wichtigen Aufgabe in Norwegen waren, konnten beim Reichskommissariat beantragen, ausgenommen zu werden. Bei Hochschwangeren musste ein Arzt beurteilen, ob sie mit einem Lazarettschiff transportiert werden konnten. Unumstößlich festgelegt wurde, dass deutsche Frauen und Kinder, die schon vor dem Krieg in Norwegen gelebt hatten, das Land ebenso verlassen mussten wie jene gebürtigen Norwegerinnen, die seit 1941 einen Deutschen geheiratet hatten. Sie wurden, gegebenenfalls mit ihren Kindern, in ihre »Heimat Deutschland« geschickt, und das selbst dann, wenn der deutsche Ehemann und Vater schon nicht mehr lebte, schließlich waren sie durch die Heirat deutsche Staatsbürger geworden. Nur Kinder, die bei ihren norwegischen Großeltern lebten, weil sowohl ihr deutscher Vater als auch ihre ursprünglich norwegische Mutter bereits verstorben waren, durften in Norwegen bleiben.

»Frauen und Kinder, die bereits vor dem Krieg in Norwegen lebten« – wie war das zu deuten? Die Briefe mit den Reisebefehlen lösten bei vielen Entsetzen und Verzweiflung aus. Betroffen waren z. B. Norwegerinnen, die schon lange vor dem Krieg in Norwegen lebende und arbeitende Deutsche geheiratet hatten. Wenn diese Männer es versäumt hatten, die norwegische Staatsangehörigkeit anzunehmen, galten ihre Ehefrauen und Kinder nach dem Gesetz als Deutsche. Nun, 1944, sollten all diese Frauen und Kinder, wie die Deutschen es ausdrückten, »in die Heimat« zurück. Dass sie niemals in Deutschland gewesen waren und viele die Sprache nicht beherrschten, spielte keine Rolle.

Für die Norwegerinnen, die sich in einen Besatzungssoldaten verliebt hatten, mag der Schock nicht ganz so groß gewesen sein. Viele dieser Paare wollten unbedingt zusammenbleiben und hatten trotz bürokratischer und sonstiger Hindernisse geheiratet. Die Wehrmacht duldete grundsätzlich nicht, dass sich die Ehefrau eines Soldaten in dem Land aufhielt, in dem dieser als Besatzungssoldat stationiert war. Es war eine Voraussetzung für die Heiratsgenehmigung, dass die junge Ehefrau sofort nach Deutschland umzog. Obwohl die meisten Frauen wussten, dass sie mit der Eheschließung deutsche Staatsangehörige wurden, war es ein Schock, Norwegen binnen so kurzer Zeit verlassen zu müssen. Sie hatten nur wenige Tage Zeit, um die Umsiedlung in ein völlig fremdes Land vorzubereiten. Viele waren noch nie von zu Hause fort gewesen, hatten kleine Kinder oder waren schwanger. Hinzu kam, dass sie das vergleichsweise friedliche Norwegen verlassen und in ein Land reisen sollten, das bereits in Ruinen lag.

Im September 1944 reisten 670 Frauen und Kinder mit dem Sammeltransport auf der »Monte Rosa«. Darunter waren auch 48 unehelich geborene norwegische Kriegskinder, die in der Obhut der Abteilung Lebensborn zur Adoption nach Deutschland geschickt wurden. Es waren weitere 100 Kinder unter drei Jahren an Bord, die meisten in Begleitung ihrer Mütter, die vermutlich durch Heirat mit einem Wehrmachtsoldaten Deutsche geworden waren. 95 Kinder zwischen vier und 16 Jahren waren entweder von deutschen Müttern, die sich aus beruflichen Gründen in Norwegen aufhielten, oder von deutschen Männern und ihren (deutschen oder norwegischen) Frauen, die schon vor 1940 in Norwegen gelebt hatten. Und schließlich gab es 409 Passagiere, die 17 Jahre und älter waren. Darunter waren wahrscheinlich viele gebürtige Norwegerinnen mit oder ohne Kinder, die im Krieg durch Heirat Deutsche geworden waren, sowie gebürtige Deutsche, die in Norwegen gearbeitet hatten.

In jenem Sommer begriffen die meisten Deutschen, dass ihr Land den Krieg verlieren würde. Obwohl die deutschen Streitkräfte an den Fronten zurückgedrängt wurden und die Alliierten Deutschland bombardierten, weigerte sich Hitler zu kapitulieren. In Norwegen bereiteten sich die Deutschen auf die Möglichkeit von Kriegshandlungen vor, denn die Russen trieben die Wehrmacht nach Nordnorwegen und würden sich aller Wahrscheinlichkeit nach nicht mit Teilen Nordnorwegens begnügen. Daher begannen die Deutschen einen Monat später, die Bevölkerung der Regierungsdistrikte Finnmark und Nord-Troms zu evakuieren. Falls nun aber die Russen weiter nach Süden vordringen sollten und Südnorwegen gleichzeitig aus dem Westen angegriffen würde, hätte ganz Norwegen binnen kürzester Zeit zu einem völlig chaotischen Kriegsschauplatz werden können. Solche Überlegungen mögen zum »Heimführungsbefehl« geführt haben, der für viele »deutsche« Frauen und Kinder schicksalsträchtig war. Die Zusammenhänge werfen auch ein neues Licht auf die Entscheidung des Reichsjustizministeriums, norwegische Behörden von den Adoptionen nach Deutschland faktisch auszuschließen. Das Datum dieses Beschlusses war der 21. August 1944, also vier Tage vor Hitlers Befehl zur »Rückführung«.

Deutsche Frauen und Kinder in Norwegen sollten »heim ins Reich«, die Reisebefehle waren unterwegs, die Vorbereitungen für den ersten großen Sammeltransport abgeschlossen. Mit einem Brief erteilte der Reichskommissar Hunderten von deutschen Frauen in

Norwegen den knappen Befehl, sich »am 19. September 1944, spä-
testens um 12 Uhr vormittags, reisefertig in Oslo auf der Festung
Akershus, Eingang Kirkegate, einzufinden« – der Brief trägt das
Datum vom 14. September 1944. Die Frauen sollten ihre Kinder
mitnehmen und die notwendigen Reisevorbereitungen treffen. Das
Deutsche Reich werde alle Kosten übernehmen. An Gepäck durften
sie nur so viel mitnehmen, wie sie tragen konnten, der Rest sollte
geschickt werden.

An dieser Aktion waren mehrere deutsche Stellen beteiligt. Das
Reichskommissariat stellte die Liste der betroffenen Frauen und
Kinder zusammen, verschickte die Briefe und übernahm die Finanzierung. Die deutsche NS-Frauenschaft und die Nationalsozialistische Volkswohlfahrt (NSV) übernahmen praktische Organisations-
aufgaben wie die Unterbringung der Frauen und Kinder in Oslo vor
dem Weitertransport und die Kontakte mit den zuständigen Ämtern
und Behörden in Deutschland. Besonders wichtig war das »Rückwanderamt« der Auslandsabteilung der NSDAP. Das Deutsche Rote
Kreuz stellte Pflegepersonal für die Transporte sowie einen Teil der
Verpflegung.

»Monte Rosa«

Es war ein entsetzlicher Tagesbeginn gewesen. Die Minenexplosion
war wie eine Warnung vor dem, was man im Heimatland zu erwarten
hätte. Jetzt hatten sich alle etwas beruhigt. Aber die Stimmung an
Bord hatte sich verändert. In den ersten Tagen der Reise wirkte alles
vergleichsweise ruhig, harmonisch und gut organisiert, es gab sogar
vernünftige Verpflegung mit echtem Kaffee. Vielleicht würde alles
doch nicht so schlimm werden, wie es viele Reisende in den Tagen
befürchtet hatten, die seit dem Reisebefehl vergangen waren.

Am Morgen nach der Explosion war die Stimmung wieder ner-
vös und angespannt. Die meisten wollten ihre Rettungsweste bis zur

Ankunft nicht mehr ablegen. Die Mannschaft arbeitete auf Hochtouren, um den Schaden zu reparieren und die Maschinen wieder flott zu bekommen, damit die Fahrt weitergehen konnte. Es trug nicht viel zur Beruhigung bei, dass man den Passagieren ein gutes Mittagessen servierte und sie abends Tee und die Kinder Kakao bekamen.

Am Mittwochmorgen hieß es, man erreiche gegen Mittag Swinemünde, obwohl das Ziel eigentlich Stettin gewesen war. Der Grund für die Veränderung war vermutlich der Minenschaden, doch für all jene, die kein konkretes Ziel hatten, war der Ankunftshafen ohne Bedeutung.

Während der Schiffsreise waren die 31 Schwestern des Deutschen Roten Kreuzes sowie zehn Pflegerinnen vom Lebensborn besonders den Frauen mit Säuglingen und Kleinkindern eine große Hilfe. In Deutschland angekommen, würden sie allein zurechtkommen müssen. Alle Frauen ohne Reiseziel und ohne nennenswerte Deutschkenntnisse hatten Papiere ausgehändigt bekommen, in denen sämtliche Behörden und Parteistellen angewiesen wurden, den Frauen zu helfen und sie zu unterstützen. Die NSV wurde gebeten, sich um die neuen Mitbürger aus dem Norden zu kümmern und ihnen bei der Beschaffung von Wohnraum zu helfen.

Bei der Einquartierung auf der Festung Akershus waren alle Informationen auf Deutsch erfolgt, weshalb viele Frauen jemanden brauchten, der für sie übersetzte. Sie mussten sich um das meiste allein kümmern. Sie mussten sich einen Pass besorgen und Geld wechseln – erlaubt waren pro Person bis zu 500 Norwegische Kronen. In Oslo mussten sie ihre norwegischen Lebensmittel- und Kleiderkarten abgeben und alle Papiere vorbereiten, damit sie nach ihrer Ankunft in Deutschland neue Marken bekommen würden.

Einige hatten nicht alles verstanden und mussten deshalb in den allerletzten Stunden der Überfahrt noch vieles erledigen. Dr. Faust und zwei weitere Vertreter des Reichskommissariats leiteten die Reise, ebenfalls an Bord waren zwei SS-Offiziere sowie eine Repräsentantin der NS-Frauenschaft – man hatte alle Hände voll zu tun, den Frauen zu helfen, bevor man am Kai von Swinemünde anlegte.

Als das Schiff sich dem Hafen näherte, wurde Verpflegung für zwei Tage ausgegeben. Kleine Kinder bekamen Büchsenmilch und Kekse, alle einen Apfel. Nun, da man in Deutschland war, stellte sich die Frage, wohin die nächste Etappe gehen sollte.

Chaotische Ankunft in Swinemünde

In Swinemünde herrschte völliges Durcheinander. Vielen sahen darin ein schlechtes Omen, was sie in dem kriegsverwüsteten Land erwarten würde. Vielleicht war für ihre Weiterreise doch nicht alles so perfekt organisiert, wie man es ihnen bislang vorgespiegelt hatte.

Zunächst kam in Swinemünde ein »Empfangskomitee« an Bord: Es bestand aus zwei Vertretern des Rückwanderamtes, zwei der NSV und einer Vertreterin der örtlichen NS-Frauenschaft. Falls es die Aufgabe dieses Komitees gewesen sein sollte, die etwa 700 Frauen und Kinder so zu begrüßen, dass sie sich in ihrem neuen Vaterland willkommen fühlten, dann misslang das völlig. Es war nämlich unklar, wie es von Swinemünde aus weitergehen sollte. Die Vertreter der NS-Ortsgruppe drängten darauf, dass die Passagiere noch zwei Tage an Bord blieben, damit die Weiterreise organisiert werden könne. Doch der Kapitän bestand darauf, dass das Schiff nach der Explosion umgehend in die Werft müsse. Der Vorschlag der Verantwortlichen in Swinemünde, die Passagiere in zwei Turnhallen einzuquartieren, wurde von Dr. Faust abgelehnt – es gab keine Betten und an Bord waren viele Schwangere und Säuglinge.

Dr. Faust war im Reichskommissariat für Staatsrechtsfragen zuständig. Dass er den Transport persönlich leitete, zeigt, welch große Bedeutung der Heimführung beigemessen wurde, aber es kann auch auf Befürchtungen hindeuten, dass bei der Ankunft in Deutschland nicht alles reibungslos verlaufen und man eine Führungspersönlichkeit brauchen würde, die mit den örtlichen Behörden verhandeln konnte. Das war denn auch vonnöten. Hans Faust arbeitete nicht nur als Jurist, er hatte sich auch in der Wohlfahrtsarbeit engagiert und gehörte bereits seit 1933 der NSV an. Vielleicht hatte er tatsächlich Verständnis für die schwierige Situation der Frauen und Kinder und wollte ihnen wirklich helfen, so gut er konnte. Er hatte in Deutschland selbst Frau und Kinder, einen achtjährigen Sohn und eine fünfjährige Tochter.

Nach größtem Durcheinander konnten gegen Abend zwei Sonderzüge organisiert werden, mit denen die meisten weiterfuhren – wer in den Süden wollte, kam nach Berlin, die anderen nach Hamburg, in jedem Waggon reisten zwei bis drei Rotkreuzschwestern mit. Die etwa 100 Reisenden ohne feste Zielorte brachte man an diesem ersten Abend mit Bussen in zwei Hotels der Kleinstadt Bansin.

Allein im fremden Land

»Wir wohnen hier zu mehreren in einem kleinen Zimmer [...] Ich habe nur ein Paar Schuhe. Seit gestern Abend sind sie so nass, dass ich heute nicht aus dem Haus gehen kann, vielleicht morgen auch noch nicht. Die Kinder sind ganz schmutzig. Ihre Unterwäsche ist richtig schwarz. Für Anne habe ich drei Hosen und sie muss mit nassem Zeug herumlaufen. Darum hat sie sich erkältet. Hier sind mehrere Familien mit Kindern und wir müssen alle Kleidungsstücke in einem einzigen Zimmerchen trocknen, aber wir müssen auch Kohlen sparen. Kleine Kleidungsstücke brauchen zwei Tage, bis sie trocken sind [...] wir sitzen hier von allen verlassen, auch von der NSV.«

Die Frau, die dies am 1. Oktober 1944 schrieb, war vier Tage zuvor mit dem Sammeltransport in Swinemünde angekommen. Nun saß sie mit ihrem Töchterchen in einem Badehotel an der Ostsee. In der

Festung Akershus war ihr auch noch die graue Wolljacke ihrer Tochter gestohlen worden, darum musste sie dem Kind ihren eigenen Mantel oder ihre Strickjacke anziehen, damit es nicht fror.

Aber sie hatte schlimmere Sorgen als Wetter und fehlende Kleidung. Kaum in Deutschland an Land gegangen, hatte sie erfahren, dass ihr Mann von norwegischen Widerstandskämpfern oder »Terroristen«, wie es in der Benachrichtigung hieß, erschossen worden war. Er hatte der deutschen Sicherheitspolizei angehört. An diesem Sonntag schrieb sie an einen Kollegen ihres Mannes und berichtete von ihrer Lage. Ihr Mann hatte keine Familie, zu der sie hätte fahren können.

Obendrein war die Kiste, die sie vor der Abreise aus Oslo abgeschickt hatte, noch nicht angekommen, sie enthielt unter anderem die dringend benötigte Kinderkleidung. Einige ihrer Mitbewohnerinnen meinten, dass das Gepäck vielleicht gar nicht mehr käme. Eine Frau hatte ihr Gepäck zwar bekommen, aber ein Schloss war aufgebrochen und es fehlten eine Bettdecke und ein Kissen.

Drei Wochen später kam der Brief beim Kollegen ihres Mannes in Oslo an. Er zeigte ihn seinem Vorgesetzten bei der deutschen Sicherheitspolizei, der ihn weiterreichte an den SS-Obersturmbannführer Herbert Noot, leitender Mitarbeiter des Sicherheitsdienstes in Norwegen. Dieser schickte eine Abschrift des Briefes an Hans Weidenstrass von der NSV in Oslo. Weidenstrass hatte in diesem Zusammenhang eine Schlüsselrolle, denn bei der Aktion »Rückführung« im Herbst 1944 war es sowohl seine Aufgabe, den Frauen zu helfen, die nach Deutschland geschickt wurden, als auch dafür zu sorgen, dass man sich in Deutschland um sie kümmerte. Er verfügte über weit reichende Verbindungen zu verschiedenen Parteistellen, Organen und Behörden in Deutschland.

Hinzu kam, dass Weidenstrass weitere Beispiele ineffektiven Arbeitens zu Ohren gekommen waren. Es war abgesprochen, dass in Deutschland die NSV und andere Parteiorganisationen dafür sorgen würden, dass die Frauen und Kinder nach ihrer Ankunft Wohnraum zugewiesen bekamen. Von da an sollten die örtlichen Behörden für sie zuständig sein, bis sich die deutschen Ehemänner um ihre Frauen kümmern konnten. Für jene, die ohne bestimmtes Ziel nach Deutschland kamen, sollte ein Auffanglager eingerichtet werden.

Weidenstrass kannte den Bericht über den Monte-Rosa-Transport, den eine Vertreterin der Frauenschaft verfasst hatte. Daraus ging eindeutig hervor, dass bei der Ankunft in Deutschland nicht alles nach Plan verlaufen war. Nach ihrer Darstellung lag das unter anderem daran, dass die NSV und das Rückwanderamt die Frauenschaft bei den Vorbereitungen übergangen hatten. Diese Behauptung mochte dem ständigen Gerangel zwischen verschiedenen Parteiorganisationen sowie dem Versuch der Frauenschaft geschuldet sein, die Verantwortung für das Geschehene abzulehnen. Aber es deutete auch manches andere darauf hin, dass die Aktion in Deutschland bisher nicht sorgfältig durchgeführt worden war. Das Problem des Gepäcktransportes war nur eines von vielen, aber es belastete viele Frauen besonders schwer, weil ihnen alles fehlte, was sie für die Kinder brauchten.

Die meisten Passagiere der Monte Rosa sollten zu den Familien ihrer deutschen Männer reisen, aber viele kamen nicht so weit oder fanden, als sie endlich da waren, nur noch Ruinen vor. In den Monaten, die auf den Sammeltransport folgten, verschlechterte sich die Lage in Deutschland rapide, aufgrund des Vormarschs der Roten Armee kamen immer mehr Trecks aus dem Osten, sodass die NSV, die NS-Frauenschaft und das Rote Kreuz täglich mehr Aufgaben zu bewältigen hatten. Es ist verständlich, dass sie kaum Kapazitäten hatten, sich um die Frauen und Kinder aus Norwegen zu kümmern, ob sie nun in einem Swinemünder Badehotel waren oder versuchten, sich zu ihren Schwiegereltern irgendwo in Deutschland durchzuschlagen.

»Auf blauen Dunst ...«

Weidenstrass hatte schon vor Hitlers »Rückführungsbefehl« vom August 1944 mit ähnlichen Fällen zu tun gehabt. Wenige Wochen zuvor hatte er mit der NSV in Berlin Kontakt gehabt, um zu klären, ob man in Einzelfällen Kinder aus Norwegen in deutsche NSV-Kinderheime überführen könne. Dabei ging es unter anderem um ein Kind, dessen Eltern verheiratet waren. Nun war der deutsche Vater an der Front, die norwegische Mutter verstorben und das Kind lebte bei seinen Großeltern. Da wuchs also ein deutsches Kind bei einer norwegischen Familie auf, was als wenig wünschenswert galt. Auch im Falle eines anderen Kindes, das von einer Cousine seiner Mutter versorgt wurde, wollte Weidenstrass das Kind übernehmen und nach Deutschland schicken.

Es ist nicht bekannt, ob diese Kinder tatsächlich nach Deutschland kamen. Sicher ist, dass Weidenstrass und seine Leute auch dann noch monatelang unermüdlich daran arbeiteten, immer mehr »deutsche« Frauen und Kinder »in die Heimat« zu schicken, als Teile Deutschlands bereits zu reinen Katastrophengebieten geworden waren. Es gab allerdings keine großen Sammeltransporte mehr, nun wollte man kleinere Gruppen verschicken.

Zwei Wochen nach dem Monte-Rosa-Debakel wurde der künftige Ablauf solcher Transporte festgelegt. Man befahl den Frauen, sich zum Weitertransport in Oslo einzufinden, von wo aus sie mit Truppentransportern nach Flensburg oder nach Hamburg verschifft wurden. Manche fuhren auch mit dem Zug durch Schweden, hier aber bestand das Problem, dass die schwedische Regierung pro Tag nur einer kleinen Anzahl deutscher Staatsbürger die Durchreise durch das Land gestattete. Auch bei diesen Reisen wurden die Frauen und Kinder von Vertretern der genannten Hilfsorganisationen begleitet.

Nach den ersten Erfahrungen mit dem Monte-Rosa-Transport versuchte man allerdings, für alle, die kein festes Ziel und/oder keine

Deutschkenntnisse hatten, ein Hilfsprogramm zu erstellen. Anfang Januar 1945 wurde beschlossen, dass diese Frauen im Gau Mecklenburg betreut werden sollten. Es gab zwar kein Auffanglager für die Ankommenden, aber sie sollten sich an das »Rückwandereramt« in Hamburg oder Berlin wenden, wo man ihnen weiterhelfen werde. Am schlimmsten traf es jene Frauen, die bereits im Herbst nach Deutschland gekommen waren, kein Ziel hatten und kaum Deutsch konnten. Die Behörden wussten nicht, wohin sie von Swinemünde aus gereist waren. Daher verfasste der Sekretär des Führers, Martin Bormann, im Dezember ein parteiinternes Rundschreiben, in dem alle Parteistellen aufgefordert wurden, den Frauen und Kindern zu helfen, die nach Deutschland geschickt worden waren, um sich dort niederzulassen.

Erst im Januar 1945 sah man ein, dass es für die Norwegerinnen besser wäre, wenn sie in einem abgegrenzten Areal zusammen wohnten, um miteinander Verbindung halten zu können, eine Regelung, die auf Weidenstrass' direkte Intervention zurückging. Grund für dieses entschiedene Durchgreifen war unter anderem, dass er Kenntnis von einem konkreten Fall erhalten hatte.

Eine Frau war mit ihren beiden Kindern Mitte November mit dem Schiff nach Kiel gereist. In einem Brief nach Hause beschrieb sie die Ankunft: »Niemand wusste etwas davon, dass wir kamen. Es gibt weder Auffanglager noch Kinderheime. Eli und Hermann sind beide krank. Wir saßen morgens um halb sechs in einem Bahnhof und fühlten uns wirklich erbärmlich [...] Ich konnte ja keine Adresse angeben, da ich ›auf blauen Dunst selbst hinfahren muss‹ [im Original deutsch].«

Am folgenden Tag schrieb sie erneut aus Flensburg. Noch immer hatte ihr niemand sagen können, wo das Auffanglager war, kurze Zeit später zeigte sich, dass es überhaupt kein solches Lager gab. »Wenn ich gewusst hätte, was ich heute weiß, hätte mich niemand dazu bekommen, Norwegen zu verlassen. Erst jetzt ist mir klar geworden, dass ich kein Zuhause habe. Ob ich hier bleibe, weiß ich nicht. Grüße alle Verwandten. Ich komme nach Norwegen zurück, sobald der Krieg vorbei ist.«

Sowohl Weidenstrass und seine Leute als auch verschiedene Stellen in Deutschland bemühten sich um eine Lösung der Probleme, doch die Schwierigkeiten wuchsen im Laufe des Winters noch. Zur generell problematischen Lage im kriegszerstörten Deutschland kamen mitunter auch noch ausgesprochen komplizierte Familienverhältnisse, die es zu klären galt.

Nehmen wir als Beispiel dafür eine gebürtige Norwegerin, die mit ihrem Kind nach Deutschland geschickt werden sollte. Sie war vor dem Krieg mit einem Norweger verheiratet gewesen, mit dem sie drei Kinder hatte. Nach der Scheidung hatte sie einen Deutschen geheiratet, war inzwischen aber auch von ihrem zweiten Ehemann geschieden. Dennoch waren sie und ihre Kinder deutsche Staatsbürger, außerdem war dem Deutschen bei der Eheschließung die Unterhaltspflicht für ihre drei Kinder auferlegt worden. Da das Reichskommissariat die Frau und ihre drei Kinder als »rassisch wertvoll« einstufte, sollten alle vier »heim ins Reich«.

Sie kamen im November nach Flensburg, wo zunächst über das Sorgerecht entschieden werden musste. Weidenstrass nahm Verbindung mit dem geschiedenen deutschen Ehemann auf, der zwar zum weiteren Unterhalt der Kinder bereit war, ihn aber während des Krieges nicht leisten konnte. Daraufhin wandte sich Weidenstrass an die NSV in Deutschland, damit diese sich um die Familie kümmerte. Der deutsche Ehemann sollte sich möglichst umgehend dort melden.

Manche Frauen verzögerten offenbar ihre Abreise gezielt in der Hoffnung, dass sie ihnen erspart bliebe. Eine gebürtige Norwegerin, im siebten Monat schwanger, reiste im Dezember aus einer Stadt an der Westküste an. Sie war aufgefordert worden, sich zum Transport in Oslo zu melden und kam in Begleitung ihres deutschen Ehemannes. Sie behauptete später, sie hätten mehrmals vergeblich versucht, Weidenstrass zu erreichen und in seiner Dienststelle habe ihnen jemand gesagt, es sei besser, wenn sie nicht nach Deutschland reise.

Daraufhin seien sie in den Heimatort der Frau zurückgekehrt. Es gelang ihr, die Angelegenheit so lange hinauszuziehen, bis sie im Januar 1945 kurz vor der Geburt stand und deswegen nicht mehr reisen musste. Weidenstrass verfolgte die Angelegenheit nicht weiter, tadelte aber, dass das Paar nicht die nötige Tatkraft gezeigt habe, aus Norwegen abzureisen.

Das Ende der Aktion

Möglicherweise verfolgte Weidenstrass diesen Fall auch deswegen nicht weiter, weil zu Beginn 1945 die Zustände in Deutschland dermaßen chaotisch geworden waren, dass an eine geordnete Weiterführung der Aktion nicht mehr zu denken war. Deutschland stand vor dem Zusammenbruch. Die Straßen und Eisenbahnstrecken waren, soweit überhaupt noch befahrbar, voller Soldaten und Vertriebener aus dem Osten. Am 1. Februar holte Weidenstrass in Berlin Informationen über die Lage in Deutschland ein. Er sorgte sich, ob die NSV angesichts des Vormarsches der Russen und der Trecks aus dem Osten noch in der Lage sein würde, die norwegischen Frauen und Kinder zu betreuen. Er wollte die Frage Terboven vorlegen.

Schließlich stellte man die Aktion »Rückführung ins Reich« ein, ohne dass sie allerdings offiziell für abgeschlossen erklärt wurde, denn das hätte Hitlers Befehl vom August 1944 widersprochen. Stattdessen erließ Terboven neue Richtlinien für die Verschickung deutscher Frauen und Kinder, die allerdings so detailliert waren, dass in der Praxis die meisten in Norwegen bleiben konnten. Sämtliche Außenstellen des Reichskommissariats wurden mit einem Schreiben vom 8. Februar 1945 von den neuen Richtlinien informiert.

Danach konnten Schwangere bis nach der Geburt ebenso in Norwegen bleiben wie gebürtige Norwegerinnen, die während des Krieges durch Heirat Deutsche geworden waren, und es mussten nur jene das Land verlassen, die vor dem Krieg einen Deutschen geheiratet hatten. Da man weiterhin wollte, dass Kinder nicht von ihren Müttern getrennt würden, galten die neuen Bestimmungen auch für sie. Wenn die Mütter in Norwegen bleiben konnten, blieben auch die Kinder.

»Ein unerbittlich hartes Kriegsschicksal«

»Das Kind war schon wieder auf dem Wege der Besserung, bekam aber einen Rückschlag, weil wir das arme Kind mit Fieber nachts in einen kalten Luftschutzkeller bringen mussten, da unsere Stadt laufend von feindlichen Fliegern angegriffen wurde und Bomben hauptsächlich auf Wohnvierteln abgeworfen wurden.«

Das norwegische Kriegskind, über das der deutsche Pflegevater hier berichtet, war im Dezember 1943 nach Deutschland gebracht worden. Ein Jahr später, am 4. Januar 1945, starb es bei seinen deutschen Pflegeeltern.[63] So erging es vielen norwegischen Kriegskindern, die nach Deutschland gekommen waren. 10 % von ihnen, so schätzte das Rote Kreuz nach dem Krieg, starben.

Die meisten norwegischen Kinder, die zur Adoption nach Deutschland geschickt wurden, kamen zunächst in ein Kinderheim des Lebensborn e.V. Viele blieben bis Kriegsende dort, andere wurden an deutsche Pflege- und Adoptionsfamilien vermittelt. Manche wurden von einem Lebensbornheim in das nächste verlegt, sei es, weil die Heime überfüllt waren, sei es, weil die Kinder wegen des Kriegsverlaufs zwischen Herbst 1944 und Frühjahr 1945 einmal oder sogar mehrfach evakuiert werden mussten.

So erging es den 48 Kindern, die im September 1944 mit der Monte Rosa gekommen und in das Heim Sonnenwiese in Sachsen gebracht worden waren. Elf der Kinder wurden im Spätherbst in das Heim Hohenhorst bei Bremen gebracht, landeten aber im März 1945 schließlich in Steinhöring bei München. Dorthin war gegen Kriegsende auch die Zentrale des Lebensborn e.V. verlegt worden.

In Deutschland
an unbekanntem Ort gestorben und begraben

Vor allem in den letzten beiden Kriegsjahren forderte der Krieg in Deutschland sehr viele Todesopfer. Das war für viele ein Grund, ein »neues« Kind adoptieren zu wollen:

> »Ein unerbittlich hartes Kriegsschicksal nahm uns im Februar 1944 unser einziges, über alles geliebtes Kind, unseren Manfred, mit 18 Jahren [...] Im September 1944 holten darum mein Mann und ich durch Vermittlung des SS-Lebensbundes [sic], an den wir verwiesen wurden, das Kind [...] aus dem Kinderheim ›Sonnenwiese‹.«

Es handelte sich um ein norwegisches Kriegskind, das im Herbst 1942 zur Welt gekommen war. Dieses Kind überlebte den Krieg bei ihnen. Das galt auch für ein Kind, das im Februar 1945 von einer deutschen Familie in Berlin in Pflege genommen wurde. Der norwegischen Mutter dieses Kindes erging es allerdings sehr schlecht.

Sie war nach Deutschland gekommen, um als Hausgehilfin zu arbeiten, hier bekam sie auch das Kind von einem deutschen Soldaten, der verheiratet war. Sie behielt es ein Jahr lang bei sich, was aber nicht mehr möglich war, als sie im Winter 1944/45 eine Stelle in einer Munitionsfabrik antreten musste. Sie fand eine deutsche Familie für das Kind, wo sie es bis in den Frühling hinein regelmäßig besuchte – zum letzten Mal am 23. April 1945. Am folgenden Tag rückte die Rote Armee in Berlin ein. Seitdem sah die Pflegefamilie die Mutter des Kindes nicht wieder. Sie starb vermutlich bei den letzten Kämpfen um Berlin.

1944 war eine Norwegerin nach Deutschland umgezogen, um ihren Freund zu heiraten. Das Paar hatte bereits ein Kind, das in Norwegen zur Welt gekommen war, nun erwarteten sie ein zweites. Frau und Kind wohnten beim Vater des deutschen Soldaten, aber als ihr Wohnort im Dezember 1944 schweren Luftangriffen ausgesetzt war, wurde die Mutter mit einer Schwester ihres Verlobten ins Sudetenland evakuiert, während ihr Kind bei seinem Großvater blieb. Die Norwegerin wohnte mit ihrer Schwägerin im Sudetenland, wo sie im Frühjahr ihr zweites Kind gebar. Unmittelbar danach mussten sie vor der heranrückenden Roten Armee fliehen. Das Neugeborene überlebte die Strapazen nicht und wurde auf einem Friedhof am Weg beerdigt, bevor sie weiterflohen. Die Mutter erhielt weder eine Todesurkunde für ihr Kind noch konnte sie sich erinnern, an welchem Ort es beerdigt worden war. Zusammen mit ihrer Schwägerin gelang es ihr, im Spätsommer – also mehrere Monate nach Kriegsende – ihren Schwiegervater und ihren Sohn wieder zu finden.

Kein Weg zurück nach Norwegen

Für die Norwegerinnen, die während des Krieges auf die eine oder andere Weise nach Deutschland gekommen waren, war es fast ausgeschlossen, eine Erlaubnis zur Rückkehr zu bekommen. Viele versuchten es, aber die meisten mussten in der Endphase des Krieges das Schicksal der deutschen Bevölkerung teilen. Die groß angelegte »Rückholung« war zwar Anfang Februar 1945 stillschweigend beendet worden, was aber keineswegs bedeutete, dass jene, die sich bereits in Deutschland befanden, nach Hause durften.

Eine Frau war Mitte Januar 1945 mit ihrem fünf Monate alten Kind nach Deutschland gekommen. Ihr Mann hatte sie aus praktischen Gründen begleiten dürfen, musste aber sofort zu seiner Einheit zurückkehren. Weil er in Deutschland keine Verwandten hatte, bei denen seine Frau und sein Kind hätten unterkommen können, hatte man ihnen in Oslo ein Schreiben mitgegeben, dass die NSV Frau und Kind helfen solle. Doch die NSV konnte ihnen keine Hilfe anbieten und riet zu einer Rückkehr nach Norwegen. Daraufhin setzte sich der Mann mit den Behörden in Oslo in Verbindung und bat, dass Frau und Kind mit ihm nach Norwegen zurückkehren dürften.

Weidenstrass wies die Bitte ab und versuchte stattdessen herauszufinden, wer im NSV der Familie gegen Terbovens Anweisungen geraten hatte, nach Norwegen zurückzukehren. Er forschte nicht nur bei einigen NSV-Stellen, sondern sogar beim SS-Sicherheitshauptamt in Berlin nach, allerdings ohne Erfolg.

Mitte März erfuhr Weidenstrass von der Situation einer Frau, die mit ihrem dreijährigen Kind auf der Monte Rosa gewesen war und nach Norwegen zurück wollte. Die Eltern der Frau hatten bei den deutschen Behörden in ihrer norwegischen Heimatstadt angefragt, ob eine Rückkehr möglich sei. Auch der deutsche Ehemann bemühte sich darum, denn seine Frau und das gemeinsame Kind gehörten zu denen, die zunächst im Badehotel in Bansin bei Swinemünde festsaßen. Man hatte sie nach einiger Zeit in ein Fabrikgebäude verlegt, dort aber waren die Zustände keineswegs besser. Das Kind war krank geworden, die Frau sprach kein Deutsch und war verzweifelt. Weidenstrass wies die Anfrage ab: »Der Reichskommissar für die besetzten norwegischen Gebiete ist grundsätzlich dagegen, dass die nach Deutschland rückgeführten Frauen und Kinder nach Norwegen zurückkehren.«

Zur gleichen Zeit versuchte die Auslandsorganisation der *Nasjonal Samling* (NSUO), einem Norweger zu helfen, der seine Tochter mit Kind aus Deutschland nach Hause holen wollte. Sie war mit einem Soldaten verheiratet, der in Kroatien stationiert war, und lag mit einer Rippenfellentzündung in ihrer Wohnung, weil kein Krankenhaus sie aufnahm. Ihr dreijähriger Sohn war ihr weggenommen und in einem Kinderheim untergebracht worden, da sie ihn wegen der Krankheit nicht versorgen konnte. Ihr Vater bat die NSUO um Hilfe. Er besaß einen großen Bauernhof, wo er sich um seine Tochter kümmern könnte, bis sie genesen sei. Das Osloer Büro der NSUO meinte, dass sich das sicher einrichten ließe, doch der NSUO-Vertreter in Deutschland wies das Gesuch ab. Die kranke Frau war mit einem Deutschen verheiratet und daher keine norwegische Staatsangehörige mehr.

Das war Mitte März 1945, also nicht einmal zwei Monate vor dem völligen Zusammenbruch Deutschlands. Die aus Norwegen überführten Frauen und Kinder unterschieden sich nicht von Millionen deutscher Frauen und Kinder, die unter der Endphase des Krieges litten – sie sollten keine Sonderrechte haben, indem sie Deutschland verlassen konnten.

Doch die »norwegischen« Frauen und Kinder hatten es oft besonders schwer, weil sie die Sprache nicht beherrschten. Ein Großteil waren junge Mädchen, die nie aus ihrem Heimatort fort gewesen waren und nun völlig verlassen in einem fremden Land saßen. Sie waren mit ihren Kindern allein oder sie waren schwanger, ohne mit der Hilfe von Angehörigen, Nachbarinnen oder Freundinnen rechnen zu können.

Nach der totalen Mobilisierung aller Arbeitskräfte im Herbst 1944 mussten auch ausländische Arbeitskräfte in Deutschland, wie z. B. Hausgehilfinnen, in der Rüstungsindustrie arbeiten. So kamen auch Norwegerinnen in Fabriken, und kurz vor Kriegsende wurde befohlen, die ausländischen Arbeitskräfte in Lagern zusammenzuziehen. Viele norwegische Frauen und Kinder erhielten nicht die gleichen Lebensmittelkarten und Bezugsscheine wie die »richtigen« Deutschen. Das galt vor allem für Zuteilungen von Kleidung und Schuhen, Obst und Gemüse. Der Grund für solche Unterschiede war vermutlich, dass sich zahlreiche dieser neuen Deutschen im Behördendschungel nicht zurechtfanden und daher ihre Rechte nicht geltend machen konnten.

Das norwegische Ministerium für Handel und Wirtschaft, das unter anderem für die Rationierungen zuständig war, wurde über die Schwierigkeiten informiert, mit denen die nach Deutschland umgesiedelten Norwegerinnen zu kämpfen hatten. Das führte im November 1944 zu dem Beschluss, dass die Familien der nach Deutschland umsiedelnden Frauen deren Kleiderscheine selbst dann behalten durften, wenn die Frauen in Deutschland neue Karten bekamen. Auf diese Weise konnten die Familien ihnen Kleidung schicken. Doch auch Frauen, die ihr Gepäck behalten hatten und außerdem von zu Hause Pakete bekamen, konnten bei einem Bombenangriff über Nacht alles verlieren.

Die NSUO erhielt immer mehr Meldungen wie die folgende: »Frl. […] wurde am 24. August 1943 in Berlin ausgebombt und hat alles verloren […] Am 11. Dezember 1944 wurde Frl. […] in Erfurt erneut ausgebombt. Dabei verlor sie erneut einen Gutteil ihres persönlichen Habes.« An sich sollte die NSUO den Parteimitgliedern in Deutschland helfen, gegen Kriegsende aber bestand deren Arbeit im Wesentlichen darin, an Norwegerinnen in der Heimat und Norwegerinnen, die in Deutschland lebten und ausgebombt waren, Kleidung und Lebensmittel zu schicken.

Kleidung war relativ einfach zu transportieren im Gegensatz zu Lebensmitteln. Im Sommer 1944 wurden an die Norweger in Deutschland 1000 Kilo Klippfisch umsonst verteilt. Er wurde von vielen mit Zurückhaltung entgegengenommen, während die Konserven, die gleichzeitig verteilt wurden, Begeisterung auslösten. Zu Weihnachten 1943 hatte die NSUO Weihnachtspäckchen geschickt, die unter anderem Zigaretten und Lebertran enthielten. Die NSUO packte nicht nur selbst Kleidungs- und Lebensmittelsendungen, sondern half auch Eltern, Pakete an ihre Töchter in Deutschland zu schicken.

Viele Sendungen aus Norwegen erreichten zwar ihre Adressatin nie, aber es war lange Zeit kein Problem, sie in Norwegen abzuschicken. Das wurde im Februar 1945 anders. Eine Mutter erhielt das Paket, das für ihre Tochter gedacht war, von der NSUO zurück: »Aufgrund der Zustände kann das Paket nicht mehr befördert werden. Daher müssen wir es leider an Sie zurückschicken.«

Der Zusammenbruch

Dass keine Pakete mehr transportiert werden konnten, lag natürlich an dem bevorstehenden Zusammenbruch. Für die Angehörigen in Norwegen war es auch nahezu unmöglich geworden zu erfahren, wie es ihren Töchtern und Enkelkindern in dieser entbehrungsreichen und lebensgefährlichen Situation ging.

Die NSUO hatte in den ersten Kriegsjahren einen Meldedienst eingerichtet, damit Mitglieder der norwegischen *Nasjonal Samling,* die sich in Deutschland aufhielten, nach schweren Bombenangriffen ein Lebenszeichen nach Hause schicken konnten. Besonders im letzten Kriegsjahr wurde dieser Meldedienst auf praktisch alle gebürtigen Norweger ausgeweitet. Der NSUO fiel immer mehr die Aufgabe zu, Angehörige zu beruhigen, aber auch, ihnen die traurige Nachricht zu überbringen, dass ihre Angehörigen gestorben oder verletzt worden waren. Daher hatte die NSUO alle in Deutschland lebenden Norweger aufgefordert, nach schweren Bombenangriffen den NSUO-Büros in Berlin oder Hamburg ein Lebenszeichen zukommen zu lassen, damit ihre Familien unterrichtet werden konnten. Dieser »Nachrichtendienst« war aber wenig verlässlich, da nach schweren Bombenangriffen oft alle Kommunikationswege zusammenbrachen. An manchen Orten trafen befreundete Norwegerinnen die Vereinbarung, sich nach einem Bombenangriff untereinander zu melden, um so sicherzustellen, dass alle noch lebten, und dann eine gemeinsame Meldung an das NSUO-Büro in Potsdam zu machen. Von dort aus wurden diese Nachrichten per Fernschreiber nach Oslo weitergeleitet. Die deutschen Behörden hatten für solche Meldung eigens Postkarten gedruckt – die »Lebenszeichenkarte« – die man auf Postämtern bekam und die in den ersten vier Tagen nach einem schweren Bombenangriff portofrei verschickt werden konnten.

In Norwegen erhielten zahlreiche Eltern Nachrichten über ihre Töchter und Enkelkinder: »Sehr geehrte Frau […]! Wir können

Ihnen mitteilen, dass wir heute von unserem Potsdam-Büro ein Fernschreiben erhielten […], aus dem hervorgeht […], dass es Frau […] und ihrem Sohn […] gut geht. Weiterhin wurde uns mitgeteilt, dass Frau […] Sohn […] am 10.7.1944 verstorben ist.« Andere erfuhren auf diesem Wege von der Geburt ihres Enkelkindes: »Unser Berlinbüro meldet telegrafisch, dass Frau G. in Pommern wohlauf ist. Sie hat am 20.2. [1945] eine Tochter zur Welt gebracht.«

Dieses Meldesystem der NSUO aus Deutschland funktionierte jedenfalls teilweise bis zum Frühjahr 1945. Manche Eltern schrieben der NSUO, so eine Mutter im Februar 1945: »Ich danke Ihnen vielmals für die Nachricht, dass es meiner Tochter […] gut geht. Ich bin so froh, dass sie diesen Bombenangriff überlebt hat, auch wenn er ihr alles nahm, was sie besaß.«

Die Postverbindung nach und in Deutschland wurde täglich unzuverlässiger. In diesem Frühjahr brauchte ein Brief innerhalb Deutschlands drei bis vier Wochen. Am 13. April musste das NSUO-Büro Oslo an Eltern schreiben: »Was die Fernschreibverbindung nach Deutschland angeht, so müssen wir Ihnen leider mitteilen, dass wir Ihre Tochter auf diesem Wege nicht erreichen können. Wir haben indes unser Büro in Potsdam angeschrieben, das versuchen wird, sich unter den gegenwärtigen schwierigen Bedingungen der Sache anzunehmen. Sobald wir von unserem Büro hören, werden wir Sie unterrichten.« Drei Wochen später brach das Dritte Reich zusammen.

Die Evakuierung von Norwegern aus Deutschland

Im Winter und Frühjahr 1945, in der Schlussphase des Krieges, sah die NSUO ihre Hauptaufgabe darin, die Evakuierung möglichst vieler Landsleute und gebürtiger Norwegerinnen aus Deutschland vorzubereiten. Insgesamt viermal wandte sich die NSUO in dieser Zeit an den Reichskommissar, um eine Regelung zu erreichen, die norwegischen Staatsbürgern und Norwegerinnen, die Deutsche geheiratet hatten und nun in Deutschland lebten, die Heimreise nach Norwegen ermöglicht hätte. Solange Terboven bei seinem Nein blieb, konnten auch die Behörden in Deutschland nichts ausrichten. Ende Februar schrieb der Leiter des NSUO-Deutschlandbüros dennoch:

> »Es muss von norwegischer Seite absolut alles getan werden, damit wir in die Lage kommen, norwegischen Staatsbürgern zu helfen, die ihr Heim und ihre Arbeit verloren haben und aus diesem Grund nach Hause zurückkehren möchten […] Ich kann nicht verstehen, dass es in deutschem Interesse sein soll, dass solche Norweger, überwiegend Frauen, Mütter mit Kindern und ältere Menschen, gezwungen sein sollen, unter den schwierigsten und beengtesten Verhältnissen zu leben, wenn sie in Norwegen ein Zuhause haben, das ihnen die Möglichkeit gibt, zu leben und zu arbeiten.«

Gedacht war hier unter anderem an Norweger, die mit den Deutschen an der Ostfront gekämpft hatten und verletzt in deutschen Feldlazaretten lagen, an Studenten, Arbeiter und norwegische Rotkreuzschwestern, aber auch an die umgesiedelten Frauen und Kinder. Man schätzte, dass sich Mitte März 1945 allein in Berlin etwa 300 Norweger aufhielten.

Bereits im Herbst 1944 hatte die NSUO damit begonnen, die Evakuierung von Norwegern vorzubereiten, wozu auch die Erstellung einer Kartei aller in Deutschland lebender Norweger gehörte. Das war eine schwierige Aufgabe, zum einen, weil es für Norweger, die nach Deutschland umgezogen waren, keine Meldepflicht gab, zum anderen wegen den »ständigen Terrorangriffen auf nahezu alle deutschen Städte«. Die Menschen mussten häufig umziehen, und mit der Zeit war es nahezu unmöglich geworden, den Aufenthaltsort eines Menschen zu kennen oder auch nur zu wissen, ob er noch lebte.

Auch die Reisebedingungen waren ungünstig. Eine der üblichen Routen nach Norwegen war, mit dem Schiff nach Schweden und von dort weiter mit dem Zug zu reisen, dazu aber brauchte man ein schwedisches Durchreisevisum. Das war lange Zeit relativ problemlos gewesen, aber gegen Kriegsende wurden die Schweden bei der Vergabe der Visa restriktiver. Lufthansa flog nur noch dreimal pro Woche nach Oslo, sodass auch diese Route kaum in Frage kam. Anfang Oktober hieß es überdies, dass »die Situation vor allem für Frauen schwierig geworden ist, da es aufgrund der Kriegshandlungen nicht empfohlen werden kann, auf unbegleiteten Frachtern ab Hamburg zu reisen«.

Im November 1944 erreichte die NSUO, dass Norweger, die kein schwedisches Durchreisevisum bekamen, mit deutschen Marinebooten von Ålborg in Dänemark nach Fredrikstad in Norwegen reisen konnten. Die Fahrt dauerte zehn bis zwölf Stunden und war kostenlos. Zivilisten konnten auch das Schiff ab Århus nehmen, mussten dabei aber bedenken, dass »die Kriegsgefahren so groß geworden sind, dass die Reise strikt auf eigene Verantwortung geschieht«. Für die meisten norwegischen Zivilisten waren das allerdings kaum mehr als theoretische Routen, da sie von den deutschen Behörden nicht die erforderlichen Ausreisepapiere bekamen.

Die NSUO hegte um die Jahreswende gewisse Hoffnungen, dass mit den deutschen Behörden eine Vereinbarung erreicht werden könnte, wonach z. B. »junge Mädchen, die als Verlobte deutscher Soldaten und Offiziere nach Deutschland gekommen waren [sowie] jüngere Kriegerwitwen, die gebürtige Norwegerinnen sind«, nach Norwegen reisen durften. Man wusste sehr gut, dass es diesen Frauen »in aller Regel furchtbar ging«. Der Organisation gelang eine solche Vereinbarung nicht, sie konnte aber wenigstens im Winter 1945 bei Flensburg nahe der dänischen Grenze ein Durchgangslager errichten. Danach wurden alle Norweger, mit denen sie in Kontakt kam, aufgefordert, sich dorthin zu begeben.

Als Terboven es grundsätzlich ablehnte, diese Norweger in ihre

Heimat einreisen zu lassen, setzte sich die NSUO direkt mit den deutschen Polizeistationen im Raum Flensburg in Verbindung. Die Polizisten wurden mit »Frontkämpferpaketen«[64] bestochen, sodass sie trotz des Verbots Ausreisegenehmigungen ausstellten. Die für die Genehmigung benötigten Papiere waren binnen weniger Tage beschafft, während die normale Bearbeitungszeit drei bis vier Wochen betrug. In einigen Fällen wurden Norweger regelrecht über die Grenze nach Dänemark geschmuggelt, von wo aus sie versuchen konnten, sich nach Hause durchzuschlagen.

Gegen Kriegsende kam eine Evakuierung eigentlich nur für jene Norweger und Norwegerinnen in Frage, die sich im nördlichen Deutschland zwischen Berlin, Hamburg und der dänischen Grenze aufhielten. Als die Rote Armee im Herbst 1944 die deutschen Linien durchbrach, war fast allen Norwegern die Flucht in den Westen gelungen, die NSUO wusste nur von zwei Familien mit gebürtigen Norwegern, die in Königsberg geblieben waren. Mit einer der Familien hatte die NSUO, vermutlich telefonisch, sogar noch Kontakt, als die Stadt bereits von den Russen belagert war, konnte aber nichts mehr tun.

Die Evakuierung im Frühjahr 1945 war kompliziert, aber die NSUO konnte einige Landsleute nach Norwegen holen. In einem NSUO-Bericht an Quisling vom Ende April, gut eine Woche vor der Kapitulation, heißt es, man habe bislang fast 200 Norweger nach Hause holen können, außerdem warteten an verschiedenen Orten in Dänemark über die Grenze geschmuggelte Norweger auf eine Schiffspassage. Noch am 4. Mai berichtete die NSUO, man habe inzwischen 250 norwegische Flüchtlinge über Flensburg abgewickelt. Der Letzte, der in Oslo angekommen sei, habe Potsdam am 19. April verlassen und sei über Flensburg gereist.

Bei den Verhören nach dem Krieg behaupteten die Leiter der NSUO, in dieser letzten Phase etwa 500 Norwegern aus Deutschland herausgeholfen zu haben. Diese Zahl mag etwas hoch gegriffen sein, um die Arbeit der NSUO in ein besseres Licht zu stellen, nach vorliegenden Berichten wurden in den letzten Kriegsmonaten vermutlich etwa 200 bis 250 Norweger aus Deutschland »herausgeschmuggelt«. Einigen wenigen gelang die Heimreise auf anderen Wegen.

Eine von denen, die es schafften, in den chaotischen Winter- und Frühjahrmonaten nach Norwegen zurückzukommen, war die Ehefrau von Hans Latza, dem Leiter des SS- und Polizeigerichts IX/Nord in Oslo. Er hatte 1944 eine 22-jährige Norwegerin geheiratet, die mit der gemeinsamen Tochter im Winter 1944/45 bei seinen Eltern im östlichen Deutschland wohnte. Nach dem Krieg berichtete er über seine tiefe Sorge um Frau und Kind, als die Russen diesen Teil des damaligen Deutschlands eroberten:

> »Wir standen alle unter dem furchtbaren Eindruck der Ereignisse in der Heimat. Ich selbst bin Ostpreuße. In dieser Zeit hatte ich mein Zuhause verloren und ich wusste, dass alle meine Angehörigen in Lebensgefahr schwebten, weil sie sich im östlichen Deutschland aufhielten. Meine Frau und mein Kind wurden wie durch ein Wunder gerettet. Alles andere habe ich verloren. Alles, was ich seit der Kapitulation bis zum heutigen Tage erlebt habe, verblasst gegen die ungeheuere seelische Belastung jener Zeit. Sie hielt bis zu jenem Augenblick am 14. Februar 1945 an, als meine Frau, völlig erschöpft nach einer langen und abenteuerlichen Reise, vor mir stand und mir unser totkrankes Kind in die Arme legte.«[65]

Als Leitender Richter eines SS-Gerichts hatte Latza dafür zu sorgen, dass die deutschen Gesetze eingehalten und die deutschen Interessen gewahrt wurden. Es ist nicht bekannt, wie er als Jurist darauf reagierte, dass seine eigene Frau die strenge Anweisung, Deutschland nicht zu verlassen, missachtete. Womöglich half er ihr auch mit seinen guten Verbindungen in beiden Ländern.

Für andere, die nicht über solche Möglichkeiten verfügten, war die Heimreise viel schwieriger. Wir wissen nicht, wie viele Frauen

und Kinder die NSUO im Frühjahr 1945 aus Deutschland heraus-
holen konnte. Die meisten, die auf diese Weise nach Hause kamen,
waren als Arbeiter, Studenten oder Krankenschwestern in Deutschland gewesen. Und wir wissen auch nicht, wie viele durch die Bomben starben, die in diesem Frühjahr 1945 auf ihr neues Vaterland
fielen.

2 Als der Frieden hereinbrach

Viele Deutschenmädchen und Kriegskinder sagen, dass für sie der Krieg eigentlich erst im Frühjahr 1945 begann. Während der deutschen Besatzung waren sie von den Deutschen geschützt und umsorgt worden, jetzt veränderte sich ihre Lage drastisch. Waren sie in der Rassenpolitik der Deutschen eine privilegierte Bevölkerungsgruppe gewesen, mussten die Kriegskinder und ihre Mütter nun erleben, dass sie beim norwegischen Volk und den norwegischen Behörden deutlich weniger Ansehen genossen.

Schon vor Kriegsende hatten sich norwegische Stellen mit dem Thema Kriegskinder und Deutschenmädchen befasst. Norwegische Exilbehörden in Schweden und England erörterten, wie sie nach dem Krieg mit diesem »Problem« verfahren sollten. Nachdem die nördlichsten Landesteile Norwegens im Herbst 1944 befreit worden waren, kamen Vertreter der norwegischen Exilregierung zum ersten Mal mit den Deutschenmädchen und den Kriegskindern direkt in Kontakt. Auch die Vertretung der norwegischen Flüchtlinge in Schweden musste sich überlegen, wie sie mit diesen »dubiosen« Mitbürgern umgehen wollte, wenn diese über die Grenze flohen. Nachdem die Deutschen kapituliert hatten, begann man in Norwegen mit einer strafrechtlichen Aufarbeitung der Besatzungszeit, die vor allem die Mitglieder der *Nasjonal Samling* und andere Landesverräter betraf. Norwegerinnen mit einem deutschen Freund hatten durch diese Beziehung kein norwegisches Gesetz gebrochen, dennoch wurden sie zum Ziel verschiedener Formen von »Aufarbeitung« seitens kommunaler und staatlicher Stellen. Nach Ansicht der meisten Norweger sollte man die Kriegskinder ins Ausland schicken. Es wurde eigens eine Kriegskinderkommission gebildet, die unter anderem diesen Vorschlag prüfen sollte. Bei Kriegsende mussten die Norweger mehrere hundert Kriegskinder in ihre Obhut nehmen, die im Mai 1945 in den deutschen Kinderheimen in Norwegen lebten, Hunderte anderer

Kinder mussten mit ihren Müttern die Nachkriegsjahre im kriegsverwüsteten Deutschland erleben.

Die erste Nachkriegszeit war für viele Deutschenmädchen
schmerzlich, ohne Zweifel hat sie auch im Leben vieler Kriegskinder
tiefe Spuren hinterlassen. Im Folgenden wird es nicht zuletzt um die
Frage gehen, inwieweit der norwegische Staat dazu beigetragen hat,
jene Schwierigkeiten zu schaffen oder zu verschärfen, denen viele
Deutschenmädchen und Kriegskinder in diesen Jahren ausgesetzt
waren – Schwierigkeiten, die das weitere Leben vieler unter ihnen
prägen sollten.

Ein Vorgeschmack auf den Frieden

Für die norwegische Exilregierung und die Widerstandsbewegung
bedeuteten die Beziehungen zwischen Norwegerinnen und deutschen Soldaten ohne Zweifel eine ernste Bedrohung. Je mehr es
waren, desto weniger energisch wirkte der Widerstandswille des
norwegischen Volkes gegen die deutsche Okkupationsmacht. Die
norwegische Exilregierung und die Leitung der Widerstandsbewegung wollten keinesfalls den Eindruck entstehen lassen, sie sprächen
nicht für das ganze norwegische Volk.

Die Exilregierung in London hatte sich schon in den ersten
Kriegsjahren sehr missbilligend über die Deutschenmädchen geäußert. Es sollte mit allen Mitteln verhindert werden, dass die Zahl norwegisch-deutscher Liebesbeziehungen anstieg. Neben drastischen
Verurteilungen und Drohungen versuchten die offiziellen Vertreter
auch, das Phänomen zu bagatellisieren. So wurde im Frühjahr 1941
in einer Radiosendung der norwegischen Exilregierung aus London
an das norwegische Volk behauptet, dass die »Frauen, die sich mit
den Soldaten des Besatzers einlassen«, weniger als ein Promille aller
Norwegerinnen ausmachten.[66] Zu diesem Zeitpunkt hatte der Krieg
in Norwegen knapp ein Jahr gedauert und die Zahl der Deutschen-

mädchen war noch vergleichsweise gering. Sehr wahrscheinlich gab es damals aber schon deutlich mehr als 1000 Norwegerinnen, die eine Beziehung zu einem deutschen Soldaten unterhielten. Vermutlich wurde bewusst versucht, das Problem vor der Öffentlichkeit herunterzuspielen. Es hätte wohl keinen Grund gegeben, diesem Thema in einem Rundfunkvortrag so breiten Raum zu geben, wenn tatsächlich »mehr als 999 Promille« aller Norwegerinnen auf dem rechten Pfade wandelten. In den späteren Kriegsjahren ließen Meldungen aus Norwegen allerdings keinen Zweifel mehr daran, dass es sich bei den Deutschenmädchen um weit mehr als ein Promille handelte.

Wie viele Norwegerinnen während des Krieges einen deutschen Freund hatten und somit als »Deutschenmädchen« bezeichnet werden könnten, ist kaum zu schätzen. Es hängt zum einen davon ab, wie man »Deutschenmädchen« definiert, zum Zweiten existiert für diese Frauen keinerlei zentrales Verzeichnis. Es wäre möglich, die Definition von »Deutschenmädchen« so zu begrenzen, dass damit nur jene Frauen gemeint sind, deren Beziehungen zu einem oder mehreren deutschen Soldaten so eng waren, dass sie zu einer Schwangerschaft hätten führen können. Dann könnte man als Ausgangspunkt für weitere Berechnungen jene etwa 10 000 Norwegerinnen zugrunde legen, die tatsächlich während des Krieges ein Kind von einem Deutschen bekamen. Diese Zahl – 10 000 – ist folglich für unsere Schätzung das absolute Minimum. Nimmt man nun an, dass auf jede Frau, deren Beziehung zu einem oder mehr Deutschen in einer Schwangerschaft und einem Kind resultierte, drei weitere kommen, die nicht schwanger wurden, entspräche dies einer Gesamtzahl von etwa 30 000 Norwegerinnen. Sollte das Verhältnis nicht eins zu drei, sondern eins zu fünf gewesen sein, bedeutete dies eine Gesamtzahl von etwa 50 000 norwegischen Deutschenmädchen. Das sind natürlich äußerst grobe Schätzungen, doch es gibt triftige Gründe für die Annahme, dass sie den tatsächlichen Zahlen entsprechen. Vermutlich also war in den Kriegsjahren etwa jede zehnte Norwegerin im Alter zwischen 14 und 30 Jahren mit einem Deutschen so intim, dass eine Schwangerschaft möglich gewesen wäre.

Die Zahl der Kinder aus diesen Beziehungen stieg ständig. Solche Neuigkeiten passten ganz und gar nicht zu dem Bild, das die norwegische Exilregierung dem norwegischen Volk vermitteln wollte: Dass es nämlich jeglicher deutscher Beeinflussung »wie ein Mann« widerstand und jeden Kontakt mit den deutschen Besatzungssoldaten mied. Daher versuchte man gegen Kriegsende, solche negativen Meldungen aus Norwegen zu unterdrücken. Zeitungsartikel wurden zensiert, Berichte als »streng geheim« gestempelt.

Nach der deutschen Kapitulation sollte in Norwegen wieder die durch Wahlen legitimierte Staatsmacht die Macht im Land übernehmen. Sie musste unter anderem die strafrechtliche Verfolgung der Landesverräter regeln und gewährleisten, dass es gegen die Verdächtigen keine Übergriffe in der Art von Selbstjustiz gab. Um nach fünf Exiljahren ihre Arbeit wieder aufnehmen zu können, musste die Staatsmacht in einer Weise auftreten, die im Volk Vertrauen weckte. Und dazu gehörte, dass die strafrechtliche Aufarbeitung der Besatzungszeit nicht im Widerspruch zum Rechtsempfinden der Bevölkerung stehen durfte.

Während des Krieges erhielten die Exilbehörden immer wieder Bericht aus der Heimat, dass viele Norweger, wenn die Zeit käme, Mitglieder der *Nasjonal Samling* und andere, die mit der Besatzungsmacht zusammenarbeiteten, gern selbst richten würden. Es war von einer »Nacht der langen Messer« die Rede. Die Juristen und Politiker in London, die die strafrechtliche Aufarbeitung nach dem Krieg vorbereiteten, nahmen solche Berichte ernst. Um Selbst- bzw. Lynchjustiz zu vermeiden, drang auch die Exilregierung auf eine schnelle, harte und umfassende strafrechtliche Aufarbeitung. Um der Rechtsauffassung der Bevölkerung entgegenzukommen, führte sie für Landesverrat die Todesstrafe ein und stellte die Mitgliedschaft in der nationalsozialistischen norwegischen Partei *Nasjonal Samling* unter Strafe, Letzteres rückwirkend ab Kriegsbeginn.

Die Exilregierung erfuhr, dass große Teile der norwegischen Bevölkerung auch den Deutschenmädchen und Kriegskindern gegenüber äußerst aggressiv eingestellt seien. Das wurde unter anderem aus illegalen Zeitungen und Erzählungen von Flüchtlingen deutlich, sodass man in London auch die Deutschenmädchen und Kriegskinder als Problem ansah, mit dem man sich befassen musste. Es existierte kein norwegisches Gesetz, das den Deutschenmädchen eine Beziehung zu einem deutschen Soldaten verboten hätte. Dennoch hatten sie gegen etwas verstoßen, was viele für Recht und Gesetz hielten. Die Kriegskinder waren natürlich unschuldig, aber sie waren für viele der sichtbare Beweis für die verbreitete Fraternisierung mit dem Feind. Manche sahen in ihnen sogar eine mögliche Fünfte Kolonne.

Die norwegischen Exilbehörden mussten also einerseits verhindern, dass diese beiden Gruppen nach Kriegsende der Lynchjustiz anheim fielen, andererseits war man sich uneinig, wie man mit den Deutschenmädchen und den Kriegskindern verfahren sollte. Aber auch die Vertreter der Obrigkeit wollten die Deutschenmädchen bestrafen und die Kriegskinder anders behandelt wissen als andere norwegische Kinder.

Es ging nicht nur um die Auslegung der norwegischen Gesetze, sondern man musste auch auf Volkes Stimme Rücksicht nehmen, damit einzelne Bürger nicht selbst zur Tat schritten, weil sie meinten, dass der Staat mit seinen Bestrafungen nicht weit genug gehe. Die juristische Abrechnung musste Rücksicht auf die Stimmung der Bevölkerung nehmen, damit die Regierung nach fünf Jahren im Exil wieder akzeptiert und respektiert wurde. Dies war wichtig, um nach den Okkupationsjahren ein Chaos zu verhindern. Für die künftigen Karrieren einiger Politiker und Beamten konnte das ausschlaggebend sein.

Durch ihre unverhohlenen Kontakte zum Feind stellten die Deutschenmädchen und Kriegskinder nicht nur ein Legitimationsproblem für die Exilregierung und die Widerstandskämpfer dar. Die Frage hatte auch moralische und psychologische Aspekte, denn lockere Beziehungen zwischen den Geschlechtern und insbesondere uneheliche Kinder waren gesellschaftlich generell geächtet. Obendrein ging es hier um Frauen, die Beziehungen zu feindlichen Soldaten hatten. Die Deutschenmädchen lösten dadurch psychische Reaktionen aus, deren Wurzeln tief im gesellschaftlichen Frauenbild verankert waren.

Während des Krieges hatten mindestens 100 000 Norweger für die Deutschen gearbeitet. Die so genannten »Deutschenarbeiter« empörten aber die norwegische Bevölkerung weitaus weniger als die Deutschenmädchen. Dies galt auch für andere Länder und wird mit der Symbolfunktion der Frau für die Nation erklärt.[67] Eine Frau, die sich mit einem Soldaten der feindlichen Armee verband, verstieß gegen grundlegende Vorstellungen und Normen.

Zusammenfassend bedeutet das, dass mehrere Ursachen zusammenkamen und zu der »Abrechnung« führten, der viele Deutschenmädchen nach der deutschen Kapitulation ausgesetzt waren. Die Kriegskinder waren davon zwar nicht direkt betroffen, kamen aber durchaus zu Schaden, denn eine »Abrechnung« mit den Müttern wirkte sich zwingend auf das Leben ihrer Kinder aus. Für viele prägte diese Abrechnung ihre Kindheit und Jugend, manche litten ihr Leben lang darunter.

Die Bestrafung begann bereits im Krieg mit Drohungen, der Beraubung von Rechten als norwegische Staatsbürger sowie konkreter körperlicher Gewalt. In der unmittelbaren Nachkriegszeit folgten Verhaftungen und Internierungen, Kündigungen und Ausweisungen. Auf diese Weise wurden Tausende von Norwegerinnen durch Maßnahmen zur »Aufarbeitung der Okkupationszeit« bestraft, für die es keinerlei Gesetzesgrundlage gab.

Die Arbeit der Komitees in Stockholm und London

Die norwegischen Exilbehörden hatten zwar während des Krieges unablässig Berichte erhalten, dass Norwegerinnen Liebesbeziehungen zu deutschen Soldaten unterhielten und dass aus solchen Verbindungen auch Kinder geboren wurden. Wie verbreitet die Kontakte waren, schien ihnen aber erst im Jahre 1943 bewusst zu werden, als sie ein Exemplar des Buches »Schwert und Wiege« in die Hände bekamen. Dieses Buch war von der SS zum internen Gebrauch hergestellt worden, als Verfasser firmierte Wilhelm Rediess. Die norwegische Widerstandsbewegung konnte ein Exemplar des Buches nach Stockholm schmuggeln.[68]

»Schwert und Wiege« gibt detailliert Auskunft über die Zahl der bis Ende 1942 geborenen Kinder sowie über die Arbeit der Abteilung Lebensborn in Norwegen, darunter auch den Ausbau von Mütter-, Entbindungs- und Kinderheimen. Das Buch widmet sich weiterhin ausführlich dem Stellenwert, den die Deutschen den norwegischen Kriegskindern in ihrer rassengelenkten Bevölkerungspolitik beimaßen.

Dies löste in Stockholm eine Diskussion darüber aus, was nach dem Krieg mit den Freundinnen und den Kindern der Wehrmachtssoldaten geschehen solle. Die Frage wurde im Herbst 1943 unter anderem von einem Komitee behandelt, das schließlich vorschlug, dass die Kriegskinder bei ihren Müttern in Norwegen aufwachsen dürften, während man allen Frauen, die in den Kriegsjahren einen Deutschen geheiratet hatten, die norwegische Staatsangehörigkeit aberkennen und sie zusammen mit ihren Kindern des Landes verweisen solle. Um zu kontrollieren, wie die Kriegskinder aufwuchsen, hielt das Komitee die Gründung einer speziellen »Kinderaufsicht« für dringend angezeigt.

Auch die Regierung in London erfuhr im Herbst 1943, was in »Schwert und Wiege« stand. Es folgte auch hier eine Debatte über die Kriegskinder, vor allem, nachdem das Stockholm-Komitee im

Frühjahr 1944 seine Empfehlungen an den norwegischen Justizminister in London geschickt hatte.

Hier traf der Vorschlag des Stockholm-Komitees auf Ablehnung.
Er lasse, so heißt es unter anderem, »eine unbewusste Beeinflussung
durch nationalsozialistisches Gedankengut erkennen und hinterlässt
einen verstimmenden Eindruck halb verdauter Demokratie«. Der
Vorschlag, eine eigene »Kinderaufsicht« zu begründen, die über die
demokratische Erziehung der Kinder wachen solle, weise eine große
Nähe »zu der ›nationalsozialistischen Erziehung‹ [im Orig. deutsch]
auf, die die Deutschen angeblich jenen Kindern angedeihen lassen, die in mehreren okkupierten Ländern von ihren Eltern getrennt
wurden«.

Im Sommer 1944 holte die Regierung in London weitere Informationen über die norwegischen Kriegskinder ein. Man brachte
in Erfahrung, dass die Deutschen versuchten, für Kinder, »die aus
bestimmten Gründen im Deutschen Reich als unerwünscht gelten« in
Norwegen Adoptionseltern zu finden, und auch, dass »die vorherrschende Meinung in Norwegen offenbar ist, dass Mütter wie Kinder
nach dem Krieg ausgewiesen werden sollten«.

Die norwegische Exilregierung vertrat in diesen Fragen also keine
einheitliche politische Linie, aber im Herbst 1944 wurde in London
eine eigene Kommission berufen. Es war ein hochrangiges Komitee,
dem unter anderem zwei Ministerialdirektoren und ein Richter angehörten. Auch hier lautete die zentrale Frage, ob die Kriegskinder und
ihre Mütter des Landes verwiesen werden sollten. Das Komitee legte
am 23.11.1944 dem Justizministerium seine Empfehlungen vor und
es scheint, als habe sich bis Kriegsende zu diesem Themenkomplex
nichts mehr ereignet.

Ein Pfarrerkomitee will die Deutschenmädchen strafen

Die Frage, was mit den Kriegskindern geschehen sollte, wurde im letzten Kriegswinter nicht nur von den norwegischen Exilbehörden in Stockholm und London eingehend diskutiert, sondern auch von einigen Norwegern, die im »inneren Exil« leben mussten: Pfarrer, die in Lillehammer interniert waren.[69] Auch sie hatten das Buch »Schwert und Wiege« in die Hände bekommen und gründeten im Herbst 1944 ein Komitee, das sich mit dem Thema Kriegskinder und Deutschenmädchen befasste.

Wie die Komitees in Stockholm und in London, befand auch dieses Komitee, die Kinder sollten in Norwegen bleiben dürfen, selbst wenn die Gefahr bestehe, dass sie dort eines Tages eine Fünfte Kolonne Deutschlands bilden würden. Die Geistlichen meinten allerdings, dass man nicht zulassen dürfe, dass die Kinder bei ihren Müttern aufwuchsen.

Mit äußerstem Nachdruck vertrat das Pfarrerkomitee die Auffassung, dass man die Deutschenmädchen für ihr Verhalten bestrafen müsse. Sie hätten ihr Land verraten und mit Rücksicht auf die Volksmoral müsse gegen jede Form von Verrat energisch durchgegriffen werden: »Staat und Kirche haben sowohl das Recht wie die Pflicht, darauf zu reagieren – beide durch die ihnen von Gott verliehene Autorität.« Schwierig gestaltete sich für das Komitee die Frage, wie die angemessene Strafe für die Frauen aussehen könnte.

Den Mitgliedern aller drei Komitees gemeinsam war, dass sie während des Krieges nur in begrenztem Maß erfuhren, was in Norwegen tatsächlich vor sich ging. Offenbar war für alle das SS-Buch »Schwert und Wiege« die wichtigste Informationsquelle. Gegen Kriegsende erhielten die Exilbehörden allerdings mehrere Lageberichte, durch die immer klarer wurde, wie viele norwegisch-deutsche Paare und Kriegskinder es tatsächlich gab.

»Fast alle jungen Mädchen gehen mit Deutschen«

In den Kriegsjahren flüchteten über 40 000 Norweger nach Schweden. Nach ihrer Ankunft wurden sie im Auftrag der Exilregierung von Norwegern verhört, unter anderem, um Näheres über die Verhältnisse in verschiedenen Teilen des besetzten Norwegens zu erfahren. Manche Flüchtlinge äußerten sich auch zu den Beziehungen der Norwegerinnen zu den Soldaten und was sie erzählten, erschreckte ihre Zuhörer.

Im September 1944 schickte einer der Verhörenden einen Bericht an die norwegische Botschaft in Stockholm.[70] Seiner Meinung nach war es dringend erforderlich, dass sich die norwegischen Behörden ernstlich darum kümmerten, dass »eine sehr große Zahl norwegischer Mädchen« mit Deutschen Umgang hatte. Während der beiden Monate, in denen er jetzt schon Verhöre durchführe, habe er regelmäßig von solchen Beziehungen gehört, zusammen ergäben diese Erzählungen ein »ganz erschreckendes Bild«. Aufgrund der Auskünfte, die er gesammelt hatte, war er überzeugt, dass »in bestimmten Landesteilen und Regionen die Zahl der Deutschenhuren einen gehörigen Teil der jungen weiblichen Bevölkerung ausmacht«.

Als Beispiele legte er Aussagen von drei der sechs Flüchtlinge bei, die er zufällig an dem Tag verhört hatte, an dem er den Bericht verfasste. Einer der Flüchtlinge kam aus der Gegend von Lillehammer und behauptete, mindestens 20 % der jungen Mädchen der Stadt gingen mit Deutschen. Zwei andere Flüchtlinge hatten in Namsos, einer kleinen Stadt bei Trondheim, sowie in Trondheim selbst gelebt und meinten, dort sei es »viel schlimmer«. Über die Zustände in Namsos waren beide besonders entsetzt. Der eine war ganz sicher, ohne Übertreibung sagen zu können, dass die meisten Mädchen einen deutschen Freund hatten, während der andere beteuerte, dass »fast alle mit Deutschen gehen«.

Im Herbst 1944 wurde der äußerste Norden Norwegens von russischen Truppen befreit. Aufgrund dessen kamen nach und nach auch nordnorwegische Flüchtlinge nach Schweden. Was sie zu erzählen hatten, bestätigte den Eindruck der engen Beziehungen zwischen Norwegerinnen und Deutschen: Ein Flüchtling aus einer kleinen Gemeinde in der Finnmark berichtete, dass es dort zwar keinen einzigen Nazi gebe, doch »gehen oder gingen praktisch alle Mädchen über 16 mit Deutschen. Er glaubte, dass es in der ganzen Gemeinde nicht einmal zehn Mädchen gibt, die nicht dazu gehörten [...] Ganz viele haben ein Kind von einem Deutschen.«

Auch die norwegischen Exilbehörden wussten von den besonderen Verhältnissen dort und ein Ministerialrat aus London, der im Winter 1944/45 den nordnorwegischen Regierungsdistrikt Finnmark besuchte, berichtete, dass die Deutschen aktiv versucht hätten, die örtliche Bevölkerung zu infiltrieren, die »im eigenen Land nach und nach hoffnungslos in der Minderzahl war«. Die deutschen Truppen hätten sich dort im Großen und Ganzen gut benommen, »die Soldaten haben unentwegt bei den Leuten Besuche gemacht, sie warfen sich auf den Fußboden und spielten mit den Kindern, sie unterhielten sich mit der alten Großmutter und zeigten Fotos ihrer eigenen Familie. Sie kamen mit Lebensmitteln, Tabak und Schnaps. Sie schmeichelten und kauften sich bei der Bevölkerung ein.« Auch ein anderer Besucher hatte das bemerkt, er schrieb, dass die Deutschen, die »in die Häuser eingezogen waren, erst als Haar in der Suppe betrachtet wurden, aber als es immer weniger Suppe gab, brachten sie selbst das Essen, sie schlossen Freundschaft mit den Töchtern des Hauses, sie fraßen sich in mehr als nur in einem Sinne fest, sie wurden Arbeitgeber, sie gaben im gesellschaftlichen Leben den Ton an, sie lotsten den größten Teil des Bevölkerung in ein Leben, aus dem diese zum Schluss keinen Weg mehr heraus fand. Und es zeigte sich, dass das für viele andere Orte auch galt und zwar in beängstigend hohem Maße.«

Die Zustände in der Finnmark waren allerdings völlig anders als im übrigen Norwegen. So waren in Sør-Varanger, einer Gemeinde

mit etwa 8000 Einwohnern, im Krieg bis zu 60 000 deutsche Soldaten stationiert. Hier und an anderen Orten waren in praktisch jedem
Haus Deutsche einquartiert und die Soldaten blieben so lange, dass
sich persönliche Bekanntschaften gar nicht vermeiden ließen. Ein
Mann aus Kirkenes sagte: »Bei den vielen Deutschen, die wir hier in
der Gegend hatten, mussten wir alle sündigen, ob wir wollten oder
nicht. Manche hatten vier oder fünf Deutsche bei sich wohnen.« Die
norwegische Exilregierung fürchtete dennoch, dass es die Kampf-
moral der übrigen Bevölkerung schwächen könnte, falls die Zustände
in der Finnmark bekannt würden. Um dies zu vermeiden, wurde über
solche Berichte Geheimhaltung verhängt.

Auch der Artikel, den ein norwegischer Journalist für »Norsk
Tidend«, die Zeitung der Pressestelle der norwegischen Regierung
in London, schrieb, wurde von der Redaktion zensiert. Er hatte jene
norwegischen Gebiete bereist, die als Erste befreit worden waren,
und ausführlich seine Eindrücke beschrieben. Mehrere Abschnitte
wurden vor der Veröffentlichung gestrichen, darunter die Wiedergabe eines Gespräches mit dem Bürgermeister von Sør-Varanger: »Die
Frauen haben im Großen und Ganzen enttäuscht. Der Bürgermeister
wollte sich nicht näher zu den Verhältnissen äußern, bezifferte aber
die Zahl der in diesen vier Jahren geborenen Deutschenkinder auf
185.« Gestrichen wurde auch der folgende Abschnitt über die Zustände in Sør-Varanger:

»Das Problem mit den Deutschenbälgern schiebt die Bevölkerung
fort. Es ist unvermeidbar, dass eigentlich alle auf irgend eine Weise
mit einem Deutschenkind verwandt sind, so viele gibt es hier. Der
Pfarrer korrigierte die Zahl von 185 auf 220 und Gott allein weiß, wie-
viele noch kommen, die Deutschen sind erst seit drei Wochen fort.«

Es wird ein furchtbarer Preis sein

Vor allem das »Pfarrerkomitee«, das während des Krieges die Probleme Deutschenmädchen und Kriegskinder erörtert hatte, war nachdrücklich dafür eingetreten, dass die Deutschenmädchen nach dem Krieg bestraft werden mussten. Dieser Gedanke war gegen Kriegsende keineswegs neu. Er wurde vermutlich von großen Teilen der Bevölkerung geteilt und war auch schon in den ersten Kriegsjahren in verschiedenen Medien geäußert worden.

Später folgten weitere und massivere Drohungen gegen Frauen, die mit Deutschen zusammen waren. Illegale Zeitungen erreichten viele Norweger, doch das viel schlagkräftigere Medium war damals wie heute der Rundfunk. Daher hatte es also eine sehr viel größere Wirkung, als es im Mai 1941 in einer norwegischen Rundfunksendung aus London über die Deutschenmädchen hieß: »So lange die Deutschen die Herren im Lande sind, sind starke Repressalien von norwegischer Seite aufgrund der Umstände unmöglich. Aber Frauen, die die Deutschen nicht abweisen, werden ihr ganzes weiteres Leben dafür einen furchtbaren Preis bezahlen.«[71]

Diese Drohung fand weite Verbreitung und musste in Norwegen nahezu als Aufforderung der norwegischen Exilregierung verstanden werden, die Deutschenmädchen zu »ergreifen«, sobald es möglich war. Andere führende Widerstandsleute im Exil warnten vor der wachsenden Zahl von Kriegskindern in Norwegen. In einem Rundfunkvortrag, der über Radio London nach Norwegen ausgestrahlt wurde, sprach beispielsweise Professor Jacob Worm-Müller über die Kriegskinder und nannte sie »Bastardnachkommen«. Seiner Ansicht nach »müssen und werden sie alle außer Landes« geschafft werden.[72] Worm-Müller war während des Krieges Propagandaberater der norwegischen Exilregierung; was er sagte, muss auf viele Zuhörer zu Hause einen tiefen Eindruck gemacht haben.

Einige, die sich von solchen hasserfüllten Äußerungen distanzierten, scheinen seltene Ausnahmen gewesen zu sein. So kritisierte der

Schriftsteller Nordahl Grieg im Herbst 1941 Worm-Müllers Radio-vortrag mit den Worten, Worm-Müller »liefere Neugeborene, die selbst nichts Böses getan haben, dem Hass und dem Abscheu aus«.

Deutschenmädchen
wurden als Flüchtlinge in Schweden abgelehnt

Kurz vor Kriegsende überquerten ein Mann und eine Frau zusam-men die Grenze von Norwegen nach Schweden. Das war nichts Ungewöhnliches. Über 40 000 Norweger flohen in den Kriegsjahren nach Schweden. Was dieses Paar von anderen unterschied, war, dass die Frau Norwegerin war, der Mann aber ein deutscher Deserteur. Aber auch das war nicht ganz und gar ungewöhnlich, denn zwischen 1940 und Mai 1945 desertierten mehrere hundert deutsche Soldaten und flohen nach Schweden.[73] Allein in den letzten beiden Kriegs-jahren überquerten mindestens 35 Deserteure sogar mit ihrer nor-wegischen Freundin die Grenze. Also waren die beiden auch hierin nicht einzigartig. Das Besondere war, dass die Frau Halbjüdin war und der Soldat ihr geholfen hatte, der deutschen Verfolgung zu entkommen.

Ihr jüdischer Vater war zu Beginn des 20. Jahrhunderts nach Norwegen gekommen, hatte dort geheiratet, Mitte der Zwanziger-jahre eine Tochter bekommen und war kurz nach der Geburt des Kindes gestorben. Als die Deutschen ins Land kamen, erfuhren sie nicht, dass diese Norwegerin Halbjüdin war, daher entging sie den Transporten, mit denen die meisten norwegischen Juden 1942 in den Tod geschickt wurden. Sie wohnte in einem kleinen Ort, wo einige Deutsche den ganzen Krieg über fest stationiert waren, sodass die Dorfbewohner, auch diese Frau, sie mit der Zeit persönlich kennen lernten. Im Winter 1944/45 verriet ein Familienangehöriger der Frau den deutschen Soldaten, dass sie Halbjüdin sei. Einer der Solda-ten begriff sofort, dass sie dadurch in Lebensgefahr geraten war; er desertierte, um ihr dabei zu helfen, sich nach Schweden in Sicherheit zu bringen.

Nachdem sie dort angekommen waren, nahmen die schwedischen Behörden den Deutschen in Gewahrsam, die Norwegerin wurde an die norwegischen Exilbehörden in Schweden überstellt. Sie kam nach Kjesäter, das offizielle Auffanglager für alle nach Schweden geflohenen Norweger, wo sie, ebenfalls wie alle, eingehend von einem Exilnorweger verhört wurde. Mit diesen Befragungen wurde mehreres beabsichtigt: Zum einen konnten die Flüchtlinge wichtige Auskünfte über die Zustände im besetzten Norwegen geben. Die Fragenden wollten möglichst viel über die dortige Stimmung erfahren und waren an Informationen über die norwegischen Nationalsozialisten und andere Kollaborateure interessiert. Diese Auskünfte wurden in der Absicht zusammengetragen, sie zu einem späteren Zeitpunkt bei einer strafrechtlichen Aufarbeitung verwenden zu können. Der zweite wesentliche Grund für die Verhöre war die Enttarnung so genannter »unpatriotischer« Flüchtlinge, also Mitglieder der *Nasjonal Samling* und anderer Landsleute, die die Deutschen unterstützt hatten. Sie wurden als Flüchtlinge abgelehnt und an die schwedischen Behörden überstellt. Kriminelle wurden grundsätzlich nicht als Flüchtlinge anerkannt, das galt auch für Personen, die seit April 1940 Beziehungen zu Deutschen unterhalten hatten, die bei »guten Norwegern Anstoß erregt« hatten. Dazu gehörten auch Frauen, die mit Deutschen befreundet gewesen waren.

Aufgrund der Verhöre in Kjesäter wurden gut 1200 Flüchtlinge als »unpatriotisch« abgelehnt. Das bedeutete, dass sie keinen norwegischen Pass erhielten und nicht die Rechte eines norwegischen Flüchtlings genossen. Man überließ sie den schwedischen Behörden und alle anerkannten Flüchtlinge sollten unbedingt jeden Kontakt mit ihnen meiden. Schätzungsweise 400 der Abgelehnten waren Frauen, die als Deutschenmädchen eingestuft worden waren.

Auch die erwähnte Halbjüdin wurde nach einem solchen Verhör durch die Norweger als Flüchtling abgelehnt und an die Schweden überstellt. Begründet wurde das damit, dass sie mit einem deutschen Soldaten liiert gewesen sei. Es wurde nicht als mildernder Umstand gewertet, dass sie die Möglichkeit ergriffen hatte, sich zu retten, als der Deutsche sein eigenes Leben aufs Spiel setzte, um ihr aus einer lebensgefährlichen Situation zu helfen. Für die norwegischen Exilbehörden zählte nur eines: Sie war mit einem Vertreter der deutschen Okkupationsmacht zusammen gewesen.

Norwegerinnen, die selbst angaben, mit Deutschen Verbindung gehabt zu haben oder die nach Einschätzung der Verhörenden Deutschenmädchen waren, wurden ausnahmslos abgewiesen und den schwedischen Behörden überstellt. Es gab kaum Spielraum für mildernde Umstände.

Ein anderer Fall: Eine Frau war zur Arbeit in einem deutschen Lazarett zwangsverpflichtet worden. Dort lernte sie einen Patienten kennen, einen deutschen Hauptmann. Die beiden freundeten sich an und ihr wurde langsam klar, dass er ein Gegner des nationalsozialistischen Regimes war. Am 14. April 1944 wurde er als genesen entlassen, zwei Tage später flohen sie zusammen nach Schweden. Sie verlobten sich auf der Flucht und wollten heiraten. In Kjesäter konnten die norwegischen Stellen keine Beweise dafür finden, dass sie mit anderen Deutschen zusammen gewesen wäre. Da sich die beiden auf der Flucht so oft wie möglich versteckt gehalten hatten, konnte man nicht behaupten, dass sie öffentliches Ärgernis erregt hatten. Sie wurde dennoch abgelehnt und sollte außerdem bis Kriegsende interniert werden. Die Begründung lautete: »Sie kam mit einem höheren deutschen Offizier nach Schweden. Ihrer politischen Einstellung ist darum nicht zu trauen. Sie sollte interniert werden.« In diesem Fall gab also der militärische Rang den Ausschlag. Dass der Hauptmann desertiert war, spielte dabei offenbar keine Rolle.

Ebenso unberücksichtigt blieb, wenn die Frau im Gefängnis gesessen und ihr deutscher Freund aktiv gegen die deutsche Okkupationsmacht gekämpft hatte, wie es bei einem Paar der Fall war, das im Juni 1943 über die Grenze kam. Die Frau war 1941 drei Monate lang inhaftiert gewesen, weil sie sich abfällig über Deutsche geäußert hatte. Nach ihrer Entlassung zwang man sie, für die Deutschen als Küchenhilfe zu arbeiten. Dort lernte sie ihren späteren Freund kennen, der als Zivilangehöriger in Norwegen arbeitete. Im Mai 1943 wurde er wegen Sabotage zu sechs Wochen Haft verurteilt, parallel wurde ein Prozess gegen ihn vorbereitet, bei dem er mit einer sehr viel höheren Strafe rechnen musste. Bei einem Lazarettaufenthalt floh er nach Schweden. Die Frau kam mit, damit die Deutschen sie nicht als Geisel internierten. In Schweden wurde sie dann, wie so viele andere, von den norwegischen Stellen abgelehnt.

Freundschaften, die bereits vor dem Krieg entstanden waren, wurden nicht anders behandelt. Anfang der dreißiger Jahre hatte eine Norwegerin in Wien studiert und dort einen Schriftsteller kennen gelernt. Im Herbst 1942 traf sie ihn bei gemeinsamen Bekannten in Oslo wieder, wo er in einem deutschen Büro arbeitete. Sie blieben miteinander in Verbindung, denn beide waren sehr an Literatur interessiert und beide waren aktive Sozialdemokraten. Wenn sie in Oslo war, gingen sie miteinander ins Café, dabei trug er immer Zivilkleidung. Weihnachten 1943 bat er sie, für ihn regimekritische Schriften zu verstecken, weil er bei sich eine Razzia fürchtete, außerdem ließ er einige Kleidungsstücke bei ihr, für den Fall, dass er fliehen musste. Er blieb aber in Norwegen, während sie etwas später nach Schweden floh. Dort wurde sie als Flüchtling mit der Begründung abgelehnt, sie habe »sich landesverräterisch gegen Norwegen verhalten, weil sie sich mit […] traf, der, wie sie wusste, Angehöriger der deutschen Besatzungsmacht in Norwegen war«. Diese Frau war kein »Deutschenmädchen« in dem Sinne, dass der österreichische Schriftsteller ihr Geliebter gewesen wäre. Er war einfach ein langjähriger Bekannter. Die Haltung der norwegischen Exilbehörden in solchen Fällen ist aufschlussreich.

Die Praxis der Verhöre

Wie ein roter Faden zieht sich durch alle in Kjesäter bearbeiteten Fälle, dass die Verhörenden den weiblichen Flüchtlingen, die keine handfesten Referenzen aus Widerstandskreisen vorzuweisen hatten, grundsätzlich misstrauten. Besonders aufmerksam wurden die Sachbearbeiter, wenn die Betreffende durch ihre Arbeit enge Verbindungen zu Deutschen gehabt hatte, sei es in einem Café, in dem deutsche Soldaten verkehrten, sei es direkt in einer deutschen Dienststelle, einem Kasino oder Ähnlichem. Das galt auch für Frauen, die eng mit Deutschen zusammenwohnten, wenn also beispielsweise im gleichen Haus Soldaten einquartiert waren. Waren die Frauen jung und unverheiratet, wurden sie besonders scharf verhört. Aus vielen Akten entsteht der Eindruck, dass der zuständige Norweger schon vor dem Verhör »wusste«, dass es sich bei der Frau um ein Deutschenmädchen handelte. Wie wir sahen, wurden selbst solche Frauen abgewiesen, die mit ihren deutschen Freunden aktiv gegen die Nazis gekämpft hatten. Man kann sich fragen, ob die norwegischen Exilbehörden in ihrer Haltung ebenso unnachgiebig gewesen wären, wenn es sich bei den Geflohenen um Männer gehandelt hätte, die zusammen mit einem regimekritischen deutschen Deserteur nach Schweden geflohen waren, oder die, wie im letzten Fall, mit einem österreichischen Oppositionellen Verbindung gehabt und für ihn regimekritische Schriften und Fluchtgepäck versteckt hatten.

Jeder dieser Fälle hat einen unbestreitbaren Geschlechteraspekt, der sich ebenso im Sprachgebrauch bei den Verhören wie daran verrät, wofür sich die Fragenden – es waren fast nur Männer – interessierten. Aus den Protokollen geht eindeutig hervor, dass die meisten Verhörenden in Kjesäter außerordentlich vorurteilsbehaftete Vorstellungen von »dem Deutschenmädchen« hatten. Das wird besonders deutlich, wenn keine klaren »Beweise« dafür beigebracht werden konnten, dass die Geflohene ein Deutschenmädchen war. Bei einer Frau, die verneinte, mit Deutschen Umgang gehabt zu haben, notierte der Verhörende ins Protokoll: »Aussehen und Wesen deuten auf Deutschenmädchen.« Über eine andere heißt es: »Frech. Wirkt wie ein ›Deutschenmädchen‹. Beweise fehlen.« Bei einer weiteren Frau, die trotz fehlender Beweise abgelehnt wurde: »Schlussfolgerung: Sie macht einen schlechten Eindruck. Wirkt schlampig. Könnte dem Aussehen nach durchaus Deutschenmädchen sein.«

Allen Fällen gemeinsam ist die Behauptung, Deutschenmädchen seien schlampig, frech und machten einen schlechten Eindruck. Hatten die Zuständigen eine Frau vor sich, die sie so beurteilten, dann »wussten« sie offenbar sofort, dass es sich um ein Deutschenmädchen handeln musste. Andererseits waren einige der Exilnorweger offenbar völlig konsterniert, sobald sie eine Frau einschätzen sollten, die zwar unumwunden zugab, mit Deutschen Verbindung gehabt zu haben, die dem Bild des Fragenden von einem Deutschenmädchen ansonsten aber in nichts entsprach. So schrieb einer in seiner Beurteilung über zwei Frauen, sie »wirken sehr intelligent und sind überhaupt keine Deutschenmädchen-Typen«.

Von einer anderen Frau, die einräumte, sich zweimal mit einem Deutschen unterhalten zu haben, heißt es, sie sei »kein Deutschenmädchen im eigentlichen Sinne. Im Gegenteil, sie ist ein sehr ordentliches Mädchen, aber ihr Verhältnis zu den Deutschen ist dennoch so, dass es Anstoß erregt hat.«

Auch eine Frau, die mit ihrem deutschen Freund nach Schweden kam und ihr Verhältnis zum ihm nicht zu vertuschen suchte, brachte den Fragenden gründlich durcheinander. Er schrieb, sie sei »sehr nett. Sie ist weder im Aussehen noch im Auftreten wie ein Deutschenmädchen.« Derselbe Mann misstraute auch seinem eigenen Urteil, als er über eine Norwegerin schrieb: »Sie ist kein Deutschenhurentyp. Viele würden sagen, dass sie außerordentlich schön ist. Aber das ist nicht der Grund, warum ich meine, dass sie nicht abgelehnt werden sollte.« Im Winter 1940/41 war die damals 17-Jährige auf der Straße von einem Deutschen angesprochen worden. Als sie ihn abwies und er daraufhin zu weinen begann, tat er ihr Leid, weshalb sie doch mit ihm sprach und ihn danach mehrfach wieder sah. Als sie ihren Eltern von ihm erzählte, empörten diese sich, doch als sie ihn mit nach Hause brachte, gewann der junge deutsche Soldat auch die Sympathie der Eltern: »Mit der Zeit ging er bei dieser Familie ein und aus und die Mutter sorgte für ihn wie für ihren eigenen Sohn. Die Verhörte war nicht verlobt mit ihm. Es bestanden zu keinem Zeitpunkt sexuelle Kontakte. Dem Deutschen ging es schlecht, er klagte darüber, dass er gegen seinen Bruder kämpft, der in England ist.« Nach einiger Zeit versuchte er zu desertieren und versteckte sich bei seiner Freundin, wo er von der deutschen Polizei gefasst und in ein ungewisses Schicksal nach Deutschland geschickt wurde. Der Exilnorweger in Kjesäter blieb mit seinem Verständnis für die Frau allein. Sie wurde abgelehnt.

Das Entscheidende bei der Beurteilung solcher Fälle war, ob die Frauen mit den Deutschen auf eine Weise Umgang hatten, an dem andere Norweger Anstoß hätten nehmen können. Man sollte meinen, dass es den Zuständigen genügt hätte, diese Frage zufriedenstellend zu klären, doch das war häufig nicht der Fall. Räumte beispielsweise eine Frau unumwunden ein, über längere Zeit einen deutschen Freund gehabt und sich öffentlich mit ihm gezeigt zu haben, war ihre Ablehnung schon beschlossene Sache. Dennoch wurde das Verhör fortgesetzt. Mehrere hundert Verhörprotokolle lassen keinen Zweifel daran, dass die Frauen, oft sogar in mehreren Verhören, minutiös zu ihren sexuellen Kontakten mit deutschen Männern befragt wurden. Fragen, ob es zum Geschlechtsverkehr kam, falls ja, wie oft, wann und wo, tauchen ständig in den Berichten auf.

In der Verhörsituation waren die Frauen in der schwächsten Position und es entsteht beim Lesen der Protokolle der Eindruck, dass diese formellen Verhöre benutzt wurden, um die Deutschenmädchen zu demütigen und zu bestrafen. Man nötigte sie, intime Einzelheiten ihrer Beziehungen zu Deutschen zu erzählen, bevor man sie den schwedischen Behörden überließ. Die ausführlichen schriftlichen Protokolle sowie die persönlichen Kommentare der Fragenden vermitteln eine Vorstellung davon, wie die Frauen die Verhörsituationen erlebt haben müssen. Einzelne Exilnorweger distanzierten sich davon, weil sie dergleichen »geradezu pervers« fanden, aber diese Praxis wurde bis Kriegsende beibehalten. Das kann durchaus als Bestätigung dafür gewertet werden, dass höhere Instanzen der norwegischen Exilbehörden dergleichen billigten.

Ein anderer Beweis der Voreingenommenheit der Verhörenden ist, dass sie in ihrer abschließenden Beurteilung die ethnische Zugehörigkeit der Frauen erwähnen. Eine Nordnorwegerin hatte in ihrem Haus über längere Zeit acht deutsche Bäcker einquartiert. Einmal pro Woche pflegten diese Bäcker zu ihren Wirtsleuten herunterzukommen und sie zu Kaffee und Kuchen einzuladen. Die Frau lernte die Deutschen mit der Zeit besser kennen, bis sie sich schließlich in einen der Männer verliebte und umgekehrt. Daraufhin wurde er von den Deutschen verhaftet, denn sie war Samin und solche Beziehungen verstießen gegen die deutsche Rassenideologie. In seinem Verhörprotokoll ließ der verhörende Norweger eine Bemerkung über diese Liebesbeziehung einfließen, die ebenso aus der Feder eines sarkastischen SS-Mannes stammen könnte: »Ich sah keinen Anlass, die Verhörte um ihre Ahnentafel zu bitten.« In einem anderen Fall fand der Fragende folgenden Kommentar angebracht: »Sie hat bestimmt mehr mit Deutschen zu tun gehabt, als aus dem Bericht ersichtlich ist. Ihre Eltern sind Lappen.« So, wie es dort steht, scheint zwischen den beiden Sätzen nur ein »denn« zu fehlen. In die gleiche Richtung geht die abschließende Bemerkung eines anderen Verhörenden über eine Frau, die eine enge Freundschaft mit zwei Deutschen »gestanden« hatte: »Ich mache darauf aufmerksam, dass die Eltern der Verhörten Lappen sind.«

Waren Verdacht und Abneigung stark, die Beweise hingegen schwach, griffen die Fragenden mitunter zu Argumenten, die heute geradezu absurd erscheinen. In einem Fall ging es um eine Frau, die wegen Arbeitsverweigerung und Missachtung eines deutschen Gerichts zu drei Jahren Haft verurteilt worden war. Die Strafe verbüßte sie in ihrem Heimatort in Nordnorwegen. Sie war in einem Lager interniert, musste aber bei einer deutschen Dienststelle in der Nähe putzen. Auf dem Weg zwischen Lager und Arbeitsstelle wurde sie immer von einer deutschen Wache begleitet. Nach vier Monaten konnte sie nach Schweden fliehen. Dort waren schon zwei Flüchtlinge aus dem gleichen Ort, die angaben, sie beim Spaziergang mit deutschen Soldaten gesehen zu haben. Sie sei also ein Deutschenmädchen. Sie bestritt das und sagte, man hätte sie in Begleitung ihrer deutschen Bewacher gesehen, aber den »Zeugen« wurde mehr Glauben geschenkt. Sie wurde mit der Begründung abgewiesen, dass mehrere Landsleute, »unter anderem die Zeugen«, an ihrem Verhalten Anstoß genommen hätten.

Offenbar vermochten es die Männer, die die Verhöre leiteten, überhaupt nicht, sich in die Lebenssituation einer durchschnittlichen Frau im besetzten Norwegen hineinzuversetzen. Das galt nicht nur für Nordnorwegen und viele andere Orte, wo Norweger und Deutsche lange Zeit sehr eng zusammenleben mussten. Indem sie die Frauen abwiesen, verurteilten die norwegischen Exilbehörden in Schweden also im Grunde genommen einen Großteil der Landsleute dieser Frauen.

Als deutsches Kind abgelehnt

Im August 1944 kam das »Problem Deutschenmädchen« auch bei einem Treffen norwegischer Pfarrer in Stockholm zur Sprache. Auch ihnen waren Rücksichten auf ihre Landsleute wichtiger als das Wohl der jungen Frauen: »Aus Respekt vor den Forderungen der *Hjemmefront* und anerkannten Flüchtlinge hinsichtlich des Umgangs mit den ›Deutschenmädchen‹« erschien den Pfarrern die damals übliche Unnachsichtigkeit gegenüber den Deutschenmädchen »in völliger Übereinstimmung mit den Forderungen nach lückenloser Aufarbeitung und Gerechtigkeit«.[74]

Die Konferenz schlug zwar vor, eine Sozialarbeiterstelle für die abgelehnten Frauen einzurichten, befürwortete aber die Ablehnung an sich. Das war jedoch den in Schweden befindlichen Vertretern der rechtmäßigen norwegischen Regierung (der in London ansässigen Exilregierung) nicht streng genug. Ein Mitglied distanzierte sich beispielsweise auf das Entschiedenste von dem Vorschlag, eine Sozialarbeiterstelle für die abgelehnten Deutschenmädchen einzurichten: Jede einzelne Ablehnung sei »wohlverdient und wohlüberlegt«, die Gesellschaft habe für diese Frauen keinerlei Verantwortung mehr. Im Grunde forderte er sogar, dass die Ablehnung einer »Ausweisung« aus dem norwegischen Volk gleichkommen müsse: »Ziemlich viele dieser Individuen sind von einem Schlag, auf den man als norwegische Bürger gerne verzichten würde […], daher finde ich es nicht erstrebenswert, sie wieder Norwegerinnen werden zu lassen.« Später zeigte sich, dass diese Auffassung durchaus in Einklang mit der offiziellen norwegischen Linie stand.

Im Herbst 1944 herrschte unter den für die Flüchtlinge zuständigen Stellen Uneinigkeit darüber, welche Richtlinien bei der Ablehnung zu befolgen seien. Als Justizminister Terje Wold im Dezember 1944 aus London zu Besuch war, wurde ihm dieses Problem vorgelegt. Sein Standpunkt war eindeutig: »Bei der Frage der Ablehnung muss mit Strenge vorgegangen werden.« Wichtig ist, dass der Justizminister seine Auffassung keineswegs juristisch begründete. Er wies lediglich darauf hin, dass »er von der *Hjemmefront* den Eindruck bekommen hatte, dass eine strenge Beurteilung verlangt« werde. Offenbar dachte der Minister an seinen eigenen sowie an den Ruf der norwegischen Exilregierung, als er sich dazu äußerte, wie mit Ehegatten von Mitgliedern der *Nasjonal Samling* bzw. mit »Deutschenflittchen« zu verfahren sei: Man habe »gute Gründe dafür, hier in Schweden klare Grenzen zu ziehen. Man soll uns später nicht vorwerfen können, dass wir gegen Nationalsozialisten und nationalsozialistisch infizierte Individuen nachgiebig gewesen wären. Diese Überlegungen müssten […] auch für die so genannten Deutschenflittchen gelten.«

Wenn man einmal von formaljuristischen Bedenken, mangelnden Beweisen, Voreingenommenheit und fragwürdigen Beurteilungen absieht, kann man einwenden, dass die meisten abgelehnten Frauen als erwachsene Menschen für ihr Handeln selbst verantwortlich waren. Aber die Ablehnung der norwegischen Behörden in Schweden traf nicht nur Erwachsene, sondern auch Kinder.

Am 17. März 1945 landete ein kleines Schiff an der schwedischen Westküste. Es kam aus Tjøme am Oslofjord und hatte sechs Männer, zwei Frauen und ein kleines Kind an Bord. Die Männer waren deutsche Soldaten, die nun, unmittelbar vor Kriegsende, desertiert waren. Zwei von ihnen waren in Begleitung ihrer norwegischen Freundinnen, das Kind gehörte zu einem der Paare. Dieses Paar war seit Anfang 1942 fest befreundet und seit Dezember 1943 verlobt, das Kind war im August 1944 zur Welt gekommen. Nachdem die beiden Paare in Schweden angekommen waren, trennten sich ihre Wege: Die Männer wurden von der schwedischen Polizei in Gewahrsam genommen, die Frauen und das Kind nach Kjesäter überführt.

Dort entschieden die norwegischen Behörden, dass die Kindsmutter abzulehnen sei, was der üblichen Praxis entsprach. Bemerkenswert aber ist, dass man wollte, dass das Kind »von den schwedischen Behörden übernommen wird – es hat einen deutschen Vater«. Diese Begründung scheint juristisch fragwürdig und ist zudem kein Einzelfall, da auch andere Kriegskinder mit ihren Müttern abgewiesen wurden. Selbstverständlich wäre es ebenso ungewöhnlich gewesen, wenn man die Kinder von ihren Müttern getrennt hätte. Aber auch wenn man die Mütter ablehnen musste, wäre es möglich gewesen, den Kindern den offiziellen Flüchtlingsstatus mit allen dazugehörigen Rechten zuzubilligen. Das aber war damals offenbar völlig ausgeschlossen.

Man muss sich fragen, ob die Vertreter der norwegischen Exilbehörden in Schweden tatsächlich der Meinung waren, dass diese Kinder nicht norwegische, sondern deutsche Staatsbürger waren, weil ihre Väter Deutsche waren. Falls dem so war, stimmte die Exilregierung darin völlig mit den deutschen Nationalsozialisten in Norwegen überein. Auch sie vertraten ja den ganzen Krieg über die Auffassung, dass die Kriegskinder Deutsche seien, weil sie deutsche Väter hatten. Das aber widersprach geltendem norwegischem Recht. Sogar die Vertreter der norwegischen NS-Regierung hielten unverrückbar daran fest, dass die Kinder norwegische Staatsbüger waren, weil ihre Mütter Norwegerinnen waren.

Erster Nachkriegsfrühling mit Haarescheren und Verfolgung

»Ich hatte schwere Zeiten. Aber das hattest du sicher auch und hast es noch. Ja, was sagst du nun zu dem Krieg, sieht für keinen von uns rosig aus, wir wollen hoffen, dass es am Ende gut ausgeht. Habe mir so oft gewünscht, mit dir reden zu können. *Aber das war einmal [Kursiv = im Orig. deutsch]*. Habe gerade heute gehört, dass Hitler gefallen ist [...] Jetzt arbeite ich im deutschen Kinderheim Stalheim bei Voss. Und den *kleinen* [...] habe ich bei mir. Du glaubst nicht, wie schön er jetzt ist! Bald zwei Monate alt. Der gespuckte Vater, nur die Nase hat er von mir. Egal, was ich sonst alles verloren habe, ich bin reich, weil ich so ein kleines Wesen habe. Hoffe nur, dass ich ihn behalten kann [...] Jetzt mache ich Schluss für heute. Will ein bisschen nach unten gehen und mit meinem Sohn plauschen. Ihm von dir einen Kuss geben.«[75]

Dies schrieb eine Norwegerin am 2. Mai 1945 an ihren deutschen Verlobten, also nur eine Woche, bevor die Deutschen kapitulierten und »der Frieden hereinbrach«. Sie hatte gute Gründe, besorgt in die Zukunft zu blicken.

In den Kriegsjahren hatte man den Frauen, die mit den Soldaten des Feindes zusammen waren, böse Schimpfwörter und bittere

Blicke hinterhergeworfen. Nun hatten die Aggressionen freie Bahn und knapp zwei Wochen nach der Befreiung erinnerte eine der Osloer Tageszeitungen die Bevölkerung an das Motto der *Hjemmefront:* »Würde, Ruhe, Disziplin«. Es habe in der Stadt »einige, gar nicht so wenige« Vorfälle gegeben, bei denen Frauen die Haare abgeschnitten worden waren, und mindestens einer dieser Fälle habe zur Folge gehabt, dass sich die Geschorene deswegen das Leben nahm.

»Scherfront« mit Duldung der Obrigkeit

Solche Übergriffe waren mitunter organisiert, manche geschahen spontan. Es kam vor, dass einige Männer auf der Suche nach einem Opfer durch die Straßen streiften. So erlebte eine Frau, die in den Befreiungstagen in Oslo zu Besuch war, dass sie mit einer Bekannten auf der Straße von einigen Männern angehalten wurde, die die andere Frau kannten: »Die zogen eine Schere hervor und schoren sie. Mich kannten sie nicht, aber sie sagten, wenn ich mit dieser Frau zusammen sei, würde ich bestimmt auch mit Deutschen herummachen, und dann schnitten sie mir auch die Haare ab, schoren mich aber nicht.«

Am 13. Mai wurden zwei Schwestern, die im Krieg deutsche Freunde hatten, »beide bei Grorud vor Publikum geschoren«. Am gleichen Tag ging in Oslo eine Gruppe von etwa 40 Jugendlichen gegen eine Frau vor. Sie war seit Herbst 1942 fest mit einem deutschen Unteroffizier befreundet, der am 12. April 1945 nach Deutschland verlegt worden war. Die Jugendlichen kamen zu ihr nach Hause und schoren sie. Mehrere Angehörige der *Hjemmefront* sahen zu, ohne einzugreifen.

In der ersten Friedenswoche gab es in Oslo einige Übergriffe gegen mutmaßliche Deutschenmädchen, aber es lässt sich nur schwer etwas Gesichertes darüber sagen, wie verbreitet diese Äußerungen von Volkszorn gegen die Deutschenmädchen im ganzen Land tatsächlich waren. Vermutlich war dies von Ort zu Ort verschieden, aber derartige Vorkommnisse sind aus allen Teilen des Landes bekannt. Die Übergriffe sind heute ein Tabuthema in Norwegen, etwas, über das in den nahezu 60 Jahren seither kaum gesprochen wurde. Einige Übergriffe sind allerdings dokumentiert, weil die betroffenen Frauen sie bei der Polizei anzeigten, die darauf sowohl die Frauen als auch die Beschuldigten ausführlich befragte. Bei zwei zufällig ausgewählten Polizeibehörden – Haugesund und Sarpsborg – hatten allein im Frühjahr 1945 mindestens zehn bzw. sechs Frauen Anzeige erstattet, wobei ungewiss ist, ob diese Zahlen als typisch für ganz Norwegen gelten können. Es gibt sehr triftige Gründe für die Annahme, dass nur die wenigsten Opfer Anzeige erstatteten.

Das Scheren ging oft mit großer Brutalität vor sich. In einem Fall, bei dem zwei Schwestern geschoren wurden, benutzte man dem Vernehmen nach eine Schafschere und riss den Mädchen die Haare regelrecht aus der Kopfhaut. In einem anderen Fall bekam ein Vater, der abends mit seinen beiden Töchtern zu Hause war, Besuch von einer »Schergang«. Die Männer drangen in das Schlafzimmer der Mädchen ein, »zerrten die eine aus dem Bett und schnitten ihr die Haare ab. Die andere schrie, da drohten sie, auch sie zu scheren.« Der Vater versuchte, seine Töchter zu schützen, wurde aber niedergeschlagen und festgehalten, bis das Scheren vorüber war. In der gleichen Nacht drang dieselbe »Gang« in ein anderes Haus ein, wo sie zwei weitere Frauen schoren. Danach leerte ein Mann über einer der beiden Frauen, deren Bettzeug und Kleidung ein Tintenfass aus. Die Wahl der Opfer war offenbar völlig willkürlich. Nach eigenen Angaben war keine der drei Frauen, die von dieser »Gang« geschoren wurden, mit Deutschen zusammen gewesen und mindestens einer der Täter gestand später, dass er keine der drei Geschorenen jemals mit einem Deutschen gesehen habe.

Alle drei Frauen sagten mit großer Bestimmtheit aus, ihre Scherer hätten behauptet, der *Hjemmefront* anzugehören. Die Männer dagegen hielten dem entgegen, sie hätten gesagt, sie seien von der *Klippe-*

front, also der »Scherfront«. Jedenfalls war alles offenbar gut organisiert abgelaufen. Nach den Übergriffen hatte der Anführer der Gruppe den Männern befohlen, »sich aufzustellen und abzumarschieren, dabei sangen sie ›Ja vi elsker dette landet‹ [norwegische Nationalhymne, d.Ü.]«.

Der Fall wurde angezeigt und der Polizeipräsident von Haugesund nahm die Sache ernst. Nachdem die Beteiligten sich geäußert hatten, übergab die Polizei im Januar 1946 die Sache dem Staatsanwalt mit der Empfehlung, die fünf Männer unter Anklage zu stellen. Sie hätten eindeutig Gesetzesbruch begangen, als sie »ohne Beweise diese Frauen Deutschenflittchen und Huren genannt und mit Gewalt gegen sie vorgegangen sind. Ich gehe davon aus, dass es das öffentliche Interesse erfordert, die Schuldigen für sämtliche Gesetzesübertretungen unter Anklage zu stellen«. Nur zwei Tage später retournierte der Staatsanwalt die Akten an die Polizei. Er schlug vor, den Beschuldigten eine angemessene Entschädigungszahlung für den angerichteten Schaden aufzuerlegen, meinte aber als Staatsanwalt, dass »das öffentliche Interesse keine Anklageerhebung erfordert«. Auch der *Lensmann* riet davon ab, die Männer anzuklagen, sie seien, so der *Lensmann,* »friedliche und anständige Leute. Das haben sie nur im Friedenstaumel und ohne böse Absicht gemacht.« Die Männer bezahlten die Entschädigung und wurden nicht angeklagt.

Das war offenbar die übliche Vorgehensweise, wenn Männer wegen Gewalt gegen mutmaßliche Deutschenmädchen angezeigt wurden. Den gerade berichteten Fall wollte die Haugesunder Polizei vor Gericht bringen, während der Staatsanwalt ihn einstellen wollte. In anderen Fällen votierte auch die Polizei dafür, Anzeigen nicht weiterzuverfolgen.

Einige Männer aber, die im Frühjahr 1945 Frauen geschoren hatten, wurden vor Gericht gestellt. In einem Fall war zwei Männern eine Geldbuße von jeweils 250 Kronen auferlegt worden, weil sie Deutschenmädchen geschoren hatten. Eine Frau, die ihnen dafür die Schere geliehen hatte, wurde zu einer Geldbuße von 100 Kronen verurteilt. Alle drei weigerten sich, die Strafe zu akzeptieren, daher kam der Fall vor den Richter. Dieser aber fand die Strafe viel zu hoch und setzte sie drastisch herab. Als mildernden Umstand für die Angeklagten betonte der Richter besonders »den wenig ansprechenden Umgang der Deutschenmädchen während des Krieges. Die Tat ist als normale und gesunde Reaktion von Jugendlichen zu werten, die in diesen schwierigen Jahren den richtigen Kurs gehalten haben.«

Offenbar bemühte sich aber die oberste Polizeiführung, allen voran der *Rikspolitisjef* (Leiter der Obersten Polizeibehörde), zu verhindern, dass die Übergriffe gegen die Deutschenmädchen völlig außer Kontrolle gerieten. Es gab Pressemeldungen darüber, welche Maßnahmen gegen Deutschenmädchen ergriffen wurden, und im Juli veröffentlichte der *Rikspolitisjef* eine ausführliche Stellungnahme. Er sagte, es gebe unterschiedliche Arten von Deutschenmädchen und ermahnte die Bevölkerung zu umsichtigem Verhalten jenen jungen Frauen gegenüber, die nur mit einem einzigen Deutschen befreundet gewesen seien. Es handele sich oft um unerfahrene Mädchen, die man unbehelligt lassen solle. Um die anderen, die der *Rikspolitisjef* als Prostituierte bzw. als Landesverräterinnen oder Kriminelle bezeichnete, würden sich die Behörden kümmern. Der *Rikspolitisjef* sagte später, diese Versuche, die öffentliche Stimmung zu lenken, hätten »jedenfalls anfangs zu keiner spürbaren Veränderung in der Haltung der Bevölkerung« geführt.

Das Scheren und andere Gewalttaten gegen mutmaßliche Deutschenmädchen im Frühjahr 1945 galten als Straßenjustiz, die die Behörden in den hektischen ersten Friedenstagen nicht hatten verhindern können. Ebenso gravierend wie diese Übergriffe war allerdings, dass die Frauen in der Praxis vogelfrei waren. Zeigte eine Frau ihre Angreifer an, wurde die Sache von der Polizei oder der Staatsanwaltschaft praktisch nie weiter verfolgt, und wenn die Gewalttäter tatsächlich belangt wurden, erlegte man ihnen nur geringfügige Bußen auf. Auch wenn diese Bestrafungsaktionen nicht von den Behörden begonnen und durchgeführt wurden, steht außer Zweifel, dass sie in hohem Maße mit deren Wissen und Billigung geschahen und auch, wenn nötig, von ihnen nachgesehen wurden.

Die Vielfalt der Aggressionen

Die Aggressionen gegen die Deutschenmädchen konnten auch andere und scheinbar weniger gravierende Formen annehmen. An manchen Orten setzten Hausbesitzer Frauen, die von einem Deutschen ein Kind hatten, systematisch vor die Tür. Die Frauen mussten also ausziehen und mit ihren Kindern an einem anderen Ort eine Wohnung finden. Die zuständigen Jugendämter, die sich um die Kriegskinder kümmern mussten, die nicht bei ihren Müttern bleiben konnten, fanden für die Kinder nur schwer Pflegefamilien, denn kaum jemand wollte einen »Deutschenbastard« bei sich aufnehmen. So berichtete beispielsweise das Sozialamt einer Gemeinde: »In der Stadt herrscht gegen die Mütter und ihre Kinder eine solche Stimmung, dass wir keine Möglichkeit sehen, eines der Kinder, falls erforderlich, in Pflege zu geben.« Manche Mütter, die in diesem »Friedensfrühling« ihr Kind taufen lassen wollten, mussten erleben, dass niemand bereit war, die Patenschaft zu übernehmen.

Die Aggressionen richteten sich im Wesentlichen gegen die Frauen, aber auch die Kriegskinder waren nicht willkommen. Die meisten waren noch so klein, dass sie von der Stimmung im Frühjahr und Sommer 1945 vermutlich nicht sehr viel wahrnahmen, aber schon in diesen Wochen kam es vor, dass den größeren Kindern, die damals drei oder vier Jahre alt waren, auf der Straße Schimpfwörter wie »Deutschenbastard« nachgerufen wurden. Die Gefühle kochten hoch. Als beispielsweise ein Kind zur Tante seiner Mutter ziehen sollte, wurde es im Dorf »mit Pfeifen und Buhrufen empfangen«.

Offiziell distanzierte sich die norwegische Obrigkeit von jeglicher

Selbstjustiz. Zugleich aber wurden Signale ausgesandt, dass jetzt, da der Krieg vorüber war, auch die Kriegskinder mit schlechten Zeiten rechnen mussten. So äußerte sich im Sommer 1945 Sozialminister Sven Oftedal zur Situation der Kriegskinder. Er sagte, es sei »nur natürlich«, dass diese »bei anderen Kindern Wut hervorrufen […], denn Kinder reagieren immer primitiv, gerecht und logisch, aber sehr brutal«.

Gegen Ende des Sommers holte das Sozialministerium von den Kommunen Informationen darüber ein, wie die Bevölkerung über die mutmaßlichen Deutschenmädchen und vor allem über die Mütter von Kriegskindern dachte. Insgesamt 172 Gemeinden antworteten, die Stimmung gegen die Mütter der Kriegskinder sei feindselig, 104 Gemeinden berichteten von einer friedlicheren Haltung. 99 Kommunen meldeten, die Stimmung sei auch gegen die Kinder aggressiv, die anderen berichteten von mehr Nachsicht ihnen gegenüber oder erwähnten sie in ihrer Antwort nicht.

Die Stimmung im Land variierte. Insgesamt war sie in den großen Städten und in dicht bebauten Regionen aggressiver als in Dörfern und ländlichen Gegenden. Trotz regionaler Unterschiede kann man feststellen, dass während der ersten Nachkriegsmonate in ganz Norwegen eine feindselige Haltung gegenüber den Frauen und Kriegskindern herrschte. Diese negativen Emotionen äußerten sich auf vielerlei Weise und richteten sich vor allem gegen Frauen, die »ihr Land verraten hatten«, indem sie mit Deutschen gingen. Besonders dem Zorn des Volkes ausgesetzt waren offenbar Frauen, die ein Kind von einem Deutschen hatten, da dieses Kind quasi als sichtbarer Beweis des Landesverrates galt und Wut und Empörung auslöste. Das beweist unter anderem die Flut von Leserbriefen, die im ersten Nachkriegssommer in den Zeitungen erschienen.

Hasserfüllte Leserbriefe

Allein eine der großen Osloer Tageszeitungen veröffentlichte in den beiden Monaten zwischen dem 23. Juni und dem 25. August 1945 zwölf Leserbriefe zum Thema Kriegskinder. Aus ihnen spricht die deutliche Angst, dass die Kinder in Norwegen zu einer Fünften Kolonne Deutschlands heranwachsen könnten. Einige fürchteten auch die deutschen Gene der Kinder. So glaubte beispielsweise ein Briefschreiber, dass die Jungen »den Keim einiger dieser typisch ›männlichen‹ deutschen Eigenschaften in sich tragen, von denen die Welt jetzt mehr als genug gesehen hat«. Man sah es als selbstverständlich an, dass die »typisch deutschen Erbanlagen nicht von allein verschwinden«. Manche wollten zwar versuchen, die Kinder in die Bevölkerung zu integrieren, aber damit gingen manchmal zugleich Forderungen einher wie die eines Lesers, der »ein fünfzig Jahre andauerndes Importverbot für lebendes deutsches Material« verlangte. Doch es gab zu solchen Leserbriefen auch Gegenstimmen, die unter anderem darauf hinwiesen, dass es in der Kunst, der Wissenschaft, in der Wirtschaft und dem höheren Beamtentum viele alteingesessene norwegische Familien gebe, deren Ahnen deutsche Einwanderer waren. Als Beweis nannten sie in Norwegen berühmte und ehrwürdige Namen wie Cappelen, Welhaven, Fasting, Gade, Holtermann, Mohr, Scharffenberg, Fleischer, Getz, Gledisch, Konow, Sverdrup, Angell, Gude, Abel, Nansen, Astrup, Dorenfeldt, Sibbern und viele andere mehr.

Einige Briefeschreiber machten aus ihrer negativen Einstellung zu den Kindern keinen Hehl, während andere immerhin rieten, man solle die Kinder nicht für die Taten ihrer Mütter leiden lassen. Ganz deutlich geht aus den Briefen hervor, wie stark viele an die Rassenlehre oder zumindest an die Bedeutung der Vererbung glaubten. Wenn manche meinten, dass aus den Kriegskindern mit der richtigen Erziehung durchaus gute Norweger werden könnten, handelte es sich um die Ausnahme. Ein Leser, der den Kindern im Grunde wohlwollend gegenüberstand, schrieb: »Selbstverständlich bleibt an ihnen etwas Deutsches.«

Die Zeitungsdiskussion um die Kinder drehte sich vor allem um ihre deutschen Vorfahren. In vielen Briefen geht es allerdings auch um die Frage, was man nun mit den Deutschenmädchen im Allgemeinen und den Müttern der Deutschenkinder im Besonderen machen solle. Sie alle wurden beschuldigt, ihr Land verraten und den Kampf gegen die Okkupationsmacht boykottiert zu haben. Nun musste man hart gegen sie vorgehen.

Viele Norweger empfanden es offenbar als Provokation, dass die Deutschenmädchen nicht von der strafrechtlichen Aufarbeitung betroffen sein sollten. Wenn sie nicht von den Gerichten des Landes bestraft werden konnten, musste das auf andere Weise geschehen. Das Scheren und die Leserbriefe waren sozusagen die Strafe der Bevölkerung. Aber auch die Behörden verfügten über Mittel, die die Frauen mindestens ebenso hart trafen. Sie konnten ihnen z. B. ihren Lebensunterhalt nehmen.

Kündigungen

»Ich war vom Sommer 1944 bis Frühjahr 1945 mit einem deutschen Soldaten fest befreundet und hatte sonst nie etwas mit Deutschen zu tun. Es war für mich ganz brutal, als einer von der *Hjemmefront* mir sagte, dass ich augenblicklich meine Stelle im Kroghstøtten verlassen müsste und auch meinen Lohn für die letzten 14 Tage nicht mehr bekäme [...] Bekam keine Möglichkeit, etwas dazu zu sagen [...] Hoffe, dass Sie nicht meine Zukunft zerstören wollen.«

Dies schrieb eine Frau, die am 14. Mai 1945 vom Osloer Krankenhaus Kroghstøtten entlassen wurde.[76] Dazu geraten hatte die »Vertrauensfrau der *Hjemmefront* für die Städtischen Krankenhäuser Oslo«, mit der Begründung, es sei bekannt, dass diese Frau einen deutschen Freund gehabt habe. Die Kommune folgte dem Rat, und sie wurde nach einem Beschluss der Krankenhausleitung entlassen.

Sofort nach Kriegsende wurden in ganz Norwegen alle öffentlichen Bediensteten durchleuchtet, die im Verdacht standen, sich während des Krieges »unpatriotisch« oder »landesverräterisch« verhalten zu haben. Eine solche Untersuchung war in der Situation fraglos nötig. Viele Mitglieder der *Nasjonal Samling,* Denunzianten und andere Kollaborateure mussten von ihren Arbeitsplätzen entfernt werden, weil es ansonsten zu ernsten Unruhen und Protesten gekommen wäre. Einige hatten ihre Stellen sogar nur bekommen, weil sie der *Nasjonal Samling* angehörten. Auch so genannte »Parolenbrecher« mussten entlassen werden – das waren Norweger, die es bewusst unterlassen hatten, die Handlungsrichtlinien (Parolen) an das norwegische Volk zu befolgen, die die *Hjemmefront* zum Umgang mit den Deutschen und den NS-Mitgliedern erlassen hatte. Zusätzlich zu diesen Gruppen wurden auch Frauen untersucht, von denen es hieß, sie hätten zu Deutschen Kontakt gehabt. Vielen wurde gekündigt.

Bereits in den Kriegsjahren hatte die Leitung der *Hjemmefront* die Parole ausgegeben, dass über jeden, der »sich unwürdig benahm«, ein Dossier angelegt werden sollte, das sowohl bei der juristischen Aufarbeitung wie bei den allgemeinen »Säuberungen« nach dem Krieg als Beweismaterial dienen sollte. So wurden dem norwegischen *Rikspolitisjef,* der sich in Schweden aufhielt, im Winter 1944/45 die Namen von etwa 240 Deutschenmädchen übergeben, die gerade in der südnorwegischen Kleinstadt Halden registriert worden waren. Das Verzeichnis war von der örtlichen *Hjemmefront* erstellt und über die Grenze geschmuggelt worden.

Kündigung als Strafe

Kaum hatten die Deutschen im Mai 1945 kapituliert, eröffnete die *Hjemmefront* die Jagd auf Frauen im öffentlichen Dienst, die entweder schon im Krieg als Deutschenmädchen registriert worden waren oder über die nun Entsprechendes behauptet wurde. Formell geschah dies unter Berufung auf eine Anordnung der Exilregierung von 1944 zur »Wiedereinrichtung einer rechtsstaatlichen Verwaltung«, tatsächlich aber ging es eindeutig um eine Bestrafung der Frauen.

So begannen in der Osloer Kommunalverwaltung die *Hjemmefront*-Vertrauensleute der einzelnen Abteilungen sofort, Auskünfte über Kolleginnen zusammenzutragen, die angeblich mit Deutschen Kontakt gehabt hatten. Dem schloss sich die Kommune rasch an. Bereits am 16. Mai 1945 benannte die provisorische Stadtverwaltung die Mitglieder einer Untersuchungskommission, die sich am 24. Mai zum ersten Mal traf. In einem Rundschreiben vom 8. Juni bat der amtierende Bürgermeister von Oslo und spätere norwegische Ministerpräsident Einar Gerhardsen alle städtischen Beschäftigten, »die Beauftragten bei ihrer Arbeit nach bestem Vermögen zu unterstützen«. Weiter heißt es in dem Schreiben an die Angestellten des öffentlichen Dienstes, sie mögen neben Mitgliedern der *Nasjonal Samling,* Denunzianten und »Parolenbrechern« auch Kollegen nennen, die ihres Wissens »private Beziehungen zu Deutschen« hatten.

Am 14. Mai, also noch bevor diese Untersuchungskommission eingerichtet worden war, bat »der Vertrauensmann der *Hjemmefront* für die Städtischen Krankenhäuser Oslo« die Verwaltung darum, umgehend eine Frau zu suspendieren, die in einem der Krankenhäuser als Küchenhilfe arbeitete. Dieser Bitte wurde schnell entsprochen und die Frau wurde »ohne Lohn suspendiert, bis die Frage einer Kündigung geklärt ist«.

Im Fall dieser Küchenhilfe im Ullevål Krankenhaus hatten vier Kollegen dem Vertrauensmann der *Hjemmefront* berichtet, sie sei während des Krieges dreimal mit Deutschen gesehen worden. Das reichte, damit es die Untersuchungskommission als »aufgrund von Zeugenaussagen erwiesen« ansah, dass sie mit Deutschen Umgang gehabt hatte und folglich gekündigt werden musste. Sie aber nahm sich einen Rechtsanwalt, der im Juli 1945 vergeblich gegen die Suspendierung Einspruch erhob. Am 19. Dezember 1945 bestätigte die Osloer Stadtverordnetenversammlung die Kündigung, nachdem die Frau über ein halbes Jahr lang ohne Lohn suspendiert gewesen war.

Der Fall ist für die meist äußerst dürftige Beweislage bei Suspensionen und späteren Kündigungen typisch. In vielen Fällen stützte man sich eher auf Gerüchte als auf gesicherte Informationen. Es kam allerdings auch einige wenige Male vor, dass die Untersuchungskommission eine Beschwerde abwies, weil ihr die »Beweise« nicht stichhaltig genug erschienen. Dazu gehört der Fall einer Frau, die im Versorgungsamt arbeitete. Nachdem mehrere Zeugen gehört worden waren, kam die Kommission zu dem Schluss, dass

> »[...] als erwiesen gelten kann, dass Frl. [...] in der Straßenbahn mit einem Deutschen zusammengestanden und ihn angelächelt hat, als er sich ihr zuwandte und mit ihr sprach, dass ein Deutscher in der Untergrundbahn sie ansprach, ohne dass sie antwortete, sie aber andererseits stehen blieb, ohne sich von ihm abzuwenden, und dass sie auf dem Bürgersteig der Rosenkrantzgate neben einem deutschen Offizier herging. Die Zeugen sahen nicht, dass sie mit dem Deutschen gesprochen hätte, hatten aber den Eindruck, dass die beiden zusammengehörten.«

Nach gründlicher Untersuchung kam die Kommission zu dem Ergebnis, dass nicht auszuschließen sei, dass diese Vorfälle rein zufällig gewesen waren. Die Zeugenaussagen reichten als Beweise nicht aus. Dennoch handelte es sich hier für die Kommission offenbar um einen Grenzfall, denn sie sprach die Empfehlung aus, die Anstellung der Beschuldigten »bis auf weiteres« beizubehalten.

Der Küchenhilfe im Krankenhaus wurde erst im Dezember 1945 gekündigt. Die Osloer Kommune kündigte Frauen also nicht nur in den ersten hektischen Wochen nach der Befreiung, sondern auch noch im Herbst 1945, im Winter 1944/45, ja noch im Frühjahr 1946, also ein ganzes Jahr nach Kriegsende. So bestätigte die Osloer Stadtverordnetenversammlung am 7. Februar 1946 die Kündigung einer Putzfrau, weil sie »1940 mit einem deutschen Soldaten Verbindung hatte«.

Im Februar 1947, also fast zwei Jahre nach Kriegsende, trat die Stadtverordnetenversammlung dafür ein, dass man 27 »Deutschenmädchen« die Möglichkeit einräumen solle, sich wieder um eine Arbeitsstelle bei der Kommune zu bewerben. Es war also nicht die Rede davon, die Kündigungen zu annulieren, es sollte ihnen nur nicht mehr verwehrt werden, sich um eine Stelle bei der Stadt zu bewerben und sie auch zu bekommen. Wieder ist deutlich, dass die Kündigungen als »Strafe« für die Frauen gedacht waren, denn in dem Beschluss, wonach sie sich nun wieder bewerben durften, heißt es unter anderem, es sei »Voraussetzung für eine eventuelle Wiedereinstellung, dass die Betreffende seit mindestens einem Jahr ohne Lohn und/oder gekündigt ist«.

In der Praxis erhielten somit viele »Deutschenmädchen«, die bei der Stadt beschäftigt gewesen waren, strengere Strafen als so manches Mitglied der *Nasjonal Samling* und andere, die im Rahmen der allgemeinen strafrechtlichen Aufarbeitung ein ordentliches Gerichtsverfahren bekamen. Es brauchte nicht viel, um als »Deutschenmädchen« abgestempelt, von der Stadt suspendiert und später gekündigt zu werden. Die »Beweise« waren oft so dürftig, dass man mit Fug und Recht annehmen kann, dass sie vor einem Gericht nicht ausgereicht hätten.

Nicht nur bei der Stadt, auch in staatlichen Behörden, in privaten Betrieben und Organisationen gab es radikale Säuberungen. So berief die norwegische Exilregierung in London bereits am 9. Mai 1945 eine »Säuberungskommission« für die Post, die in dieser Behörde in den folgenden zwei Jahren sehr gründliche Arbeit leistete. Auch hier war nicht viel nötig, um eine Frau als »Deutschenmädchen« hinzustellen und ihr zu kündigen. Alle jungen, ledigen Frauen, die bei ihrer Arbeit mit Deutschen Kontakt hatten, wurden genauestens unter die Lupe genommen. Bei einer Frau, die ihre Stelle in einem Postamt verlor, heißt es sogar explizit, es gebe »keine eindeutigen Beweise«, sie sei aber »im gefährdeten Alter. Habe keine Informationen, dass sie Deutschenflittchen war, sie hatte aber durch ihre Arbeit Kontakt zu sehr vielen Menschen, auch zu Deutschen. Sie arbeitete in der Zentrale.«

Die zentrale »Säuberungskommission« der Post trat praktisch wie ein Gericht auf und »verurteilte« Menschen für etwas, was nach den Gesetzen des Landes nicht verboten waren. Manchen Frauen wurde nicht nur gekündigt, sie erhielten auch Geldbußen. Im Mai 1946 beispielsweise wurde einer Frau »eine Geldbuße von Kr. 50 wegen unwürdigen Verhaltens auferlegt […], weil sie in der Besatzungszeit von Mai 1940 bis 1942 mit einem Angehörigen der Wehrmacht Umgang hatte«.

Kein norwegisches Gericht hat nach dem Krieg eine Norwegerin ausschließlich deswegen verurteilt und bestraft, weil sie »Deutschenmädchen« war. Die staatlichen und kommunalen Verwaltungen hingegen führten *de facto* eigene »Säuberungen« gegen Deutschenmädchen durch, bei denen die Beweise schwach und die juristischen Formen fragwürdig, die Strafen aber umso härter waren.

Verhaftungen und Internierungen

Es zeichnet den Rechtsstaat gemeinhin aus, dass er das Strafmonopol besitzt und Strafen nur durch Gerichte unter Beachtung geltenden Rechts ausgesprochen werden dürfen.[77] Wie also ging der norwegische Staat in der Nachkriegszeit mit den Deutschenmädchen um?

Die schwerste Strafe (neben der Todesstrafe), die eine Gesellschaft ihren Bürgern für schwere Verbrechen auferlegen kann, ist
Freiheitsberaubung durch Inhaftierung und Internierung. In den ersten Nachkriegsjahren wurden in ganz Norwegen mehrere tausend
Frauen, die man für Deutschenmädchen hielt, verhaftet und interniert, ohne dass sie zuvor wegen eines Gesetzesverstoßes angeklagt
oder verurteilt worden wären. Heute ist es praktisch nicht mehr möglich, mit Sicherheit festzustellen, wie viele Frauen davon betroffen
waren, man vermutet, dass 3000 bis 5000 Frauen für kürzere oder
längere Zeit interniert waren.[78] Solche Schätzungen sind allerdings
äußerst vage, es waren sicher nicht weniger, möglicherweise sogar
weitaus mehr.

Ungesetzliche Gefangennahmen und Internierungen

Vor allem unmittelbar nach der Befreiung wurden viele Deutschenmädchen von Soldaten der *Hjemmefront* und von Polizisten verhaftet. In der Regel nahm man sie ein paar Tage in Polizeistationen,
Schulen, Hotels oder ähnlichen Gebäuden in Gewahrsam und ließ sie
dann wieder laufen. Viele wurden allerdings im Sommer oder sogar
im Herbst erneut verhaftet und dann oftmals für längere Zeit interniert.

Unmittelbar nach der Befreiung geschahen diese Verhaftungen
offenbar wenig planmäßig. Man hatte Probleme, für die Frauen ge-
eignete Unterbringungsorte zu finden, sodass längere Verhaftungen
oder Internierungen kaum machbar waren. Die Frauen wurden oft in
Schulen und anderen Gebäuden festgehalten, bis man sie freilassen
musste, um für andere Platz zu haben, die gebracht wurden.

Allein in Oslo verhaftete die Polizei im Mai etwa 1000 Deutschenmädchen, im Regierungsdistrikt Østfold wurden im Frühling und
Sommer 1945 mindestens 800 Deutschenmädchen verhaftet: In Halden wurden kurz nach der deutschen Kapitulation 300 Frauen inter-

niert, in Fredrikstad etwa 320, in Sarpsborg etwa 200 und in Moss hatte die Polizei etwa 165 Deutschenmädchen registriert, von denen im Frühjahr und Sommer 1945 mindestens 55 verhaftet wurden.[79] Neben diesen vier Städten im Regierungsdistrikt Østfold kam es auch an anderen Orten dieses Distriktes zu Verhaftungen.

Solche improvisierten, kurzfristigen Festnahmen und Internierungen gab es in ganz Norwegen. In der überwiegenden Zahl der Fälle wurden die Festnahmen von den *Hjemmestyrkene*[80] vorgenommen. Viele Frauen wurden zusammen mit Mitgliedern der *Nasjonal Samling,* Denunzianten und Kollaborateuren verhaftet, die wegen ihres Verhaltens im Krieg angeklagt und vor Gericht gestellt werden sollten. Nach den ersten hektischen Wochen ging man indes bei der Verhaftung und Internierung von Deutschenmädchen organisierter vor. Im Laufe des Sommers wurden landauf, landab Lager errichtet, die für längerfristigen Gewahrsam gedacht waren.

Bestraft ohne Gerichtsurteil

Wenn staatliche Stellen zu einem so gravierenden Mittel wie Freiheitsberaubung greifen, kann dies nur aufgrund von Gesetzen geschehen. Als nach dem 8. Mai 1945 die Internierungen begannen, existierte nur eine einzige Rechtsgrundlage, aufgrund derer die Polizei Deutschenmädchen verhaften und internieren konnte. Am 26. Februar 1943 hatte die Regierung in London eine provisorische Anordnung zum Polizeidienst im besetzten Norwegen verabschiedet. Die Exilbehörden wollten damit Vorkehrungen für eine Lage treffen, in der Teile des Landes bereits befreit waren. Die Anordnung ermöglichte »die Internierung von Personen, die landesverräterischer Akte verdächtigt werden und von denen befürchtet werden muss, dass sie ohne Internierung Übergriffen durch die Bevölkerung ausgesetzt sein könnten«. Solche Menschen konnten »von der Polizei in Sicherheitsverwahrung genommen werden, wobei Art und Dauer der

Internierung davon abhängig zu machen sind, was zum Schutz ihrer Sicherheit als notwendig erachtet wird«.

Diese »Schutz-Verordnung« diente im Frühjahr und Sommer 1945 sehr häufig als Rechtsgrundlage für die Internierung der Deutschenmädchen. Es kam tatsächlich vereinzelt vor, dass es angezeigt schien, aufgrund der »Schutz-Verordnung« im ursprünglichen Sinne einen so drastischen Schritt wie eine Internierung vorzunehmen. Im Sommer 1945 wurden z. B. Soldaten der *Hjemmestyrkene* zu einem Mietshaus in Oslo gerufen, wo die Nachbarn gerade dabei waren, sich eine Frau vorzunehmen, die im Krieg von einem Deutschen ein Kind bekommen hatte. In ihrem Bericht schrieben die *Hjemmestyrkene,* man habe es »als notwendig erachtet, […] mitzunehmen, da die Menge sonst zur Tat geschritten wäre. […] nach Hause zu schicken, würde sicher erneut zu Unruhe führen. Der Hausmeister sagte aus, er könne für die Sicherheit der Fensterscheiben des Gebäudes sowie der Wohnungen der Deutschenflittchen und anderer Nazis nicht mehr garantieren.«[81]

Vorkommnisse, aufgrund derer die *Hjemmestyrkene* oder die Polizei Deutschenmädchen tatsächlich internieren mussten, um Ausschreitungen und Unruhen zuvorzukommen, gehörten indes zu den Ausnahmen. Viel üblicher war es, dass die *Hjemmestyrkene* oder die Polizei diese Anordnungen benutzten, um eine Kleinstadt oder ein Dorf von Deutschenmädchen regelrecht zu säubern. Im Polizeidistrikt Troms wurden von Mai bis Juli 1945 schätzungsweise 280 Frauen festgenommen und unter Berufung auf die Schutz-Verordnung interniert.[82] Die Begründung lautete meist: »Umgang mit Deutschen«, in anderen Fällen: »Suchte nach der Kapitulation unschicklichen Umgang mit Deutschen« oder nur: »Beschuldigt, Deutschenflittchen zu sein«. Keine dieser Internierungen wurde ausdrücklich mit der Notwendigkeit begründet, die Frauen zu beschützen oder Unruhen zu verhindern. Auch an anderen Orten in Norwegen existieren noch viele hundert Verhörprotokolle mit internierten Frauen, kaum eines erwähnt eine akute Gefährdung der Frauen als Grund für ihre Internierung.

Offenkundig kannten die Polizeibehörden und die Leiter der *Hjemmestyrkene* an manchen Orten die Verordnung gar nicht, die als Begründung für die Internierungen benutzt werden konnte. Sie wollten die Deutschenmädchen für ihr Verhalten im Krieg bestrafen und sahen bewusst über die mangelnde Rechtsgrundlage hinweg. Schon am 7. Mai begann z. B. die Leitung der *Hjemmestyrkene* von Tynset, einem Dorf gut 300 Kilometer nördlich von Oslo, Frauen zu verhaften, die sich ihrer Ansicht nach im Krieg »unpatriotisch aufgeführt« hatten. Sie mussten Gebäude putzen, die als deutsche Truppenunterkünfte benutzt worden waren. Die *Hjemmestyrkene* fanden es »ganz natürlich, dass die, die während der Okkupation intimen Umgang mit den Deutschen hatten, für solche Arbeiten requiriert wurden [...] Es war ja sogar eine Forderung der Bevölkerung [...], dass in dieser Sache etwas unternommen wurde und selbst wenn wir die Aktion nicht mit Gesetzesparagraphen abdecken konnten, fanden wir, dass wir in dieser speziellen Situation unser Vorgehen ohne weiteres verantworten konnten.«[83]

Dergleichen geschah auch an anderen Orten. Im Sommer 1945 mussten in Oslo viele Frauen, die als Deutschenmädchen angesehen wurden, auf Anweisung der *Hjemmestyrkene* Zwangsarbeit leisten. Einige wurden nach wenigen Tagen freigelassen, aber es ist völlig eindeutig, dass die *Hjemmestyrkene* die Verhaftungen einschließlich Internierung und Zwangsarbeit als Weg ansahen, die Mädchen zu bestrafen. So findet sich im Protokoll eines Verhörs die Bemerkung: »Soll drei Tage putzen.« Die betreffende Frau hatte »gestanden«, während des Krieges mit zwei Deutschen befreundet gewesen zu sein. Es ist schwierig, in solchen Aktionen etwas anders zu sehen als reine Bestrafungsmaßnahmen, die ohne jede Rechtsgrundlage durch die Verwaltung verhängt wurden.

An anderen Orten wurden Deutschenmädchen von der Polizei verhaftet und gefangen gehalten, nachdem Bürger sie als »Deutschenflittchen« angezeigt hatten. In Molde wurden z. B. insgesamt 166 Frauen registriert, angezeigt oder inhaftiert, weil sie während der

Besatzungszeit einen deutschen Freund hatten.[84] 90 wurden offiziell als »Deutschenflittchen« angezeigt, 60 weitere als »Deutschenflittchen« registriert und inhaftiert, ohne dass gegen sie ein Strafverfahren eingeleitet und sie verurteilt worden wären. Keiner der Fälle kam vor ein Gericht.

Wir erwähnten bereits, dass in Sarpsborg etwa 200 mutmaßliche Deutschenmädchen von der Polizei festgenommen und inhaftiert wurden. Als Begründung für die Inhaftierungen berief sich die Polizei zunächst auf den »Landesverrat-Erlass«, den die Exilregierung als Richtlinie zur strafrechtlichen Aufarbeitung nach dem Krieg verabschiedet hatte. Ende Mai ging man dazu über, als offiziellen Grund für die Festnahmen und Inhaftierungen die Schutz-Verordnung von 1943 anzuführen. Die meisten Protokolle führen »Landesverrat« an, oft mit dem Zusatz »T.t.« *[tyskertøs,* »Deutschenflittchen«]*,* in manchen Fällen auch: »Verhaftet, gesucht wg. Verkehr mit Deutschen«. Man verhaftete sogar 15-jährige Mädchen. Aber obwohl viele Frauen wegen »Landesverrat« verhaftet wurden, wurde kein einziger Fall vor einem Gericht verhandelt. Keine der Frauen hatte ein Gesetz gebrochen, dennoch wurden sie von der Polizei als »Landesverratsfälle« behandelt.

Vor allem in der ersten Zeit nach der Befreiung wurden also viele Frauen auf äußerst zweifelhafter Rechtsgrundlage verhaftet und inhaftiert, manche wurden zusätzlich mit Zwangsarbeit bestraft. Häufig berief man sich dabei ohne Grundlage auf den »Landesverrat-Erlass« und die »Schutz-Verordnung«. In vielen anderen Fällen wurden Frauen interniert und zur Zwangsarbeit abgestellt, ohne dass auch nur behauptet worden wäre, es gebe eine Gesetzesgrundlage.

Zweifelhafte Anwendung von Gesetzen

Im Laufe des Sommers trat eine weitere Verordnung in Kraft, die dann, neben der Schutz-Verordnung, zur Verhaftung von Deutschenmädchen oft herangezogen wurde. In den Kriegsjahren waren die Fälle von Geschlechtskrankheiten sprunghaft angestiegen. Als Reaktion hatte die norwegische NS-Regierung 1944 ein »Gesetz zur Bekämpfung von Geschlechtskrankheiten« verabschiedet. Dieses Gesetz ermöglichte es unter anderem, Personen zu internieren, die die Behörden für eine mögliche Ansteckungsquelle hielten. Nach dem Krieg wurde dieses Kriegsgesetz in einer provisorischen Anordnung namens »Maßnahmen gegen Geschlechtskrankheiten« aufgegriffen, die am 12. Juni 1945 in Kraft trat. Danach konnte der Leiter des Gesundheitsamtes einer Kommune »jeden, der seiner Einschätzung nach an einer Geschlechtskrankheit leidet, internieren lassen, falls er die Gefahr gegeben sieht, dass der Betreffende andere anstecken könnte«. Zudem durfte der Leiter eines Gesundheitsamtes mit Zustimmung des *Helsedirektorats,* also der obersten norwegischen Gesundheitsbehörde, bereits ausgeheilte Personen internieren, »falls er der Ansicht ist, dass ihr bisheriger Lebenswandel die Befürchtung rechtfertigt, dass sie sich einer Neuansteckung aussetzen und sodann andere anstecken könnten«.

Nachdem die »Ansteckungs-Verordnung« in Kraft getreten war, wirkten die staatlichen Gesundheitsämter, angeführt vom *Helsedirektorat,* intensiv an der Internierung der Deutschenmädchen mit. Viele galten nämlich als gefährliche Ansteckungsquelle, die unschädlich gemacht werden musste. Hintergrund dafür war, dass die norwegischen NS-Behörden während des Krieges eine zentrale Kartei über alle Personen angelegt hatten, die wegen Geschlechtskrankheiten behandelt worden waren.[85] Die Kartei enthielt Daten zu etwa 3000 Frauen und diente nun als Grundlage zur Festnahme und Internierung von Deutschenmädchen, die während des Krieges erkrankt waren. Dabei wurde nach der Maßgabe vorgegangen, dass je nach Lebenswandel der Betreffenden auch Geheilte interniert werden konnten.[86]

Im Laufe des Sommers verschaffte sich das *Helsedirektorat* eine Übersicht über die Lager, die im Land eingerichtet worden waren.

Nachdem man die Situation gründlich erwogen hatte, beschloss man, ein großes zentrales Internierungslager zu errichten und die anderen Lager als »Durchgangslager« weiterzuführen. Rund um Oslo wurden mehrere Lagergelände auf ihre Eignung geprüft, schließlich entschied man sich für die Insel Hovedøya. Dort, in Sichtweite des Osloer Rathauses, sollte ein Lager mit 1000 Plätzen entstehen.

Es wurde am 1. Oktober 1945 eröffnet. In den folgenden Monaten wurden die meisten anderen Lager geschlossen. Fast alle Frauen, die weiterhin interniert bleiben sollten, wurden ins Lager Hovedøya überführt, wo bis zu seiner Auflösung im Frühjahr 1946 insgesamt etwa 1100 Frauen interniert waren.

Es ist noch immer nicht völlig geklärt, welche Rolle die Gesundheitsämter bei der Internierung der Deutschenmädchen spielten. Man kann wohl sagen, dass die Notwendigkeit, die Ausbreitung von Geschlechtskrankheiten zu verhindern, auch drastische Maßnahmen wie die Internierung der gefährlichsten Ansteckungsquellen rechtfertigt. Dann muss man allerdings zum einen fragen, warum nur Frauen interniert wurden, und zum Zweiten, ob eine große Zahl von Internierungen wirklich die effektivste Methode war, Ansteckungen zu vermeiden. Diese Frage wurde schon im August 1945 gestellt, als das Gesundheitsamt Bergen dem *Helsedirektorat* schriftlich mitteilte: »Die gefährlichsten Ansteckungsquellen sind die Straßenmädchen im engen Sinne sowie einige Prostituierte.«

Jede Frau, die während des Krieges geschlechtskrank und mit einem Deutschen befreundet gewesen war, lief Gefahr, bis zu einem halben Jahr interniert zu werden. Das bedeutete auch, dass junge Frauen, die seit mehreren Jahren geheilt waren, nun von ihrer Vergangenheit eingeholt und als mögliche Ansteckungsgefahr in ein Lager gesteckt wurden.

Im November 1945 erhielt das *Helsedirektorat* einen Brief von einem Norweger, der darum bat, seine Frau aus Hovedøya zu entlassen. Als sie gegen Kriegsende geheiratet hatten, war er sich darüber im Klaren gewesen, dass sie von einem deutschen Soldaten ein Kind hatte und wegen einer Geschlechtskrankheit in Behandlung gewesen war. »Obwohl ich das alles wusste, habe ich sie geheiratet, denn ich finde, auch wenn ein Mensch einen Fehler gemacht hat, kann alles wieder gut werden.« Bei der Befreiung war die Frau aus Angst vor dem, was mit ihr und dem Kind geschehen würde, völlig außer sich geraten, daher war die Familie in der Hoffnung, dort in Ruhe gelassen zu werden, aufs Land gezogen. Aber im Herbst hatten die Behörden die Familie aufgespürt und die Frau als gefährliche Ansteckungsquelle nach Hovedøya eingewiesen. Nun bat der Mann darum, sie freizulassen: »Ich habe jetzt auch den Antrag gestellt, das Kind zu adoptieren. Jetzt hoffe ich, dass Sie mir helfen können, damit ich meine Frau bald wieder nach Hause bekomme.«

Um diese Zeit bat auch ein anderer Ehemann, seine Frau freizulassen. Sie war kurz zuvor von der Polizei verhaftet und nach Hovedøya überführt worden, weil sie 1941/42 mit einem Deutschen befreundet gewesen war und sich angesteckt hatte. Damals war sie 17 Jahre alt. Als sie danach ihren künfigen Mann kennen lernte, hatte sie nicht nur ihm, sondern auch seiner Mutter davon erzählt, und als sie ausgeheilt war, ließen sowohl sie als auch ihr norwegischer Ehemann sich regelmäßig untersuchen. Drei Jahre nach ihrer Ansteckung wurde sie verhaftet. In beiden Fällen wurde den Bitten der Ehemänner entsprochen, zunächst aber hatten die Behörden keinerlei Rücksicht darauf genommen, dass die Erkrankungen der Frauen mehrere Jahre zurücklagen und sie inzwischen einen Norweger geheiratet hatten.

Die meisten verhafteten und internierten Frauen, die von einem Deutschen ein Kind hatten, brachten vermutlich ihr Kind für die Dauer der Internierung bei Familienangehörigen oder Freunden unter, andere Kinder werden solange in einem Kinderheim gelebt haben. Es gab aber auch Kriegskinder, die mit ihren Müttern interniert wurden. Mitte Februar 1946 lebten im Lager Hovedøya insgesamt 16 Kinder, einige bereits seit November 1945. Vergleichbares kam offenbar auch in anderen Lagern vor.

Sieht man sich einzelne Akten zur Internierung an, wird die willkürliche Gesetzesauslegung deutlich. Einige der an den Verhören Beteiligten räumten das unumwunden ein und äußerten auch ihre persönliche Meinung dazu. Einer fand es ungerecht, dass Deutschenmädchen, »die das Glück hatten, sich nicht anzustecken, nach Hause fahren dürfen, während andere, die seit Jahren gesund sind, mit einem Norweger eine neue Familie gegründet haben und vielleicht ein Kind von ihm erwarten, nach Hovedøya verfrachtet werden«. Entweder müsse Hovedøya »als Strafe angesehen« werden, dann müsse man auch Deutschenmädchen internieren, die sich nicht angesteckt hatten, oder »es geht um die Bekämpfung venerischer Krankheiten, dann muss man allerdings viel sorgfältiger als jetzt bestimmen, wen man dorthin bringt«.

Einige derer, die damals an den Internierungen beteiligt waren, sagten später, dass ihrer Meinung nach viele der internierten Frauen überhaupt nicht hätten verhaftet werden dürfen. Einer der Leiter von Hovedøya berichtete, dass »wir im Lager sogar *virgines intactes* hatten! Eine von ihnen war, wie ihr deutscher Verlobter, tiefgläubige Christin. Diese Frauen hatten das, was wir damals als außerordentlich hohe Moral bezeichneten. Sie meinten, dass das Sexualleben der Ehe vorbehalten sein müsse. Sie hätten niemals interniert werden dürfen.«[87]

Viele Einzelfälle beweisen, dass die beiden formellen Rechtsgrundlagen »Schutz-Verordnung« und »Ansteckungs-Verordnung« nur vorgeschoben wurden, um die Frauen zu verhaften. Besonders deutlich wird das, wenn die Zuständigen erst eine Verordnung anführten und es dann, nachdem sie erfolglos gewesen waren, mit der anderen versuchten. So schrieb im Juli 1945 die »Sitte« der Osloer Polizeikammer über eine Frau: »Da sie nicht geschlechtskrank gewesen ist, fehlt für eine Internierung die Rechtsgrundlage. Wir bitten daher um Internierung aufgrund § 6 der prov. Polizeiverordnung im besetzten Norwegen.« Dabei hatte die »Sitte« offenbar keinerlei Grund zur Annahme, dass die Frau tatsächlich vor Übergriffen geschützt werden müsse.

Gegen Kriegsende hatte das »Pfarrerkomitee« in Lillehammer die Bestrafung der Deutschenmädchen befürwortet. In Ermangelung einer anderen Rechtsgrundlage wiesen sie darauf hin, man könne die Frauen möglicherweise unter dem Vorwand internieren, sie gegen »Lynchjustiz« schützen zu müssen, entsprechend der Verordnung vom 26.2.1943, was nach dem Krieg dann auch häufig geschah.

Die unklare Rolle staatlicher Stellen

Es scheint, als hätten Behörden, kommunale wie staatliche, bei den Deutschenmädchen überhaupt nicht differenziert. Es wurde kein Unterschied gemacht zwischen der professionellen Prostituierten und der jungen Frau, die nur mit einem einzigen Deutschen befreundet und bei Kriegsende sogar mit ihm verlobt war. Die Ansteckungsgefahr war bei Prostituierten und Frauen mit vielen Sexualkontakten erheblich größer als bei den monogamen Frauen. Wenn sie sich aber bei ihrem Freund infiziert hatten, behandelte man sie ohne Zögern genauso wie erkrankte Prostituierte. Entweder sahen die Behörden darin keinen Unterschied oder sie ignorierten ihn bewusst und griffen mit harten Zwangsmaßnahmen gegen so viele Deutschenmädchen durch, wie sie irgend abwickeln konnten.

Bemerkenswert ist auch, dass nie die Rede davon war, einen Mann zu internieren, als die staatliche Gesundheitsbehörde in Kristiansand im Oktober 1945 meldete, bei Frauen habe es keinen signifikanten Anstieg der Geschlechtskrankheiten gegeben, »während bei den Männern ein gewisser Anstieg zu verzeichnen ist«. Einige Jahre später wurden norwegische Soldaten als alliierte Soldaten nach Deutschland geschickt.[88] Unter diesen Soldaten waren Syphilis und Gonorrhoe sieben- bzw. 13-mal verbreiteter als bei den Soldaten, die in Norwegen stationiert waren.[89] Dennoch riet niemals jemand dazu, diese Soldaten als gefährliche Ansteckungsquellen zu internieren.

Ganz anders bei den Deutschenmädchen, was bezeichnend für den Umgang mit diesen Frauen ist.

Rechtswidrige Freiheitsberaubung

Es steht völlig außer Zweifel, dass viele Frauen, die nach dem Krieg verhaftet und interniert wurden, rechtswidriger Freiheitsberaubung ausgesetzt waren. In vielen Fällen standen hinter den Übergriffen die örtlichen *Hjemmestyrkene* und die Polizei, aber auch staatliche Stellen wie der *Rikspolitisjef* und das *Helsedirektorat* waren beteiligt. Die vom *Rikspolitisjef* geleitete oberste Polizeibehörde versuchte allerdings, die Zahl der offenkundig rechtswidrigen Internierungen einzugrenzen. Das kann man auch vom *Helsedirektøren,* dem Leiter der obersten Gesundheitsbehörde, sagen, aber besonders im Sommer und Frühherbst 1945 hatten die staatlichen Stellen offenbar keinerlei Kontrolle darüber, wie die »Ansteckungs-Verordnung« in Norwegen tatsächlich umgesetzt wurde. Nach der Eröffnung von Hovedøya im Oktober 1945 überführte man viele Frauen aus anderen Internierungslagern dorthin, ohne dass es dafür eine Rechtsgrundlage gegeben hätte. Oft waren die Frauen nicht einmal geschlechtskrank. Es ist nicht klar, ob das dem *Helsedirektorat* bekannt war.

Im Laufe des Herbstes und Winters allerdings wurde das *Helsedirektorat* bei der Bearbeitung dieser Angelegenheiten offenbar etwas routinierter. Möglicherweise gelang es den Behörden mit der Zeit sogar, die Internierung wirklich auf Frauen zu begrenzen, von denen tatsächlich eine Ansteckungsgefahr ausging.

Die Frage, wie viele Frauen im ersten Nachkriegsjahr als Deutschenmädchen verhaftet und in Gefängnissen oder Internierungslagern gefangen gehalten wurden, wurde immer noch nicht systematisch erforscht. Die Einblicke, die wir aus den Unterlagen über Verhaftungen in Städten wie Oslo und Molde sowie aus einem Regierungsdistrikt in Ostnorwegen gewonnen haben, lassen auf landesweit hohe Zahlen schließen. Falls der ostnorwegische Distrikt Østfold mit 800 verhafteten Deutschenmädchen ein typisches Beispiel dafür sein sollte, wie viele Frauen im Verhältnis zur Gesamtbevölkerung als Deutschenmädchen angesehen wurden, dann hieße das, dass im Frühjahr und Sommer 1945 in ganz Norwegen über 14 000 Frauen festgenommen und für kürzere oder längere Zeit in Haft gehalten wurden. Hinzu kommen die längeren Internierungen, die ab Sommer 1945 organisiert wurden, vor allem nachdem die Ansteckungs-Verordnung in Kraft getreten war.

Im April 1946 wurden alle Frauen, die noch auf Hovedøya einsaßen, nach Oslo hinübergebracht und freigelassen. Damit endete eine Zeitspanne von nahezu einem Jahr, in der norwegische Behörden die überwiegend ungesetzliche Verhaftung, Gefangennahme und Internierung von vielen tausend Norwegerinnen zu verantworten hatten. Allerdings waren weiterhin in ganz Norwegen Frauen interniert, die ihren deutschen Freund geheiratet hatten.

Ausweisung nach Deutschland

»Meine Tochter […] ist, wie Sie ja wissen, in das deutsche Internierungslager bei […] gekommen. Ihr Fall soll in Kürze entschieden werden und es wäre ihr Tod, wenn sie nach Deutschland müsste. Dafür ist sie zu gut. Sie hat da unten so viel Schlimmes erlebt und durfte ihren Mann nur zwei Monate behalten. Sie müssen verstehen, dass ich mir das so zu Herzen nehme, dass ich mir bald keinen Rat mehr weiß.«

Das schrieb eine Mutter im März 1946 an eine norwegische Behörde.[90] Ihre Tochter hatte während des Krieges einen deutschen Soldaten geheiratet und war nach Deutschland umgesiedelt. Unmittelbar danach war ihr Mann gefallen und sie hatte es nach Kriegsende geschafft, wieder nach Hause zu kommen. Für die Norweger allerdings war sie deutsche Staatsangehörige und nun stand die Entscheidung an, ob sie nach Deutschland ausgewiesen werden sollte.

Es gab viele Frauen in vergleichbaren Situationen. Nach dem Krieg war es eine weit verbreitete Ansicht, dass man die Deutschenmädchen, samt ihrer Kinder, falls sie welche hatten, nach Deutschland schicken sollte. Diese Sichtweise prägte auch das Verhalten der Behörden. Im Sommer ließ beispielsweise das Justizministerium verlauten: »Von norwegischer Seite ist man daran interessiert, dass möglichst viele dieser Frauen heiraten und außer Landes kommen.«

Nach dem norwegischen Gesetz konnten norwegische Staatsbürger nicht ausgewiesen werden, und so wurde auch kein einziger Norweger ausgewiesen, der in einem Nachkriegsprozess wegen Landesverrat verurteilt wurde. Bei den Deutschenmädchen eröffnete sich allerdings eine Möglichkeit, zumindest einige tausend von ihnen des Landes zu verweisen.

Gesetzesänderung zur Ausweisung

Nach dem norwegischen Staatsbürgerrecht wurden Norwegerinnen durch die Ehe mit einem Deutschen automatisch deutsche Staatsangehörige. Ihre norwegische Staatsangehörigkeit verloren sie aber erst, wenn sie Norwegen nach der Eheschließung verließen. Daher konnte die norwegische Obrigkeit Frauen, die nach der Heirat mit ihrem deutschen Freund in Norwegen geblieben waren, nicht einfach ausweisen. Frauen, die nach ihrer Eheschließung nach Deutschland umgezogen waren oder in Deutschland geheiratet hatten, hatten ihre norwegische Staatsangehörigkeit allerdings bereits verloren. Das gab der Obrigkeit die förmliche Rechtsgrundlage, unter anderem jene Frau auszuweisen, deren Mutter dies mit dem gerade zitierten Brief zu verhindern suchte.

Wie wir sahen, hatten die Deutschen während des Krieges die

Heiratsgenehmigungen für ihre Soldaten äußerst restriktiv gehandhabt. Nur ein kleiner Teil aller norwegisch-deutschen Verlobten konnte vor Mai 1945 tatsächlich heiraten, daher wollten bei Kriegsende viele tausend Paare die Heirat endlich nachholen. Sie waren fest entschlossen, trotz des Kriegsausgangs und trotz aller zukünftigen Probleme zusammenzuhalten. Für viele Frauen aber waren eine Heirat und die Umsiedlung nach Deutschland auch eine Lösung ihrer Schwierigkeiten, da sie in ihrer Heimat für sich und ihre eventuellen Kinder keine Zukunft sahen. Hier wurden sie nun, nach dem Krieg, schikaniert und interniert, aus ihren Wohnungen vertrieben, aus ihren Arbeitsstellen hinausgedrängt, manche sogar von ihren Familien verstoßen. Viele wären vermutlich lieber in Norwegen geblieben, aber wie eine sagte: »Das Schreckliche ist, dass wir, auch wenn wir wollen, keine Arbeit bekommen, und ich, die ich mein Kind dabei haben muss, bekomme schon gar nichts.« Hinter dem Wunsch, zu heiraten und nach Deutschland zu reisen, steckte auch die Angst um die Zukunft ihres Kindes: »Ich kann es ertragen, wenn man mir wegen meiner Liebe hinterherspuckt, aber dass auch das Kind leiden soll, ertrage ich überhaupt nicht. Ich bitte Sie daher um des Kindes willen, mir bei der Ausreise nach Deutschland zu helfen.«

Im Sommer 1945 wollten also viele Deutschenmädchen heiraten und nach Deutschland umsiedeln. Genau das wollte der norwegische Staat auch, aber die Alliierten, die im besetzten Deutschland die Macht hatten, waren nicht bereit, sich in diesem kriegszerstörten Land auch noch um gebürtige Norwegerinnen und deren Kinder zu kümmern. Es war schwierig genug, Wohnraum und Verpflegung für die obdachlose deutsche Bevölkerung zu beschaffen, außerdem bereitete man sich auf die Ankunft einer großen Anzahl deutscher Kriegsgefangener vor, die nach und nach aus mehreren Ländern nach Hause kommen würden. Auch der Deutsche Oberbefehlshaber Norwegen, der nach der Kapitulation in Norwegen blieb und das Kommando über die deutschen Truppen behielt, bis diese das Land verließen, wollte angesichts der Situation in Deutschland nicht, dass

Frauen und Kinder dorthin umzogen. Schon am 14. Mai, also nicht einmal eine Woche nach der Kapitulation, bat ein internierter deutscher General, die Vorgehensweise hinsichtlich norwegisch-deutscher Eheschließungen zu klären, und äußerte Vorbehalte, sie zu gestatten. Viele Soldaten, so der General, begründeten ihr Heiratsgesuch jetzt einerseits damit, dass sie dem erwarteten Kind den Schutz einer Familie geben wollten, und andererseits mit dem Wunsch, ihre norwegische Freundin vor den Anfeindungen ihrer Landsleute zu beschützen. Der General hingegen war der Meinung, dass das Deutsche Reich diesen Frauen derzeit den erhofften Schutz nicht bieten könnte und das weitere Schicksal ihrer Ehemänner äußerst ungewiss sei. Er gab auch zu bedenken, dass die Verschickung der Frauen nach Deutschland gefährlich und ihre Versorgung in keinster Weise gesichert sei. Abschließend wies er auf Folgendes hin:

»Alle alliierten Pressestimmen zeigen eindeutig die großen Schwierigkeiten der Ernährung in dem übervölkerten Deutschland. In solchen Fällen geht auch die Ehefrau, und in ganz besonderem Maße eine nicht deutsche Ehefrau, dem gleichen ungewissen und schweren Schicksal entgegen.«

Trotz solch deutlicher Warnungen arbeiteten die norwegischen Stellen energisch darauf hin, möglichst viele Deutschenmädchen nach Deutschland ausweisen zu können. Als erster Schritt musste erreicht werden, dass norwegisch-deutsche Eheschließungen erlaubt wurden, denn durch ihre Heirat wurden die Frauen automatisch deutsche Staatsangehörige und sobald sie das Land verließen, verloren sie ihre norwegische Staatsangehörigkeit.

Schon am 18. Mai, also keine zwei Wochen nach der Kapitulation, hatte der Deutsche Oberbefehlshaber Norwegen alle deutschen Einheiten in Norwegen informiert, dass Eheschließungen zwischen deutschen Soldaten und Norwegerinnen vorläufig nicht möglich seien. Auslöser dafür war die Meldung, dass nach Kriegsende in ganz

Norwegen deutsche Richter norwegisch-deutsche Paare trauten. Es war unklar, ob diese Trauungen überhaupt gültig waren, zugleich aber hatte die Führung der internierten Deutschen keinerlei Befugnis, solche Eheschließungen zu verbieten. Verbote, die internierte Soldaten oder norwegische Staatsangehörige betrafen, konnten nur noch von den Alliierten und den Norwegern verhängt werden. Mitte Juni nahm der Oberbefehlshaber das zur Kenntnis und beließ es bei dem Rat, nur solchen Paaren die Eheschließung zu erlauben, die vor dem 1. April 1945 ein Heiratsgesuch gestellt oder bereits ein gemeinsames Kind hatten.

Auch bei einem gleichzeitig stattfindenden Treffen zwischen den Alliierten und den Vertretern der norwegischen Regierung kamen die norwegisch-deutschen Eheschließungen zur Sprache. Während die Norweger sie erlauben wollten, äußerten sich die Alliierten diesbezüglich zunächst nicht. Möglicherweise mussten die Vertreter der Alliierten diese Frage zunächst mit übergeordneten Instanzen in ihren jeweiligen Heimatländern klären. Es dauerte lange, bis die Alliierten Stellung bezogen, und weder Anfragen des Justizministeriums noch des Verteidigungsministeriums oder der Norwegischen Militärmission führten zunächst weiter. Ohne von den Alliierten eine Antwort erhalten zu haben, schickte das Justizministerium am 17. Juli an alle *Fylkesmenn* Norwegens ein Rundschreiben über »Eheschließungen zwischen Norwegerinnen und deutschen Staatsbürgern (Soldaten)«, in dem es hieß, es gebe kein norwegisches Gesetz, das solchen Paaren die Heirat verbiete. Die Trauung müsse allerdings von einem norwegischen Standesbeamten vollzogen werden, da die deutschen Einheiten, die noch im Land waren, dazu nicht befugt seien.

Damit war eine völlig chaotische Situation entstanden. Drei Tage, bevor der Justizminister dieses Rundschreiben herausgab, hatten die Alliierten im Raum Trondheim erklärt, norwegisch-deutsche Trauungen seien verboten. Vier Tage nach dem Rundschreiben des Justizministeriums schickte das Oberkommando der Alliierten in Norwegen eigene Richtlinien zu den norwegisch-deutschen Ehen hinterher. Danach durften Paare nur dann die Eheerlaubnis erhalten und zusammen nach Deutschland reisen, wenn sie entweder bereits ein Kind hatten oder die Frau vor dem 1. August 1945 schwanger geworden war. Darüber hinaus konnten die Alliierten Eheschließungen erlauben, wenn besondere Umstände vorlagen. Damit nahmen die Alliierten eine mittlere Position ein zwischen den Deutschen, die alle Ehen verbieten, und den Norwegern, die möglichst viele Ehen erlauben wollten. Die Alliierten knüpften die Heiratserlaubnis an Bedingungen, nämlich gemeinsame Kinder oder eine bestehende Schwangerschaft, und wollten im Prinzip »Eheschließungen nur in diesen äußerst begrenzten Einzelfällen erlauben«. Wenige Tage später gab dann die Leitung der amerikanischen Streitkräfte in Norwegen bekannt, dass »dieses Hauptquartier grundsätzlich jedem Heiratsgesuch stattgeben wird, wenn die Beteiligten heiraten möchten«. So wurde es dann offenbar im Sommer und Herbst 1945 tatsächlich gehandhabt, aber die Situation muss für norwegisch-deutsche Paare, die in diesen Monaten heiraten wollten, sehr verwirrend gewesen sein.

Für die norwegischen Behörden hingegen klärte sich die Situation. Trotz formal sehr strenger Bedingungen hatten die Alliierten norwegisch-deutsche Hochzeiten im Prinzip erlaubt. Nun musste in einem nächsten Schritt sichergestellt werden, dass die Frauen nach der Heirat das Land verlassen würden. Beim Treffen mit den Alliierten im Juni 1945 hatten norwegische Regierungsvertreter mitgeteilt, dass Frauen, die deutsche Soldaten heirateten, nach Deutschland umziehen durften. Man werde sie nicht ausweisen, aber wenn sie Norwegen verließen, würden sie ihre norwegische Staatsangehörigkeit verlieren.

Das war am 1. Juni. Gut zwei Monate später, am 17. August 1945, verabschiedete die Regierung einen Erlass als Zusatz zum Staatsbürgergesetz. Danach verlor jeder, der »zwischen Kriegsausbruch und Kriegsende die Staatsangehörigkeit eines feindlichen Staates« erworben hatte, seine norwegische Staatsangehörigkeit. Die bisherige

Bestimmung, wonach das erst beim Verlassen des Landes der Fall war, wurde außer Kraft gesetzt.

Die Formulierung war sehr allgemein gehalten, bedeutete aber, dass jene Frauen, die ihren deutschen Freund geheiratet und damit ihre norwegische Staatsangehörigkeit verloren hatten, als deutsche Staatsangehörige nun umgehend ausgewiesen werden konnten.

Der Erlass galt rückwirkend ab Kriegsausbruch bis Kriegsende, was sich aber keineswegs auf den Mai 1945, sondern auf einen künftigen Friedensvertrag bezog. Damit konnten nun nicht nur jene Norwegerinnen, die während des Krieges geheiratet hatten und nach Deutschland umgesiedelt waren, auf vorgeblich legale Weise ausgewiesen werden, sondern auch alle, die seit der Kapitulation geheiratet hatten. Mit einem Erlass oder Gesetz in der Vergangenheit liegende Sachverhalte zu regeln, gilt als fragwürdig. In diesem Fall verging überdies vom In-Kraft-Treten bis zur Bekanntgabe des Erlasses viel Zeit, bis alle betroffenen Frauen von den Konsequenzen einer Heirat erfuhren. Am 31. August, der Erlass war schon zwei Wochen wirksam, bekam eine Norwegerin, die sich nach den Folgen einer Heirat ihres Freundes erkundigt hatte, von den Alliierten folgende Auskunft: »Nichts kann Sie daran hindern, weiterhin zu Hause bei Ihren Eltern zu wohnen. Solange Sie hier im Land wohnen, sind Sie norwegische Staatsangehörige.« Einer anderen Frau wurde am 12. September 1945 mitgeteilt, sie verliere ihre norwegische Staatsangehörigkeit erst, wenn »sie jenseits der Landesgrenzen sei«. Noch Ende September, also über einen Monat nach In-Kraft-Treten des Erlasses, versicherten die Alliierten einer Betroffenen, sie könne »in Norwegen bleiben, auch wenn Sie Ihren Verlobten heiraten«. Erst Mitte November informierte der norwegische Staat in einem landesweiten Rundschreiben über die neue Regelung. Es vergingen also vier Monate zwischen dem Rundschreiben vom 17. Juli, mit dem das Justizministerium mitteilte, dass Ehen zwischen Deutschen und Norwegerinnen zulässig seien, und der Nachricht, dass jede Norwegerin dadurch automatisch ihre norwegische Staatsangehörigkeit verlieren und des Landes verwiesen werden würde. In diesen Monaten hatten Hunderte von Norwegerinnen ihren deutschen Freund geheiratet. Und obwohl manche Frauen auf konkrete Anfragen über die Konsequenzen einer Eheschließung falsche Auskünfte bekommen hatten, wurden sie nach Deutschland ausgewiesen.

Im Dezember 1946, also fast anderthalb Jahre nach Verabschiedung durch die Regierung und Umsetzung durch die Behörden wurde die Bestimmung vom norwegischen Parlament als Zusatz zum Staatsbürgerrecht verabschiedet. In ihrer Gesetzesvorlage machte die Regierung keinen Hehl daraus, dass die Frauen damit bestraft werden sollten: »Die überwiegende Zahl dieser verheirateten Frauen hatte Umgang mit Soldaten und Zivilangehörigen der Okkupationsmacht und hat sich folglich höchst unwürdig benommen. Da sie mit einem Deutschen die Ehe eingegangen sind, sollten auch ihre politischen Bande zu Norwegen zerrissen werden. Und es wird als überaus wünschenswert angesehen, dass sie unser Land so bald als möglich verlassen.« Es war auch die Rede von der »Verbitterung«, die der »Verrat« der Deutschenmädchen ausgelöst habe. Wenn man schon nicht alle loswerden konnte, dann wenigstens jene, die einen Deutschen geheiratet hatten. Dazu wurde das Gesetz geändert. In der Begründung der Gesetzesvorlage schränkte die Regierung ein, dass von dieser Bestimmung, selbst wenn sie »bis Kriegsende«, also dem Friedensvertrag mit Deutschland, Gültigkeit hatte, Ausnahmen möglich seien. Entscheidend war, dass die Bestimmung so lange galt, bis die Obrigkeit »alle des Landes verwiesen hat, die man nicht zu behalten wünscht«. Wenn das vor dem offiziellen Friedensvertrag mit Deutschland erreicht war, konnte der Erlass auf Verwaltungsebene aufgehoben werden. Sollte es allerdings zu einem Friedensvertrag kommen, bevor »alle unerwünschten Individuen außer Landes sind«, konnte er auch verlängert werden.

Das Gesetz wurde im *Storting,* dem norwegischen Parlament, mit einer Gegenstimme verabschiedet. Es löste auch außerhalb des *Storting* kaum Debatten aus, wenngleich es einige Reaktionen gab.

Der *Norske Kvinners Nasjonalråd*[91] bezeichnete das Gesetz als Rückschlag für die Rechte der Frau und konstatierte, die Regierung sehe Frauen offenbar nur als »Anhängsel ihrer Ehemänner«. Juristen kritisierten zum einen, dass dieses Gesetz auch rückwirkend galt, vor allem, da die norwegische Verfassung dies explizit ausschließt, und zum Zweiten, dass gegen die Ausweisungen keine Rechtsmittel eingelegt werden konnten. Kritisiert wurde auch, dass durch dieses Gesetz ein anonymes Kollektiv pauschal verurteilt wurde, während es bei einer strafrechtlichen Aufarbeitung üblich ist, jeden einzelnen Fall zu beurteilen und den Beschuldigten ein Anhörungsrecht zu gewähren, um so die besonderen Umstände eines jeden Falles würdigen zu können. Und es wurde bemängelt, dass nur die Deutschenmädchen ausgewiesen wurden, die ihren deutschen Freund geheiratet hatten, während alle anderen, die ihre Verhältnisse nicht legalisiert hatten, im Land bleiben durften.

Der Juraprofessor Johs. Andenæs bewertete den Erlass als »nicht statthafte Ungleichbehandlung von Frauen«. Seiner Ansicht nach sei es »für einen norwegischen Mann ebenso unwürdig, eine deutsche Frau zu heiraten. Bei ihm aber verhält es sich so, dass er seine norwegische Staatsangehörigkeit behält.« Der Unterschied lag in der offenkundigen Ungleichbehandlung von Männern und Frauen begründet, denn ein Mann, der eine Ausländerin heiratete, »erwarb« nicht deren Staatsangehörigkeit, daher traf der Erlass auf Norweger, die Deutsche heirateten, nicht zu. Nach dem Krieg waren den norwegischen Behörden 28 Norweger bekannt, die im Laufe des Krieges eine Deutsche geheiratet hatten. Es handelte sich unter anderem um Norweger, die als Soldaten mit den Deutschen an der Ostfront gekämpft hatten. Bei einigen Paaren bestand der Verdacht einer Scheinehe. Hier wurde jeder einzelne Fall genauestens darauf untersucht, ob es eine Handhabe gab, die Frau, die durch ihre Heirat norwegische Staatsangehörige geworden war, auszuweisen. Die Gesetze schlossen es allerdings aus, den Männern die Staatsangehörigkeit abzuerkennen und sie auszuweisen.

Einer der *Storting*-Abgeordneten, der in dieser Sache der überwältigenden Mehrheit angehörte, erläuterte, der Erlass gelte »für alle, die im Krieg die Staatsbürgerschaft des Feindesstaates erlangt haben. Männer wie Frauen. Und das Gesetz ist wie alle Gesetze für die Zukunft gemacht.« Das Ministerium, das zunächst den Erlass und dann die Gesetzesvorlage ausgearbeitet hatte, äußerte sich über die Absichten allerdings eindeutiger. Im Rundschreiben an die *Fylkesmenn* vom Herbst 1945 heißt es unter anderem, der Erlass ziele in erster Linie »auf Norwegerinnen ab, die während des Krieges die Ehe mit einem Deutschen geschlossen haben«. Ende September 1945 hatte auch Sozialministerin Kirsten Hansteen unmissverständlich gesagt, »dass Frauen, die durch Heirat die deutsche Staatsangehörigkeit erworben haben, Norwegen schleunigst verlassen sollen«.

Viele der Frauen befanden sich nach Kriegsende in einer Lage, in der es ihnen tatsächlich wünschenswert erschien, ihre Heimat zu verlassen. Dennoch kann man im Erlass vom Herbst 1945 schwerlich etwas anderes sehen als eine »Bestrafung« der Deutschenmädchen durch den norwegischen Staat. Es ist eine Sache, sein Land freiwillig zu verlassen, eine völlig andere, regelrecht ausgewiesen zu werden. Es steht außer Frage, dass der Staat mit dieser Änderung des Staatsbürgerrechts auf formell legale Weise eine beträchtliche Anzahl Deutschenmädchen loswerden wollte. Es wurde keine Rücksicht darauf genommen, dass die Frauen damit härter bestraft wurden als viele andere, deren Fall im Rahmen der strafrechtlichen Aufarbeitung vor einem Gericht verhandelt wurde. Sie wurden ausgebürgert und in eine ungewisse Zukunft geschickt, in ein Deutschland, das in Trümmern lag.

»Ich fühle mich meiner Braut und dem Kinde gegenüber verpflichtet«

Zum Zeitpunkt der Kapitulation befanden sich über 350 000 Deutsche in Norwegen. Die Alliierten hatten bereits Pläne für deren Internierung und späteren Rücktransport ausgearbeitet. Die Kommandostruktur der Deutschen in Norwegen war zum überwiegenden Teil intakt geblieben und wurde nun in diese Pläne eingebunden. Ein deutscher Befehlshaber sollte die Kommandos der Alliierten weiterleiten und ausführen. Das Land wurde in fünf Zonen und diese wiederum in Reservationen mit mehreren Internierungslagern aufgeteilt. Die internierten Deutschen verwalteten sich selbst und mussten bis zu ihrem Heimtransport den überwiegenden Teil der Internierung in den Zonen und den Lagern selbst organisieren.

Die ursprünglichen Pläne der Alliierten sahen vor, dass alle Deutschen Norwegen bis Ende Oktober 1945 verlassen haben sollten. Es zeigte sich rasch, dass das praktisch nicht durchführbar war. Im Laufe des Spätsommers und Herbstes fuhren die meisten Soldaten nach Hause, aber es war absehbar, dass etwa 40 000 Personen aus dem Teil Deutschlands, der nun von den Sowjets besetzt war, in Norwegen überwintern mussten. Einige Deutsche, die nach dem Krieg spezielle Aufgaben wie z. B. Minenräumung ausführen mussten, blieben noch länger im Land, manche bis Sommer 1947.

Kaum hatten die Deutschen im Mai 1945 kapituliert, schmuggelten sich viele Norwegerinnen auf der Suche nach ihrem Freund in die deutschen Internierungslager. Die Frauen mit Heiratsplänen fürchteten, dass die Wehrmacht das Land umgehend verlassen würde und sie dadurch den Kontakt zu ihrem Freund verlieren könnten, von dem sie schwanger waren oder ein Kind hatten. Viele, die den Gesuchten fanden, zogen zu ihm. Eine ganze Reihe Norwegerinnen wollte in den deutschen Lagern bleiben, um vor den Verfolgungen durch ihre Landsleute geschützt zu sein, oder weil sie für die Deutschen gearbeitet hatten und nun nicht wussten, wohin sie gehen sollten.

Aber auch viele deutsche Soldaten versuchten beharrlich, die Verbindung zu ihrer norwegischen Freundin aufrechtzuerhalten. Einige hatten ihre Einheit bereits vor der Kapitulation verlassen und sich bei ihren Freundinnen versteckt, bis sie sich entweder selbst stellten oder von den *Hjemmestyrkene* und der Polizei aufgespürt wurden. Anderen gelang es, den Sommer und Herbst mit ihrer Freundin zu verbringen. So verließ ein Soldat am 7. Mai seine Einheit und fuhr zu seiner Verlobten. Sie stammte aus einem anderen Teil des Landes, hatte aber in seiner Nähe eine Stelle angenommen. Noch am gleichen Tag kamen sie mit einem Küstendampfer bis Trondheim, am Tag der Kapitulation reisten sie weiter bis Kristiansund, wo sie offenbar bei ihren Eltern wohnten. Das ging gut, bis das Paar Anfang August in einen Nachbarort fuhr. Dort traf der Mann einen deutschen Bekannten, der in diesem Dorf nicht in einem Lager, sondern in so genannter »offener Internierung« war und daran Anstoß nahm, dass der Mann in Zivil gekleidet war. Kurz darauf wurde er von norwegischen Soldaten verhaftet und zwei Wochen später in das Osloer Internierungslager Sognsvann überführt. Das Paar heiratete übrigens im September. Ein anderer Deutscher berichtete: »Ich verließ meine Einheit am 22.5.1945 und wohnte bis zum 11.7.1945 in Oslo bei einer Norwegerin, mit der ich zwei Kinder habe.«

Viele Deutsche befürchteten, dass sie bald in ihre Heimat geschickt würden und dadurch die Verbindung zu ihrer norwegischen Verlobten verlieren könnten. Einer verließ im August sein Lager in Gol, als ihm zu Ohren kam, dass das Lager aufgelöst und alle Internierten nach Deutschland überführt werden sollten. Danach versteckte er sich bei seiner Verlobten. Sie wollten heiraten, hatten aber noch nicht alle Papiere zusammen. Er wohnte einen Monat lang bei ihr, dann wurde er von der norwegischen Polizei verhaftet und ins Lager Sognsvann geschickt. Als die *Hjemmestyrkene* im Juli in Oslo einen Deutschen verhafteten, gab dieser zu Protokoll: »Musste mit meiner Verlobten sprechen, betr. Heirat.«

Wie erwähnt, wollten die Befehlshaber der internierten Deutschen bis auf weiteres ein Verbot norwegisch-deutscher Eheschließungen. Sie sorgten sich, wie es den Norwegerinnen im zerstörten Deutschland ergehen würde. Als sie das Heiratsverbot nicht durchsetzen konnten, appellierten die deutschen Befehlshaber aufs Eindringlichste an ihre Soldaten, sehr genau abzuwägen, ob sie heiraten und ihre norwegische Ehefrau nach Deutschland mitnehmen wollten:

»Über die trostlosen Zustände in Deutschland herrschen nicht überall die richtigen Vorstellungen. Ein ungeheures Wohnungselend und ein gewaltiger Mangel an Lebensmitteln, Brennmaterial, Kleidung und den meisten Verbrauchsgegenständen beherrschen das Leben in unserem Vaterlande. Jeder Soldat muss es sich ernstlich überlegen, ob er eine geliebte Frau in dieses Elend hineinführen soll. Jede Norwegerin muss es sich überlegen, ob sie freiwillig noch jetzt eine Ehe mit einem deutschen Soldaten eingehen und mit ihm dieses Elend teilen soll.«

Dieses Schreiben sandte der Deutsche Oberbefehlshaber Norwegen im Oktober 1945 an die deutschen Befehlshaber der fünf Zonen, mit der Bitte, seinen Inhalt allen deutschen Soldaten und norwegischen Frauen, die heiraten wollten, zur Kenntnis zu bringen. In ihren Gesuchen erwähnten allerdings mehrere Soldaten ausdrücklich, sie und ihre Verlobte seien sich der ungewissen Zukunft bewusst, die sie in Deutschland erwartete, wollten aber dennoch heiraten.

Ein Soldat, der seine norwegische Verlobte seit 1942 kannte, schrieb: »Ich habe meine Braut auf die schwierige Zukunft in Deutschland aufmerksam gemacht, doch sie ist fest entschlossen nach erfolgter Heirat mit mir nach Deutschland zu fahren.« Andere führten an, dass für Frauen mit einem deutschen Freund auch die Zukunft in Norwegen ungewiss sei. Das schrieb z. B. ein Deutscher, der seit Juni 1944 mit einer Norwegerin verlobt war und ihr die Ehe versprochen hatte. Sie hatte vom Januar 1944 bis April 1945 für die Deutschen gearbeitet. »Aus diesem Grunde hat sie Schwierigkeit wieder Arbeit zu bekommen. Obwohl ich mir darüber klar bin, dass zzt. in Deutschland schwierige Lebensverhältnisse bestehen, sehe ich mich trotzdem veranlasst, mein Versprechen aufrecht zu halten.«

Immer wieder beteuerten Soldaten, dass sie sich an ihr Eheversprechen gebunden fühlten und die Verpflichtung hätten, ihre Freundin und das eventuelle Kind in dieser schwierigen Lage nicht sich selbst zu überlassen. Ein Soldat schrieb in seinem Gesuch: »Die Eltern meiner Verlobten hoffen, dass wir heiraten dürfen. Sollte das Gesuch abgewiesen werden, ist die Zukunft meiner Verlobten völlig ungewiss, denn ihre Beziehung zu mir ist allgemein bekannt.« Das galt auch für ein anderes Paar, das seit drei Jahren zusammen war und bereits ein Kind hatte:

»Meiner Braut entstehen infolge der augenblicklichen Verhältnisse hierdurch grössere Schwierigkeiten. Ich fühle mich meiner Braut und dem Kinde gegenüber verpflichtet, für ihr späteres Leben zu sorgen und bitte daher nochmals um die Erteilung der Heiratserlaubnis, damit meine Verlobte mit dem Kinde nach Deutschland übersiedeln kann.«

Ein Soldat, der ebenfalls um Heiratserlaubnis bat, fühlte sich aus einem ganz anderen Grund verpflichtet. Er und seine Braut kannten sich seit 1943, waren aber nicht von Anfang an ein Paar gewesen: »Meine Braut hat von einem gefallenen Kameraden ein Kind von zehn Monaten.« Nun wollte der Soldat die Freundin seines verstorbenen Kameraden heiraten und sich um Frau und Kind kümmern. In einigen Fällen hatten offensichtlich einsame Seelen zueinander gefunden. Ein Soldat schrieb: »Bei dem Tode meiner Eltern und Geschwister im November 1944 habe ich mich mit […] verlobt, und dabei sind wir zu der Übereinstimmung gekommen, dass wir heiraten wollen.«

Einige Frauen sagten ausdrücklich, dass ihnen bewusst sei, wie schwierig die Zukunft im zerbombten Deutschland werden könnte. Eine legte im November 1945 ihrem Heiratsgesuch einen Brief ihres Pfarrers bei, in dem dieser schreibt, dass er sowohl die Antragstellerin als auch ihre Familie als ehrbare Leute kenne und der Vater der Braut über ihren deutschen Verlobten »mit Achtung und Vertrauen« gesprochen habe. Und weiter: »Sie sagt, sie rechne mit großen Schwierigkeiten, erklärt aber, ihn unter den gegenwärtigen Umständen nicht im Stich lassen zu wollen.«

»Unsere Büros
drohen in reine Hochzeitsbüros auszuarten«

Nachdem sie seit 1942 fest befreundet und seit Frühjahr 1943 Eltern eines Kindes waren, hatten ein Deutscher und eine Norwegerin den ganzen verbleibenden Krieg über versucht, eine Heiratsgenehmigung zu erhalten, die erforderlichen Formalitäten aber erst unmittelbar vor der Kapitulation regeln können. Sie arbeitete als Näherin in der Kompanie ihres Freundes in Nordnorwegen und erhielt Mitte April 1945 von einem Arzt in einem deutschen Lazarett in Narvik das »Ehetauglichkeitszeugnis«, noch am 3. Mai wurde ihrem Verlobten das entsprechende Zeugnis ausgestellt. Am Tag der deutschen Kapitulation, dem 8. Mai 1945, ging das Paar zu einem deutschen Militärrichter in Narvik und ließ sich von ihm – mit zwei deutschen Unteroffizieren als Zeugen – trauen.

Sie waren nicht die Einzigen, die heirateten, kaum dass die Deutschen kapituliert hatten. Offenbar ließen nun einige deutsche Militärrichter und Pfarrer sehr gern all jene Formalitäten beiseite, die in den Kriegsjahren vor einer Heirat erfüllt sein mussten. Bei einer Marineeinheit in Trondheim z. B. traute ein Feldpriester am 8. Mai, dem Tag der Befreiung, nicht weniger als elf norwegisch-deutsche Paare. Wie erwähnt, verfügte der Deutsche Oberbefehlshaber (Norwegen) Mitte Mai in einem Rundschreiben, dass norwegisch-deutsche Ehen bis auf weiteres nicht geschlossen werden dürften, was aber wenig Wirkung zeigte. Viele deutsche Soldaten kümmerten sich nicht um das Heiratsverbot und Verstöße wurden nicht schwer bestraft. So erhielt ein Deutscher, dessen Freundin schwanger war, drei Tage Arrest, als seine Vorgesetzten erfuhren, dass er beim Amtsrichter in Tromsø geheiratet hatte. Ein anderer bekam von seinem Vorgesetzten sieben Tage Arrest dafür, ohne Erlaubnis der Alliierten geheiratet zu haben.

Allein im Mai schlossen deutsche Standesbeamte in Norwegen 211 norwegisch-deutsche Ehen. Im Sommer und Herbst 1945 war die Lage hinsichtlich der Bearbeitung von Heiratsgesuchen etwas unklar. So teilten die *Hjemmestyrkene* in Elverum Ende Juli dem Distriktskommando Østlandet des Verteidigungsministeriums mit: »So, wie es jetzt ist, herrscht das reine Chaos. Unsere Büros in Elverum und Våler drohen in reine Hochzeitsbüros auszuarten.«

Nach der Kapitulation waren sehr viele Ämter mit den Eheschließungen befasst. Alliierte wie norwegische Stellen wurden mit Heiratsgesuchen überschwemmt und auch die deutschen Befehlshaber der fünf Zonen bearbeiteten viele Fälle. Bis zum 10. August waren mindestens 569 norwegisch-deutsche Paare getraut worden. Zehn Tage später, am 20. August, waren es schon 653, am 1. September 727 – und die Zahl stieg weiter. Es kam eine Flut von Heiratsgesuchen aus dem ganzen Land, allein das Bezirkskommando Østlandet verzeichnete Ende Oktober 1945 über 700. Wie viele Ehen bis zum Heimtransport des letzten Deutschen 1947 tatsächlich geschlossen wurden, ist unbekannt, Schätzungen sprechen von 1000 bis 3000.

Vielen Schwangeren war es sehr wichtig, noch vor der Geburt des Kindes zu heiraten. Die norwegischen Behörden und die Alliierten gaben sich in manchen Fällen größte Mühe, diesem Wunsch zu entsprechen. So fuhr im September 1945 ein norwegischer Offizier aus der Zone Oslo eine Frau persönlich nach Larvik, wohin auch ihr Verlobter gekommen war, damit sie dort getraut werden konnten. Der norwegische Offizier merkte in seinem Bericht etwas ironisch an, nach vollzogener Trauung habe »die Braut im Seitenwagen eines deutschen Motorrades Platz genommen, während sich der Bräutigam auf den Rücksitz schwang. Zusammen fuhren sie glücklich ins Lager Briesen. Dort wird Lagerkommandant Hauptmann Röhrich für sie vermutlich ein nettes kleines Fest ausrichten.«

Viele konnten nicht mehr heiraten

In diesen ersten Nachkriegsmonaten wurden zwar zahlreiche norwegisch-deutsche Paare getraut, doch vielen Heiratswilligen gelang das aus unterschiedlichen Gründen nicht. Der wichtigste Hinderungsgrund war wohl, dass eine Eheschließung nur möglich war, wenn sich der Soldat noch in Norwegen aufhielt. Die Alliierten erlaubten Norwegerinnen nicht, ihrem Freund nach Deutschland nachzureisen, um ihn dort zu suchen und zu heiraten. Das führte dazu, dass viele Frauen im Sommer und Herbst 1945 die deutschen Lager im ganzen Land geradezu verzweifelt nach ihrem Freund absuchten. Es gab zwar eine Anweisung, wonach Deutsche, die ein Heiratsgesuch gestellt hatten, bis zur Entscheidung über das Gesuch und ihre Eheschließung in Norwegen »festgehalten« werden sollten, aber es kam doch vor, dass Einzelne verlegt und in manchen Fällen auch nach Hause geschickt wurden, bevor sie geheiratet hatten.

Für manche Paare wurde die ersehnte Heirat ein Wettlauf mit der Zeit, den einige vor dem Heimtransport der Männer gewannen, andere nicht. Im Oktober 1945 half der deutsche Kommandant der Zone Trondheim einer Frau auf Durchreise, die versuchte, mit einem Truppentransport von Alta über Tromsø und Trondheim nach Deutschland Schritt zu halten. Als die Vorbereitungen für die Trauung abgeschlossen waren, war ihr deutscher Verlobter durch einen Irrtum plötzlich Richtung Deutschland in Marsch gesetzt worden und die Frau reiste nun hinterher, um ihn noch zu erreichen, bevor er das Land verließ. In Tromsø kam sie zu spät, konnte aber die dortige

Zonenleitung dazu bewegen, an die Zonenleitung Trondheim zu telegrafieren: »[…] ist bei Eintreffen in Drontheim [sic] aufzuhalten, da seine Verlobte sich zzt. auf der Fahrt von Tromsø nach Drondheim [sic] zwecks Heirat befindet«.

In anderen Fällen waren die deutschen Männer bei Kriegsende nicht mehr in Norwegen und ihre norwegischen Freundinnen unternahmen verzweifelte Versuche, um nach Deutschland reisen und heiraten zu können. Das galt z.B. für eine Frau, die im August 1945 beantragte, zu dem Mann, mit dem sie seit drei Jahren verlobt war, nach Deutschland reisen zu dürfen. Sie hatten in den beiden letzten Kriegsjahren vergebens versucht zu heiraten. Sie schreibt in ihrem Gesuch, sie hätten ein Kind, das 1944 zur Welt gekommen sei, und sie »erwarte zu Weihnachten das zweite, es geht also darum, dass ich nach Deutschland komme. Ich habe keine Unterstützung und bin von meiner Familie abhängig, aber sie kann das auf Dauer nicht schaffen, darum muss ich Verbindung bekommen zu meinem Verlobten […] Mein Verlobter fuhr vier Wochen, bevor der Frieden kam, auf Urlaub nach Hause und hätte am 5. Mai wieder hier sein sollen. Er fuhr nach Hause zu seinem kranken alten Vater und zur Beerdigung seiner Mutter, aber der Frieden kam und darum hat er es nicht geschafft, zurückzukommen.«

Auch bei anderen verhinderte das Kriegsende die Eheschließung. Eine Norwegerin war während des Krieges nach Deutschland gezogen, um ihren deutschen Verlobten, der auch der Vater ihres Kindes war, zu heiraten. Eine Heirat vor der Kapitulation war nicht mehr möglich, weshalb sie danach aber ihre Bestrebungen in Deutschland fortsetzten. Nun verlangten allerdings die deutschen Behörden weitere Unterlagen von ihr. Im Oktober 1945 gelang es ihr, nach Norwegen einzureisen, um diese zu beschaffen, während das Kind beim Vater in Deutschland geblieben war. In Norwegen aber erhielt sie von den Alliierten keine Erlaubnis, mit den Papieren nach Deutschland zurückzukehren, weil sie unverheiratet und daher noch norwegische Staatsangehörige war.

Viele fanden sich in ähnlich verzweifelten Situationen wieder und es kam, wenn auch äußerst selten, vor, dass die Alliierten dem Wunsch der Frau entsprachen, zu ihrem Freund nach Deutschland reisen zu dürfen. Ein solcher Ausnahmefall war eine Norwegerin, die drohte, sich und ihre beiden Kinder umzubringen, wenn man sie nicht reisen lasse. Der Vater der Kinder gehörte zu den ersten Soldaten, die nach der Kapitulation nach Hause geschickt worden waren, und seine Verlobte unternahm nun alles nur Erdenkliche, um wieder mit ihm zusammenzukommen. Ihre Lage war besonders schwierig. Ihre Eltern hatten den Kontakt zu ihr abgebrochen und als bekannt wurde, dass sie zwei »deutsche« Kinder hatte, wurde ihr im Laufe des Sommers zweimal gekündigt. Nun konnte sie sich und die Kinder nicht mehr ernähren und sah keinen anderen Ausweg, als in eines der Internierungslager zu ziehen, bis sie nach Deutschland gehen konnte. Die deutsche Zonenleitung nahm sich der Sache an und holte unter anderem Auskünfte über ihren Verlobten ein. Seine Vorgesetzten, die noch in Norwegen waren, stellten ihm gute Zeugnisse aus und waren überzeugt, dass er zu seinem Eheversprechen stehen und die Frau und seine Kinder versorgen werde. Offenbar befürchteten die Alliierten, die Frau könne ihre Drohung, sich und ihre Kinder zu töten, wahrmachen, und ließen alle drei nach Deutschland ausreisen.

Eine Frau mit Kind, die unmittelbar vor der Kapitulation hatte heiraten wollen, ging das Problem grundsätzlicher an:

> »Erlaube mir hiermit anzufragen, ob man den norwegischen Mädchen, deren Verlobte in Deutschland sind, nicht die Erlaubnis geben kann, jetzt nach Deutschland zu reisen, damit auch diese Mädchen die Ehe eingehen können. Es ist ungerecht, dass nur die Mädchen, die ihren Verlobten hier in Norwegen haben, die Gelegenheit bekommen sollen, die Ehe einzugehen […] Es gibt viele solche Mädchen hier in Norwegen, die ihren Verlobten in Deutschland haben und die darauf warten, dass auch für sie eine Regelung gefunden wird.«

Die norwegischen Behörden teilten die Auffassung dieser Frau vermutlich weitestgehend, wenn auch sicher weniger aus einem Gerechtigkeitsgefühl heraus als aus der taktischen Überlegung, wie man möglichst viele Deutschenmädchen außer Landes schicken könnte. In einem internen Vermerk des Justizministeriums vom Sommer 1945 heißt es:

»Sehr viele Frauen wurden an einer Heirat gehindert, weil ihr Freund bereits nach Deutschland transportiert oder schon vor der Kapitulation verlegt wurde. Sie laufen nun von Pontius zu Pilatus und hoffen auf Hilfe, um mit ihrem künftigen Ehemann in Verbindung zu kommen. Offenbar aber ohne besonderen Erfolg. Meiner Meinung nach sollte man untersuchen, ob hier nicht etwas unternommen werden kann. Von norwegischer Seite ist man ja daran interessiert, dass möglichst viele von ihnen heiraten und verschwinden. Wenn es zu lange dauert, sinken die Aussichten auf Heirat!« Im Oktober 1945 nahm das Justizministerum die Sache erneut auf und beteuerte, dass die norwegische Regierung »es sehr gern sähe, wenn Norwegerinnen, die mit Deutschen verlobt sind und nach Deutschland reisen möchten, um dort zu heiraten, die Gelegenheit dazu bekämen«.

Doch die Alliierten entsprachen den norwegischen Wünschen nicht. Daher erhielten viele Frauen den Bescheid, sie müssten warten, bis die normalen Post- und Reiseverbindungen mit Deutschland und Österreich wieder funktionierten, und sich dann wegen der Heirat mit ihrem deutschen Freund in Verbindung setzen. Für die meisten bedeutete das vermutlich, dass aus den Heiratsplänen nichts wurde. Als die Erlasse allgemeiner bekannt wurden, verzichteten sicher auch viele Frauen, die wussten, dass ihr Freund nicht mehr in Norwegen war, auf einen Ausreiseantrag. Das war wohl der Hauptgrund, warum nach dem Krieg nicht noch mehr norwegisch-deutsche Ehen geschlossen wurden.

Einige Gesuche wurden mit Hinweis auf die Verordnung der

Alliierten vom Juli 1945 abgewiesen, wonach nur Paare heiraten durften, wenn sie bereits ein Kind hatten oder die Frau vor dem 1. August schwanger geworden war. Hier wurde offenbar oft ganz willkürlich entschieden. Ende August wurde z.B. einer Frau in einem Antwortbrief der Alliierten mitgeteilt, dass es »schwierig werden dürfte, die Genehmigung zur Eheschließung mit einem Deutschen zu bekommen, es sei denn, Sie erwarten oder haben von dem Betreffenden ein Kind«. Zwei Wochen später erhielt eine andere Frau von den Alliierten hingegen die Auskunft: »Es wurde keine Verordnungen erlassen, wonach nur jene Frauen einen deutschen Soldaten heiraten dürfen, die ein Kind erwarten oder haben.« Das hatte diese Frau in der Zeitung gelesen, eine alliierte Dienststelle bestritt es nun aber.

Auch einige Befehlshaber der internierten Deutschen meinten, man solle nicht unterschiedslos allen Paaren mit Kindern die Heirat genehmigen. Diese Männer waren dem nationalsozialistischen Denken vom Schutz der germanischen Rasse und des deutschen Volkes offenkundig immer noch stark verhaftet. So kommentierte der deutsche Befehlshaber der Zone Trondheim den Befehl der Alliierten zur Bearbeitung von Heiratsgesuchen vom Juli 1945 mit den Worten, man habe zwar die Pflicht, »im Rahmen des obenstehenden Befehls zu helfen, auf der anderen Seite ist jedoch unter allen Umständen zu verhindern, dass Heiratsgesuche unterstützt werden, bei denen die Norwegerin nicht den Anforderungen entspricht, die an eine deutsche Frau gestellt werden müssen. Ein Kind allein braucht nicht als zwingender Grund für eine Heiratsgenehmigung betrachtet zu werden.«

In einigen Fällen wurden die Gesuche abgelehnt, weil die Männer im Verdacht standen, Kriegsverbrechen begangen zu haben, und deswegen inhaftiert waren. Diese Gesuche wurden vom Hauptquartier der Alliierten bearbeitet und in der Regel abgewiesen, es gab aber Ausnahmen. Im November 1945 wollte eine Norwegerin, die im achten Monat schwanger war, einen SS-Mann heiraten, der auf der

Festung Akershus inhaftiert war. Die Alliierten befürworteten das Gesuch, weil die Frau sich und das Kind selbst ernähren und auch nicht nach Deutschland umziehen wollte. Die Alliierten machten also eine Ausnahme von ihrer Regel, dass inhaftierte Deutsche nicht heiraten durften, und die norwegischen Behörden eine sehr bemerkenswerte Ausnahme von der ihren, dass Frauen nach der Hochzeit auszuweisen seien.

Im Sommer und Herbst 1945 hatten die internierten Deutschen keinerlei Möglichkeit, nach Hause zu schreiben, um aus Deutschland die für eine Heirat erforderlichen Papiere zu bekommen. Norwegerinnen unter 21 Jahren brauchten die Erlaubnis ihrer Eltern. Manche erteilten sie nicht, wie jene Eltern im November 1945, die an die Alliierten schrieben: »Hören, dass unsere Tochter […] einen Deutschen heiraten will. Wünschen, dass dies verhindert wird, da es sich gegen uns Eltern richtet.« Es gab Minderjährige, die die Einwilligungen ihrer Eltern fälschten.

Von sehr vielen verlangte diese Situation eine unmögliche Wahl. Eine norwegische Witwe mit zwei Kindern hatte sich während des Krieges mit einem Deutschen verlobt. Nach dem Krieg wollten sie heiraten und zusammen nach Deutschland gehen, aber sie verzweifelte fast, als sie hörte, »dass meine beiden kleinen Mädchen nicht mit nach Deutschland dürfen. Mein Verlobter hat sie gern und sie haben ihn auch gern.« Ob ihre Ängste objektiv berechtigt waren, ist nicht sicher. Sie hatte aber offenkundig das Gefühl, vor eine schwere Entscheidung gestellt zu sein: Heiratete sie, wurde sie nach Deutschland geschickt und musste ihre Kinder in Norwegen lassen. Wählte sie ihre Kinder, musste sie sich von ihrem deutschen Freund trennen.

»Massentrauungen«

Neben der Frage, ob norwegisch-deutsche Ehen überhaupt erlaubt werden sollten, wurde im Sommer 1945 auch diskutiert, ob man solche Ehepaare zusammen nach Deutschland reisen lassen oder die gebürtigen Norwegerinnen mit getrennten Transporten schicken sollte. Die Frauen wollten verständlicherweise mit ihren Männern fahren, und die Befehlshaber der internierten Deutschen bemühten sich, dem zu entsprechen. Mitte Juli 1945 schlugen sie den Alliierten vor, Ehepaare zusammen zu schicken, da es anderenfalls wegen der chaotischen Zustände in Deutschland geschehen könne, dass sie sich nur mit Mühe oder gar nicht wieder fanden. Das galt vor allem, wenn der Ehemann kein Zuhause mehr hatte. Außerdem war es wichtig, dass die Ehemänner ihren Frauen und Kindern auf der Reise und bei der Ankunft in Deutschland beistehen konnten.

Die deutschen Befehlshaber investierten viel Arbeit, um Ehepaare oder Verlobte zusammenzubringen, die nach Deutschland wollten. Diese Arbeit begann umgehend, nachdem die Entscheidung für gemeinsame Transporte gefallen war. In den deutschen Zonen zirkulierten Listen mit den Namen jener Deutschen, die von ihren Freundinnen gesucht wurden. War der Gesuchte gefunden, erhielt die Frau eine Benachrichtigung, was sie als Nächstes tun solle. Dabei verfuhr man in den fünf Zonen unterschiedlich.

In der Zone Bergen wurden zwei Lager bestimmt, in denen norwegisch-deutsche Trauungen vorgenommen werden sollten. Deutsche, die heiraten wollten, wurden in eines davon überführt, auch die Norwegerinnen sollten dorthin kommen. Sobald eine gewisse Anzahl verlobter Paare im Lager war, wurde der Standesbeamte aus Bergen geholt, der die Trauungen vornahm. Danach wurden die Paare in ein anderes Lager überführt, in dem ausschließlich Ehepaare waren. An einem einzigen Tag im September 1945 beispielsweise traute der Standesbeamte bei einer solchen Massentrauung 22 Paare. Drei Tage später wurden 22 frisch gebackene deutsche Ehemänner in das Lager für Eheleute verlegt, ihre norwegischen Ehefrauen kamen am folgenden Tag. Im Laufe des Herbstes gab es in der Zone Bergen noch einige Massentrauungen: Neben den bereits erwähnten 22 Paaren wurden in diesem Lager am 31. September 28 Paare, im zweiten

Lager am 5. und 26. Oktober 16 bzw. acht Paare getraut. Insgesamt heirateten in der Zone Bergen also binnen zweier Monate 74 norwegisch-deutsche Paare.

In der Zone Oslo waren Trauungen anders organisiert. Nach der Bewilligung des Heiratsgesuchs wurde die Frau gebeten, in der Nähe des Lagers, in dem ihr Verlobter interniert war, mit dem Standesbeamten einen Termin für die Trauung zu vereinbaren und den Alliierten mindestens zehn Tage zuvor Termin und Ort mitzuteilen. Dann sorgten die Alliierten und die Deutschen dafür, dass der Verlobte pünktlich zur Trauung erschien. Unmittelbar danach wurden beide in ein Lager gebracht, denn als deutsche Staatsangehörige musste nun auch die Frau interniert werden.

Internierung und Verschickung von Kriegskindern

Zahlreiche norwegisch-deutsche Ehepaare hatten Kinder, die im Krieg oder unmittelbar danach geboren worden waren, viele Frauen waren schwanger, als sie Norwegen verließen. Bis zum Mai 1945 hatte sich die Abteilung Lebensborn um die Geburten gekümmert, indem sie den Schwangeren in eigenen oder norwegischen Entbindungsheimen und Krankenhäusern einen Platz beschaffte. Nach Kriegsende wurden die deutschen Entbindungsheime abgewickelt und man musste für die Gebärenden andere Plätze finden.

Mitte August 1945 hatten die Alliierten eine Liste mit den Namen von insgesamt 815 norwegisch-deutschen Ehepaaren in Norwegen. 242 von ihnen hatten zusammen 266 Kinder. Die meisten von ihnen reisten vermutlich in diesem Herbst mit den großen Transporten nach Deutschland, aber einige mussten vor der Übersiedlung in Norwegen überwintern. Zugleich heirateten viele Paare, die entweder bereits ein Kind hatten oder in den Nachkriegsmonaten eines bekamen. Recht viele Kriegskinder haben also in ihrer frühen Kindheit ein paar Wochen oder Monate in einem deutschen Internierungslager in Norwegen zugebracht, bevor sie mit ihren Eltern nach Deutschland reisten. Es ist nicht bekannt, wie viele Kinder nach Kriegsende nach Deutschland geschickt wurden und wie viele in Deutschland zur Welt kamen, nachdem ihre Eltern dort angekommen waren, zusammen sind es aber ganz sicher mehrere hundert. Allein in der Zone Trondheim waren bis Sommer 1946 mehr als 600 Kriegskinder registriert worden, die mit ihren norwegischen Müttern und deutschen Vätern in den deutschen Internierungslagern lebten.

Die deutschen Ehepaare wurden in Norwegen danach eingeteilt, welche Stadt innerhalb welcher Besatzungszone sie als Ziel angaben. Im Spätsommer 1945 beispielsweise wollten insgesamt 684 Paare in die britisch besetzte Zone, darunter waren 124 Paare mit zusammen 131 Kindern. Von den 684 Paaren fuhren – um nur die ersten fünf alphabetisch aufgeführten Städte zu nennen – zwölf Paare mit drei Kindern nach Aachen, 65 Paare mit 15 Kindern nach Arnsberg, 15 Paare mit vier Kindern nach Aurich, 22 Paare mit zwei Kindern nach Braunschweig und 111 Paare mit 21 Kindern nach Düsseldorf. Die Listen wurden vom deutschen Befehlshaber in Norwegen erstellt.

Im Spätherbst 1945 wurde klar, dass ein erheblicher Teil der Deutschen über Winter in Norwegen bleiben musste. Das betraf vor allem jene, die in die sowjetisch besetzte Zone entlassen werden sollten. Sie zog man vor dem Winter in Lagern in Ostnorwegen zusammen.

Die Ehepaare wurden aber nicht alle nach Ostnorwegen verlegt. Noch im Juli 1946 befanden sich beispielsweise in der Zone Trondheim 39 norwegisch-deutsche Ehepaare mit zusammen 36 Kindern. 20 der Kinder waren im Krieg, 13 danach geboren, zwei der 39 Paare waren bereits vor dem Krieg verheiratet gewesen und hatten zusammen drei Kinder. Von den übrigen 37 Ehepaaren hatte nur eines während des Krieges geheiratet, alle anderen in den 13 Monaten seit Kriegsende.

In den Lagern wurde zwischen Deutschen und Österreichern unterschieden, Ende Januar lebten in den ostnorwegischen Lagern insgesamt 2202 Österreicher, 96 Frauen und 13 Kinder.

Mitte Juli 1946 brachte das Schiff »Thalata« 38 gebürtige Norwegerinnen und 18 Kinder nach Deutschland. Ihr Ziel waren Städte in der sowjetisch besetzten Zone: Sieben wollten nach Berlin, fünf nach Potsdam bzw. Chemnitz, vier nach Thüringen, drei nach Magdeburg, Dresden und Merseburg, vier nach Leipzig, Zwickau und Frankfurt an der Oder, eine nach Stettin und eine nach Mecklenburg. Nicht alle Transporte verliefen reibungslos. Ende Juni 1946 wurde das Schiff »Dundyne« von Deutschland abgewiesen und musste umkehren. An Bord waren auch 50 norwegisch-deutsche Ehepaare mit zusammen 21 Kindern.

Nicht alle Familien konnten zusammen nach Deutschland reisen und es gab ungewöhnliche Schicksale wie das eines Kriegskindes, das im Frühjahr 1943 im Distrikt Trøndelag zur Welt kam. Der deutsche Vater des Kindes hatte die Vaterschaft anerkannt, war auch noch bei der Taufe des Kindes gewesen, dann aber an die Ostfront verlegt worden und dort gefallen. Im weiteren Verlauf des Krieges fand die Mutter einen neuen deutschen Freund, den sie im Frühjahr 1945 heiratete. Er stammte aus Ostdeutschland, die kleine Familie war zunächst in einem Internierungslager in Trøndelag untergebracht und wurde im Frühjahr 1946 in ein Lager in Ostnorwegen verlegt. Auf dem Weg dorthin wurde die Kindsmutter krank und starb. Ihr deutscher Ehemann kümmerte sich um seine Stieftochter und gab in Norwegen und später in Deutschland an, dass er ihr leiblicher Vater sei. Im Sommer 1946 wurde das gut dreijährige Mädchen mit dem Stiefvater in die sowjetisch besetzte Zone geschickt, wo das Mädchen aufwuchs und heute noch lebt.

Einige konnten länger in Norwegen bleiben, sei es, weil die Alliierten in Deutschland sie nicht aufnehmen konnten, sei es, weil die deutschen Männer in Norwegen wichtige Arbeiten ausführen mussten. Andere durften die Reise wegen des Gesundheitszustandes der Frau oder des Kindes verschieben. Im Oktober 1945 hatten die Alliierten festgelegt, dass Schwangere ab dem siebten Monat, Ehepaare mit Neugeborenen unter drei Monaten sowie alle Personen, denen ein

Arzt Reiseunfähigkeit attestiert hatte, zunächst zurückgehalten werden konnten. In dieser Zeit erstellte der deutsche Befehlshaber der Zone Oslo eine Liste, wonach 762 Ehepaare und 229 Kinder für den Transport nach Deutschland bereit waren, 315 Ehepaare mit 114 Kindern vorläufig nicht. Von diesen 315 Paaren hatten 74 ein Kind unter drei Monaten, bei 195 war die Frau mindestens im siebten Monat schwanger. Sie konnten also nicht abreisen, bevor das Kind geboren und mindestens drei Monate alt war, was eine Verschiebung der Reise von bis zu einem halben Jahr bedeuten konnte. Und es kamen ständig neue Paare hinzu mit einer Hochschwangeren, einem Neugeborenen oder mit Kindern, die unter drei Monaten oder krank waren.

Die meisten Frauen mit Kindern reisten im Herbst 1945, viele aber erst 1946. Im Februar 1947, fast zwei Jahre nach Kriegsende, lebten noch 228 Frauen und 185 Kinder in einem Lager bei Skien und warteten darauf, in ihre neue Heimat Deutschland geschickt zu werden.

»Ich möchte gern
mit ihr sprechen und mich verabschieden dürfen«

Die deutschen Befehlshaber versuchten nach Kräften, für die in ihren Lagern internierten Frauen und Kinder bestmögliche Verhältnisse zu schaffen. Am liebsten hätten sie für Ehepaare und Frauen mit Kindern eigene Lager eingerichtet, was die Alliierten aber erst nach der Übereinkunft, dass Ehepaare zusammen nach Deutschland transportiert werden sollten, erlaubten.

Die Frauen wurden nach den gleichen Regeln wie alle anderen internierten Deutschen behandelt, genossen aber auf manchen Gebieten bessere Bedingungen als die Soldaten. Im Oktober 1945 wies der deutsche Befehlshaber der Zone Trondheim die Lagerärzte an, die Frauen, besonders Schwangere und Frauen mit kleinen Kindern, bevorzugt zu behandeln. Schwangere und Kinder hatten auch bei der Essensverteilung eine Sonderstellung. Man setzte alles daran, damit »sie die Milch und das Essen bekamen, die sie brauchten, und sie bekamen das beste Essen, das im Lager zu beschaffen war«.

Bevor der norwegische Staat verfügt hatte, dass die Frauen ausgewiesen werden sollten und nach der Trauung in deutschen Internierungslagern leben mussten, wohnten sie oft auch nach der Heirat nicht in den Lagern, sondern in der Nähe. In der Zone Trondheim bekamen sie beispielsweise einen »Pass«, mit dem sie ihren Mann jeden Tag zwischen 14 und 18 Uhr im Lager besuchen durften.

Als der Erlass in Kraft trat, wonach die Frauen durch ihre Heirat die norwegische Staatsangehörigkeit verloren, war damit sofort Schluss. Sie sollten in Lagern leben und wie die anderen internierten Deutschen behandelt werden. Ohne Erlaubnis der Alliierten durften sie die Lager nicht verlassen, für Besuche oder Briefe gab es strenge Auflagen. Viele Eltern wollten ihre Tochter ein letztes Mal sehen, bevor sie in eine ungewisse Zukunft nach Deutschland abreisen musste. Eine Mutter, die im Sommer 1946 ihre Tochter in einem Lager besuchen wollte, schrieb: »Ich bitte Sie, mir die Genehmigung zu senden, dass ich am Mittwoch, d. 17.7. in das Lager Reichenau kommen kann. Ich möchte so gern mit […] sprechen, bevor sie nach Deutschland fährt.«

Sie war nicht die Einzige, die sich von Tochter und Enkelkind verabschieden musste. Ein Vater aus Kristiansand bat in einem Brief, »dass ich meine Tochter besuchen darf, die im deutschen Militärlager in Bogstad interniert ist. Da das Lager im Juli aufgelöst werden soll und die Gefangenen nach Hause geschickt werden, möchte ich so gern mit ihr sprechen und mich verabschieden dürfen, bevor sie nach Deutschland reist.« Eine Mutter hoffte, dass die Behörden ihr »gestatten werden, dass ich meine Tochter besuche, bevor sie abreist, sie ist das Liebste, was ich auf der Welt habe, ich habe nur dieses eine Kind. Ich hoffe, Sie verstehen mich.«

In den Lagern durften die gebürtigen Norwegerinnen normalerweise nur von nahen Familienangehörigen besucht werden, den Männern war nur ein einziger Besuch von ihrer norwegischen Verlobten gestattet, um mit ihr die Heirat zu planen. Die Zustände in den Lagern waren oft jämmerlich, viele Frauen sorgten sich um ihre Kinder, vor allem im Hinblick auf den Winter. In einigen Fällen erlaubten die Norweger, dass die Kinder den Winter bei der mütterlichen Familie in Norwegen verbringen durften, während die Eltern im Lager blieben. Kurz vor Weihnachten 1945 erfuhr beispielsweise eine Frau in einem Lager in Trøndelag, dass ihr kleiner Sohn den Winter über zu ihrer Großmutter, also der Urgroßmutter des Kindes, durfte. Es kam auch vor, dass Kinder internierter Eltern in einem norwegischen Kinderheim blieben, bis alle zusammen nach Deutschland reisen konnten. Das betraf meist Paare, die keine Familienangehörigen oder Freunde hatten, die das Kind versorgen konnten, es aber unverantwortlich fanden, das Kind im Lager zu behalten.

Mitunter erhielten Frauen die Erlaubnis, bis zum Abreisetermin bei ihren Eltern zu wohnen. Solchen Gesuchen wurde allerdings nur nach eingehender Prüfung entsprochen und wenn, dann durften die Frauen in der Regel ihre Männer im Lager nicht besuchen. Aber auch da gab es Ausnahmen – wie bei einer Frau, die im Juni 1946 bat, ihren Mann im Lager Berlin nahe des südnorwegischen Kongsberg besuchen zu dürfen. Sie waren seit 1944 verheiratet und hatten ein Kind. Da sie ihn seit Februar nicht mehr gesehen hatten, bat sie, ihn mit dem Kind zu seinem Geburtstag besuchen »und noch zwei oder drei Tage im Lager bleiben« zu dürfen. Der Besuch wurde gestattet, aber nur für die Dauer von drei Stunden. Eine andere Frau durfte ihren Mann vier Stunden besuchen und »etwas Kuchen zum Kaffee mitbringen«.

Auch deutschen Soldaten wurde mitunter erlaubt, das Lager zu verlassen, wie einem Deutschen, der im Januar 1946 folgenden Antrag gestellt hatte: »Ich ersuche hiermit um die Erlaubnis, meine Frau besuchen zu dürfen, die im Rikshospital/Frauenabteilung liegt. Sie wurde am 22.1.1946 zur Entbindung dorthin überführt.«

Im Laufe des Herbstes beantragten viele jung verheiratete Frauen eine befristete Aufenthaltsgenehmigung in Norwegen. Viele wollten mit der Reise nach Deutschland warten, bis ihr Mann in dem zerstörten Land eine Wohnmöglichkeit gefunden und die Verhältnisse etwas geordnet hatte. Die Bewilligung solcher Gesuche unterlag strengsten Bestimmungen. Wie die Alliierten den deutschen Stellen im Herbst mitteilten, sei es keine ausreichende Begründung, dass »die Frau wegen einer Verkühlung lieber in Norwegen bleiben möchte«.

Als triftige Gründe ließen die norwegischen Stellen beispielsweise gelten, dass der deutsche Ehemann tot oder vermisst war oder die Ehefrau nicht wusste, wo er sich gegenwärtig aufhielt. Eine zeitweilige Aufenthaltsgenehmigung war auch möglich, wenn ein ärztliches Attest vorlag, das von einem Lageraufenthalt abriet. Außerdem bewilligten die Norweger Gesuche um eine zeitweilige Aufenthaltsgenehmigung bei Schwangeren ab dem siebten Monat oder bei Frauen mit einem Kind bis zu einem halben Jahr. Hier waren also die norwegischen Stellen etwas nachsichtiger als die Alliierten, die ebenfalls Schwangere ab dem siebten Monat, aber nur Frauen mit Säuglingen bis zu maximal drei Monaten vom Transport ausnahmen. Günstig konnte sich auch auswirken, wenn die Frau die Bestätigung eines *Lensmann* oder einer vergleichbaren Amtsperson vorlegen konnte, dass sie sich im Krieg, die Beziehung zu ihrem deutschen Freund ausgenommen, nichts hatte zuschulden kommen lassen. Die Eltern der Frau mussten auch garantieren, dass sie ihre »deutsche« Tochter ernähren würden, damit sie nicht der Gemeinschaft zur Last fiel.

Den Deutschen, die solche Gesuche bearbeiteten, wurde von ihren Vorgesetzten eingeschärft, es sei ihre Pflicht als deutsche Offiziere, diesen Frauen in jeder Weise beizustehen. Sie mussten auch darauf achten, dass die Gesuche entweder mit Schreibmaschine oder in schöner Handschrift geschrieben und leserlich waren. Außerdem möge man an Folgendes denken: »Jede Antragstellerin hofft mit oft einziger Zukunftsaussicht auf die bejahende Gewährung ihrer Bitte. Die Vorgesetzten mögen bedenken, dass hiervon oft das Lebensschicksal einer deutschen Familie und eines ihrer deutschen Soldaten abhängig ist!«

Eine Frau, die im Februar 1946 beantragte, in Norwegen bleiben zu dürfen, erhielt aufgrund ihres Schicksals eine Aufenthaltsgenehmigung: Sie hatte am 5. Juni 1943 einen deutschen Soldaten geheiratet und bat nun um eine sechsmonatige Aufenthaltsgenehmigung. Ihre Begründung lautete: »Ich stehe vor der Abreise in die britische Zone in Deutschland. Mein Mann fiel am 18.6.1943 und ich habe keinerlei Nachricht von seiner Familie. Meine Zukunftsaussichten sind daher gegenwärtig ganz ungewiss und ich hoffe, dass meinem Gesuch stattgegeben wird.« Sie war also nicht einmal zwei Wochen nach der Hochzeit Witwe geworden und aufgrund der besonderen Umstände befürwortete der deutsche Reservationskommandant, das Gesuch zu bewilligen: » Frau [...] würde in diesem Falle vollkommen allein in Deutschland stehen, da sie weiter keine näheren Verwandte oder Bekannte in Deutschland hat.«

Für die gebürtigen Norwegerinnen muss der Aufenthalt in den deutschen Internierungslagern eine schwierige Zeit gewesen sein. Die meisten waren sehr jung, viele erwarteten ein Kind oder hatten gerade ihr erstes Kind bekommen. Ihre Kontakte zu den Eltern, Geschwistern und dem norwegischen Freundeskreis waren sporadisch und schlecht. Jetzt waren sie ausgewiesen worden und mussten sich auf ein Leben in einem vom Krieg zerstörten Land einrichten. Für viele blieb dieser Lageraufenthalt die letzte Erinnerung an Norwegen. Besonders die Frauen, die in die spätere DDR zogen, hatten danach keine Möglichkeit mehr, in jenes Land zurückzukehren, aus dem sie wegen ihrer Beziehung zu einem Deutschen ausgewiesen worden waren.

Die Kriegskinderkommission

In einer Regierungskonferenz vom 3. Juli 1945 informierte Minister Hansteen das Kabinett, dass es in Norwegen etwa 8000 »Deutschenkinder« gebe und das Sozialministerium eine Kommission mit der Klärung der Frage beauftragen werde, was mit ihnen geschehen solle.[92] Seit der deutschen Kapitulation war ein Monat vergangen, die Norweger hatten in dem befreiten Land nahezu alle Behörden und Ämter wieder übernommen und die Aufgaben türmten sich. Die Versorgung mit Lebensmitteln und Kleidung musste sichergestellt werden. Die Bevölkerung des Regierungsbezirks Finnmark sowie Teile des Bezirks Troms waren evakuiert worden, nachdem die deutsche Wehrmacht diese Gebiete beim Rückzug vor der Roten Armee in Schutt und Asche gelegt hatte. Außer Tausenden von Kriegsgefangenen, die die Deutschen ins Land geholt hatten, befanden sich immer noch etwa 350 000 Deutsche in Norwegen. Die strafrechtliche Aufarbeitung bezüglich der Mitglieder der nationalsozialistischen norwegischen Partei *Nasjonal Samling* und anderer Landesverräter musste in die Wege geleitet und auf geordnete Weise durchgeführt werden. Die Wirtschaft musste wieder in Gang kommen, die Regierung dafür sorgen, dass das Volk in seinen Erwartungen an ein Leben im Frieden nicht allzu stark enttäuscht wurde.

Trotz all dieser Aufgaben berücksichtigten Regierungsstellen auch die Kriegskinder und die Situation ihrer Mütter, die bei der Bevölkerung äußerst unbeliebt waren. Vor diesem Hintergrund schlug der Sozialminister im Juni 1945 vor, eine eigene Kommission zu gründen, die Lösungen zum Problem »Deutschenkinder« erarbeiten sollte.

Kommissionsmitglieder
mit starkem sozialem Engagement

Die Kommission, die erst später den Namen »Kriegskinderkommission« bekam, wurde am 9.7.1945 vom Sozialministerium eingesetzt.[93] Danach hatte die Kommission

> »in erster Linie die Aufgabe, zu erörtern und sich dazu zu äußern, ob es mit Rücksicht auf das Wohl der Kinder und angesichts der allgemeinen Umstände als wünschenwert angesehen werden kann, die Kinder und eventuell auch deren Mütter nach Deutschland zu schicken. Unabhängig davon, zu welchem Ergebnis die Kommission in dieser Frage kommt, soll sie auch Vorschläge unterbreiten, welche gezielten Maßnahmen gegebenenfalls im Land ergriffen werden sollten, um eine Erziehung zu gewährleisten, die sicherstellt, dass die Kinder so weit wie möglich zu normalen Mitgliedern der Gesellschaft heranwachsen und sich in sie einfügen können.«

Die Frage, ob die Kinder und ihre Mütter nach Deutschland geschickt werden sollten, sowie die grundsätzliche Frage nach dem staatsbürgerlichen Status der Kinder erforderten eine genaue Prüfung aller juristischen und völkerrechtlichen Aspekte, weshalb sachkundige Mitwirkung nötig war. Daher gehörten der Kommission neben deren Leiter Inge Debes,[94] der Amtsrichter war, zwei weitere Juristen an. Debes hatte seit den Zwanzigerjahren in der norwegischen Sozialpolitik eine maßgebliche Rolle gespielt. Das galt auch für Pfarrer Ingvald Carlsen, der in der Zwischenkriegszeit Generalsekretär der *Norsk Misjon blant hjemløse*[95] war und seit 1923 eine einflussreiche private Organisation im Bereich Kinder- und Jugendfürsorge leitete. Die Journalistin Ragna Hagen war auf dem Gebiet Sozialarbeit tätig. Während des Krieges in London war sie persönliche Referentin von Ministerpräsident Nygaardsvold und hatte schon der Kommission angehört, die 1944 für das Justizministerium das Kriegskinderproblem erörtert hatte. Die Ärztin Else Vogt Thingstad war offenbar die Expertin für die physische und psychische Gesundheit der Kinder.

Norwegen ist für die Kriegskinder verantwortlich

Den ganzen Sommer 1945 erhielt das Sozialministerium Anfragen von Kommunen, wer für die Kriegskinder in den Kinderheimen und für Kinder, deren Mütter Sozialhilfeempfängerinnen waren, den Unterhalt zahlen müsse. Außerdem wurden Kinder zur Adoption gegeben, ohne dass zuvor grundsätzlich entschieden worden war, ob sie überhaupt in Norwegen aufwachsen durften. Da die Behörden dringend Richtlinien zu den Kriegskinderfällen brauchte, wurde die Kommission gebeten, ihre Ergebnisse schnellstmöglich vorzulegen. Ihr Bericht vom November 1945 befasste sich ausführlich mit den meisten aktuellen Fragestellungen zum Thema Kriegskinder und unterbreitete zudem Vorschläge für künftige Maßnahmen.

Das wichtigste Ergebnis der Kommissionsarbeit war die eindeutige Feststellung, dass die Verantwortung für die Kriegskinder beim norwegischen Staat liege und dass sich die norwegischen Behörden dieser Verantwortung nicht entziehen durften, indem sie, wie von vielen vorgeschlagen, die Kinder nach Deutschland abschoben. Die Kommission wurde in dieser Auffassung durch einen Bericht des Kommissionsmitglieds Else Vogt Thingstad unterstützt. Sie hatte im September in der Schweiz einen Kongress zur Situation der Kinder in Europa besucht und auf der Rückreise mit dem Auto Deutschland durchquert: »Wir kamen durch Freiburg, Karlsruhe, Mannheim, Frankfurt am Main, Kassel, Hannover und Hamburg. Ein Trümmerhaufen nach dem anderen. Mir wurde immer klarer, dass es völlig unverantwortlich wäre, jetzt Kinder in Deutschlands Städte zu schicken.«

Neben dem entscheidenden Ergebnis, dass die Kinder grundsätzlich in Norwegen bleiben sollten, unterbreitete die Kommission Vorschläge zur Integration der Kriegskinder in die norwegische Gesellschaft. Alles in allem hatte die Kommission mit ihren Vorschlägen fraglos das Wohl der Kinder im Blick. Im Endbericht gibt es allerdings vieles, was über die eigenen Schlussfolgerungen und konkreten Vorschläge der Kommission hinausging.

Die Ergebnisse der Kommission

Als Erstes schrieb die Kommission nach ihrer Ernennung alle norwegischen Gemeinden an und bat um eine Übersicht, wie viele Kinder in der jeweiligen Gemeinde bekannt seien. Gleichzeitig bat sie um eine Einschätzung, welche Stimmung in der Bevölkerung gegenüber den Kindern und deren Müttern herrsche. Gut ein Drittel aller norwegischen Kommunen beantwortete den Brief. Die Kommission holte auch Auskünfte darüber ein, wie Regierungskreise in Finnland, Belgien, den Niederlanden und Frankreich die »Kriegskinderproblematik« einschätzten. Sie verfolgte minutiös die Berichterstattung der norwegischen Medien zu dem Thema und erhielt auch Zuschriften, die höchst unterschiedliche Auffassungen vertraten. Alle vorliegenden Informationen über Ansichten und Stimmungen der Bevölkerung wurden genauestens ausgewertet, von den Kommissionsmitgliedern diskutiert und dann, in einem nächsten Schritt, mit ihren eigenen moralischen Grundsätzen und den Gesetzen des Landes verglichen.

Dabei konstatierte die Kommission unter anderem, es sei eine weit verbreitete Auffassung, dass erstens die meisten Mütter geistig zurückgeblieben und von fragwürdigem Charakter seien und sie zweitens diese Eigenschaften sicherlich an ihre Kinder vererbt hätten. Offenbar zweifelten auch einige Kommissionsmitglieder an der Intelligenz und dem Geisteszustand von Mutter und Kind. Besonders tief beeindruckte es offenkundig einige von ihnen, dass eine national anerkannte Autorität wie der Psychiatrieprofessor Gabriel Langfeldt in einem Leserbrief gefordert hatte, man müsse die Kinder »umgehend aus der unheilvollen Umgebung entfernen«,[96] sie also von ihren Müttern trennen. Auf Grundlage von Spekulationen behauptete Langfeldt, dass »die Mutter wohl meist einen schlechten Charakter hat, häufig leicht debil ist«.

Langfeldt war mit seinen Vorurteilen nicht allein. Auch in der Kriegskinderkommission wurde diskutiert, ob man die Intelligenz und geistige Gesundheit der Frauen und Kinder untersuchen solle. Bereits beim ersten Treffen der Kommission war man sich einig, das Sozialministerium um eine Prüfung dieser Frage zu bitten.

Das Ministerium folgte ihrem Vorschlag, hierzu eine spezielle Kommission zu bilden, und forderte bei dem Psychiater Ørnulf Ødegaard ein Gutachten an. Wie sein Kollege Langfeldt stützte sich auch Ødegaard auf äußerst dürftige Daten zu den Deutschenmädchen. Er führte aus, dass »allgemeine Erfahrungen kaum einen Zweifel daran lassen, dass sich unter ihnen unverhältnismäßig viele Schwachbegabte sowie eine Reihe asozialer Psychopathen befinden […], zum Teil regelrechte Geisteskranke«. Die »Erfahrung«, auf die er sich bezog, war sein direkter Kontakt mit etwa 35 Deutschenmädchen, die während des Krieges Patientinnen im psychiatrischen Krankenhaus Gaustad gewesen waren, das er leitete.

Aus heutiger Sicht ist es fachlich völlig unzulässig, von knapp drei Dutzend psychiatrischen Patientinnen auf die vielen tausend Norwegerinnen zu schließen, die mit deutschen Soldaten befreundet waren. Ebenso unhaltbar ist, dass Ødegaard sogar noch einen Schritt weiterging und behauptete, dass 50–60 % der Kinder von debilen Müttern ebenfalls debil seien und dieser Anteil auf 85–90 % ansteige, falls auch der Kindsvater debil wäre. Ødegaard meinte nun, dass die Hälfte der etwa 9000 Mütter »erbbiologisch minderwertig« sei und somit etwa 2500 Kinder »geistige Defekte (vor allem Geistesschwäche) geerbt« hätten. Im nächsten Schritt seiner Berechnungen gab Ødegaard zu bedenken, wenn »auch die Väter minderwertig sind, werden sich all diese Zahlen erheblich erhöhen«. Dabei argumentierte er, dass die deutschen Freunde der »minderwertigen« Mütter selbst Defekte aufweisen mussten, da sie sich ja »mit diesen schwach begabten Mädchen zufrieden gegeben« hatten. Am Ende dieses Zirkelschlusses kam er zu dem Ergebnis, dass man bei etwa 4000 der insgesamt 9000 Kriegskinder mit, wie er es nannte, »seelischen Defekten« rechnen müsse. Aber auch geistig »normale« Kinder schwach begabter Mütter seien »Träger der defekten Anlagen, die sie selbst dann an ihre eigenen Nachkommen weitergeben können, wenn sie bei ihnen keine Symptome verursacht haben«. Nach Ødegaards Ansicht stand die Gesellschaft, die sich um all diese Kinder kümmern musste, vor großen Herausforderungen. Abschließend empfahl er, 2000 repräsentativ ausgewählte Kinder sofort und eingehend zu untersuchen.

In ihrem Bericht vom November nahm die Kommission hierzu allerdings nur vage Stellung. Sie zitierte zwar Annahmen, darunter auch Ødegaards Äußerungen, dass die meisten Deutschenmädchen mehr oder weniger zurückgeblieben seien, schenkte den Einschätzungen der »Fachleute« allerdings keinerlei Beachtung. Es könne, so der Bericht, »keine Zweifel daran geben, dass derartige Charakterisierungen auf mangelnder Kenntnis der näheren Umstände basieren und völlig über das Ziel hinausschießen [...] Beleuchtet man die Umstände näher, stellt sich heraus, dass sehr viele Mütter von Kriegskindern aus gutem Elternhaus stammen, eine gute Erziehung und mitunter sogar eine höhere Schulbildung erhalten haben. Es weist folglich nichts darauf hin, dass ihre geistigen Fähigkeiten unter dem Durchschnitt anzusiedeln wären.«

Obwohl die Kommission ihren Bericht einstimmig vorlegte, veröffentlichte deren Mitglied Else Vogt Thinstad etwa einen Monat danach einen Zeitungsartikel, in dem sie behauptete, dass viele Deutschenmädchen gestört seien und »wir daher damit rechnen, dass ihre Nachkommen in hohem Maße erblich belastet sind«. Es gibt also kein einheitliches Bild davon, wie die Kommission die Intelligenz und den Geisteszustand der Mütter und Kinder tatsächlich einschätzte. Diese Unklarheit spiegelt etwas von der fachlichen Verwirrung, die gerade um diese Zeit unter Psychiatern und Vererbungsforschern herrschte. In den Zwischenkriegsjahren galten die Erbanlagen eines Menschen als ausschlaggebend für seine Entwicklungsmöglichkeiten. Das war eine Zeit, in der auch die »Intelligenztests« hohes Ansehen genossen. Das große Vertrauen auf die Aussagekraft der Intelligenztests gepaart mit dem Glauben an die zentrale Bedeutung von Erbanlagen hatte dazu geführt, dass nicht nur alle, die bei den Tests schlecht abschnitten, als geschädigt und minderwertig eingestuft wurden, sondern auch ein hoher Prozentsatz ihrer Nachkommen.

Es waren aber auch die Jahre, in denen immer mehr Fachleute anfingen, sowohl an den Intelligenztests als auch an dem immensen Einfluss auf die Persönlichkeitsentwicklung zu zweifeln, den man den Erbanlagen zuschrieb. Es mag an dieser veränderten Sicht gelegen haben, dass die staatlichen Stellen Ødegaards Vorschlag nicht aufgriffen. Das Verhältnis zwischen »Anlage« und »Umwelt« war schon umstritten, seit die Eugenik vor der Jahrhundertwende eine eigene »Wissenschaft« geworden war.[97] Nachdem lange die Bedeutung der Erbanlagen hervorgehoben wurde, gelangten in der Kriegs- und ersten Nachkriegszeit immer mehr Fachleute zu der Ansicht, dass die Umgebung, in der ein Kind aufwächst, ebenso wichtig sei wie sein genetisches Erbe. Ørnulf Ødegaard vertrat allerdings noch die »alte Schule«, wonach »geistige Defekte überwiegend erblich bedingt« seien. Das galt wohl auch für einen Arzt, der in einem Leserbrief die Meinung kommentierte, man müsse die Kriegskinder zu vollwertigen Bürgern der Gesellschaft machen: »Ebenso gut kann man darauf hoffen, dass Kellerratten im Laufe der Zeit zu Villenschweinen werden.«[98]

Ødegaards Rat, Kriegskinder systematisch zu testen, wurde also nicht befolgt. Der Vorschlag war allerdings nur einer von vielen ähnlichen: In der ersten Nachkriegszeit waren Fachleute äußerst interessiert daran, Gruppen und Einzelpersonen, die sich auf die eine oder andere Weise »unpatriotisch« verhalten hatten, eingehend auf ihre geistigen und intellektuellen Fähigkeiten zu untersuchen. Langfeldt und Ødegaard traten vehement für ein großes Forschungsprojekt ein, das beweisen sollte, dass der überwiegende Teil dieser »unpatriotischen Elemente« an psychischen Defekten unterschiedlicher Art litt.[99] Im Herbst 1945 beauftragte das Justizministerium eine Gruppe von Psychiatern, die Untersuchungen verschiedener Personengruppen zu koordinieren.[100] Langfeldt war Leiter dieses Komitees, Ødegaard gehörte ihm als Mitglied an. Diese Untersuchung weckte auch außerhalb Norwegens Interesse, denn die internationale Hilfsorganisation der Vereinten Nationen, die UNRRA (United Nations Relief Rehabilitation Administration), bot an, Experten nach Norwegen zu entsenden, um bei den Untersuchungen der Kriegskinder und ihrer Mütter zu helfen.

Die Idee, dass ganze Bevölkerungsgruppen mit Defekten behaftet seien, die diese dann auf ihre Nachkommen vererben würden, war in der Zwischenkriegszeit weit verbreitet. Viele Menschen traten nachdrücklich dafür ein, dass solche Bevölkerungsgruppen aktiv daran gehindert werden müssten, ihre negativen Erbanlagen an die nächste Generation weiterzugeben.[101] Die deutschen Nationalsozialisten gingen dabei bekanntlich am weitesten, als sie versuchten, ganze Bevölkerungsgruppen aufgrund von rassischen und eugenischen Kriterien zu töten. Andere Staaten verfügten Sterilisierungen oder Heiratsverbote.

Unmissverständlich äußerte sich die Kriegskinderkommission zu Vorstellungen, wonach die Kriegskinder durch ihre deutsche Herkunft geprägt seien und eine künftige Fünfte Kolonne Deutschlands seien. Solche Ideen gründeten »in einer unbewussten Beeinflussung durch nationalsozialistische Rassentheorien und beruhen auf ebenso falschen Annahmen wie diese«. Hierzu nahmen also alle Kommissionsmitglieder absolut eindeutig Stellung, nicht ganz so leicht fiel es, wie gesagt, sich von der traditionellen eugenischen Denkweise zu distanzieren, der mehrere führende Psychiater des Landes anhingen, und zwar ungeachtet der eklatanten Parallelen zwischen der Eugenik und den Grundpfeilern der nationalsozialistischen Bevölkerungspolitik.

Vielleicht verhielten sich einige Kommissionsmitglieder in dieser Frage zurückhaltend, weil sie sich nicht offen gegen die Meinung von Kapazitäten wie Langfeldt, Ødegaard und vielen anderen stellen konnten oder wollten. Besonders galt dies möglicherweise für Else Vogt Thingstad, die selbst Ärztin war. Auch darf man nicht vergessen, dass in dieser Übergangszeit zwischen traditionellem Denken und neuen Sichtweisen nicht nur eine modernere Sicht auf die Vererbung aufkam, sondern auch auf praktische Fragen des Kinderschutzes, der Fürsorge für Geisteskranke sowie der Sozialpolitik im Allgemeinen.

Die Kriegskinderkommission riet, die öffentliche Meinung mit umfassenden und fundierten Maßnahmen zum Vorteil der Kinder zu beeinflussen. So sagte der Sekretär der Kommission, »auf diesem Gebiet herrschen sehr viele irrige Vorstellungen, vor allem über die allgemeine Lage der Mütter, die Erbanlagen der Kinder usw.« und es sei wichtig, dass »Missverständnisse dieser Art aus der Welt geschafft werden«.[102] Diese Empfehlungen wurden nicht umgesetzt. Einige Kommissionsmitglieder veröffentlichten im Winter 1945/46 in Tageszeitungen und Fachzeitschriften Artikel über die Situation der Kriegskinder, ohne die Gelegenheit zu nutzen, derartige »Missverständnisse« aufzuklären. Der Grund dafür ist nicht klar. Vielleicht erachteten sie es als nicht mehr nötig, da die Zeitungsdebatte über das Schicksal der Kriegskinder abflaute. Der Umstand, dass der Leiter der Kommission Inge Debes nur drei Wochen nach der Vorlage des Berichts plötzlich starb, mag dazu beigetragen haben, dass die Arbeit nicht in geplanter Weise weitergeführt wurde.

Auch den Vorschlag der Kommission, die Kriegskinder psychiatrisch untersuchen zu lassen, griffen die zuständigen Stellen nicht auf. Das Sozialministerium setzte sich zwar im Januar 1946 deswegen mit dem *Helsedirektorat* in Verbindung, das aber zeigte sich an einer Weiterführung nicht interessiert. Und auch das Sozialministerium unternahm in dieser Sache nichts mehr.

Obwohl keine weiteren Untersuchungen durchgeführt wurden, nahmen viele Norweger die unmissverständlichen und negativen Äußerungen einiger renommierter Psychiater des Landes offenbar für bare Münze. Diese Männer trugen mit fachlich unhaltbaren Behauptungen dazu bei, dass die Kinder und ihre Mütter auf eine Weise in Verruf gebracht wurden, die ihr weiteres Leben schwer belastete.

»Unklare Botschaft«

Es kann keinen Zweifel daran geben, dass die Kommission Maßnahmen vorschlagen wollte, die ihrer Ansicht nach zum Besten der Kinder waren, und wenn man in Betracht zieht, was damals als fortschrittliche Sozialpolitik galt, waren ihre Vorschläge sicher »gut gemeint«. In den letzten zehn Jahren allerdings haben Betroffene die Kriegskinderkommission geradezu als Erzfeind der Kriegskinder dargestellt. Heute ist es eine verbreitete Meinung, dass viele Kriegskinder unter den Empfehlungen der Kommisssion jahre-, gar jahrzehntelang leiden mussten.

Es ist nicht einfach, sich nach über 50 Jahren in die Köpfe der Mitglieder hineinzuversetzen. Eines scheint sicher: Die Kommission sah es im Sommer 1945 als reale Gefahr, dass der norwegische Staat ausnahmslos alle Kriegskinder und deren Mütter in das zerbombte Deutschland schicken könnte. Als die Kommission im Sommer 1945 berufen wurde, fand in ganz Norwegen geradezu eine Hetzjagd auf Deutschenmädchen statt. Sie wurden zu Hunderten verhaftet und interniert und es wurde ein Gesetz verabschiedet, das es erlaubte, allen, die ihren deutschen Freund heirateten, die Staatsangehörigkeit zu entziehen und sie nach Deutschland abzuschieben. Die Sorge der Kommission um das Schicksal der Kriegskinder war keinesfalls unbegründet.

Hinzu kam die Angst, dass die verbreitete Feindseligkeit gegen die Kinder und ihre Mütter anhalten, ja mit der Zeit sogar zunehmen könnte. Diese Befürchtungen mögen erklären, warum sich die Kommission dafür einsetzte, die deutschen Vornamen der Kinder zu ändern, sie, falls sie an ihrem Wohnort schikaniert wurden, von ihren Müttern zu trennen oder sie eventuell in Drittländer zu schicken. Die Vorschläge sollten vermutlich den Behörden eine »Rechtsgrundlage« bieten, »zum Schutz« der Kinder einzugreifen. Aus diesem Blickwinkel kann man alle Bemühungen der Kommission als »Versuch sehen, der primitiven Rachelust mit sachlichen und humanen Argumenten zu begegnen«.[103]

Es spricht viel für eine solche positive Wertung des Kommissionsberichtes und seiner Intentionen, doch bleibt die offenkundige Unschlüssigkeit in der Frage des Geisteszustandes der Mütter und Kinder. Vielleicht gab es in der Kommission hierzu widerstreitende Auffassungen oder sogar offenen Streit. Da die Kommission aber ein einstimmiges Votum abgab, könnte der Bericht in diesem Punkt einen Kompromiss darstellen, der unterschiedliche Standpunkte einen musste.

Umsetzung von Vorschlägen der Kriegskinderkommission

Der Bericht wurde niemals, wie ursprünglich geplant, gedruckt. Die wichtigsten Empfehlungen, denen die zuständigen Stellen folgten, waren natürlich, die Kinder nicht nach Deutschland zu schicken und sie bei ihren Müttern zu belassen. Die Behörden folgten auch dem Vorschlag, gegebenenfalls typisch deutsche Vornamen zu ändern. Viele Kriegskinder waren während des Krieges nicht getauft oder in ein Geburtsregister eingetragen worden, sodass die Behörden die

Pfarrer oder andere zuständige Stellen ihres Regierungsdistriktes baten, bei der Registrierung der Namen von Kriegskindern sorgsam vorzugehen. Noch im September 1946 verschickte beispielsweise das Justizministerium ein Rundschreiben zum Problem der »belasteten Vornamen«. Es wies darauf hin, dass nach dem Namensrecht bestimmte Namen abgelehnt werden konnten. Weiter hieß es, »typisch deutsche Vornamen, von denen man vermuten muss, dass sie das Kind belasten werden, sollten verweigert werden. Beispiele hierfür sind Heinz, Horst, Dieter oder Hellmuth«. Überdies wurde ausdrücklich an das Fingerspitzengefühl des Pfarrers appelliert.

Ende der Vierzigerjahre wurden in Norwegen mehrere neue Gesetze im Bereich Sozial- und Fürsorgearbeit verabschiedet. Einige Kommissionsmitglieder hatten an diesen Gesetzesvorlagen mitgewirkt, die Vorschläge der Kriegskinderkommission müssen daher im Zusammenhang mit der allgemeinen Entwicklung in der Sozialgesetzgebung gesehen werden.

Doch neben den »Reformatoren« beeinflussten auch die »Eugeniker« diese Arbeit. Gesellschaftlich hoch geschätzte Autoritäten wie Gabriel Langfeldt, Ørnulf Ødegaard und andere Psychiater gehörten zwar nicht der Kommission an, prägten aber deren Empfehlungen in einigen wesentlichen Punkten. Nicht zuletzt sind *sie* dafür verantwortlich, dass der Bericht heute, nach 50 Jahren, so hart verurteilt wird und viele in der Kriegskinderkommission geradezu den Hauptfeind der Kriegskinder sehen. Aber auch einzelne Mitglieder der Kommission, nicht zuletzt ihr Leiter Inge Debes selbst, stifteten Verwirrung darüber, was sie tatsächlich für die Kriegskinder wollten.

Alle Kriegskinder nach Australien?

Im November 1945 bekam Norwegen Besuch von einer offiziellen australischen Delegation. Sie bereiste Europa, um Arbeitskräfte für Australien zu werben.[104] Diesem Anliegen begegneten die für den

Arbeitsmarkt zuständigen Stellen in Norwegen allerdings ablehnend. Man brauche die Arbeitskräfte für den Aufbau nach dem Krieg selbst.

Das norwegische Sozialministerium hingegen war an den australischen Besuchern äußerst interessiert. Zu einer Besprechung mit ihnen schickte man unter anderem einen Ministerialdirektor, zu einem Essen mit der Delegation kamen zwei Minister, Sven Oftedal und Aaslaug Aasland. Im Rückblick scheint es fast, als hätte das Sozialministerium die besuchenden Australier komplett »kapern« wollen.

Der Grund für das Interesse des Sozialministeriums an der australischen Delegation offenbarte sich bereits beim ersten Treffen. Zunächst stellte ein Vertreter des Außenministeriums klar, dass Norwegen an Australien keine Arbeitskräfte abgeben könne. Danach unterbreitete der Ministerialdirektor des Sozialministeriums allerdings den Vorschlag, dass Australien etwa 8000 Kriegskinder übernehmen könne. Am folgenden Tag erhielt die australische Delegation Gelegenheit, einige der Kinder zu begutachten. Das Sozialministerium fuhr nämlich mit seinen Gästen in das ehemalige deutsche Kinderheim Godthaab, wo damals etwa 125 Kriegskinder lebten.

Die Rolle der Kriegskinderkommission wird dadurch noch verwirrender, dass ihr Leiter Inge Debes an den Treffen mit der Delegation teilnahm und gemeinsam mit dem Ministerialdirektor das Phänomen der Kriegskinder erläuterte. Nur zwei Wochen vor diesem Treffen hatte die Kriegskinderkommission ihren Bericht vorgelegt, in dem es eindeutig hieß, dass Norwegen für die Betreuung der Kriegskinder verantwortlich sei. Letzten Endes wurde der Vorschlag an die Australier nicht umgesetzt, aber dass man ein solches Angebot überhaupt unterbreitete, ist erstaunlich.

Die Abwicklung der Lebensbornheime

Als die Deutschen kapitulierten, hielten sich in den Lebensbornheimen in Norwegen mindestens 500 Kinder auf. In Godthaab waren es etwa 160, in Stalheim 131, in Moldegård 85, in Hurdal Verk 67 und in Klekken etwa 60, für Høsbjør und die drei Stadtheime liegen keine Zahlen vor.[105] Die deutsche Kapitulation bedeutete indes nicht, dass die norwegischen Ämter und Behörden diese Heime sofort übernommen und das deutsche Personal der Abteilung Lebensborn entfernt hätten. Das Ganze verlief eher chaotisch.

Frauen und Kinder wurden sich selbst überlassen

Am 9. Mai setzte sich ein Vertreter der Reederei Johan Ludwig Mowinckel mit dem Leiter des Bergenser Büros des Norwegischen Roten Kreuzes in Verbindung. Die Deutschen hatten auf Mowinckels Besitz Moldegård ein Kinder- und Mütterheim betrieben, nun war das deutsche Personal fort und der Reedereiangestellte machte sich wegen der dortigen Situation Sorgen und bat das Rote Kreuz um Hilfe. Den Zuständigen des Roten Kreuzes in Bergen erschien die Lage dermaßen katastrophal, dass sie zunächst keine kommunalen oder staatlichen Stellen einschalteten, sondern selbst daran gingen, die akute Notsituation zu beheben. In dem Heim waren 85 Kleinkinder und 25 Frauen, die meisten von ihnen Mütter, völlig sich selbst überlassen. Das Rote Kreuz setzte einen Heimleiter ein und schaffte es, das Heim mit der Hilfe der anwesenden Mütter irgendwie weiterzuführen. In den folgenden zwei Tagen wurden elf Kinder von ihren Müttern, die in der Nähe von Bergen wohnten, abgeholt, aber danach waren immer noch 74 Kinder dort, die ernährt und versorgt werden mussten. Zwei Tage, nachdem das Bergenser Rote Kreuz die Leitung von Moldegård übernommen hatte, informierte es den *Fylkesmann,* das Sozialministerium sowie das Norwegische Rote Kreuz über die Lage, doch es sollte lange dauern, bis dort jemand reagierte.

Auch die Situation in Stalheim erschien Vertretern des dortigen Roten Kreuzes in den ersten Tagen nach der Befreiung kritisch. Das deutsche Personal war verschwunden und hatte etwa 130 Kleinkinder und einige Mütter allein zurückgelassen. Das Rote Kreuz kümmerte sich auch hier um die Frauen und Kinder und beschaffte neues Personal, das das Heim zunächst weiterführte.

Dem Sozialministerium wurde kurz nach der Befreiung mitgeteilt, dass die örtlichen Rotkreuzstellen die Leitung der beiden ehemaligen Lebensbornheime in Westnorwegen übernommen hatten, wo die Lage schnell brenzlig hätte werden können. Ein Vertreter des Roten Kreuzes sagte, dass »das Rote Kreuz die Heime in Bergen und Voss übernehmen musste, um die Kinder vor einer Katastrophe zu bewahren«. Dennoch unternahmen die norwegischen Behörden absolut nichts, um jene über 200 Kinder und einige Mütter zu versorgen, die in den beiden Kinderheimen zurückgeblieben waren. Die örtlichen Rotkreuzstellen hatten Schwierigkeiten, die Heime mit Lebensmitteln zu versorgen, die finanziellen Mittel gingen zu Ende und die Situation spitzte sich zu.

Anfang Juni versuchte ein Vertreter des Roten Kreuzes in Westnorwegen das Sozialministerium dazu zu bewegen, die Weiterführung beider Heime durch Bereitstellung von Lebensmitteln und Lohn zu gewährleisten. Er setzte sich mit dem Ministerium in Verbindung und erläuterte vor allem die schwierige Situation in Stalheim. Um das Heim weiterführen zu können, brauche man augenblicklich 5000 Kronen. Was immer künftig mit ihnen geschehen werde, schrieb er, »so lange die Deutschenkinder in Norwegen sind, sind allein die norwegischen Behörden dafür verantwortlich, dass die Kinder keine Not leiden«. Das Rote Kreuz in Voss musste unter anderem einen Bankkredit aufnehmen, um die Frauen und Kinder in Stalheim versorgen zu können, und es dauerte zwei Wochen, bis das Ministerium das Geld schickte. Auch die norwegischen Streitkräfte steuerten etwas Krisenhilfe bei.

In Godthaab blieb das deutsche Personal trotz Kapitulation. Im größten der deutschen Lebensbornheime waren bei Kriegsende ca. 160 Kinder. Das Personal bestand aus 75 Personen, 40 davon, vier Männer und 36 Frauen, waren Deutsche, die meisten der übrigen 35 Angestellten norwegische Mütter, die ein Kind im Heim hatten. Am 8. Mai kam das Personal wie üblich zum Frühstück zusammen.[106] Oberschwester Berta Betz erhob sich und teilte weinend mit, dass Deutschland bedingungslos kapituliert habe. Sie drang aber darauf, dass die Heimarbeit so lange fortgeführt werden müsse, bis sie mehr Informationen erhalte. Sie hätten bis auf weiteres die Verantwortung für alle Kinder, die Essen und Pflege brauchten.

Auch in Høsbjør führte das deutsche Personal das Heim zunächst weiter. Die deutsche Hebamme des Heims entband nach dem 8. Mai noch sieben Schwangere. Das deutsche Personal blieb noch zwei Wochen, bis alle Mütter das Heim mit ihren Kindern verlassen hatten. Danach wurden die deutschen Beschäftigten in ein Internierungslager überführt und das Heim wurde abgewickelt.

Ragaller mit neuen Aufgaben

Die Arbeit in der Osloer Lebensbornzentrale lief trotz der deutschen Kapitulation noch einige Tage fast unverändert weiter. Am 8. Mai 1945 kam Ragaller wie üblich in SS-Uniform in die Lebensbornzentrale im Zentrum von Oslo.[107] Das Gleiche tat er am folgenden Tag, was die norwegischen Büroangestellten sehr beeindruckte. An diesem Tag erhielt er aus Godthaab die Nachricht, dass einige der dort beschäftigten Mütter das Heim verlassen hatten, nachdem eine von ihnen geschoren worden war. Darum schickte Ragaller schon am nächsten Tag einige seiner Büroangestellten nach Godthaab, die dort in den folgenden Wochen tagsüber die Kinder versorgten und am späten Nachmittag und am Abend Büroarbeiten erledigten.

Ragaller war ein eingefleischter Verwaltungsmann. Er wollte unbedingt so viele Kriegskinderfälle wie möglich abschließen, um den norwegischen Behörden alle Akten in geordnetem Zustand übergeben zu können. Die Zentrale der Abteilung Lebensborn arbeitete unter Ragallers Leitung nach der Kapitulation noch zwei bis drei Wochen weiter, bis sie Ende Mai von der norwegischen Polizei geschlossen wurde. Ragaller wurde allerdings nicht verhaftet. Er fuhr nach Godthaab, das immer noch von Berta Betz und ihren Leuten geführt wurde, errichtete dort seine provisorische Zentrale und bemühte sich weiterhin darum, die Arbeit der Abteilung Lebensborn in Norwegen auf angemessene Weise abzuwickeln.

Für das deutsche Personal wurde die Leitung des Heimes immer schwieriger und nun, da die deutsche Kapitulation schon einige Zeit zurücklag, wollte Ragaller die praktische Verantwortung für weit über 100 Kinder nicht mehr tragen. Er setzte sich mit dem Befehlshaber der Deutschen in Verbindung, die bei Lillehammer interniert waren, und bat ihn um Hilfe bei der Versorgung der Kinder und Mütter.

Das führte dazu, dass die Deutschen Ende Mai zwei Schreiben verschickten: Eines ging an das Hauptquartier der Alliierten in Oslo, ein zweites ging vom Deutschen Roten Kreuz an das Norwegische Rote Kreuz, das gebeten wurde, einzugreifen, »da es sich durchweg um Kinder im zartesten Alter handelt«. Im ersten Brief wurden die Alliierten, die für die Internierung des deutschen Personals zuständig waren, gebeten, die deutschen Angestellten vorläufig in Godthaab zu belassen. In den Wochen seit Kriegsende hatten zwar viele Mütter ihre Kinder abgeholt, aber die Situation war immer noch schwierig: »Das Lebensbornheim Godthaab, Zone Oslo, wurde von den Norwegern noch nicht übernommen. Um die 113 Kinder, die in Godthaab wohnen, am Leben zu halten, müssen die deutsche Verwaltung und das deutsche Pflegepersonal bis auf weiteres dort arbeiten.«

Das Problem überließ man der für Godthaab zuständigen Militäreinheit, die nun die Frage nach Ersatz für das deutsche Personal klären musste. Gegen Ende Mai wurden sowohl das Sozialministerium als auch das Norwegische Rote Kreuz eingebunden. Das deutsche Personal hatte kaum noch Lebensmittel für die Kinder und würde den Heimbetrieb nicht mehr viel länger aufrechterhalten können. In dieser dringlichen Lage bewies Ragaller Verantwortungsbewusstsein. Es sorgte sich offenkundig um die Kinder und bemühte sich nachdrücklich um eine Lösung. Einmal fuhr er in die Osloer Innenstadt, um die Angelegenheit mit dem Norwegischen Roten Kreuz zu diskutieren.[108] Das war mehrere Wochen nach Kriegsende, die meisten Deutschen saßen inzwischen in Internierungslagern oder Gefängnissen. Ragaller fuhr in Begleitung einer Norwegerin, die für den Lebensborn arbeitete, mit der Straßenbahn nach Oslo hinein. Er trug Zivilkleidung und schwieg, damit die anderen Passagiere nicht merkten, dass er Deutscher war.

Es folgten mehrere Besprechungen über die Lage in den Heimen. Am 1. Juni fand ein Treffen in Godthaab statt, bei dem Vertreter des Sozialministeriums und des Norwegischen Roten Kreuzes die Lage mit Ragaller erörterten. Etwa um diese Zeit besuchte auch ein anderer Beamter des Sozialministeriums Godthaab. Er berichtete: »Wir besichtigten das ganze Heim, überall herrschte mustergültige Ordnung und Sauberkeit.« Ragaller aber war in Sorge. Er hatte es zwar bislang geschafft, dass Lebensmittel aus Wehrmachtsbeständen an das Heim geliefert wurden, hielt die aktuelle Lage aber auf Dauer für unhaltbar. Das deutsche Personal müsse baldmöglichst durch Norweger abgelöst werden. Diese Übergabe müsse allerdings geordnet vor sich gehen und man brauche zur Betreuung der Kinder im Heim mindestens 15 Kinderschwestern. Er weigerte sich auch, die Leitung des Heimes niederzulegen, solange es keine offizielle und korrekte Übergabe gegeben hatte.

Das Ministerium entsprach dem und beraumte für Mitte Juni einen hochoffiziellen Termin an, bei dem Ragaller schriftlich bestätigte, dass er dem norwegischen Sozialministerium den Kassenbestand der Abteilung Lebensborn für Godthaab in Höhe von gut 12 000 Kronen übergeben hatte. Gleichzeitig wurde vom Norwegischen

Roten Kreuz eine norwegische Rotkreuz-Schwester nach Godthaab geschickt, um die Leitung des Heims zu übernehmen. Ragaller und die anderen deutschen Angestellten waren allerdings noch den ganzen Sommer in Godthaab und Ragaller blieb *de facto* Heimleiter.

Das Sozialministerium unternahm wegen der Kinder in Godthaab offenbar nicht mehr viel, während sich das Norwegische Rote Kreuz weiter um das Heim kümmerte. Die Versorgung mit Lebensmitteln war zum Glück gesichert, nachdem Ragaller dafür gesorgt hatte, dass sie von den internierten deutschen Truppen geliefert wurden. Da Kinder aus anderen Heimen dorthin verlegt worden waren, war die Zahl der Kinder in Godthaab inzwischen auf etwa 150 angestiegen. Das deutsche Personal bestand aus vier Männern und 36 Frauen, an ihrer Spitze stand Berta Betz.

Im Juli wurden die männlichen Angestellten, mit Ausnahme von Ragaller, in das Internierungslager Bogstad überführt. Das Sozialministerium begriff, dass die weiblichen Angestellten bis auf weiteres bleiben mussten. Ragaller hingegen, dem man im Ministerium den Spitznamen »kleiner Diktator« gegeben hatte, wäre man gern losgeworden. Es ist offenkundig, wie wenig es dem Ministerium behagte, dass Ragaller unbeugsam auf einer offiziellen Übergabe des Heimes beharrte, und das, obwohl seit der deutschen Kapitulation bereits mehrere Monate vergangen waren. Das Ministerium setzte sich in diesen Monaten mehrfach mit dem Verteidigungsministerium in Verbindung, um Ragaller entfernen zu lassen, aber er blieb nicht nur, sondern schaffte es sogar, ohne Erlaubnis der Norweger einen weiteren männlichen Angestellten in das Heim zu holen. Das Sozialministerium begriff, dass die Abwicklung von Godthaab einige Zeit dauern würde. Als es die Kriegskinderkommission ernannte, versuchte es zur gleichen Zeit, das Norwegische Rote Kreuz zur Übernahme von Godthaab zu bewegen. Das Rote Kreuz zögerte zunächst und übernahm die Aufgabe schließlich im Juli unter der Bedingung, dass dies eine dreimonatige Übergangslösung sein würde.

Später drängte das Sozialministerium das Norwegische Rote

Kreuz auch noch, die Leitung der beiden großen Kinderheime Moldegård und Stalheim zu übernehmen, die seit der Befreiung von den dortigen Rotkreuzstellen betreut wurden. Das Norwegische Rote Kreuz willigte widerstrebend ein und musste die Verantwortung für alle drei großen Kinderheime bis zur Abwicklung allein tragen.

Lange Abwicklungsfristen

Es dauerte lange, bis alle Kriegskinder die Heime Godthaab, Moldegård und Stalheim verlassen hatten. Eines der Probleme war, dass es in den Heimen über die Mütter oft nur dürftige Informationen gab und es deswegen schwierig war, sie aufzuspüren. Es erwies sich auch als problematisch, Kinder unterzubringen, die nicht zu ihren Müttern oder anderen Verwandten konnten. Nur wenige Kinder konnten in einem Kinderheim außerhalb ihrer Heimatgemeinden untergebracht werden und es sollte recht lange dauern, bis man in Norwegen bereit war, Kriegskinder zu adoptieren. Im Herbst 1945 musste Godthaab überdies neue Kinder aufnehmen, noch Mitte Oktober lebten dort über 120 Kinder, erst im Februar und März 1946 kam die Abwicklung des Heimes wirklich in Gang.

Vorstellbar ist auch, dass sich das Sozialministerium im Sommer 1945 im Unklaren darüber war, was es mit den Kindern in den drei großen Heimen machen sollte. Falls sie wirklich nach Deutschland geschickt werden würden, wäre es vernünftiger, sie in den drei Heimen zu behalten, statt sie an Adoptiveltern und regionale Kinderheime zu verteilen. Möglicherweise war der Grund für die relative Tatenlosigkeit des Ministeriums im Sommer 1945, dass man abwarten wollte, wie die Kriegskinderkommission das Problem einschätzte. Nachdem geklärt war, dass die Kinder in Norwegen bleiben würden, versuchte das Ministerium, die Abwicklung der Heime voranzutreiben, was allerdings, wie gesagt, länger dauerte als zunächst angenommen.

In Stalheim sank die Zahl der Kinder von 131 im Mai auf 115 Anfang Juli, Mitte August waren es dann nur noch 65. Von den 47 Kindern, die zwischen Juni und August das Heim verließen, kamen 32 zu ihren Müttern oder anderen nahen Verwandten, zwölf vermutlich in Kinderheime und eines wurde adoptiert. Zwei Kinder waren im Juli gestorben. In den folgenden zwei Monaten bis zur Schließung des Heimes wurden die meisten noch verbliebenen Kinder in ein Kinderheim überführt oder adoptiert. Die Kinder, die man auf diese Weise nicht unterbringen konnte, wurden, als Stalheim Ende Oktober 1945 abgewickelt wurde, nach Moldegård überführt.

Von den 85 Kindern, die bei der Befreiung in Moldegård lebten, waren Mitte August noch 59 im Heim. Auch hier stieg die Zahl leicht an, als nach der Schließung von Stalheim einige Kinder überführt wurden. Als das Heim im Mai 1946 endgültig geschlossen wurde, waren für die meisten Kinder dieses Heimes andere Aufenthaltsorte gefunden worden. Die wenigen verbleibenden Kinder überführte man nach Godthaab.

Dort wurde schließlich im Oktober 1945 das deutsche Personal mit Ernst Ragaller und Berta Betz an der Spitze, die in den fünf Monaten seit der Kapitulation den täglichen Betrieb im Heim aufrechterhalten hatten, ersetzt. Für viele der größeren Kinder war der Wechsel der Betreuer schwierig, weil sie nur Deutsch sprachen, aber nun Norwegisch lernen mussten. Bis zum folgenden Frühjahr konnten schließlich auch von dort die meisten Kinder zu ihren Müttern oder nahen Angehörigen umziehen, andere kamen in Pflegefamilien, die das betreffende Kind adoptieren wollten, oder in ein Kinderheim.

»Die Beaufsichtigung der Kinder
kann durch die internierten Mädchen geschehen«

Nachdem 144 Kinder zu ihren Müttern, Pflegeeltern oder in andere Kinderheime gekommen waren, blieben in Godthaab etwa 20 Kinder zurück, die als geistig behindert galten und für die eine spezielle Lösung gefunden werden musste.

Im Februar 1946 teilte das *Helsedirektorat,* das für die Betreuung geistig Behinderter zuständig war, dem Sozialministerium mit, dass es »gelungen ist, für die schwachsinnigen Deutschenkinder bis auf weiteres Plätze auf Hovedøya zu finden, und zwar im dortigen Internierungslager. Die Kinder können jederzeit aufgenommen werden, wünschenswert wäre eine Benachrichtigung zwei Tage vor Ankunft. Es müssen zwei bis drei Betreuerinnen bestimmt werden, die die Aufsicht führen und die Kinder versorgen. Grobe Arbeiten wie Putzen, Wäschewaschen usw. einschließlich der Beaufsichtigung der Kinder können durch die internierten Mädchen geschehen.«

Das war ein bemerkenswerter Vorschlag von der obersten Gesundheitsbehörde des Landes. Die in Frage kommenden »Betreuerinnen« auf Hovedøya waren nicht nur, nach Einschätzung des *Helsedirektorats,* die landesweit gefährlichsten Ansteckungsquellen für Geschlechtskrankheiten, die meisten Frauen waren angeblich auch Prostituierte. Hinzu kam, dass um diese Zeit eine Ärztin im Auftrag des *Helsedirektorats* mit den internierten Frauen Intelligenztests durchführte. Sie kam zu dem Ergebnis, dass die überwiegende Mehrheit der potenziellen Betreuerinnen selbst als schwachsinnig anzusehen sei. Obgleich die Gesundheitsbehörde darüber informiert war, schlug sie vor, genau diesen Frauen die Betreuung der als geistesschwach eingestuften Kriegskinder zu übertragen.

Es kann kein Zweifel daran bestehen, dass das *Helsedirektorat* diesen Vorschlag ernst meinte und seine Realisierung allein daran scheiterte, dass wenig später die Abwicklung des Internierungslagers

Hovedøya beschlossen wurde. Am Ende kamen diese Kinder in ein Heim für geistig Behinderte in der Nähe von Oslo.

Es gibt begründete Zweifel daran, dass diese als »schwachsinnig« bezeichneten Kinder tatsächlich alle geistig behindert waren. Else Vogt Thingstad, damals nicht offiziell, aber *de facto* die für Godthaab zuständige Ärztin, schrieb im Sommer 1946:

> »Die 18 Kinder von Godthaab wurden nicht psychiatrisch-psychologisch untersucht. Einige hatte ich nach nur kurzem Augenschein, gepaart mit Auskünften der Pflegerinnen und dem Personal, als »psychisch defekt« eingeordnet. Ob sich all diese Kinder später tatsächlich als schwachsinnig erweisen werden, wage ich nicht vorherzusagen. Ich vermute, dass sich mit Sicherheit alle als oligophren erweisen werden, wenn auch nicht in so starkem Maße, dass man sie als schwachsinnig bezeichnen müsste.«[109]

Obwohl Vogt Thingstad nicht die Verantwortung dafür übernehmen wollte, diese Kinder als schwachsinnig zu bezeichnen, wurden sie Anfang August 1946 in ein Heim für geistig Behinderte überführt, und zwar mit dem doppelten Kainsmal »schwachsinnig« und »Deutschenbastard«. Mehrere von ihnen verbrachten einen großen Teil ihres Lebens in Institutionen. Viele Jahre später sagte ein Oberarzt dieses Heimes: »Hätten diese Kinder 1945 die Möglichkeit eines Neuanfangs und eines normal geführten Lebens bekommen, hätten sie sich vermutlich auch normal entwickelt.«[110]

Die Behörden und die Verantwortung für die Abwicklung der Heime

Es besteht kein Zweifel daran, dass die Versorgung der schätzungsweise 500 Kriegskinder, die sich zum Zeitpunkt bei der Befreiung in den ehemaligen Lebensbornheimen befanden, in den Verantwortungsbereich der norwegischen Behörden fiel. In der Praxis waren es allerdings Bezirksärzte und örtliche Niederlassungen des Roten Kreuzes, die eingriffen und die Heime in der ersten chaotischen Zeit nach der Befreiung weiterführten. In Godthaab, dem größten Heim, und im Entbindungsheim Høsbjør waren es die Angestellten des Lebensborn, die sich trotz der deutschen Kapitulation weiterhin um Kinder und Mütter kümmerten.

Die Behörden waren nicht in der Lage, in der prekären Situation, die durch die Befreiung entstanden war, rasch die Verantwortung für die Kinder zu übernehmen. Im Laufe des Sommers koordinierte das Sozialministerium zwar die Heimabwicklung und kümmerte sich um die Sicherstellung von Versorgung und Ernährung der Kinder während der Abwicklungsperiode. Daneben übte es ständig Druck auf das Norwegische Rote Kreuz aus, die Leitung der drei größten Heime zu übernehmen. Aber dass die Kinder in Godthaab am Leben blieben, hatte der norwegische Staat während des ersten halben Jahres einzig den etwa 30 deutschen Schwestern und einem ehemaligen SS-Offizier zu verdanken.

3 Im Schatten des Krieges

Der Zweite Weltkrieg endete offiziell im Frühjahr 1945. Für viele Deutschenmädchen aber bedeutete dieser »Frieden« den Anfang von Schikanen und Übergriffen unterschiedlichster Art. Die Kriegskinder waren damals noch klein, doch mit zunehmendem Alter wurde auch ihnen bewusst, dass sie im Schatten des Krieges lebten. Für viele Deutschenmädchen und Kriegskinder hat der Krieg niemals aufgehört.

Mehrere tausend Kriegskinder wuchsen in Norwegen auf, bei ihren Müttern, bei Adoptiveltern oder in Kinderheimen. Wie sie in ihrer Kindheit und Jugend von den norwegischen Behörden und ihren Mitbürgern behandelt wurden, gilt es noch herauszufinden. Es gibt Behauptungen, dass der Staat den Kriegskindern Geld aus Deutschland »geraubt« habe. Als Erwachsene haben sich viele Kriegskinder sehr bemüht, etwas über ihren deutschen Vater zu erfahren. Sie suchten und suchen Antwort auf die Frage: »Wer bin ich?«

Frauen und Kinder im zerstörten Deutschland

Bei Kriegsende lag Deutschland in Trümmern. Vor allem viele Großstädte waren durch die Bombardierungen völlig zerstört. Die Wirtschaft war komplett zum Erliegen gekommen, es herrschte Hunger, die Versorgung mit Lebensmitteln funktionierte nicht, weil Straßen, Eisenbahnlinien und Häfen unbenutzbar waren. Deutschland war noch Jahre nach Kriegsende ein Not leidendes Land.

In dieser Zeit lebten dort auch mehrere tausend gebürtige Norwegerinnnen und viele hundert norwegische Kriegskinder. Wie erging es ihnen in dem vom Krieg ruinierten Land? Was tat der norwegische Staat, um ihnen zu helfen?

Hilfe für Norwegerinnen
und gebürtige Norwegerinnen in Deutschland

»Meine Tochter in Deutschland wird vermutlich binnen weniger
Monate verhungern, wenn sie nicht umgehend nahrhaftes Essen bekommt. Ich wende mich in tiefster Verzweiflung an Sie, um zu erfahren, ob von Seiten des Roten Kreuzes etwas getan werden kann,
um zu helfen.«

Dies schrieb ein norwegischer Vater im Sommer 1946. Wie er sorgten sich in der Nachkriegszeit viele norwegische Familien um ihre
Töchter und Enkelkinder.[111] Es herrschte Wohnungsmangel, es fehlte
an Kleidung und an Lebensmitteln. Die Deutschen lebten im Elend,
und wer, wie die Norwegerinnen mit ihren Kindern, hier lebte, litt
ebenfalls Not. Auch die Kriegskinder, die allein nach Deutschland
gekommen waren, hatten es sehr schwer. Im Oktober 1945 berichtete
ein norwegischer Offizier, dass die Norwegerinnen in Deutschland
in Lebensgefahr seien. Er fürchtete, dass »90 % von ihnen im Laufe
des Winters sterben werden, wenn nicht wirksam geholfen wird
und das sehr schnell«. So schlimm kam es nicht, aber die schwierigen
Lebensbedingungen hielten noch einige Jahre an. Im Sommer 1947
berichtete der Leiter eines Flüchtlingslagers in Berlin:

»Die meisten hier erhalten hin und wieder ein Paket, aber die Norwegerinnen bekommen nie etwas. Wir tun, was wir können, aber sie werden niemals auch nur annähernd satt. Die Flüchtlinge bekommen die
niedrigsten Lebensmittelrationen. Sie bekommen Lebensmittelkarte
III, das sind 1500 Kalorien am Tag, aber 400–500 sind so genannte
›Papierkalorien‹.«[112]

Das Norwegische Rote Kreuz hatte bereits im Frühherbst 1945 versucht, die norwegische Regierung dazu zu bewegen, sich an der
Organisation von Hilfslieferungen für Norweger und Norwegerin-

nen in Deutschland zu beteiligen, aber Minister Oftedal meinte damals, dass die Stimmung, die in Norwegen gegenwärtig gegenüber Deutschland herrsche, es nicht zulasse, solche Hilfsaktionen in Angriff zu nehmen. Der Sozialminister fürchtete, wenn solche Hilfsleistungen bekannt würden, könnte das auf weite Kreise der Bevölkerung provozierend wirken, denn »in diesem Punkt waren die Leute immer noch ziemlich hart«.

Das war offenbar das Wichtigste: Man musste bei allem, was mit Deutschland zu tun hatte, hart und unerbittlich bleiben, die »Eisfront« wahren, wie die Norweger die abweisend-feindselige Haltung gegenüber den Deutschen während des Krieges genannt hatten. Außerdem arbeitete der norwegische Staat genau um diese Zeit zielstrebig und bewusst darauf hin, gebürtige Norwegerinnen, die ihren deutschen Freund geheiratet hatten, samt ihrer Kinder auszubürgern. Dabei waren sich die Behörden völlig darüber im Klaren, welches Elend sie in Deutschland erwartete. Aber der Hass auf alles Deutsche war außerordentlich stark. So betonte im Herbst 1945 die Redaktion einer Wochenzeitung ausdrücklich, dass »der folgende Bericht nicht Teil einer Mitleidskampagne« sei. Es handelte sich um eine ausführliche Reportage aus Berlin mit Aufnahmen von Frauen und Kindern, die am Straßenrand und in Bahnhöfen verhungerten.[113]

Nach dem Jahreswechsel 1945/46 erlaubte der norwegische Staat dem Norwegischen Roten Kreuz dann doch, Hilfsarbeiten einzuleiten. Aber mit Rücksicht auf die öffentliche Meinung sollte zumindest in der Anfangszeit nicht zu laut darüber gesprochen werden.

Die Hilfe musste also geheim gehalten werden. Auch die Alliierten in Deutschland hatten strenge Bestimmungen für jeglichen Beistand, wonach das Norwegische Rote Kreuz in Deutschland ausschließlich »Norwegern und gebürtigen Norwegern« helfen durfte. Das bedeutete nach dem norwegischen Staatsbürgerrecht, dass Frauen, die mit einem Deutschen verheiratet waren, ein Recht auf Hilfe aus Norwegen hatten, ihre ehelich geborenen Kinder jedoch nicht, da sie weder bei ihrer Geburt noch danach norwegische Staatsbürger gewesen waren.

Wie das Dänische und das Schwedische Rote Kreuz schickte auch das Norwegische Rote Kreuz Lebensmittelpakete an die Landsleute in Deutschland. Ab März 1946 konnte das Norwegische Rote Kreuz an alle »Norweger und gebürtigen Norweger« in Deutschland pro Monat ein Lebensmittelpaket von fünf Kilo schicken. Die Hilfe dauerte bis zum Sommer 1947, danach durften Privatpersonen wieder selbst Pakete mit der Post schicken.

Diese Lebensmittelpakete waren eine ersehnte Ergänzung der knappen Rationen, von denen die meisten in Deutschland leben mussten. Viele konnten allerdings nicht verstehen, warum die Kinder keine Pakete bekommen durften. So wandte sich eine norwegische Familie an das Norwegische Rote Kreuz, nachdem sie mit ihrer in Deutschland verheirateten Tochter wieder Briefkontakt hatte. Sie habe »jetzt wenig zu essen. Meine Tochter hat ein Mädchen von fünf Monaten. Steht ihm auch ein Paket zu?« Das Rote Kreuz konnte nur antworten: »An Ihre Enkelin in Deutschland kann kein Paket geschickt werden, da sie deutsche Staatsangehörige ist und einen deutschen Vater hat.«

Der Mitarbeiter des Norwegischen Roten Kreuzes in Deutschland, Roal Ekholt, machte sich besonders wegen der Ernährung der schwangeren Norwegerinnen und der kleinen Kinder Sorgen. Sie litten unter Vitamin-, Mineralien-, vor allem aber Fettmangel:

> »Unsere Pakete sind im Hinblick auf Fett sehr mager, abgesehen vom Tran, aber den kann man nicht aufs Brot schmieren. Es wäre auch ganz wunderbar, wenn wir eine kleine Lieferung Eier bekämen, die wir an Schwangere und Kinder unter drei Jahren verteilen könnten. Ich möchte betonen, dass es im Grunde nur um kleine Mengen geht, aber in einigen Fällen, die wir hier haben, steht viel auf dem Spiel, wenn wir kein Fett und keine Eier beschaffen können.«

Der Fettmangel war dramatisch. Im Sommer 1946 beispielsweise wurde an einigen Orten die tägliche Fettration für einen erwachsenen Arbeiter auf sieben Gramm reduziert. Um diese Zeit baten die Norweger in Berlin auch um Pakete mit Margarine und Milchpulver. In dem Schreiben heißt es, die Berliner hätten seit anderthalb Jahren »keinen Tropfen Milch mehr bekommen«.

Zu Beginn der Arbeit wurden die Pakete einfach an jene Norweger und Norwegerinnen in Deutschland verteilt, von denen das Rote Kreuz irgendwie erfahren hatte, aber als die Hilfssendungen mit der Zeit bekannt wurden, wollten viele norwegische Familien ihren Töchtern und Enkeln Lebensmittel und Kleider schicken lassen. So fragte im Mai 1946 ein Ehepaar an, ob das Norwegische Rote Kreuz ihrer in Deutschland verheirateten Tochter »ein bisschen Essen« schicken könne. Sie schrieben, sie sei »in großer Gefahr, weil sie sehr geschwächt ist«.

Zunächst konnten nur die, die in den amerikanischen und englischen Besatzungszonen lebten, vom Norwegischen Roten Kreuz Lebensmittelpakete erhalten. In der französischen Zone wurde die Verteilung der Pakete erst im Herbst 1946 erlaubt, in der sowjetischen Zone waren die Transportmöglichkeiten so schlecht, dass ein Paket mitunter bis zu zwei Monate unterwegs war, wenn es überhaupt jemals ankam. Im Spätherbst 1946 besserten sich die Verhältnisse aber etwas und es wurden in Berlin, Dresden und Leipzig Verteilungsstellen eingerichtet. Das Norwegische Rote Kreuz hatte keine Möglichkeit, seine Standardpakete in deutsche Flüchtlingslager zu schicken, und auch wer in Österreich lebte, konnte keine Pakete aus Norwegen bekommen.

Im Frühjahr 1946 wurden etwa 1000 Pakete verschickt, im November 1946 waren es gut 1500. Davon gingen 35 in die französische Zone, 130 nach Berlin, 187 nach Hamburg, 140 an Orte in der sowjetischen, 312 in die amerikanische und 746 in die britische Besatzungszone. Die Zustellung der Pakete erfolgte durch zwei Lastwagen, die jeden Monat zwei Wochen lang durch Deutschland fuhren und sie verteilten. Doch da die Transportsituation schwierig blieb und die Menschen ständig umzogen, kamen die Pakete nicht immer an. Das ließ die Empfängerinnen, die auf die kostbaren Lebensmittel warteten, mitunter verzweifeln. Eine Norwegerin beispielsweise hatte brieflich von ihrer Tochter erfahren, dass deren Mai-Paket nicht angekommen sei. Daraufhin mahnte die Mutter das Norwegische Rote Kreuz: »Es ist sehr wichtig, dass meine Tochter das Paket bekommt. Sie hat zwei kleine Kinder und die Ernährungslage ist katastrophal.« Die Eltern in Norwegen wollten ihren Töchtern und Enkelkindern selbstverständlich beistehen, das Rote Kreuz mit seinen Lebensmittelpaketen konnte aber, wie gesagt, oft nur den Töchtern, nicht aber deren ehelich geborenen Kindern helfen.

Für die norwegischen Frauen und Kinder in Deutschland blieb die Lage noch einige Jahre lang schwierig. In den Städten war es schlimmer, auf dem Land häufig etwas besser. Deutsche Männer, die aus gut situierten Familien stammten oder auf andere Weise ein Auskommen hatten, konnten ihre Frau und ihre Kinder meist einigermaßen gut versorgen. Es ging also nicht allen gleich schlecht, aber manche litten in diesen Jahren entsetzlich.

Inzwischen war in Norwegen bekannt, dass viele Frauen und Kinder unter sehr schwierigen Bedingungen lebten und die äußerst deutschfeindliche Stimmung der ersten Nachkriegszeit hatte sich etwas gelegt. Ein äußeres Zeichen dafür war das norwegische Schiff »Stordsund«, das im März 1948 mit 400 Tonnen frischem Hering an Bord in Bremerhaven anlegte. Der Fisch war ein Geschenk norwegischer Heringsfischer und Heringsexporteure an die hungernden deutschen Kinder. Der frische Hering musste vor Ort verteilt werden, konnte aber gegen andere Lebensmittel getauscht werden.

Ende der Vierzigerjahre wurden die Verhältnisse in der sowjetischen Besatzungszone immer schwieriger. Die gebürtigen Norwegerinnen in Berlin hatten bis zum Winter 1945/46 von den dänischen Behörden einige Lebensmittel erhalten, danach konnten sie bis zu einem gewissen Grad an der Paketaktion des Roten Kreuzes teilhaben. Im Juli 1946 wurden in der sowjetischen Besatzungszone 371 Pakete verteilt, dort waren im Oktober etwa 430 gebürtige Norwegerinnen registriert, denen ein Lebensmittelpaket zustand. 1947 wurden normale Paketsendungen von Norwegen nach Deutschland wieder erlaubt, aber der sich verschärfende Ost-West-Konflikt der folgenden Jahre erschwerte das Leben der Norwegerinnen in Ostdeutschland.

Im Januar 1948 beschloss die norwegische Militärmission in Berlin eine Zusammenarbeit mit dem Norwegischen Roten Kreuz. Man brauchte in Berlin Lebensmittel für »die verzweifelten Mütter norwegischer Herkunft, die sich an die Mission wenden und um Hilfe bitten«. Diese Arbeit lag in den Händen eines »Damenkomitees«, dem auch die Ehefrauen zweier Militärmissionsleiter angehörten. Die Militärmission ging davon aus, dass sich etwa 250 Norweger und Norwegerinnen in Berlin befanden. »Die größte Gruppe sind gebürtige Norwegerinnen, die während des Krieges einen Deutschen geheiratet haben. Viele sind entmutigte und unterernährte junge Mütter mit kleinen Kindern. Deren Zahl beläuft sich auf etwa 100.« Man bemühte sich auch, in den sowjetisch besetzten Landesteilen, die 1949 zur Deutschen Demokratischen Republik wurden, Lebensmittel an Norwegerinnen und ihre Kinder zu verteilen. Im Herbst 1948 beispielsweise erhielten 63 Norwegerinnen in Dresden, 39 in Chemnitz und 56 in Leipzig Lebensmittel.

Diese Hilfe wurde sehr geschätzt. Im Sommer 1948 schrieben 28 Frauen in Leipzig folgenden Dankesbrief: »Wir, Norwegerinnen und gebürtige Norwegerinnen, bestätigen hiermit den Erhalt der so überaus willkommenen Gaben der Europahilfe, die uns, die wir in Leipzig und Umgebung wohnen, so große Freude gemacht haben und die uns helfen werden, die furchtbar schwierige Zeit zu überstehen.« Die meisten waren deutsche Staatsangehörige geworden, aber ihre unverminderte Verbundenheit mit Norwegen zeigt sich daran, dass sie neben ihre Unterschriften unter den Brief nicht nur ihren Mädchennamen, sondern auch ihre norwegische Heimatgemeinde schrieben.

Für viele von ihnen dürfte das für lange Zeit einer der letzte Grüße nach Norwegen gewesen sein. Der Kontakt zu den Norwegerinnen in der DDR wurde durch den Kalten Krieg schwierig. Im Laufe der Fünfzigerjahre verbesserten sich die Lebensbedingungen in beiden deutschen Staaten und mit der Zeit bekamen viele gebürtige Norwegerinnen die Möglichkeit, in ihr Geburtsland zu reisen.

Rückkehr nach Hause

Nach Kriegsende dauerte es lange, bis die Familien in Norwegen Verbindung zu ihren Töchtern und Enkelkindern in Deutschland herstellen konnten. Bevor die normalen Postverbindungen im Frühjahr 1946 wieder aufgenommen wurden, schickten einige über das Norwegische Rote Kreuz Briefe, aber sowohl das Rote Kreuz als auch die Behörden konzentrierten sich vor allem auf die Sucharbeit, damit die Angehörigen in Norwegen Klarheit darüber bekamen, ob ihre Töchter und Enkelkinder die Schlussphase des Krieges überlebt hatten.

Als man in Norwegen begriff, wie dramatisch die Lebensumstände in Deutschland waren, räumte die norwegische Regierung im Oktober 1945 gebürtigen Norwegerinnen die Möglichkeit einer befristeten Aufenthaltsgenehmigung ein. Dadurch entstand die paradoxe Situation, dass einige Frauen und Kinder wegen des Elends in Deutschland zurückkehren konnten, während man zugleich mehrere tausend anderer Frauen nach der Heirat mit ihrem deutschen Freund zwang, in eben dieses Land umzusiedeln.

Dabei betonten die Norweger, dass es sich bei den Rückkehrerlaubnissen um eine rein humanitäre Hilfsaktion handele. Aufenthaltsgenehmigungen wurden nur erteilt, wenn »die Lebensbedingungen der Antragstellerin so schwierig sind, dass ernste Gefahr für ihr Leben und ihre Gesundheit (sowie für das Leben und die Gesundheit ihres Kindes) besteht, falls sie weiterhin in Deutschland bliebe«. Die

Aufenthaltsgenehmigungen waren zeitlich begrenzt und die Frauen konnten nicht damit rechnen, ihre norwegische Staatsangehörigkeit zurückzubekommen. Jeder Einzelfall wurde penibel geprüft und es mussten strenge Bedingungen erfüllt sein. Wer der norwegischen oder der deutschen nationalsozialistischen Partei angehört hatte, erhielt keine Einreiseerlaubnis. Bevor die Frauen nach Hause kommen durften, wurden nicht nur die nationale Einstellung ihrer Eltern und deren Einkommens- und Wohnverhältnisse überprüft, sondern auch die möglichen Reaktionen der Nachbarn und vieles andere mehr. Die Angehörigen in Norwegen mussten sowohl die Unterbringung auf unbestimmte Zeit garantieren als auch die Reise im Voraus bezahlen.

Wegen dieser Bedingungen kam eine Heimreise nur für wenige in Frage, beispielsweise war Frauen, die wegen ihrer Beziehung zu einem Deutschen von ihren Familien verstoßen worden waren, eine Heimreise in diesen Jahren kaum möglich. Doch als sich die neue Regelung herumsprach, wollten viele Norwegerinnen sie in Anspruch nehmen, darunter Frauen, die inzwischen verwitwet oder von ihrem Mann verlassen worden waren. Sie befanden sich in dem fremden, zerstörten Land oft in einer hoffnungslosen Lage. Hier der Bericht einer Zweiundzwanzigjährigen, die mit 17 Jahren nach Deutschland gekommen war:

>Ich wohne seit 1941 in […] Damals folgte ich dem deutschen Unteroffizier […] nach Deutschland, 17 Jahre alt war ich, ein halbes Kind. Im Januar 1944 wurde mein Mann als Deserteur in Warschau erschossen, weil er nicht mehr für die Nazi-Bonzen kämpfen wollte. Seither bin ich mit meinem dreijährigen Sohn allein in dem fremden Land und als Witwe eines Deserteurs ohne jede Unterstützung. Ich wohne bei meiner Schwiegermutter, der ich zur Last bin, denn sie lebt beengt – Witwe wie ich.«

Diese junge Frau hatte bereits zweimal zuvor einen Antrag gestellt, nach Hause reisen zu dürfen, die Gesuche waren aber ohne

Begründung an sie zurückgeschickt worden. Nun, im November 1945, durfte sie offenbar mit ihrem Kind nach Norwegen zurück.

Es gab auch Norwegerinnen, die nach ihrer Heirat nach Deutschland umgezogen waren und dort entdecken mussten, dass ihr Mann bereits eine Ehefrau hatte. Das gilt für ein Paar, das während des Krieges ein Kind bekommen hatte. Er war in Deutschland verheiratet, wollte sich aber sofort nach dem Krieg scheiden lassen, um seine norwegische Freundin heiraten zu können:

»Zu gleicher Zeit bekam ich die Todesnachricht über meine Frau in Deutschland, dass sie durch einen Bombenangriff zu Tode gekommen ist. Darauf tat ich die Norwegerin heiraten, weil ich sie nicht in Schande zurück lassen wollte. Ich kehrte am 12.7.46 mit der Norwegerin in meine Heimat Deutschland zurück. Da musste ich aber erfahren nach meiner Ankunft in Deutschland, dass meine 1. Ehe noch besteht, auch meine Frau noch am Leben war.«

Daraus entstand eine Situation, die in den folgenden Jahren immer komplizierter wurde. Zunächst wurde die erste Ehe des Deutschen nach einigen Monaten geschieden. Kurz darauf erklärten aber deutsche Behörden seine Ehe mit der Norwegerin für ungültig, da er bereits verheiratet war, als sie geschlossen wurde. Das zog nach sich, dass die Norwegerin nun in Deutschland nicht mehr als deutsche, sondern als norwegische Staatsangehörige galt. Die norwegischen Behörden hingegen werteten die zweite Ehe als gültig, da vor der Scheidung der ersten Ehe nichts unternommen worden waren, um die zweite Ehe als ungültig zu erklären. Daher war die Frau für die norwegischen Behörden deutsche Staatsangehörige. Diese hatte inzwischen den Entschluss gefasst, ihren deutschen »Ehemann« zu verlassen und nach Norwegen zurückzukehren. Als die Norweger ihr Einreisegesuch 1947 ablehnten, ließ sie das Kind beim Vater und reiste auf eigene Faust nach Norwegen. Die Geschichte endete offenbar damit, dass das Kind bei seinem Vater in Deutschland aufwuchs und die Kindsmutter in Norwegen blieb.

In den folgenden Jahren nahm die Zahl der Gesuche auf Heimreise zu. Im Sommer 1947 waren etwa 1500 Anträge auf eine befristete Aufenthaltsgenehmigung gestellt und etwa 500 bewilligt worden. Aufgrund langer Bearbeitungszeiten und anderer Schwierigkeiten traten aber schließlich nur etwa 350 Frauen die Reise an. Dennoch kehrten in den folgenden Jahren viele gebürtige Norwegerinnen mit ihren Kindern nach Norwegen zurück. Die strengen Bedingungen, die die norwegischen Stellen im Herbst 1945 formuliert hatten, wurden nach und nach gelockert. Als Westdeutschland in den Fünfziger-Jahren in dem sich zuspitzenden Kalten Krieg zum Verbündeten Norwegens wurde und sich die Zustände im Land normalisierten, wurde es schließlich möglich, dass die Frauen und Kinder in Norwegen bleiben durften und schließlich auch ihre Staatsangehörigkeit zurückbekamen.

Schlimmer erging es jenen, die in Ostdeutschland lebten. Einige von ihnen schafften es zwar in den folgenden Jahren, nach Norwegen zu kommen, häufig aber nur unter großen Mühen. So gibt es einen Bericht über eine Frau, die den Weg von ihrem Wohnort in der sowjetischen Zone durch Westdeutschland und über die Grenze nach Dänemark zu Fuß zurücklegte und fast die gesamte Strecke ihr Kind in einem Kinderwagen vor sich herschob, um nach Norwegen zurückkehren zu können.[114] In einem anderen Fall konnte ein Kriegskind 1961 fliehen, unmittelbar, bevor die Grenze nach Westdeutschland endgültig geschlossen wurde. Dieser junge Mann wohnte direkt an der Zonengrenze und wachte eines Nachts von dem Lärm auf, den Lastfahrzeuge und schweres Baugerät machten, als sie mit dem Bau der Mauer begannen. Er packte ein paar Kleider und etwas Verpflegung zusammen, radelte über die Grenze nach Westdeutschland und weiter nach Dänemark. Von dort kam er nach Norwegen, wo er heute noch wohnt.[115]

Die meisten blieben aber in Ostdeutschland, wo sie bis zum Ende des Kalten Krieges praktisch abgeschnitten von allen Kontakten nach Norwegen lebten. Die norwegische Regierung schätzte Ende der Achtzigerjahre, dass in der DDR immer noch 160 gebürtige Norwegerinnen, in Westdeutschland einige mehr lebten.[116] Durch eine Gesetzesänderung von 1989 konnten Frauen, die seinerzeit einen »Bürger eines feindlichen Staates« geheiratet hatten, wieder norwegische Staatsangehörige werden, allerdings nur, falls sie sich in Norwegen niederließen. Wie ein Vertreter des norwegischen Parlaments Storting bei der Beratung der Gesetzesänderung sagte, war es »an der Zeit, aus dem Gesetz die Bestimmung zu entfernen, die gezielt jene jungen Frauen bestrafte, deren ›Verbrechen‹ – wenn ich ein solches Wort überhaupt benutzen kann – nur darin bestand, dass sie sich in einen Mann verliebten, in den sie sich nicht hätten verlieben sollen, und ihn dann heirateten«.[117]

Die Rückführung von »Lebensbornkindern« aus Deutschland

In der Nachkriegszeit lebten also zahlreiche Norwegerinnen in Deutschland, viele mit einem oder mehreren Kindern. Einige norwegische Kriegskinder aber lebten ohne ihre Mütter in Deutschland. Das waren jene Kriegskinder, die die Abteilung Lebensborn während des Krieges nach Deutschland geschickt hatte, um sie dort an deutsche Adoptiveltern zu vermitteln.

Im Juni 1945 erfuhr das norwegische Repatriierungsbüro in Hamburg, dass in Schloss Hohenhorst, einem Kinderheim bei Bremen, 33 norwegische Kinder lebten.[118] Das Heim war vom Lebensborn e.V. betrieben worden und die Kinder waren während des Krieges aus Norwegen nach Deutschland geschickt worden.

Ein Mitarbeiter des Repatriierungsbüros besuchte das Heim und stellte fest, dass die Kinder gesund und gut versorgt waren. Er setzte sich mit dem Sozialministerium in Verbindung, erkundigte sich, ob die Adoption einiger Kinder in Deutschland in Frage käme. Dabei nahm er offenbar an, dass er autorisiert sei, die verbleibenden Kinder wieder nach Norwegen zu schicken.

Das Sozialministerium gab dem Büro in Hamburg postwendend »die Vollmacht, diese Kinder von deutschen Staatsbürgern adoptieren zu lassen«, ging allerdings davon aus, dass die meisten der 33 Kinder nach Norwegen geschickt werden würden und bat daher das Flüchtlingsbüro in Oslo, die Aufnahme der Kinder vorzubereiten. Aber es kam anders. Zwei Kinder wurden im Laufe des Juli an deutsche Paare gegeben, die sie adoptieren wollten. Ein Kind, das im Krankenhaus lag, blieb vermutlich ebenfalls in Deutschland zurück. Die übrigen 30 Kinder kamen allerdings nicht nach Norwegen, sondern nach Schweden.

Im Juli 1945 nahm sich das Schwedische Rote Kreuz, das damals in Deutschland humanitäre Hilfe leistete, der Kinder an. Ein schwedischer Mitarbeiter plädierte dafür, sie nach Schweden zu schicken und dort von schwedischen Familien adoptieren zu lassen, und so geschah es dann auch. Am 25. Juli 1945 wurden die Kinder zum Schiff »Castelholm« nach Schweden gebracht. Sie kamen am folgenden Tag in Malmö an und verbrachten dort einen Monat in einem Kinderheim, bevor sie in Pflegefamilien untergebracht wurden.

Unter diesen 30 Kindern herrscht heute die Auffassung vor, dass sie in Schweden bleiben mussten, weil es, so unlängst einer der Betroffenen, »für Norwegen indiskutabel war, dass wir zurückkommen«. Ende der Neunzigerjahre schrieben norwegische und schwedische Zeitungen, dass Norwegen sich geweigert habe, die Kinder aufzunehmen. So trug ein Artikel beispielsweise die Überschrift: »Die Kinder, die Norwegen nicht haben wollte«.

Nachdem die norwegische Presse darüber berichtet hatte, beschloss die Regierung im Jahr 2000, dass die »Kinder«, falls sie dies wollten, einen norwegischen Pass erhalten könnten.[119] Die meisten von ihnen wuchsen vermutlich bei Adoptiveltern in Schweden auf.

Über ein Kind sind Details bekannt geworden, die vermuten lassen, dass die norwegische Herkunft der Kinder vertuscht wurde, bevor man sie zur Adoption frei gab. Dazu gibt es allerdings bislang noch keine eingehendere Untersuchung.

Was genau im Juli 1945 geschah, ist unklar. Durchaus fragwürdig ist das Verhalten der norwegischen Repräsentanten in Deutschland, die offenbar zuließen, dass die Kinder ohne Rücksprache mit dem Ministerium nach Schweden verfrachtet wurden. Es ist vorstellbar, dass die Beamten in Deutschland wie im Sozialministerium meinten, es sei für die Kinder ebenso gut, in Schweden adoptiert zu werden, wie nach Norwegen zu kommen. Schließlich war im Sommer 1945 die Haltung der Norweger gegenüber den Kriegskindern negativ, ja hasserfüllt. Auch hatten die zuständigen Stellen offenbar wenig Vertrauen in das Vermögen und den Willen der Mütter, Kinder zu sich zu nehmen, die sie im Krieg abgegeben hatten. Solche Überlegungen machen vielleicht verständlicher, warum die norwegischen Beamten in Deutschland diese 30 Kinder nach Schweden schickten und warum das Sozialministerium das billigte.[120]

Nach diesem Transport wurden Richtlinien erlassen, wie künftig mit den norwegischen Kindern in Deutschland zu verfahren sei. Unehelich geborene Kinder einer norwegischen Mutter und eines deutschen Vaters seien »norwegische Staatsbürger und sind somit zu repatriieren, es sei denn, eine angemessene Betreuung der Kinder in Deutschland oder einem anderen Land ist, z.B. durch Adoption oder auf andere Weise, gewährleistet«. Erwähnt wird auch, dass möglicherweise Kinder ohne Zustimmung der Mutter »geraubt« und zum Zweck der Adoption nach Deutschland gebracht worden waren. Solche Kinder müssten nach Hause geschickt werden, falls es lebende Verwandte in Norwegen gebe. Waren die Kinder hingegen mit Zustimmung der Mutter von einer deutschen Familie adoptiert worden, sollten sie in Deutschland bleiben. Dabei ging es nur um unehelich geborene Kinder. Kinder aus norwegisch-deutschen Ehen galten als deutsche Staatsbürger und sollten in der Regel nicht nach Norwegen geschickt werden, »es sei denn, sie leiden in Deutschland große Not«.

Tatsächlich aber vergingen weitere zwei Jahre, bevor die Behörden erste Schritte unternahmen, um die Kriegskinder in Deutschland aufzuspüren und zurückzuholen.

Schwierigkeiten bei der Rückführung

Im Frühjahr 1947 bekam das Sozialministerium eine Aufstellung aller norwegischen Kriegskinder, die im ehemals vom Lebensborn geleiteten Kinderheim Kohren-Sahlis gewesen waren.[121] Die norwegische Militärmission in Berlin hatte die Liste von einer internationalen Hilfsorganisation in Deutschland erhalten, wo der Eindruck entstanden war, dass die Norweger 1945 nicht wollten, dass die Kinder zurückgeschickt wurden. Dieser Eindruck verdankte sich vermutlich den 30 nach Schweden gebrachten Kindern. Nun wollte diese Hilfsorganisation den gegenwärtigen Standpunkt Norwegens in Erfahrung bringen.

Das Sozialministerium reagierte rasch, Minister Aaslaug Aasland legte die Angelegenheit bereits Ende April dem Kabinett vor. Die Regierung befürwortete sofort den Vorschlag, die Kinder auf Kosten des Staates nach Hause zu holen, dabei ging man davon aus, dass 245 Kinder von der Maßnahme betroffen sein würden. Auch das Norwegische Rote Kreuz hatte die Liste aus Deutschland erhalten und konnte dem Sozialministerium bereits im Mai einen Plan für die Rückführung der Kinder unterbreiten.

In den folgenden Jahren arbeiteten die norwegischen Stellen vor allem daran, die etwa 200 Kriegskinder, die während des Krieges nach Deutschland geschickt worden waren, um vom Lebensborn e.V. zur Adoption vermittelt zu werden, aufzuspüren und nach Hause zu schicken. Man versuchte auch, allerdings in eingeschränktem Maße, die anderen norwegischen Kinder in Deutschland zu erfassen. Insgesamt wurden etwa 290 Kinder gefunden und registriert. Viele Kriegskinder kamen für eine Rückführung allerdings nicht in Frage. Das waren die Kinder, deren Eltern in Deutschland verheiratet und ansässig waren, sowie jene, die mit ihren alleinstehenden Müttern in Deutschland lebten. Die norwegischen Behörden wussten von insgesamt 427 norwegischen Kindern, die nach Kriegsende mit ihren Müttern in Deutschland lebten.

Für eine Rückführung wurden schließlich knapp 240 Kinder in Erwägung gezogen, doch die Arbeit verlangte viele problematische Entscheidungen. Anfang der Fünfzigerjahre sah die Bilanz wie folgt aus:

Nach Norwegen zurückgeführt	52
Nach Schweden zur Adoption	29
In Deutschland verblieben	83
Unklar, was unternommen wurde	24
Als gestorben gemeldet	24
Nicht gefunden	26
Zusammen	238

Dank der Rückführaktion konnten also in den fraglichen Jahren 52 Kinder nach Norwegen zurückgebracht wurden. Die meisten kamen zwischen Herbst 1947 und Frühjahr 1949, einige wenige in den Fünfzigerjahren. Manche kehrten zu ihren Müttern zurück, viele wurden von norwegischen Paaren adoptiert und einige landeten in Kinderheimen. Etwa die Hälfte der rückgeführten Kinder wohnte einige Zeit in einem vom Sozialministerium geführten »Durchgangsheim«, das zwischen Herbst 1947 und Frühjahr 1949 bestand, andere kamen direkt zu ihren Müttern.

Die meisten der in Betracht gezogenen Kinder blieben aber in Deutschland. Bei einigen erachteten die norwegischen Behörden es als ebenso gut für die Kinder, von ihren deutschen Pflegeeltern adoptiert wie nach Norwegen zurückgeholt zu werden. 16 Kinder ließ man bei ihren deutschen Vätern oder deren Familien, doch da die Kinder nach wie vor norwegische Staatsbürger waren, wollten die zuständigen norwegischen Stellen »sie im Auge behalten«. Etwa 30 Kinder in der sowjetischen Besatzungszone blieben in Deutschland, weil dort die Rückführungsarbeiten von den sowjetischen Behörden behindert wurden. Rechnet man jene Kinder hinzu, die als gestorben gemeldet waren, sowie jene, die nicht gefunden wurden, ließ man über 130 der insgesamt 238 Kinder in Deutschland »zurück«.

Über die Rückführung wurde niemals ein Abschlussbericht vorgelegt, sodass das nähere Schicksal von 24 Kindern unklar bleibt. Bei einigen ist ungewiss, ob sie überhaupt nach Norwegen gebracht wurden, bei anderen, ob sie zu ihren Müttern oder zu einer Adoptionsfamilie kamen. 24 Kinder – immerhin rund 10 % aller in Frage kommenden Kinder – waren entweder während des Krieges oder in den ersten Nachkriegsjahren in Deutschland gestorben und es gibt Gründe für die Annahme, dass auch einige der nicht aufgefundenen 26 Kinder tot waren.

Die Rückführaktion stieß ständig auf neue Probleme und das Sozialministerium war für eine solche Aufgabe weder personell noch organisatorisch gerüstet. Daher schob das Ministerium einen Gutteil der praktischen Arbeit an das Norwegische Rote Kreuz und die norwegische Militärmission in Deutschland ab.

Die Rückführung galt als Eilsache. Man wollte unbedingt so viele Kinder wie möglich vor dem Winter 1947/48 nach Hause holen, da es in Berichten hieß, viele seien »unterernährt und brauchen dringend Hilfe«. Es werde im Winter, so Roal Ekholt, »schwierig sein, die Kinder hierher zu transportieren und einige würden den Winter da unten nicht überstehen«.

Die norwegischen Behörden erhielten also aus Deutschland deutliche Signale, dass die Kinder gefährdet waren und so schnell wie möglich nach Hause geholt werden mussten. Andererseits müssen sich die Behörden auch darüber im Klaren gewesen sein, dass die Zukunftsperspektiven dieser Kinder in Norwegen keinesfalls glänzend waren. Die meisten waren 1947 zwischen vier und sechs Jahre alt und sprachen nur Deutsch. Ihre Mütter hatten sie Jahre zuvor zur Adoption freigegeben und es war nicht realistisch anzunehmen, dass sehr viele von ihnen bereit sein würden, ihr Kind wieder aufzunehmen. Am Ende würden viele der Kinder in einem norwegischen Kinderheim aufwachsen. Zu diesen Bedenken kam die in Norwegen nach wie vor weit verbreitete Ansicht, dass die Kinder eigentlich nach Deutschland gehörten, eine Auffassung, die auch von Vertretern der norwegischen Obrigkeit geäußert wurde. Als 1947 ein Junge aus Deutschland zurückgeführt werden sollte, kommentierte ein *Lensmann* das mit den Worten: »Da der Junge angeblich in Deutschland adoptiert wurde, finde ich, dass er bleiben sollte, wo er ist. Wir haben ja wohl auch so noch genügend Ableger des ›Herrenvolks‹ im Land.«

Aber es wurde schnell klar, dass vor dem Winter nur wenige Kinder nach Norwegen kommen konnten. Die Arbeit in Deutschland gestaltete sich schwieriger als erwartet und auch das Sozialministerium hatte Probleme, die erforderlichen Vorbereitungen in Norwegen zu treffen. Die Zeit verging schnell und als im Spätherbst klar wurde, dass man vor dem Winter nicht mehr alle betroffenen Kinder würde holen können, wollte das Sozialministerium die Aktion zwischen Oktober 1947 und Mai 1948 durchführen. Aber auch das erwies sich als unrealistisch und schließlich wurde die organisierte Aktion erst im Frühjahr 1949 abgeschlossen. Viele Kinder mussten also nicht nur einen, sondern sogar zwei Winter in Deutschland zubringen und ein Großteil blieb schließlich ganz dort. Seit ihren ersten Anfängen im Frühjahr 1947 war die Aktion eine Aneinanderreihung von Provisorien gewesen, was die vielen fragwürdigen Vorkommnisse erklärt, die sie kennzeichnen.

Chaotische Heimkehr

Das Sozialministerium erkannte im Sommer 1947, dass man für die Rückführung unbedingt ein Durchgangsheim brauchte, um die vielen Kinder übergangsweise unterbringen zu können, bevor sie zu ihren Müttern oder Adoptiveltern kamen. Die Geschichte dieses Heimes ist beispielhaft für die mangelhafte und völlig unrealistische Planung der Rückführung. Es ist nur dem Heimleiter-Ehepaar Cecilie und John Murphy zu danken, dass die Aktion nicht mit einem großen öffentlichen Eklat endete.

Das Ministerium glaubte, die Rückführung innerhalb eines halben Jahres abschließen zu können, daher galten alle Vereinbarungen mit dem Norwegischen Roten Kreuz nur für die Zeit vom Oktober 1947 bis zum Mai 1948.

Im Nachhinein wirkt das ganze Vorhaben hoffnungslos unrealistisch. Das Sozialministerium wollte, wie gesagt, alle 250 Kinder innerhalb von sechs Monaten nach Norwegen bringen, und zwar in Sammeltransporten von jeweils 20 bis 30 Kindern. Einige würde man direkt zu ihren Müttern schicken können, die meisten aber, so vermutete das Sozialministerium, würden vermutlich einige Zeit in einem Übergangsheim bleiben müssen, bis man Adoptiveltern für sie gefunden hatte. Das Heim konnte aber erst im Frühjahr 1949, also nach anderthalb Jahren, abgewickelt werden, in dieser Zeit wohnten 28 der 52 rückgeführten Kinder vorübergehend dort. Das Ministerium tat allerdings wenig, um eine verantwortungsvolle Führung des Heimes zu gewährleisten. So endete der Mietvertrag für das Haus, in dem sich noch Kinder befanden, ohne dass sich das Sozialministerium um eine Verlängerung oder neue Räume gekümmert hätte. Wenn die Arbeitsverträge der Angestellten ausliefen und diese sich daraufhin andere Stellen suchten, unternahm das Ministerium nichts, um neues Personal zu finden. In diesen anderthalb Jahren mussten Cecilie und John Murphy ein ums andere Mal massiven Druck auf das Ministerium ausüben, damit ein weiterer Betrieb des Heimes überhaupt möglich war. Die beiden hatten im Oktober 1947 die Leitung des Heimes für ein halbes Jahr übernommen, blieben aber bis zu dessen Abwicklung im Frühjahr 1949. Ohne ihren unermüdlichen Einsatz hätte der Heimbetrieb nicht aufrechterhalten werden können.

Cecilie Murphy stammte aus Oslo, war aber während des Krieges in Schweden gewesen und hatte in Stockholm die Hochschule für Sozialarbeit besucht. Bei Kriegsende lernte sie ihren späteren Mann John Murphy kennen, einen schottischen Pazifisten und Kriegsdienstverweigerer, der für eine Hilfsorganisation der Quäker arbeitete. Nach Kriegsende schickte man ihn nach Nordnorwegen, um dort beim Wiederaufbau zu helfen. Zuvor – der Krieg war schon vorbei – war er gut einen Monat in Hamburg gewesen und hatte ein Heim für deutsche Kinder miterrichtet.

Dieses enthusiastische Paar nahm seine Verantwortung für die Kinder im Übergangsheim im Gegensatz zu den zuständigen norwegischen Stellen sehr ernst. Das Heim war die ganze Zeit über ein Provisorium und obwohl die Murphys mehrfach konkrete Vorschläge zur Verbesserung der Organisation machten, reagierte das Ministerium nicht. Später berichtete das Ehepaar unter anderem, das größte Problem sei nicht »der mangelnde Platz für die Unterbringung, sondern die mangelnde Planung gewesen, mit der die Aktion durchgeführt wurde«.

Das Durchgangsheim war ein wichtiger Eckstein der Rückführung. Aber es musste auch geklärt werden, ob die Mütter bereit waren, ihre Kinder aufzunehmen. Das Sozialministerium ging mindestens bis Winter 1948 davon aus, dass alle Kriegskinder rückzuführen seien, sofern ihre Mütter dies wünschten.

Nach und nach gelang es dem Ministerium, die meisten Mütter aufzuspüren. Einige wollten keinen Kontakt mit ihrem Kind, andere willigten sofort ein, es aufzunehmen. Manche Frauen waren noch unschlüssig. Als aber die Kinder schließlich in Norwegen waren, machten viele Frauen, die zunächst zugestimmt hatten, einen Rückzieher. Cecilie Murphy war der Ansicht, dass die Mütter sich vom Sozialministerium bedrängt fühlten:

> »Es verschickte an die Mütter Briefe, in denen es hieß, dass es ihrem Kind in Deutschland sehr schlecht gehe und ob sie wolle, dass es wieder zu ihnen zurückkomme. Diese Briefe kann man durchaus als suggestiv bezeichnen, jedenfalls hat man den Eindruck, dass sich die Mütter in diesem Moment verpflichtet fühlten, ihr Kind ›aus dem Land des Elends‹ (wie Deutschland damals genannt wurde) zu retten.«

Die Mütter von 20 der 28 Kinder im Durchgangsheim hatten ursprünglich gesagt, dass ihr Kind nach Norwegen zurückkommen solle. Tatsächlich holten aber nur zehn Mütter ihr Kind ab.

Eine Mutter, die ihr Kind nach langem Zögern schließlich ein zweites Mal aufgab, war unsicher, ob die Übersiedlung nach Norwegen für das Kind wirklich das Beste sei: »Darüber habe ich viel nachgedacht. Ich frage mich, ob es für das Kind so gut ist, denn jetzt ist er schon so alt, hat in Deutschland gelebt und spricht dort Deutsch. Wenn er herkäme, wäre er vielleicht Schikanen ausgesetzt und würde sich deswegen hier nicht wohl fühlen können. Es gibt Vor- und Nachteile, ihn jetzt nach Norwegen zu holen.« Diese Frau hatte ihren Sohn seinerzeit der Abteilung Lebensborn unter der Bedingung gegeben, dass er »lieben Menschen« zur Adoption gegeben werden sollte, hatte aber nicht gewusst, dass er nach Deutschland gebracht worden war. Es traf sie sehr schwer, als sie erfuhr, dass er offenbar bis zum Kriegsende in einem Kinderheim gelebt hatte. Außerdem war es bis 1948 immer noch nicht gelungen, den Jungen in Deutschland zu finden:

> »Bevor ich Ihren Brief bekam, wusste ich nicht, dass er dorthin geschickt worden war. Ich bin völlig außer mir, dass ihm ein solches Schicksal beschert ist […] Er ist ja ständig in meinen Gedanken und ich überlege, ob ich ihm irgendwie helfen kann. Es ist grausam sich vorzustellen, dass man ein Kind hat und ihm nicht helfen kann.«

Aus welchen Gründen auch immer konnten oder wollten viel weniger Mütter, als das Sozialministerium erwartet hatte, ihr Kind zu sich nehmen. Das wurde allerdings erst klar, als die Kinder bereits in Norwegen waren. Nun mussten die zuständigen Stellen deutlich mehr Adoptiveltern als geplant finden. Die Kinder kamen entweder aus Heimen bzw. Lagern oder aus Adoptions- bzw. Pflegefamilien. Für beide Gruppen war die »Heimkehr« nach Norwegen schwierig und viele der Kinder waren im Umgang problematisch.

Kinder, die aus deutschen Familien kamen, reagierten sehr heftig darauf, dass sie von ihrem Zuhause und ihren »Eltern« getrennt, in ein fremdes Land geschickt und in ein Kinderheim gesteckt worden waren. Sie sprachen im Übergangsheim ständig von ihren deutschen Pflegeeltern. Ein Junge besaß einen Pullover, den seine deutsche Pflegemutter gestrickt hatte, und jedes Mal, wenn er ihn anzog, sagte er stolz auf Deutsch: »Den hat meine Mutti gemacht.«

Kinder, die aus deutschen Heimen oder Lagern kamen, hatten andere Probleme. Sie litten nicht unter der Trennung von ihren Pflegefamilien, aber viele waren durch die instabilen Verhältnisse ihrer ersten Lebensjahre geprägt und, so die Murphys, »hart, verunsichert und destruktiv«. Mehrere Kinder hätten eine spezielle Betreuung gebraucht, um sie zur Adoption freigeben und in ein normales Kinderheim verlegen zu können. Doch es gab keine Plätze in geeigneten Institutionen.

Zu den schwierigen individuellen Lebensgeschichten eines jeden Kindes kam das Sprachproblem. Sie waren zwischen fünf und acht Jahren alt und es erwies sich als nahezu unmöglich, ihnen während ihres Aufenthaltes im Übergangsheim Norwegisch beizubringen. Außerdem kamen ständig neue Kinder hinzu, die ebenfalls nur Deutsch sprachen. Selbstverständlich war es schwierig, wirklich alle eventuellen Schwierigkeiten vorherzusehen, aber im Rückblick wirkt es naiv, ja zynisch, wenn ein Beamter des Sozialministeriums in der Vorbereitungsphase der Rückführungsaktion meinte: »Die Kinder sprechen Deutsch, aber es wird davon ausgegangen, dass sie sich das schnell abgewöhnen können.«

Bei einigen Kindern gelang die Rückführung allerdings sehr gut. In einem Fall lebte das Kind bei dem Vater in Deutschland. Er hatte lange mit der Kindsmutter Kontakt gehabt, der bei Kriegsende allerdings abgebrochen war. Als die norwegischen Stellen das Kind 1947 bei ihm aufspürten, wollte er sich wieder mit der Mutter in Verbindung setzen und mit ihr die Zukunft der gemeinsamen Tochter besprechen. Sie kamen überein, dass die Mutter, die inzwischen in Norwegen verheiratet war, das Mädchen zu sich nehmen würde. Mitte Februar 1948 wurde das Kind per Flugzeug über Kopenhagen nach Norwegen geschickt und sofort in das Übergangslager gebracht, wo die Murphys berichteten, es sei »ein nettes, selbstständiges Mädchen und sehr intelligent«.

Traumatische Veränderungen

Ihre Ankunft in Norwegen war, wie gesagt, für viele Kinder ein traumatisches Erlebnis. Das galt vermutlich vor allem für Kinder aus behüteten Verhältnissen bei deutschen Pflegeeltern. Im Frühjahr 1947 hatte Roal Ekholt zwar aus Deutschland berichtet, dass es vielen Kindern schlecht gehe und man sie dringend nach Norwegen holen müsse, dabei hatte er aber auch betont, dass bei jedem Kind individuell entschieden werden müsse, ob es nach Hause – also nach Norwegen – geholt werden solle oder ob es ihm in der deutschen Familie so gut gehe, dass man eher die Adoption in Deutschland erwägen solle. Es könne durchaus »ratsam sein, das Kind bei den Pflegeeltern zu lassen, wenn sich gezeigt hat, dass sie anständige Menschen sind, die dem Kind wirklich eine Chance im Leben bieten können«.

Trotz solcher angeratener Differenzierung bei der Verschickung der Kinder wurde in der Praxis offenbar lange nach der Maßgabe vorgegangen, dass sämtliche Kinder nach Norwegen zu holen seien. Dabei ist unklar, ob das die Vorgabe des Sozialministeriums war oder ob die Mitarbeiter des Norwegischen Roten Kreuzes und der Militärmission in Berlin als ihr Ziel definierten, so viele Kriegskinder wie möglich nach Norwegen zu schicken. Aber wer immer für diese Entscheidung verantwortlich gewesen sein mag, für die Betroffenen hatte sie dramatische Konsequenzen.

Die Norweger rissen viele Kinder aus geborgenen und guten Verhältnissen. Das geschah oft ohne jede Vorwarnung und so abrupt, dass die Kinder nicht einmal die Gelegenheit hatten, sich von ihren Familien zu verabschieden. Ein deutsches Paar, das »seine« Tochter wiedersah, nachdem es 40 Jahre lang im Ungewissen über ihr Schicksal gewesen war, schrieb: »Sie haben gesagt, du müsstest zu einer ärztlichen Untersuchung und sie würden dich am nächsten Tag zurückbringen [...] Alles ging so schnell, als sie dich holten. Ich glaube, ich konnte gerade noch deine Zahnbürste holen. Nicht einmal deine Puppe, deine ›Puppi‹, konntest du mitnehmen.«

In anderen Fällen wurden die Pflegeeltern einige Stunden oder Tage vorher davon in Kenntnis gesetzt, dass das Kind nach Norwegen rückgeführt werde. Daher hatten einige Kinder bei ihrer Ankunft in Norwegen Briefchen, Fotos oder Gegenstände dabei, die ihre deutschen Familien ihnen als Erinnerung mitgegeben hatten. Bei manchen waren sie in die Kleidung eingenäht worden, andere trugen Lederbeutelchen um den Hals. Bei ihrer Ankunft in Norwegen nahm man den Kindern solche Erinnerungen an ihre Zeit in Deutschland ab. Cecilie Murphy erzählte lakonisch von einem Mädchen, das »einen dieser herzzerreißenden Briefe bei sich trug, an die wir uns hier nun langsam gewöhnt haben, in dem stand, wie sehr dieses Kind geliebt wird und wie unfassbar es ist, dass man es nun verlieren soll«.

Selbstverständlich litten sowohl die Kinder als auch die deutschen Pflegeeltern schwer unter der brutalen Trennung. Cecilie Murphy berichtete von einem Mädchen, das in das Übergangsheim kam, bevor es in Norwegen zur Adoption gegeben wurde. Es »schien hier sehr unglücklich. Es wirkte die ganze Zeit verschlossen und traurig.« Cecilie Murphy sah, wie sehr das Kind seine Pflegemutter vermisste, mit der es ein sehr enges Verhältnis gehabt habe. Diese schrieb auch und fragte, wie es dem Kind gehe. Frau Murphy erklärte in ihrer Antwort, dass die norwegische Regierung die Rückführung der Kinder beschlossen habe, nachdem sie erfahren habe, dass es ihnen in Deutschland schlecht gehe, aber »für Sie, die Sie das Kind geliebt haben, die Sie ihm ein so gutes Zuhause gegeben haben, ist das ein harter Schicksalsschlag. Der Krieg hat so viel Unglück gebracht. Ich hoffe aber, dass es Ihnen dennoch ein kleiner Trost ist zu wissen, dass sie jetzt auch hier in guten Händen ist.« In Wahrheit aber hat es ganz und gar nicht den Anschein, als habe der norwegische Staat sichergestellt, dass jedes der Kinder in Norwegen in »gute Hände« kam.

Einzelne Kinder, die in norwegische Pflegefamilien kamen, hatten es sehr schwer, obwohl die Familien sich offenkundig die größte Mühe gaben. Das traf beispielsweise auf ein Mädchen zu, das 1948 in eine Familie kam. Bei ihrer Pflegefamilie in Deutschland war es ihr nicht gut gegangen. Im Herbst 1948 war sie »nach Hause« geholt und im Übergangsheim untergebracht worden. Dort blieb sie bis zu dessen Abwicklung im Frühjahr 1949 und erlebte auch die vier Umzüge mit, zu denen das Heim in den letzten sechs Monaten seines Bestehens gezwungen war. Bevor es endgültig geschlossen wurde, gelang es den Murphys, für das Kind eine Pflegefamilie zu finden, die bereits ein anderes aus Deutschland zurückgekehrtes Kriegskind aufgenommen hatte. Diese Eltern wollten für die Kinder, die sie auch zu adoptieren gedachten, offenbar das Beste. Nach einiger Zeit starb allerdings das erste der beiden Kinder, was vor allem für den Pflegevater ein so schwerer Schlag war, dass er für längere Zeit erkrankte. Kaum hatte er sich erholt, wurde seine Frau krank. Sie konnten das Mädchen nicht mehr versorgen und kümmerten sich darum, dass es bei einer anderen Familie untergebracht wurde. Aber auch diese Familie konnte das Kind nicht lange behalten, sodass es schließlich ins Kinderheim musste. Das Ministerium meinte, in dieser Sache eine Lösung finden zu müssen, und suchte neue Adoptiveltern für das Mädchen. Das aber war nicht leicht, denn inzwischen war es zehn Jahre alt. Das weitere Schicksal diese Kindes ist nicht bekannt. In diesem traurigen Fall handelte es sich aber um eine Verkettung unglücklicher Umstände, an der die norwegischen Behörden keine Schuld tragen.

Einige norwegische Kinder bleiben in Deutschland

Mitunter geriet ein Kind zwischen mehrere Parteien, sei es, weil keiner, sei es, weil jeder es haben wollte. Dabei konnte es zu regelrechten Kämpfen um das Kind kommen, wie im Falle eines Mädchens, das ursprünglich zur väterlichen Familie nach Deutschland geschickt worden war. Gegen Kriegsende musste der Vater das Kind in ein Heim am Ort geben, doch als er nach der Kapitulation zurückkam, um es abzuholen, lebte es in einer Pflegefamilie. Diese wollte das Kind behalten und äußerte Zweifel daran, dass der Mann wirklich der Vater des Kindes sei. Da der deutsche Kindsvater in der Annahme lebte, dass die Mutter seiner Tochter tot sei, schrieb er an die entsprechenden norwegischen Behörden, um eine Todesurkunde der Mutter zu erhalten. Er hoffte, dadurch seine Stellung stärken und das Kind zurückbekommen zu können. Nun zeigte sich aber, dass die Mutter lebte. Sie war in Norwegen verheiratet und wollte, dass das Kind so schnell wie möglich zu ihr kam. Am Ende wurde die Siebenjährige im Januar 1948 aus ihrer Pflegefamilie herausgeholt und zu ihrer Mutter nach Norwegen geschickt.

Andere Kinder blieben in Deutschland. Bei vielen lag das daran, dass man sie entweder nicht finden konnte oder dass sie in der sowjetischen Besatzungszone lebten, wo die Behörden mit immer massiveren Mitteln eine Rückführung verhinderten. Hinzu kam, dass die norwegischen Behörden 1948 genauer prüften, ob es für ein Kind vielleicht doch besser wäre, wenn es bei den deutschen Pflegeeltern bliebe. Auch hier fand wohl letztlich Cecilie Murphys Auffassung bei den Zuständigen Gehör: »Niemand hat das Recht, ein Kind aus einem Zuhause zu holen, in dem es ihm gut geht, ohne sich zu bemühen, ihm dafür ein ebenso gutes Zuhause zu geben.« So wurden ab 1948 fast 40 Fälle mit dem Ergebnis abgeschlossen, dass es besser sei, wenn die deutschen Pflegeeltern das Kind adoptierten. Dies wurde nach eingehendem Vergleich zwischen den Verhältnissen bei den deutschen Pflegeeltern einerseits und den Chancen auf eine gute Unterbringung des Kindes in Norwegen andererseits entschieden.

In einigen Fällen ließen die zuständigen Behörden das Kind gegen den Wunsch seiner norwegischen Mutter bei den deutschen Pflegeeltern. Dazu gehörte ein Kind, das man bei einer deutschen Familie fand, die es im Krieg ohne Zustimmung der zuständigen norwegischen Stellen adoptiert hatte. Man erwog, die Adoption aufzuheben und das Kind zu seiner Mutter zurückzuschicken, die in Norwegen kurz vor der Hochzeit stand und gerne ihr Kind zu sich nehmen wollte. Daraufhin wurden die leibliche Mutter in Norwegen und die Adoptiveltern in Deutschland besucht, mit dem Ergebnis, dass hier wie dort ordentliche Verhältnisse herrschten. Von der Kindsmutter hieß es zwar, sie sei »eine anziehende junge Frau, mit guter Erziehung und aus gutem Elternhaus«, dennoch wurde den Adoptiveltern der Vorzug gegeben. Sie waren ein reifes, »gut situiertes Ehepaar, das eine eigene Villa am Stadtrand von Hamburg besitzt«, der Mann war Akademiker. Die Mitarbeiter des Norwegischen Rotes Kreuzes waren auch vom Entwicklungsstand des Jungen beeindruckt: »Der Junge ist in einem guten Zuhause aufgewachsen […], er ist gesund, kräftig und sieht außergewöhnlich gut aus.« Seine Pflegeeltern taten ihr Möglichstes, um die norwegischen Behörden in ihrem Sinne zu beeinflussen, so legte der Pflegevater in mehreren langen Briefen ausführlich dar, warum es richtig sei, wenn der Junge bei ihnen bliebe. Das durfte er dann auch. Im Januar 1948 stimmte das norwegische Justizministerium der deutschen Adoption von 1944 nachträglich zu.

Manchmal dauerte die Suche nach einem Kind Jahre. Im Winter 1951 beispielsweise erfuhren die norwegischen Behörden von einem zehnjährigen norwegischen Mädchen, das seit seinem dritten Lebensjahr als Pflegekind bei einem deutschen Ehepaar lebte. Als sie das Kind aus einem Lebensbornheim in Pflege holten, galt es als retardiert. Gerade das war, so der Vater, einer der Gründe, warum sich das kinderlose Paar für dieses Mädchen entschieden hatte: »Meine Frau und ich sahen es als eine vom Schicksal auferlegte Aufgabe an, dieses Kind, das gefährdet schien, zu einem glücklichen und wohl geratenen Menschen zu machen.« Das sagte er nach dem Krieg. Ob er mit dem Hinweis auf die »Gefährdung« des Kindes meinte, dass nicht absehbar war, was der Lebensborn mit einem als schwachsinnig eingestuften Kind vorhaben könnte, ist nicht sicher, aber denkbar. Ein Psychologe sah die Ursache für den Zustand des Mädchens darin, dass es »in frühester Kindheit einen schweren Schock erlitten haben könnte«. In dieser ungewöhnlichen und starken Familie entwickelte sich das Mädchen so gut, dass es mit sieben Jahren eine normale Schule besuchen konnte. Es war allerdings nach wie vor »psychisch und mental äußerst labil« und der Pflegevater, ein Professor, befürchtete negative Folgen, falls man das Kind aus seiner Umgebung herausrisse und nach Norwegen schickte. Dem schlossen sich die norwegischen Stellen an und das Paar konnte das Mädchen schließlich adoptieren.

Es gab auch Kinder, die erst von Deutschland nach Norwegen gebracht wurden, um dann doch wieder nach Deutschland geschickt zu werden, wie jener Junge, der im Januar 1948 zu den Murphys ins Durchgangsheim kam. Als man die Kindsmutter im Herbst 1947 gefragt hatte, ob das Kind nach Hause geholt werden solle, schrieb sie: »Es wäre mein größter Wunsch, wenn Sie mir mein Kind holen könnten, damit ich es für mich nach Norwegen zurückbekäme.« Als das Kind da war, bat sie jedoch, es noch ein halbes Jahr im Kinderheim lassen zu können, weil sie gegenwärtig nicht die Mittel habe, es zu sich zu nehmen. In Deutschland hatte der Junge seit Februar

1945 in einer Pflegefamilie gelebt und in einem Bericht über die Verhältnisse in dieser Familie, der vor der Rücksendung des Kindes erstellt worden war, heißt es unter anderem: »Die Pflegemutter hängt sehr an dem Kind und hat einen außerordentlich guten Eindruck auf uns gemacht [...] Alles an ihr war, wie ihre ganze Umgebung, gepflegt und blitzsauber, wir sind der Ansicht, dass sich kein Kind ein besseres Zuhause wünschen könnte.« Als der Junge nach Norwegen gekommen war, war deutlich, wie sehr er seine Pflegeeltern vermisste. Er sprach im Übergangsheim ständig von seiner deutschen »Mutti« und fragte, wann er wieder zu ihr dürfe. Cecilie Murphy schrieb, er sei »ein liebes, süßes und ausgeglichenes kleines Kind, dem deutlich anzumerken ist, dass er aus einem guten Zuhause kommt«. Die deutsche Pflegemutter erkundigte sich in Briefen nach dem Kind, sie bekam auch die Adresse der Kindsmutter und schrieb an sie.

Nach einiger Zeit wandte sich die Kindsmutter an die Behörden. Sie sei zu dem Entschluss gekommen, dass es für das Kind vermutlich besser sei, wenn es zu seinen deutschen Pflegeeltern zurückkehren dürfe. Cecilie Murphy hielt dies ebenfalls für die beste Lösung und schließlich entschieden auch die zuständigen Behörden in diesem Sinne. Wenige Tage später konnte der Mitarbeiter des Norwegischen Roten Kreuzes berichten, dass der Junge mit dem Bus in Deutschland angekommen sei: »Er wurde sofort von seinen Pflegeeltern abgeholt, die überglücklich waren, ihn zurückzuhaben. Herr und Frau [...] sind zwei äußerst sympathische Menschen und wir können Ihnen versichern, dass das Kind jetzt in besten Händen ist.«

Kinder aus der sowjetischen Besatzungszone konnten mit Beginn des Kalten Krieges nicht mehr nach Norwegen geholt werden. Die russischen Stellen ließen Anfragen nach Kindern in ihrer Zone so lange unbeantwortet, bis die norwegischen Behörden irgendwann aufgaben. 1950 kam das Norwegische Rote Kreuz zu dem Schluss, dass »es ganz besonders schwierig ist, die Verbindung zu den Kindern in der russischen Zone aufrechtzuerhalten […], die russischen Stellen ›sabotieren‹ unsere Anfragen vollständig«.

Viele Kriegskinder in der sowjetischen Besatzungszone hatten bei Kriegsende im Lebensborn-Kinderheim Sonnenwiese gelebt und waren nach der Kapitulation von deutschen Familien in der näheren Umgebung versorgt worden. Einige der Familien beantragten schließlich bei norwegischen Behörden die Adoption »ihres« Kindes, was jedoch von den sowjetischen Stellen torpediert wurde. So war es z.B. den Norwegern oft nicht möglich, die erforderlichen Auskünfte über die Pflegefamilie einzuholen, um das Gesuch vorschriftsmäßig bearbeiten zu können. Aus diesem Grund lehnte das Justizministerium alle Adoptionsgesuche aus der sowjetischen Besatzungszone konsequent ab. Man meinte es nicht verantworten zu können, ein Kind auch juristisch an eine deutsche Familie in der sowjetischen Zone zu binden, solange über diese Familie keine zuverlässigen Auskünfte vorlagen.

So entstand die Situation, dass im sowjetischen Teil Deutschlands etwa 30 Kinder lebten, die man weder nach Hause holen konnte noch zur Adoption freigeben wollte. Sie blieben norwegische Staatsbürger und ein Beamter des Sozialministeriums schrieb im Frühjahr 1949, dass der Sozial- und vermutlich auch der Justizminister davon informiert werden müssten, dass »norwegische Kinder in Deutschland aufwachsen und ihre staatsbürgerlichen Rechte zu einem späteren Zeitpunkt geltend machen können«.

Das Sozialministerium führte über diese Kinder eine eigene Kartei, in die alle verfügbaren Informationen eingetragen wurden, bei einigen bis in die Fünfziger- und Sechzigerjahre hinein. Auf den Karteikarten von mindestens sechs Kindern, die in der DDR aufwuchsen, findet sich der Vermerk: »Feb. 62. Pass beantragt.« Sie waren damals etwa 20 Jahre alt und wollten »ihre staatsbürgerlichen Rechte geltend machen«, wie der Beamte es 13 Jahre zuvor formuliert hatte. Was 1962 wirklich geschah, ahnten damals weder die Beamten in Norwegen noch die Kriegskinder, die angeblich ihren Pass beantragt hatten.

Erst Jahre später stellte sich heraus, dass die Stasi die Identitäten einiger norwegischer Kriegskinder benutzt hatte, um Agenten mit norwegischen Pässen versehen in den Westen zu schicken.[122] Die echten Kriegskinder wurden Anfang der Sechzigerjahre von Polizeibeamten aufgesucht und erhielten ein strenges Verbot, sich jemals mit Norwegen in Verbindung zu setzen. Danach nahmen ostdeutsche Agenten die Identitäten dieser Kriegskinder an und beantragten bei den norwegischen Behörden »ihren« norwegischen Pass, mit dem ihnen dann alle Türen nach Norwegen und in den Westen offen standen. Bislang konnten drei Fälle dieser Art nachgewiesen werden. Einige Agenten spielten ihre Rolle mit Perfektion. So reiste einer nach Norwegen, um beim Begräbnis seiner norwegischen »Mutter« dabei zu sein, und erhielt auch das Erbe, das ihm als »Sohn« zustand.

2001 wurde bekannt, dass eines der norwegisch-deutschen Kriegskinder, die in der DDR aufwuchsen, von 1963 bis 1984 selbst als Stasi-Agent arbeitete und dafür seine norwegische Staatsbürgerschaft ausnutzte.[123]

Schlecht geplante Aktion

Mit dem Beschluss, jene Kriegskinder, die während des Krieges nach Deutschland geschickt worden waren, nach Hause zu holen, hatte sich der norwegische Staat keine leichte Aufgabe gestellt. Oft lagen die Fälle so kompliziert, dass kaum zu entscheiden war, welche Lösung für das Kind am besten war. Viele Kinder hätten vermutlich niemals nach Norwegen zurückgebracht werden dürfen und an der konkreten Durchführung dieser Aktion gibt es sehr viel zu bemängeln. Andererseits hätte sich der Staat aber auch massiver Kritik ausgesetzt, wenn er wegen dieser Kinder in Deutschland gar nichts unternommen hätte.

Für die praktische Arbeit in Deutschland, die Suche nach den Kindern und deren Rückführung war im Wesentlichen das Norwegische

Rote Kreuz zuständig. Roal Ekholt, der Vertreter dieser Organisation, der zuvor die Hilfsarbeiten für die Norwegerinnen und gebürtigen Norwegerinnen organisiert hatte, leitete in Hamburg ein Büro mit sechs Beschäftigten, die einen Gutteil ihrer Zeit auf die Kriegskinderarbeit verwandten.

Im Nachhinein scheint es durchaus, als hätten die norwegischen Behörden das Wohl der Kinder im Blick gehabt. Allerdings ist es zweifelhaft, ob die Entscheidungen für das betreffende Kind wirklich immer gut oder gar das Beste waren. Das gilt vor allem für die Anfangszeit, als viele Kinder brutal aus ihren deutschen Pflegefamilien gerissen und in eine ungewisse Zukunft nach Norwegen »heimgeholt« wurden. Hierbei verfuhren die Behörden völlig stur, der Gedanke, dass auch eine deutsche Familie eine gute Pflegefamilie sein könnte, war ihnen offenbar völlig fremd. So, wie sie die deutschen Pflegefamilien unterschätzten, hegten sie auch gänzlich unrealistische Vorstellungen von der Bereitschaft und den realen Möglichkeiten der norwegischen Mütter, die Kinder aufzunehmen, die sie mehrere Jahre zuvor abgegeben hatten.

Ein weiterer kritischer Punkt war das Übergangsheim in Norwegen. Die zuständigen Stellen gingen davon aus, dass die Kinder in regelmäßigen Abständen mit Sammeltransporten im Heim ankommen und rasch durchgeschleust werden würden. Man glaubte offenbar, sie würden in Windeseile Norwegisch lernen und auch ansonsten in jeglicher Hinsicht bestens vorbereitet sein, um von ihren Müttern oder Adoptivfamilien übernommen zu werden. Dem war keineswegs so und die Art, wie dieses Übergangsheim geleitet wurde, kann wohl als symptomatisch für die gesamte Rückführungsaktion bezeichnet werden.

Es wurde niemals untersucht, wie es den aus Deutschland rückgeführten Kindern in Norwegen ergangen ist. Die Absichten mögen löblich gewesen sein, aber ob man mit der Aktion den Kindern das Leben wirklich leichter machte, ist fraglich. Cecilie und John Murphy äußerten sich eher zurückhaltend:

»Es ist bedauerlich, dass das Projekt ›Rückführung von norwegisch-deutschen Kriegskindern‹ so schlecht geplant war und so unsorgfältig durchgeführt wurde, bedauerlich, weil für die Kinder sehr viel mehr hätte getan werden können, wenn diese Aufgabe mit mehr Planung und mehr Verständnis durchgeführt worden wäre.«

Kindheitsjahre, Unterhaltszahlungen und der Mythos von der Millionenerstattung

Während des Krieges führte die Abteilung Lebensborn eine zentrale Kartei aller ihr bekannten Kriegskinder, in die auch deren Lebensumstände eingetragen wurden. Nach dem Krieg entschied der norwegische Staat, dass sie künftig wie alle anderen unehelich geborenen norwegischen Kinder zu behandeln seien. Das bedeutete unter anderem, dass es seit Kriegsende keinen zentralen Überblick mehr darüber gibt, wie die Kindheit und Jugend dieser Kinder verlief, denn deren Betreuung geschah durch die Ämter der jeweiligen Heimatgemeinden.

Bis in die jüngste Vergangenheit gab es keine systematischen Versuche zur Erforschung der Umstände, unter denen die norwegischen Kriegskinder aufwuchsen.[124] Zieht man aber Daten zu Rate, die für andere Zwecke zusammengetragen wurden, erhält man einen ersten Eindruck von ihrer Kindheit und den Gemeinsamkeiten.

1950 übertrug das Sozialministerium die Zuständigkeit für die Kriegskinder an die Verwaltungen jener Regierungsdistrikte, in denen die Mütter und Kinder wohnten, von dort aus leitete der *Fylkesmann* die Akten an die Amtspfleger der jeweiligen Gemeinde weiter. Dabei ging es den Behörden vor allem um den finanziellen Aspekt, also um die Frage, ob man versuchen solle, von den deutschen Vätern Unterhaltszahlungen einzutreiben.

Sichere und stabile Familienverhältnisse sind für jedes Kind von entscheidender Bedeutung. Es wäre also interessant zu erfahren, wie es den norwegischen Kriegskindern in dieser Hinsicht ergangen ist. Wir können natürlich nichts über die tatsächlichen Lebensbedingungen innerhalb einer Familie oder eines Heimes wissen, dennoch ist es aufschlussreich zu sehen, wie viele Kriegskinder bei alleinerziehenden Müttern, Adoptiveltern, im Kinderheim usw. aufwuchsen.

Grundlage der folgenden Überlegungen ist die Auswertung von insgesamt 818 Kriegskinder-Akten, die 1950 Norwegens größter Kommune Oslo überlassen wurden. Rechnet man die Osloer Zahlen auf alle Kriegskinder hoch, könnten gut 3000 bei ihren alleinstehenden Müttern und weitere 2500 bis 3000 in einer annähernd »normalen« Familiensituation mit Mutter und Vater oder, vermutlich häufiger, Mutter und Stiefvater aufgewachsen sein. Etwa gleich viele Kinder hätten demnach bei »fremden« Adoptiveltern gelebt oder wären von Angehörigen der Mutter in Pflege genommen bzw. von ihnen rechtsgültig adoptiert worden. Etwa 100 Kinder hätten allein bei ihren Vätern in Deutschland gelebt, einige hundert schließlich wären in Kinderheimen oder anderen Institutionen untergebracht gewesen.

Diese Schätzungen basieren, wie gesagt, auf den Angaben in den Kriegskinderakten für Oslo und sind natürlich nicht zwingend auf das ganze Land übertragbar. Hinzu kommt, dass die Daten aus der ersten Hälfte der Fünfzigerjahre stammen, einige Jahre zuvor oder danach kann die Situation völlig anders gewesen sein. Dennoch geben die Schätzungen in den Grundzügen vermutlich korrekt wieder, wie die Kriegskinder aufwuchsen.

Die Osloer Daten stammen, wie gesagt, vom Anfang der Fünfzigerjahre. Die Annahme ist also sicher realistisch, dass einige Mütter, die zu diesem Zeitpunkt mit dem deutschen Kindsvater verheiratet waren und in Deutschland lebten, in den Fünfziger- oder Sechzigerjahren geschieden wurden und nach Norwegen zurückkehrten. Andererseits kam es in den Fünfzigerjahren vereinzelt vor, dass Frauen und Kinder aus Norwegen zum Kindsvater nach Deutschland umzogen. Eine Mutter schrieb im Januar 1952, dass sie »den Kindsvater oft besucht, im Sommer ziehen wir ganz zu ihm«. Der Umzug fand im folgenden Juli statt und man kann vermuten, dass die Frau ihren Freund aus Kriegstagen heiratete.[125] Dergleichen war aber eine seltene Ausnahme von dem Haupttrend, dass Mütter mit ihren Kindern Deutschland verließen und ihre Ehen aufgaben. Diese Frauen wurden in Norwegen zu Alleinerziehenden. Bei Ehen, die in den Sechzigerjahren scheiterten, kam es durchaus vor, dass das Kind beim Vater in Deutschland blieb. Wenn jüngere Kinder, die nach dem Krieg geboren wurden, mit ihrer Mutter nach Norwegen umzogen, hatten auch sie es mitunter noch in den Sechzigerjahren sehr schwer. Selbst dann noch blieben einem Kind, das in Norwegen Deutsch sprach, Probleme in Schule und Nachbarschaft selten erspart.

Manchmal bezahlten die Mütter selbst für die vorübergehende Unterbringung in Heimen oder Pflegefamilien, bis sie das Kind zu sich nehmen konnten. Meistens übernahmen die Kommunen die Kosten. Es gab Kinder, die in Heimen für geistig Behinderte lebten. Einige von ihnen berichten heute nicht nur davon, dass ihre Einweisung aufgrund von Fehldiagnosen geschah, sondern auch über Missbrauch und ihre schmerzhafte Kindheit an solchen Orten. Unklar ist bis heute, ob die Kriegskinder solchen Übergriffen in stärkerem Maße ausgesetzt waren als andere Heimkinder. Aber angesichts der bekannten, überaus negativen Einstellung, die nach dem Krieg gegenüber den Kriegskindern herrschte, gibt es jeden Grund zu der Annahme, dass es viele von ihnen im Leben nicht leicht hatten.

Die Unterhaltszahlungen deutscher Väter

Nach norwegischem Gesetz können Mütter unehelich geborener Kinder verlangen, dass der Kindsvater bis zum vollendeten 16. Lebensjahr des Kindes Unterhalt bezahlt. Bei den norwegischen

Kriegskindern dauerte es einige Jahre, bis es so weit war. In der allerersten Nachkriegszeit war unklar, ob die Kinder überhaupt in Norwegen aufwachsen würden. Obwohl diese Frage rasch geklärt wurde, kam die Bearbeitung der Unterhaltszahlungen erst Jahre später in Gang.

Bei den Behörden herrschte Unsicherheit, wie die Fälle zu behandeln waren. Die Kriegskinderkommission war in ihrem Bericht eingehend auf diesen Punkt eingegangen und zu dem Ergebnis gekommen, dass von den deutschen Vätern keine Alimente eingefordert werden sollten. Begründet wurde das damit, dass die Unterhaltszahlungen »zu einer über Jahre andauernden, wenig erstrebenswerten Bindung an Deutschland und deutsche Zustände führen würden und daher möglichst vermieden werden sollten«.[126]

Das zuständige Ministerium beschloss dennoch, auch in diesen Fällen bei der üblichen Unterhaltsregelung für unehelich Geborene zu bleiben. Und das bedeutete, dass für jedes Kind Unterhaltszahlungen vom deutschen Vater eingefordert werden mussten. 1950 wurden die meisten Akten aus dem ehemaligen Lebensborn-Archiv an die zuständigen *Fylkesmenn* geschickt, die zugleich davon in Kenntnis gesetzt wurden, dass die Fälle nach norwegischem Recht zu bearbeiten seien.

Nachdem die *Fylkesmenn* die umfangreichen Sendungen erhalten hatten, mussten sie das gesamte Kriegskinder-Material durchsehen, bevor sie es an die Amtspfleger der Kommunen weiterverteilen konnten. Das Wichtigste war nun, in Erfahrung zu bringen, ob man sich um die Vaterschaftsfeststellung bemühen und vom deutschen Vater Unterhaltszahlungen einfordern musste. In vielen der übersandten Fälle war dies nicht nötig.

Einige Fälle wurden ohne klare Begründung eingestellt, wohl meist, weil die Behörden offenbar nicht in der Lage waren, das Kind oder die Kindsmutter zu finden. So meinte eine Mutter, ihr Kind befinde sich vermutlich in einem Kinderheim, aber sie wisse nicht, in welchem. Nachdem das Jugendamt es beim Einwohnermeldeamt, bei der Heilsarmee und der Osloer Stadtverwaltung vergeblich gesucht hatte, wurde die Sache nicht mehr weiterverfolgt.

War in den Akten vermerkt, dass der Kindsvater tot sei, basierte dies meist auf sicheren Informationen, mitunter aber dauerte es sehr lange, bis ein Todesfall offiziell bestätigt war und der Fall eingestellt werden konnte. Eine norwegische Mutter beispielsweise ließ 1948 den Vater ihres Kindes durch das Rote Kreuz suchen. Nach Angaben seiner Mutter war er bei Kriegsende in russischer Gefangenschaft gewesen, seither habe sie von ihm nichts mehr gehört. 1952 erhielt die norwegische Kindsmutter einen Brief von seiner deutschen Ehefrau, in dem sie ihr mitteilte, dass sie nun die amtliche Bestätigung bekommen habe, wonach ihr Mann in der Gefangenschaft umgekommen sei.

Wurde ein Fall eingestellt, weil es als unmöglich angesehen wurde, die Vaterschaft festzustellen und Unterhaltszahlungen einzutreiben, dann meist, weil die Kindsmutter über den Vater entweder nur wenige Informationen hatte oder die genannten Väter schon während des Krieges bei einer Vaterschaftsklage »freigesprochen« worden waren.

Aber es gab noch viele andere Gründe für eine Einstellung. So hatte eine Frau vom Vater ihres Kindes noch 1947 einen Brief erhalten, doch als sie kurze Zeit später einen Norweger heiratete, verbrannte sie alles, was an ihren deutschen Freund erinnerte. Sie wollte dennoch Unterhaltszahlungen einfordern, doch da sie seine Adresse nicht mehr wusste, wurde die Suche nach dem Kindsvater als aussichtslos aufgegeben.

Es gab Mütter, die nicht wollten, dass die Väter zu Unterhaltszahlungen herangezogen wurden. Die meisten Frauen hatten zwar vermutlich wenig Geld, wollten aber alte Wunden nicht wieder aufreißen. Einige versuchten, diese frühere Beziehung unter allen Umständen vor ihrer Umgebung zu verheimlichen und fürchteten jede Aufmerksamkeit, andere wollten allein zurechtkommen. Das galt besonders für Frauen, die nach dem Krieg geheiratet hatten und mit ihren Kindern in dieser Ehe lebten. Einige hatten allerdings spezielle Gründe dafür, vom deutschen Vater ihres Kindes keine Unterhaltszahlung zu fordern. Eine Frau berichtete, sie stehe »mit dem Kindsvater in ständiger Verbindung«, sie würden heiraten, sobald er nach Norwegen einreisen dürfe, jetzt aber wolle sie von ihm keine Alimente. Sie könnte ihr Kind allein ernähren. Eine andere Mutter bat, den Fall einzustellen, weil sie wusste, dass der deutsche Kindsvater krank und arbeitslos sei.

Auf diese und ähnliche Weise wurden die meisten Vaterschaftssachen eingestellt, aber in 1500 bis 2000 Fällen wurden konkrete Schritte unternommen, um die Unterhaltszahlungen einzufordern.

An dieser umfassenden und schwierigen Arbeit waren in Norwegen und Deutschland viele Behörden beteiligt. Die Art der Bearbeitung variierte ein wenig, aber im Allgemeinen schickte das örtliche Jugendamt, sobald die Vaterschaft festgestellt war, eine Meldung an den *Fylkesmann,* dass die Kindsmutter vom deutschen Kindsvater Unterhaltszahlungen wünsche. Dann gingen die Unterlagen vom *Fylkesmann* an das Sozialministerium, das sich um Hilfe an das Außenministerium wandte. Dieses setzte sich mit der norwegischen Militärmission in Berlin, dem Generalkonsulat in Hamburg und später mit der Botschaft in Bonn in Verbindung, die ihrerseits an unterschiedliche deutsche Ämter und Behörden schrieben. Um die Väter zu finden, wurde beim Deutschen Roten Kreuz, bei der Wehrmachtsauskunftsstelle, den Einwohnermeldeämtern und verschiedenen anderen Stellen nachgeforscht. Bestritt der schließlich Gefundene die Vaterschaft, wurde in einigen Fällen vor einem westdeutschen Gericht ein Prozess zur Vaterschaftsfeststellung geführt. Ab Frühjahr 1952 konnten norwegische Unterhaltsforderungen gegen deutsche Väter auch bei westdeutschen Gerichten eingeklagt werden.

Oft erwies es sich als Problem, dass die Gesetze in Norwegen und Deutschland die Pflichten der Väter gegenüber ihren außerehelichen Kindern unterschiedlich definierten. Grundsätzlich kann man sagen, dass der norwegische Gesetzgeber die Interessen des Kindes stärker vertrat als der deutsche. Das galt auch für Erbregelungen. In einem frühen Unterhaltsfall, den das Sozialministerium 1951 bearbeitete, war bekannt, dass der gefallene deutsche Kindsvater Sohn wohlhabender Bauern war. Daher wurde die Sache nach Deutschland weitergeleitet in der Hoffnung, dass dem Kind etwas aus dem Erbe zustehe, doch die Antwort lautete, dass außerehelich Geborene nach deutschem Recht nicht erbberechtigt seien. Dennoch bekommt man den Eindruck, dass die westdeutschen Stellen, ungeachtet der unterschiedlichen Rechtslage und trotz verschiedener Verfahrensweisen in Vaterschaftssachen bei den Anfragen ein gewisses Wohlwollen an den Tag legten.

Wenn die Vaterschaft geklärt war und der Kindsvater bezahlen musste, überließen die norwegischen Behörden es gern ihren deutschen Kollegen, darüber zu wachen, dass der Vater seinen Verpflichtungen nachkam und das Geld nach Norwegen überwiesen wurde.[127] Vaterschaftsfälle wurden zwar seit Ende der Vierzigerjahre bearbeitet, wirklich umfangreich aber wurde diese Arbeit ab 1951/52, weil erst zu diesem Zeitpunkt die Zuständigkeit für die Kriegskinder den *Fylkesmenn* und den örtlichen Amtspflegern übertragen wurde. Außerdem war es in den Jahren zuvor schwierig gewesen, Geld von Deutschland nach Norwegen zu überweisen.

In dem Schreiben des Sozialministeriums vom August 1950, das die *Fylkesmenn* und Amtspfleger von der bevorstehenden Zusendung der Kriegskinderakten informierte, war auch die Rede davon, dass es beim Einfordern der Unterhaltszahlungen zu »Problemen mit Valuta-Überweisungen« kommen könne. Im Herbst dieses Jahres hob Westdeutschland aber einige Valutabeschränkungen auf, sodass ab dem 1. Oktober 1950 unter anderem Unterhaltszahlungen problemlos nach Norwegen überwiesen werden konnten. Damit war ein wichtiges Hindernis für den Erfolg der Arbeit aus dem Weg geräumt.

Das galt allerdings nur für Westdeutschland. Mit Ostdeutschland gab es keine entsprechenden Regelungen, was die Bearbeitung von Fällen, in denen der Vater in Ostdeutschland lebte, äußerst schwierig machte. Bis Mitte der Fünzigerjahre wurden für einige Väter bei ostdeutschen Banken besondere Sperrkonten eingerichtet, auf die sie übergangsweise ihre Unterhaltszahlungen leisten konnten, bis die Beträge nach Norwegen überwiesen werden konnten. Aufgrund des sich verschärfenden Kalten Krieges wurde für dieses Problem keine Lösung gefunden und offenkundig stellten die norwegischen Behörden alle Fälle, in denen der Vater im östlichen Teil Deutschlands lebte, sofort ein. In einem Fall wurde dies 1954 wie folgt begründet: »Es war nicht möglich, mit den ostdeutschen Behörden zu einer Übereinkunft zu gelangen. Eine Bewilligung von Prozesskostenhilfe ist unmöglich und die Überweisung der Unterhaltszahlungen wird auch nicht genehmigt.« Daran änderte sich in den folgenden Jahren nichts und 1960 schloss das Sozialministerium einen Fall mit der Begründung, dass »es keinen Sinn hat, die Sache weiterzuverfolgen, da der Unterhaltspflichtige immer noch in Ostdeutschland lebt und es keine Möglichkeit gibt, den Unterhalt von Ostdeutschland nach Norwegen zu überweisen«. So endete eine ganze Reihe ähnlich gelagerter Fälle. Entsprechende Probleme gab es auch bei Vätern, die in der Tschechoslowakei lebten, während man mit den österreichischen Behörden ähnlich wie mit den westdeutschen zusammenarbeiten konnte.

Die Alimente der westdeutschen Väter wurden in der Regel an das zuständige Jugendamt überwiesen, das dafür Sorge zu tragen hatte, dass das Geld an die Kindsmutter ausbezahlt wurde. Das Sozialministerium erfuhr nur vom Eingang der ersten Unterhaltszahlung und wurde davon in Kenntnis gesetzt, wenn das Kind 16 Jahre alt geworden und die Unterhaltspflicht beendet war. Die Höhe der Zahlungen orientierte sich am Einkommen des Vaters, sollte aber in den Fünfzigerjahren 50 Norwegische Kronen im Monat nicht unterschreiten. Einzelne Väter überwiesen die Beträge gar nicht oder unregelmäßig, was nicht unbedingt an mangelndem guten Willen lag. Vielen ging es in den Fünfzigerjahren wirtschaftlich schlecht.

So teilte ein Vater 1953 mit, dass er 1948 aus russischer Kriegsgefangenschaft gekommen sei und nun in Deutschland Ehefrau und Kind versorgen müsse. Obwohl er keinen Kontakt mit seiner früheren norwegischen Freundin und dem unehelichen Kind aus dieser Beziehung haben wollte, war er bereit, für die Jahre 1949 bis 1951 einen monatlichen Unterhalt von 30 Mark und danach 35 Mark zu zahlen, bis das Kind 16 Jahre alt war. Ein anderer Vater, auch er hatte in Deutschland eine Ehefrau und zwei Kinder, verpflichtete sich 1953, für seine beiden Kinder in Norwegen aufzukommen, allerdings habe er zurzeit kein Geld und könne daher noch nichts überweisen. Die norwegischen Ämter blieben in Verbindung mit ihm, aber bis 1956 hatte sich seine wirtschaftliche Lage nicht gebessert. Ein österreichischer Vater beteuerte 1951, er wolle sich der Unterhaltspflicht für sein Kind in Norwegen nicht entziehen, sei aber Kriegsinvalide und habe nur eine kleine Rente. Daher sei es für ihn unmöglich, den normalen Betrag zu bezahlen, sodass er um Herabsetzung des Unterhaltsbetrages bat. 1954 schrieb ein Vater, er sei aus der DDR geflohen und arbeitslos, könne aber für die Jahre 1948 bis 1952 fünf Mark pro Monat und danach 18 Mark bezahlen. Andere bezahlten für die Zeit vom Juni 1945 bis Juni 1948 nicht mehr als drei Mark monatlich und danach, bis das Kind die Altersgrenze erreicht hatte, die vollen 30 Mark.

Es gab auch wohlhabende Väter, die anboten, als »einmalige Zahlung« einen größeren Betrag zu überweisen. 1962 beispielsweise hatte eine Mutter die Behörden gebeten, die Unterhaltszahlungen für ihr Kind einzutreiben. Sie hatte ihre Tochter bisher allein ernährt, jetzt aber wollte das Kind studieren und dafür brauchten Mutter und Tochter finanzielle Unterstützung. Der deutsche Kindsvater schlug eine einmalige Zahlung von 2000 Mark vor, was die Kindsmutter annahm. Vielleicht wollte dieser Deutsche die Sache möglichst rasch aus der Welt schaffen. Nicht nur die norwegischen Mütter hatten oft Angst vor der Reaktion ihrer Familien, wenn diese erführen, dass sie von einem deutschen Soldaten ein Kind bekommen hatten. Auch so mancher deutsche Vater wollte unter allen Umständen sein norwegisches Kind vor seiner Ehefrau verheimlichen. Ein Vater, der sich 1953 bereit erklärte, den Unterhalt zu bezahlen, betonte wiederholt, dass seine Frau nichts wissen dürfe. Andere Väter gingen offen mit der Situation um, wollten, dass ihr »norwegisches Kind« sie in Deutschland besuchte oder baten um Fotos.

Bis Februar 1952 waren von insgesamt 378 Einzelfällen, die zur Bearbeitung nach Deutschland geschickt worden waren, 278 noch nicht abgeschlossen. Bei den 100 erledigten Fällen waren 38 Väter tot, 16 weigerten sich, Alimente zu bezahlen, und die restlichen 46 hatten mit den Zahlungen begonnen. Von da ab stieg die Zahl der Unterhaltsforderungen, die nach Deutschland geschickt wurden: Im August 1953 waren es bereits 1000 und es wurden in den folgenden Jahren immer mehr. 1952 überwiesen deutsche Väter für ihre norwegischen Kinder insgesamt 60 000 Norwegische Kronen, der Betrag stieg in den folgenden Jahren auf 110 000 Kronen für 1953 und 150 000 für 1954. Bei einer realistischen Einschätzung der tatsächlich pro Kind überwiesenen Beträge hieße dies, dass etwa 500 Väter mit den Unterhaltszahlungen begonnen hatten.

Ihre Zahl stieg in der Folgezeit, sodass man annehmen kann, dass insgesamt etwa 1500 norwegische Kinder von ihren deutschen Vätern Unterhaltszahlungen erhielten. Das ist nur ein kleiner Teil aller Kriegskinder, doch gab es dafür, wie ausgeführt, unterschiedliche Gründe. Einige Mütter wollten keine Ansprüche stellen, manche Kinder lebten in einer Adoptivfamilie, viele Väter waren tot.

In den Jahren, als norwegische Behörden versuchten, Unterhaltszahlungen von deutschen Vätern zu bekommen, stellten auch deutsche Frauen entsprechende Ansprüche an norwegische Männer. Hintergrund waren die so genannten »Brigadefälle«, also uneheliche Kinder von Deutschen mit norwegischen Soldaten, die in der »Deutschlandbrigade« Dienst taten.[128] Die Art und Weise, wie die zuständigen norwegischen Stellen diese Fälle gegeneinander abwogen, ist eine genauere Betrachtung wert.

1949 benannte das Verteidigungsministerium eine Kommission, die mögliche Schritte im Hinblick auf die Brigadefälle erörtern sollte. Der Kommission war bekannt, dass die Deutschen während des Krieges für die norwegischen Kriegskinder Unterhalt bezahlt hatten. Das allerdings sah man keineswegs als Grund an, dass »die norwegische Gesellschaft nun ihrerseits verpflichtet wäre, die deutsche Gesellschaft von ihrer Verpflichtung zu entlasten, für die deutschgeborenen Kinder unserer Okkupationssoldaten in Deutschland zu sorgen«. Der deutsche Unterhalt für die Kriegskinder sei nämlich mit norwegischen Geldscheinen bezahlt worden, sodass »wir diese Kosten selbst getragen haben«. Diese Bemerkung spielt darauf an, dass die deutsche Besatzungsmacht in Norwegen den Druck des norwegischen Papiergeldes kontrolliert hatte und daher die Unterhaltszahlungen für die Kriegskinder ohne eigene Kosten mit norwegischem Geld bezahlen konnte. Nach Ansicht der Kommission des Verteidigungsministeriums war also die norwegische Gesellschaft selbst für die Unterhaltszahlungen aufgekommen. Man befürwortete auch keine Maßnahmen, die es den deutschen Müttern erleichtert hätten, den Unterhalt von den norwegischen Vätern einzutreiben. Das entsprechende norwegische Wohlfahrtsgesetz von 1915, das in hohem Maße die Interessen der Mutter schützte, sollte in diesen Fällen keine Gültigkeit haben. Die norwegische Einschätzung der Brigadefälle steht in krassem Widerspruch zu den eigenen Bemühungen, von den deutschen Vätern Unterhalt einzutreiben. Wenn es darum ging, hielten sich die norwegischen Behörden streng an die norwegische Gesetzeslage.

Anfang 1952 lagen Unterhaltsforderungen für insgesamt 42 Brigadefälle vor. Sieben waren nicht bearbeitet, einer von den deutschen Stellen eingestellt worden, aber von den verbleibenden hatten nur sechs der genannten Norweger die Vaterschaft anerkannt und mit den Zahlungen begonnen. Die übrigen 28 bestritten die Vaterschaft. Das war zur gleichen Zeit, als nach den Osloer Zahlen 46 deutsche Väter von Kriegskindern mit der Zahlung der Alimente begonnen hatten und nur 16 die Vaterschaft bestritten. Die Behörden in Deutschland unterstützten die norwegischen Stellen aktiv bei der Suche nach den deutschen Vätern. Nun fürchtete man von norwegischer Seite, die Deutschen könnten, sobald sie von den wenig effektiven norwegischen Bemühungen zugunsten der Brigadekinder erfuhren, ihrerseits bei der Suche nach den deutschen Vätern kooperationsunwillig werden. Daher wurden im Frühjahr 1952 Überlegungen angestellt, ob man versuchen solle, die Klärung der Brigadefälle intensiver voranzutreiben. Die Sorge der norwegischen Behörden galt also keineswegs den betroffenen Müttern und Kindern in Deutschland, sondern den möglichen Schwierigkeiten, die dadurch bei der Einforderung der Unterhaltszahlungen für die norwegischen Kriegskinder entstehen könnten. Da das weitaus mehr Kinder waren, war auch der Gesamtbetrag der Unterhalts-Überweisungen von Deutschland nach Norwegen sehr viel höher als der Betrag, der für die Brigadekinder in die andere Richtung fließen sollte. Solche ausschließlich finanziellen und teils zynischen Überlegungen waren die Grundlage der Politik von norwegischen Ämtern und Behörden bei der Bearbeitung von Unterhaltsfällen.

Verschwanden deutsche Entschädigungen und Unterhaltszahlungen?

In den letzten Jahren sind unter den norwegischen Kriegskindern immer wieder Gerüchte aufgetaucht, Deutschland habe nach dem Krieg eine große »Wiedergutmachung« gezahlt, die für die Kriegskinder und deren Mütter gedacht gewesen sei. Da aber kein Betroffener je etwas von diesem Geld gesehen hat, keimte bei den Kriegskindern und der norwegischen Presse der Verdacht auf, dass sich der norwegische Staat an der Entschädigung »bereichert« hatte, die für die unehelichen Nachkommen der Wehrmachtssoldaten bestimmt war.

Den Behauptungen zufolge ging es um eine große Summe. Manche sprachen von 50 Millionen US-Dollar, andere von 50 Millionen Norwegischen Kronen, andere sagten, es gehe um 100 Millionen Norwegische Kronen, die Teil einer sehr viel höheren Gesamt-Wiedergutmachung gewesen seien. Man darf niemals etwas kategorisch ausschließen, aber es spricht sehr wenig dafür, dass an den Mutmaßungen über die große deutsche Wiedergutmachung tatsächlich etwas dran ist.

Der Verdacht liegt nahe, dass der Bericht der Kriegskinderkommission von 1945 Auslöser der Spekulationen war. Die Kommission hatte nämlich als Alternative zu individuellen Unterhaltszahlungen die Möglichkeit erwogen, »von Deutschland eine einmalige Zahlung zu verlangen, mit der alle Ansprüche ein für alle Mal abgegolten wären«. Sie machte eine Rechnung auf, bei der sie von einem Monatsbetrag von 40 Kronen für 7000 Kinder bis zum 16. Lebensjahr ausging. Damit kam sie auf eine Mindestsumme von 50 Millionen Kronen. Das war allerdings nur ein Vorschlag, den selbst die Kommission für wenig realistisch hielt. Es wurden bislang auch keinerlei Hinweise darauf gefunden, dass der deutsche Staat eine solche Einmalzahlung für die Kriegskinder geleistet hätte. Warum hätte eine ganze Reihe deutscher Kindsväter dann auch bis in die Sechzigerjahre Unterhalt bezahlen sollen?

Eine neuere Version der Geschichte von der Millionen-Wiedergutmachung, die den Kriegskindern vorenthalten worden sei, knüpft an das so genannte »Globalabkommen« zwischen Norwegen und der Bundesrepublik Deutschland von 1959 an.[129] Danach zahlte Deutschland an Norwegen eine Summe von gut 100 Millionen Kronen, die der norwegische Staat als Entschädigung an norwegische Staatsangehörige verteilen sollte, die während des Krieges »unter nationalsozialistischer Verfolgung gelitten hatten«. Fast 50 Jahre später tauchten in norwegischen Medien Behauptungen auf, dass nach Vorgabe der Deutschen auch die norwegischen Kriegskinder zu dem Berechtigtenkreis gehört hätten, aber übergangen worden seien.

In den bekannten Quellen finden sich dafür aber keinerlei Anhalts-
punkte.[130]

Ebenso wurde behauptet, dass die Unterhaltszahlungen einiger
Väter nie bei den Müttern angekommen seien, was manche Kriegskinder vermuten ließ, der norwegische Staat habe dieses Geld »behalten«. Diese Angaben stammen von Kriegskindern, die später
Kontakt zu ihren Vätern hatten. Während die Väter sagten, sie hätten
Unterhalt gezahlt, behaupteten die Mütter, ihn niemals erhalten zu
haben. Denkbar ist, dass eine der beiden Seiten nicht die Wahrheit
sagte, aber ebenso wenig auszuschließen ist, dass Beamte, beispielsweise die örtlichen Amtspfleger, den norwegischen Müttern dieses
Geld aus Deutschland nicht auszahlten. Vielleicht fanden einige
Staatsbedienste, dass die »Deutschenmädchen« das Geld nicht verdienten. Es gibt allerdings keinen einzigen Anhaltspunkt dafür, dass
solche kriminellen Handlungen mehr als Einzelfälle gewesen sein
könnten.

Sehr viel häufiger mag vorgekommen sein, dass die Überweisun-
gen lange gar nicht aus Deutschland herauskommen konnten. Auch
hier geht es wieder um Väter, die in der sowjetischen Besatzungszone und der späteren DDR wohnten. Da es, wie gesagt, mit der
Überweisung der Unterhaltszahlungen aus diesem Teil Deutschlands
nach Norwegen große Schwierigkeiten gab, wurden die Zahlungen
einiger Väter auf Sperrkonten in der DDR einbezahlt, und zwar in der
Erwartung, das Geld später einmal nach Norwegen transferieren zu
können. Dies führte in mindestens 60 bekannten Fällen tatsächlich
dazu, dass die Väter zahlten und die Mütter nichts bekamen, weshalb
der Verdacht entstehen konnte, der norwegische Staat habe das Geld
unterschlagen.

Erst als Norwegen die DDR in den Siebzigerjahren diplomatisch
anerkannte, wurden die einbezahlten Gelder überwiesen. Allerdings
erhielten damals nur jene Mütter die bislang zurückgehaltenen Unterhaltszahlungen, die sich auf eine Anzeige meldeten, die das norwegische Außenministerium in norwegischen Zeitungen veröffent-

lichte. Diese Annonce forderte Bürger, die finanzielle Ansprüche in der DDR geltend zu machen hatten, auf, sich zu melden. Die Alimente für Kriegskinder wurden nicht gesondert erwähnt und es ist unschwer vorstellbar, dass viele der Betroffenen auf diese Anzeige nicht reagierten. Allem Anschein nach wurde der norwegische Staat nicht aktiv, um die Empfängerinnen der Unterhaltszahlungen ausfindig zu machen. Einige Mütter bekamen das ihnen zustehende Geld dennoch ausbezahlt, aber falls sie in der Nachkriegszeit vom norwegischen Staat Sozialhilfe bezogen hatten, wurde diese von dem Betrag abgezogen, den sie aus Deutschland erhielten, sodass oft nur sehr wenig übrig blieb. Auch das führte zu Mutmaßungen, ob Teile des Geldes von norwegischen Stellen unterschlagen worden sein könnten.

Die öffentliche Meinung seit Kriegsende bis heute

Die Art, wie die norwegischen Medien seit den Neunzigerjahren über Deutschenmädchen und Kriegskinder berichten, steht in krassem Gegensatz zum Tenor der ersten Nachkriegszeit. Alles spricht dafür, dass im norwegischen Volk eine drastische Meinungsänderung stattgefunden hat. Waren die Frauen und Kinder damals der Verfolgung und Verachtung ausgesetzt, schlägt ihnen nun offenbar von allen Seiten Sympathie und Verständnis entgegen. Zugleich distanziert man sich in Norwegen heute entschieden vom damaligen Verhalten der Obrigkeit und der früheren Volksmeinung.

Es wäre ein eigenes, umfassendes Forschungsprojekt, die Gründe für diesen Stimmungsumschlag herauszuarbeiten. Daher soll es im Folgenden nur um einzelne Aspekte gehen, die dazu beitragen könnten, diese Entwicklung zu erklären. Es ist allerdings keineswegs sicher, ob sie für die Betreffenden wirklich so uneingeschränkt positiv war, wie es viele Medienberichte dargestellt haben und noch darstellen.

Deutschenmädchen und Kriegsrente

Während sich in den Medien Meinungen und Werte rasch wandeln können, ist die Obrigkeit an Gesetze und Verordnungen gebunden, die sich nicht so schnell ändern. Das ist unter anderem der Grund dafür, dass die norwegischen Behörden immer noch, also über 50 Jahre nach Kriegsende, genaue Überprüfungen veranlassen, wenn eine Witwe die Kriegsrente ihres verstorbenen Ehemanns übernehmen möchte. Ihr Gesuch wird abgelehnt, wenn sich herausstellt, dass sie sich irgendwann eines »grob unwürdigen Verhaltens« schuldig gemacht hat.

Davon sind auch einige Deutschenmädchen betroffen, die bei Kriegsende als »Deutschenflittchen« aktenkundig wurden und später mit einem Norweger verheiratet waren, der im Zweiten Weltkrieg gegen die Deutschen gekämpft hat und daher Kriegsrente bezog.[131] Es geht also nicht darum, dass diesen Frauen Rechte oder finanzielle Leistungen vorenthalten würden, die allen anderen Norwegern zustehen. Sie haben nur keinen Anspruch auf eine Zusatzrente, die ihrem Ehemann aufgrund seines Einsatzes gegen die deutsche Besatzungsmacht gewährt worden war.

Diese Regelung ist umstritten. Aber was immer man davon halten mag, man muss festhalten, dass sie einige ältere Frauen nach dem Tod ihres Ehemannes in eine schwierige Lage gebracht hat und bringt. Eine Frau, die nach dem Krieg einen Widerstandskämpfer geheiratet hat, mochte ihm erzählt haben, dass sie während des Krieges mit Deutschen Umgang hatte oder Mitglied der *Nasjonal Samling* war. Das bedeutet aber nicht, dass ihre Kinder oder Freunde das jemals erfahren haben. Wenn nun die Witwe einen Antrag auf Übernahme der Rente stellt, muss sie damit rechnen, dass das Gesuch abgelehnt und ihre Vergangenheit in ihrer Familie und ihrem Freundeskreis bekannt wird. Stellt sie keinen Antrag, könnte das bei Verwandten und Freunden Verwunderung auslösen. Sie wird nur schwer eine vernünftige Erklärung dafür finden, warum sie die Zusatzrente ihres Mannes nicht haben möchte. Wenn ihre Kinder sie drängen oder die Angelegenheit schließlich bei den zuständigen Stellen selbst weiterverfolgen, könnten die Ablehnung und deren Begründung viele Probleme auslösen. Hier zeigt sich, wie lang die Schatten sind, die der Krieg auf das Leben einiger wirft, und das bis ins hohe Alter.

Kampf gegen Mythen

Seit dem Zweiten Weltkrieg haben sich mehrere Schriftsteller des Themas Kriegskinder und Deutschenmädchen angenommen. Die meisten taten das auf angemessene und wohlwollende Weise und trugen so vermutlich zu einer Veränderung der öffentlichen Meinung bei. Das gilt auch für Beiträge im Rundfunk, im Fernsehen, in Filmen, Zeitungen, Zeitschriften und Journalen, die sich mit der Thematik befassten. Deutschenmädchen und Kriegskinder, in einigen Fällen auch deren Väter, erschienen in den Medien nicht mehr unter dem Sensationsaspekt, sondern wurden als »ganz normale Menschen« dargestellt.

Mitte der Achtzigerjahre erschienen mehrere sachliche Darstellungen, die zu einem wachsenden Verständnis für die Frauen und Kinder beitrugen. 1985 kam in Deutschland ein Buch auf den Markt, das noch immer das Standardwerk zum Lebensborn e.V. ist.[132] Der Verfasser Georg Lilienthal zeichnet darin gründlich und nüchtern die Arbeit des Lebensborn seit seiner Gründung bis zum Kriegsende nach und umreißt dabei auch die Aktivitäten der Abteilung Lebensborn in Norwegen. Im folgenden Jahr erschienen in Norwegen mehrere Publikationen, die sich den norwegischen Kriegskindern und Deutschenmädchen widmeten und viel dafür taten, das Wissen über ihr Schicksal zu erweitern. Allen voran zu nennen ist die Journalistin Veslemøy Kjendsli, die unter anderem mit einer Dokumentation über ein Kriegskind großes Aufsehen erregte.[133] Ihr Buch wurde in der norwegischen Presse ausführlich besprochen, auch Fernsehen und Rundfunk berichteten mehrfach darüber.

Die Publikationen, die Mitte der Achtzigerjahre erschienen, zeichnen überwiegend ein zutreffendes Bild von der Geschichte und Lage der Kriegskinder und Deutschenmädchen. Neben diesen Medienberichten, die das Thema insgesamt enttabuisierten und normalisierten, gab es allerdings auch andere und »negativere« Tendenzen.

1976 wurde in mehreren großen Zeitungsberichten die alte, auch in Deutschland kursierende Behauptung verbreitet, dass der Lebensborn eine »gezielte Menschenzuchtanstalt« gewesen sei und die vielen tausend norwegischen Kriegskinder deren »Früchte«. Der Mythos vom Lebensborn als »Zuchtanstalt« und den Kriegskindern als »Zuchtergebnisse« zog nicht zuletzt unter Journalisten weite Kreise. Solche Gerüchte, die nicht erst seit den Siebzigerjahren in Norwegen, sondern seit Kriegsende in vielen europäischen Ländern im Umlauf waren, tauchen immer wieder auf und sind offenbar unausrottbar.

Es ist schwierig, Mythen zu bekämpfen, und mit Sicherheit haben einige Kriegskinder tatsächlich geglaubt, dass sie das Resultat solch zynischer Zuchtexperimente sind – mit allen Folgen für das Selbstwertgefühl und das Bild von der eigenen Person, die eine solche Annahme nach sich ziehen mag. Parallel zu diesem »Zuchtmythos« berichtet die Presse auch ausführlich darüber, wie schlecht es den Kriegskindern im Leben ergangen sei. Ausgehend von schweren Einzelschicksalen wird häufig generalisiert, außerdem werden die Berichte mit hasserfüllten Zeitungszitaten aus der Nachkriegszeit gespickt, die die Lebensumstände der Kriegskinder illustrieren sollen. Es ist ohne Zweifel wahr, dass es viele Kriegskinder aufgrund ihrer Herkunft schwer hatten, das trifft aber keineswegs für die große Mehrheit der Kriegskinder zu. Mit gleicher Berechtigung könnte man vermutlich die Behauptung aufstellen, dass diese in den Medien erfolgte Verknüpfung von Zuchtmythos und Elendsgeschichten den erwachsenen Kriegskindern im letzten Jahrzehnt große Probleme bereitet hat.

Mitte der Achtzigerjahre war in Norwegen offenbar die Zeit gekommen, um die bisherige Bewertung von Kriegskindern und Deutschenmädchen zu überdenken. Wie so oft, ist auch hier schwer zu entscheiden, was Ursache und was Wirkung war, sicher aber ist, dass just zu der Zeit, als die Presse ausführlich über Kriegskinder berichtete, zum ersten Mal einige norwegische Kriegskinder mit ihrer Geschichte an die Öffentlichkeit gingen. Viele Kriegskinder erkannten erstmals, dass sie Schicksalsgenossen hatten, nahmen Verbindung zueinander auf und gründeten im Frühjahr 1986 die Selbsthilfeorganisation »Norges Krigsbarnforbund« (Norwegischer Kriegskinderverband). Sie war die Erste dieser Art in Europa, ihr sind seither viele hundert norwegische Kriegskinder beigetreten. Sie halten lokale und landesweite Treffen ab, diskutieren gemeinsame Probleme und organisieren Reisen nach Deutschland. Zudem hilft der Verband jenen, die Auskünfte über ihre deutschen Väter suchen. Mehrere Verbandsmitglieder sind auch in den Medien aufgetreten und haben so dazu beigetragen, die Kriegskinder in der norwegischen Gesellschaft sichtbar zu machen.

Der Kampf um die eigene Identität

Das Jahr 1986 war auch in anderer Hinsicht sehr wichtig für die norwegischen Kriegskinder, denn es wurde ein neues Adoptionsgesetz verabschiedet, das den Adoptierten das Recht einräumte, Auskünfte über ihre leiblichen Eltern zu erhalten.[134] Und obwohl die meisten Kriegskinder nicht adoptiert waren, wurde die Intention des neuen Gesetzes so ausgelegt, dass jeder Bürger ein Recht hat zu erfahren, wer seine leiblichen Eltern sind.

Seither hat ein relativ großer Anteil der norwegischen Kriegskinder versucht, mehr über ihre deutschen Väter zu erfahren. Die formalen Möglichkeiten, von den Behörden solche Auskünfte zu bekommen, eröffneten sich zu einem Zeitpunkt, als die Kriegskinder selbst alt genug waren, mehr über ihre Herkunft wissen zu wollen. Seit Kriegsende waren über 40 Jahre vergangen, die Kinder waren inzwischen erwachsen und in die Gesellschaft integriert. Viele hatten erlebt, dass die deutschen Väter ein Tabuthema in der Familie gewesen waren. Nun waren die Mütter oder Adoptiveltern betagt oder bereits gestorben und es war eher daran zu denken, etwas über den leiblichen Vater in Erfahrung zu bringen. Für viele Kriegskinder spielte es auch eine große Rolle, dass sie von ihren eigenen Kindern gedrängt wurden, sich auf die Suche nach dem deutschen Großvater zu begeben. Nicht zu unterschätzen ist sicherlich auch die Bedeutung, die ab den späten Achtzigerjahren das große Medieninteresse an den Kriegskindern für den Wunsch vieler hatte, mehr über den Vater und die deutsche Familie zu erfahren.

Viele Nachkommen von Wehrmachtssoldaten wissen seit jeher, wer ihr Vater ist, manche haben sogar gute Verbindungen zu ihrer Familie in Deutschland. Für andere war das Leben so schwer, dass sie nicht die Kraft für den Versuch aufbrachten, mehr über ihre Herkunft zu erfahren. Als sicher kann gelten, dass viele Kriegskinder bis heute nichts von ihrer Herkunft ahnen. Das gilt für jene Kinder, die niemals erfahren haben, dass sie adoptiert wurden, ebenso wie für jene, die nicht wissen, dass ihr norwegischer »Vater« nicht ihr leiblicher Vater ist. Von ihnen abgesehen, gibt es Tausende von norwegisch-deutschen Kriegskindern, die sich sehr bemüht haben und noch bemühen, mehr über ihre Herkunft zu erfahren, und die mit ihrer deutschen Familie in Verbindung kommen möchten. Auf der Suche nach Unterlagen haben sie sich an das norwegische Reichsarchiv und an andere Archive gewandt. Unterstützung bekommen sie vom Roten Kreuz, vom norwegischen Kriegskinderverband oder von anderen Stellen.

Es ist nicht bekannt, wie vielen Kriegskindern es bislang gelungen ist, mit ihren Vätern oder anderen Familienangehörigen in Deutschland Kontakt aufzunehmen. Sicher ist, dass inzwischen viele eine gute Beziehung zu ihren deutschen Angehörigen haben und man sich regelmäßig besucht. Bei anderen scheiterte eine Kontaktaufnahme an der Weigerung des Vaters oder der Halbgeschwister. Viele scheiterten bei ihrer Suche, weil es über ihre Herkunft zu wenig Informationen gibt.

Noch immer suchen Kriegskinder ihre Väter, selbst wenn das nun zu einem Wettlauf mit der Zeit geworden ist. Und noch immer erleben viele Kriegskinder bei »normalen« Norwegern ebenso wie bei Behörden Reaktionen, die sie als negativ und vorurteilshaft empfinden. Die Zustände haben sich in den letzten Jahrzehnten zum Besseren gewandelt, aber viele Kriegskinder stoßen noch heute auf große Schwierigkeiten, wenn sie versuchen, die Wissenslücken über sich und ihre Herkunft zu schließen. Ein Wissen, das doch für die meisten von uns selbstverständlich ist.

Nachwort

In diesem Buch geht es um die Geschichte der norwegischen Kriegskinder und ihrer Mütter sowie der Deutschenmädchen im Allgemeinen. Sein Ziel ist es, das Bild der Frauen und Kinder zu differenzieren
und zu zeigen, wie die norwegische Obrigkeit in den Jahren der Besatzung und danach mit ihnen umging. Was das angeht, müssen die
Fakten des Buches für sich sprechen. An dieser Stelle soll abschließend einigen Aspekten nachgegangen werden, die in der chronologi-
schen und thematischen Darstellung des Buches nicht explizit behandelt werden konnten.

Ein Tabuthema?

In den letzten 50 Jahren haben Historiker und andere Wissenschaftler
ganze Bibliotheken über die unterschiedlichsten Facetten der Kriegsjahre geschrieben. Das Schicksal der norwegischen Kriegskinder und
ihrer Mütter sowie der Deutschenmädchen insgesamt wurde hingegen bislang kaum erforscht. Es wurde zwar in vielen Zusammenhängen berührt, zum Schwerpunkt seiner Forschung aber hat es, von
wenigen Ausnahmen abgesehen, kaum jemand gemacht.[135] Als Erklärung dafür wird immer wieder geäußert, das Thema sei in den
Nachkriegsjahren nahezu tabuisiert gewesen. Falls das zutrifft, sollte
man den Ursachen dafür auf den Grund gehen.

Eine erste Antwort wäre, dass sich die Kriegsgeneration ebenso
wie die Generation ihrer Kinder scheute, Licht auf die Schattenseiten
des heroischen Widerstandskampfes und der von Lynchjustiz weitestgehend freien, diszipliniert durchgeführten strafrechtlichen Aufarbeitung zu werfen. Es hätte dem offiziellen Bild des kollektiven
norwegischen Widerstands gegen die Besatzungsmacht hässliche
Kratzer zugefügt, wenn sichtbar geworden wäre, wie viele Beziehun-

gen zwischen Norwegerinnen und Deutschen es tatsächlich gegeben hat. Auch die Vorstellung, dass die Aufarbeitung nach dem Krieg juristisch und menschlich korrekt vonstatten ging, hätte revidiert werden müssen, wenn bekannt geworden wäre, mit welchen gesetzeswidrigen Maßnahmen und auf welch zynische Weise die rechtmäßige norwegische Regierung gegen Deutschenmädchen und Kriegskinder vorgegangen war.

Es war entschieden einfacher, sich nur zum norwegischen Widerstandskampf und jenen Übergriffen und Gesetzesverstößen zu verhalten, die von den Deutschen und den Organen der *Nasjonal Samling* verübt worden waren, als die Rolle des norwegischen Staates in der Nachkriegszeit kritisch zu hinterfragen. Die Deutschen und die NS-Regierung wurden für ihre Politik und ihre Taten verurteilt, kaum jemand identifiziert sich heute noch mit ihnen. Ganz anders verhält es sich mit der norwegischen Nachkriegsregierung. Sie repräsentiert das politische System, das noch heute in Norwegen herrscht. Daher ist es nicht möglich, klar und eindeutig zwischen dem heutigen Staat und jenem Staat zu trennen, der nach dem Krieg mit zweifelhaften Methoden gegen die Deutschenmädchen vorging. Jede Enthüllung eines gesetzeswidrigen, ja auch nur fragwürdigen Vorgehens in den Nachkriegsjahren träfe also in gewisser Weise auch den heutigen Staat.

Die Art, wie man nach Kriegsende mit den Deutschenmädchen umging, folgte den Prinzipien der »Eisfront«, wie man die Vertreter einer harten Linie gegen Kollaborateure nannte. Nach der deutschen Kapitulation und der Verhaftung der Mitglieder der *Nasjonal Samling* standen viele Norweger, auch Repräsentanten des Staates, der Regierungsdistrikte und Kommunen, unter dem Zwang, vorführen zu müssen, dass sie in dem großen Konflikt, in dem das Land und das norwegische Volk fünf Jahre lang gelebt hatten, auf der »richtigen« Seite gestanden hatten. Keiner wollte sich dem Vorwurf aussetzen, die Verräter mit Glacéhandschuhen anzufassen. Viele Übergriffe gegen die Deutschenmädchen lassen sich vermutlich mit einem solchen

Abgrenzungsbedürfnis erklären. Das Gleiche gilt möglicherweise für Historiker und andere Wissenschaftler, von denen die Erforschung auch dieser Aspekte des Krieges und der Nachkriegszeit zu erwarten gewesen wäre. Die Eisfront blieb, ob bewusst oder unbewusst, in den Köpfen der Forscher bestehen. Vorstellbar ist auch, dass in der Generation, die aktiv an den Übergriffen beteiligt war oder sie untätig mitansah, die ursprüngliche Feindseligkeit gegen die Deutschenmädchen langsam einem Gefühl der Scham wich, die eine Tabuisierung des Themas zur Folge hatte. Man sprach nicht darüber und erforschen wollte man es schon gar nicht.

Nun sind fast 60 Jahre vergangen. Es ist an der Zeit, sich auch diese Seite der Kriegs- und Nachkriegszeit anzuschauen. Nur dann werden wir die Zeit seit Kriegsende als Ganzes verstehen können. Vielleicht lassen sich aus dieser besonderen Situation, als die Prinzipien der Rechtsstaatlichkeit auf die Probe gestellt wurden, auch Lehren ziehen.

Rassenpolitik, karitatives Handeln und staatliche Übergriffe

Angesichts des Zynismus, mit dem die Deutschen ihre Rassenpolitik umsetzten, ist die Festellung sehr interessant, dass einige deutsche Lebensbornbeschäftigte das übergeordnete Ziel ihrer Aufgabe mitunter »vergaßen« und ihre Arbeit offenbar unter rein karitativem Blickwinkel ausführten. Besonders augenfällig wurde das gegen Kriegsende, ja sogar noch nach der Kapitulation. Obwohl die Deutschen fraglos den Krieg verloren hatten und von einer Umsetzung der ursprünglichen rassenpolitischen Pläne mit den norwegischen Kindern keine Rede mehr sein konnte, arbeitete das Personal des Lebensborn weiter.

Im Entbindungsheim Høsbjør brachte die deutsche Hebamme noch einige Tage nach dem 8. Mai Kinder zur Welt. Im Kinderheim

Godthaab ordnete Oberschwester Berta Betz an, dass die Kinder wie bisher weiterzuversorgen seien. Nach der Kapitulation kümmerte sich der letzte Leiter der Abteilung Lebensborn, Ernst Ragaller, darum, dass keine Akten der Kinder vernichtet wurden, er und seine Mitarbeiter arbeiteten sogar bis weit in den Sommer hinein an der Komplettierung und dem Abschluss der Akten, bis sie schließlich von den Norwegern aus ihren Ämtern entfernt wurden. Außerdem übernahmen Ragaller und Berta Betz bei Kriegsende die komplette Verantwortung für die etwa 160 Kinder in Godthaab.

Nach der Kapitulation sorgten sich die Befehlshaber der internierten deutschen Soldaten um die Zukunft der norwegischen Frauen und Kinder, die in das zerbombte Deutschland geschickt werden sollten. Sie rieten davon ab, Eheschließungen zu genehmigen, die Frauen und Kinder zur Umsiedlung nach Deutschland zwingen würden, sie warnten die deutschen Soldaten eindringlich davor, leichtfertig zu heiraten, und sie bemühten sich, die Frauen und Kinder in den Lagern gut zu verpflegen, bevor sie nach Deutschland gebracht wurden. Es hat durchaus den Anschein, als hätten sich die besiegten Deutschen um diese Norwegerinnen und Kinder mindestens ebenso gekümmert wie die norwegischen Behörden.

Solche Beispiele zeigen, dass selbst in einer furchteinflößenden SS-Uniform ein Mensch stecken konnte, der zu Rücksicht und Fürsorge fähig war. In diesem Zusammenhang sei nochmals daran erinnert, dass die Regierung in Norwegen zur gleichen Zeit ernsthaft erwog, norwegische Kriegskinder in das völlig zerstörte Deutschland zu schicken, und einer australischen Delegation anbot, dass sie diese Kinder mitnehmen könne.

Die Umgangsweise der norwegischen Nachkriegsregierung mit den Deutschenmädchen wird mit Begriffen wie Pflichtversäumnis, Verantwortungslosigkeit oder Gleichgültigkeit eher verharmlost. Norwegerinnen, die einen deutschen Soldaten heirateten, wurden regelrecht ausgewiesen, die rechtliche Grundlage hierfür war ein Erlass, der mit rückwirkender Gültigkeit verabschiedet worden war.

Betroffen waren davon mehrere tausend Frauen, der norwegische Staat kam seiner Fürsorgepflicht gegenüber diesen Frauen und ihren Kindern nicht nach. Einige lebten bis zu zwei Jahre lang in Internierungslagern, bis sie nach Deutschland ausgewiesen wurden, und sie wurden aufgrund dieses Erlasses zum Spielball zwischen den Alliierten, den Norwegern und den Deutschen, die nach unterschiedlichen und wechselnden Rechtsgrundlagen handelten, was beispielsweise die unterschiedliche Auffassung über die Staatsangehörigkeit der Frauen anging. Die Frauen und Kinder erfuhren eine Behandlung, die der norwegischen Gesellschaft unwürdig ist.

Das gilt auch für Tausende von Norwegerinnen, die nach dem Krieg auf juristisch zweifelhafter Grundlage verhaftet, inhaftiert oder interniert wurden. Hier gab es aber gewisse Unterschiede zwischen der Vorgehensweise auf staatlicher und auf lokaler Ebene. Es kam vor, dass Beamte einer niederen Hierarchiestufe die Vorgaben von vorgesetzter oder staatlicher Seite bewusst missachteten. Davon unberührt bleibt, dass der norwegische Staat in seinem Umgang mit den Deutschenmädchen zentrale Prinzipien der Rechtsstaatlichkeit überging. Diese beweisen sich erst in schwierigen Situationen und es gibt triftige Gründe für die Behauptung, dass der norwegische Staat diese Prüfung nach dem Krieg nicht bestand.

Wie entstand das »Kriegskinderproblem«?

Gelegentlich wird die Frage aufgeworfen, warum die Bevölkerung den Deutschenmädchen derartig feindselig begegnete. Besonders erklärungsbedürftig erscheinen dabei die Übergriffe der Landsleute auf die jungen Frauen, wie das Scheren und die Schikanen unterschiedlicher Art. Nur wenige haben indes zu erklären versucht, warum auch die Obrigkeit so darauf drang, die Deutschenmädchen zu bestrafen.

Es ist allgemein bekannt, dass im Sommer 1944 in Frankreich und im Frühjahr 1945 in anderen ehemals von den Deutschen besetzten

Ländern die Bevölkerung die Deutschenmädchen unter anderem dadurch bestrafte, dass ihnen öffentlich die Haare geschoren wurden. Das treffendste Erklärungsmodell für dieses verbreitete Verhalten ist vermutlich das zu jener Zeit und in diesen Gesellschaften vorherrschende Frauenbild. Bislang unerforscht ist, ob in diesen Ländern von staatlicher Seite ähnlich hart gegen die Deutschenmädchen durchgegriffen wurde wie in Norwegen. Sollte das nicht der Fall sein, muss bei der Suche nach Erklärungen davon ausgegangen werden, dass die Gründe hierfür in der norwegischen Gesellschaft liegen.

Gleiches gilt für das äußerst feindselige Verhalten vieler Norweger gegenüber den Kriegskindern. Im Herbst 1945 reiste, wie an anderer Stelle erzählt, die norwegische Ärztin Else Vogt Thingstad in die Schweiz, um dort an einer internationalen Konferenz zur Situation der Kinder im Nachkriegseuropa teilzunehmen. Als sie dort vortrug, dass Norwegen die Nachkommen der deutschen Wehrmachtssoldaten als gravierendes Gesellschaftsproblem ansah, traf sie bei den Vertretern der anderen Länder auf tiefes Befremden:

»Dass im Land eine dermaßen hasserfüllte Stimmung herrschte, dass man fürchten musste, dass die Kinder wegen ihrer Herkunft leiden würden, schien ausschließlich in Norwegen der Fall zu sein. Teilnehmer aus Dänemark, Belgien, Frankreich, Holland, Polen und Griechenland antworteten alle, dass sie kaum glaubten, dass das in ihrem Land zu nennenswerten Schwierigkeiten führen werde; jedenfalls waren sie bisher nicht auf den Gedanken gekommen, dass das ein Problem sein könnte.«

Auch in diesen Ländern begegnete die Bevölkerung den Deutschenmädchen äußerst ablehnend. Aber dass diese Haltung »auch auf die Kinder ausstrahlt«, wie Vogt Thingstad es formulierte, galt offenbar nur für Norwegen. Falls Vogt Thingstads Beobachtung den Tatsachen entspricht, wäre es interessant herauszufinden, ob das durch spezifisch norwegische Verhältnisse zu erklären ist.

Norwegen war unter den deutschbesetzten Staaten insofern einzigartig, als der Lebensborn dort am besten ausgebaut war. Norwegen war auch das einzige Land, in dem die Deutschen für die meisten Kriegskinder und deren Mütter finanziell aufkamen und die Kinder in einem gut ausgebauten Netz von Heimen untergebracht werden konnten. Möglicherweise schürte die gute Versorgung der Kriegskinder die Aggressionen gegen die Mütter, denen von den Deutschen solche Privilegien gewährt wurden. Denkbar wäre auch, dass die bevorzugte Behandlung der Kriegskinder die Auffassung der Norweger verstärkte, dass die Kinder im Grunde keine Norweger, sondern Deutsche waren.

Solche Einstellungen mögen in Norwegen auch deswegen einen guten Nährboden gefunden haben, weil es im Vergleich zu anderen europäischen Staaten eine sehr junge Nation war. Die Trennung der Union mit Schweden im Jahre 1905 und die vollständige staatliche Souveränität lagen erst 40 Jahre zurück, Norwegen hatte sich also als eigenständige nationale Gemeinschaft noch nicht völlig definiert und abgegrenzt. Der norwegische Staat betrieb in den Zwischenkriegsjahren unter der samischen Bevölkerung sowie unter den Roma eine aktive Norwegisierungspolitik und Norweger finnischer Abstammung in Nordnorwegen, die Kvene, wurden als mögliche innere Feinde misstrauisch beobachtet. Angesichts einer solchen Grundhaltung mag es verständlich sein, dass man eine »neue« Außenseitergruppe, die vielen tausend norwegisch-deutschen Kriegskinder nämlich, genauestens daraufhin begutachtete, ob sie zum norwegischen Volk gerechnet werden sollte oder nicht.[136]

Eine weitere Eigenheit Norwegens war wohl, dass im Sommer 1945 renommierte Psychiater des Landes behaupteten, die meisten Kriegskinder seien seelisch und geistig gestört. Solche Einlassungen einflussreicher Sachverständiger für die Vererbungslehre und das allgemeine Gesundheitswesen mögen dazu beigetragen haben, die ablehnende Haltung zu bestärken, die bereits in der Bevölkerung, aber auch bei staatlichen und kommunalen Stellen bestand. Für die

Kriegskinder hatte es vermutlich gravierende Folgen, dass herausragende Kapazitäten sie als minderwertig brandmarkten.

Schon in den ersten Kriegsjahren hatten die norwegische Exilregierung in London und die *Hjemmefront* im Land aktiv versucht, mit ihrer Kriegspropaganda die Deutschenmädchen zu isolieren. Sie taten dies in der Hoffnung, dass sich so deren Zahl nicht vergrößern würde. Die Propaganda drohte den Frauen, dass sie für ihr jetziges Verhalten ihr ganzes restliches Leben einen hohen Preis zahlen würden. Es war für die norwegischen Exilbehörden wichtig, eine Zunahme solcher Beziehungen zu verhindern, denn je mehr norwegisch-deutsche Paare es gab, umso bedrohlicher erschien dies für den Widerstandskampf und umso zweifelhafter mochte es Norwegens Verbündeten erscheinen, dass das norwegische Volk wirklich vereint hinter dem Kampf gegen die deutsche Besatzungsmacht stand. Vor diesem Hintergrund werden die überaus abfälligen Bemerkungen über die Deutschenmädchen verständlich. Und es ist natürlich denkbar, dass diese Propaganda auch nach dem Krieg weiterwirkte.

Bei den Kriegskindern könnte vieles zusammengekommen sein: die aggressive Propaganda gegen die Deutschenmädchen, der Einfluss der »alten« Eugenik und Vererbungslehre, das gut ausgebaute Angebot des Lebensborn in Norwegen und schließlich der Umstand, dass Norwegen als selbstständige Nation noch jung war. Das alles zusammen hat möglicherweise dazu geführt, dass die norwegischen Kriegskinder nach dem Krieg stärker als Kriegskinder anderer Staaten Anfeindungen durch die Obrigkeit und die breite Bevölkerung ausgesetzt waren.

Auf einige Fragen konnte nicht eingegangen werden, so auch auf die, unter welchen Bedingungen die Kriegskinder im Nachkriegsnorwegen tatsächlich aufwuchsen. Vieles ist noch ungetan. Doch wenn in Zukunft diese und verwandte Aspekte der Kriegs- und Nachkriegsgeschichte eingehender als bisher erforscht werden, ist ein wichtiges Ziel dieses Buches erreicht.

Anmerkungen

»Deutsche Vorposten im norwegischen Volk«

1 *Bundesarchiv Koblenz:* All. Proz. 1, XXXXIV B7, NO-4705 og NO-4836.

2 Zum Lebensborn e.V. siehe Lilienthal 1993.

3 *Reichsarchiv Oslo:* Norw. Sozialministerium, 3. sosialkontor, Archivschachtel: krigsbarnsaker 1940–53 (HP), (1940–43), Abschrift des deutschen Briefes 3.8.1940.

4 *Reichsarchiv Oslo:* Reichskommissariat, SS- und Polizeigericht Nord (IX), Runderlasse ausgestellt vom Reichkommissariat 1940–1944, 7 (P/3/), Brief 12.11.1940 und 27.11.1940.

5 *Bundesarchiv Berlin-Zehlendorf:* Personenarchiv SS.

6 *Reichsarchiv Oslo:* Reichskommissariat SS- und Polizeigericht Nord (IX), 7 (P/3/8), Brief an Himmler 5.12.1940.

7 *International Tracing Service:* L-Ordner 13 a, Bl. 31.

8 Rediess 1943.

9 *Bundesarchiv Koblenz:* BA-film, R2/11470. Die Aktennotiz trägt handschriftlich das Datum 22.10.1940. Das ist sicher falsch, das Treffen fand vermutlich im Februar 1941 statt.

10 Einige zentrale Informationen dieses Kapitels aus dem *Reichsarchiv Oslo:* Norw. Sozialministerium, 3. sosialkontor, 245 C.

11 Ein *Lensmann* ist ein Beamter auf dem Land, also außerhalb der Städte. Neben polizeilichen Pflichten nimmt er auch Aufgaben der Rechtspflege wahr, so als Amtspfleger, der für unehelich geborene Kinder die Unterhaltszahlungen von deren Vätern eintreibt.

12 Norwegen ist in 19 Verwaltungsgebiete eingeteilt, die so genannten *Fylke.* Jedes *Fylke* wird von einem *Fylkesmann* geleitet.

13 *Reichsarchiv Oslo:* Reichskommissariat, Diverses, Tätigkeitsberichte, Lagerberichte usw., S. 8–20 eines Berichtes, vermutlich eine Art Jahresbericht für das ganze Reichskommissariat, offenbar für 1944. Zitat auf S. 8.

14 Informationen hierzu stammen im Wesentlichen aus: *Reichsarchiv Oslo:* Reichskommissariat, Hauptabteilung Volkswirtschaft, 4; Abteilung Lebensborn, 100 XIV/2; Personenverzeichnis Reichskommissariat und Der Höhere SS- und Polizeiführer Nord für April 1943; Reichskommissariat; Büro des Staatsministers (Ministerpräsidenten), Nygaardsvolds Archiv 1940–1945, 34, deutsche Telefonbücher; Rediess 1943. Die biografischen Daten zu den leitenden Personen des Lebensborn/Norwegen stammen größtenteils aus dem *Bundesarchiv Berlin-Zehlendorf:* Personenarchiv SS und *Bundesarchiv Koblenz:* Nürnberger Kriegsverbrecherprozess, All. Proz. 1, XXXXIV A57, 4465–4483., Zeuge Ragaller, sten. Prot. 30.1.1948.

15 Lutzhöft 1971.

16 Die meisten Informationen dieses Kapitels stammen aus: *Reichsarchiv Oslo:* Reichskommissariat: Abteilung Lebensborn; Oberkasse, 175, 194, 566, 568, 570; SS Wirtschaft Bauwesen, 25; Zentralbauleitung der Waffen-SS und Polizei; Norw. Justizministerium u. Rediess 1943.

17 *Reichsarchiv Oslo:* Norw. Sozialministerium, 1. sosialkontor, 215.

18 *Reichsarchiv Oslo:* Norw. Sozialministerium, 1. sosialkontor, 245.

19 Wenn nicht anders angegeben, stammen die Informationen aus: *Reichsarchiv Oslo:* Reichskommissariat: Abteilung Lebensborn, 97, 100 und Oberkasse, 194, 419.

20 Zu den deutschen Unterhaltszahlungen: Verordnungsblatt für die besetzten norwegischen Gebiete, Nr. 2; 1943 (Verordnung vom 18.2.1943) und Nr. 1; 1944 (Vorschrift vom 26.10.1943).

21 Die Informationen in diesem Kapitel stammen hauptsächlich aus folgenden Quellen: *Reichsarchiv Oslo:* Reichskommissariat: Abteilung Lebensborn, Oberkasse, Abteilung Gesundheitswesen, Hauptabteilung Volkswirtschaft, Abteilung Ernährung und Volkswirtschaft, 12; drei anonyme Informanten; Rediess 1943.

22 Rediess 1943: 47.

23 *Reichsarchiv Oslo:* Reichskommissariat: SS- und Polizeigericht Nord (IX), Runderlasse 1940–1944, 14, Schreiben vom 17.11.44 des Reichsführers Hauptamt SS-Gericht.

24 *Privatbesitz:* Das »Tagebuch« des Bezirksarztes Dehlis; 86.

25 Lilienthal 1989.

26 Burleigh 1994 und Wifstad 1997: 1131.

27 Lilienthal 1989: 54.

28 Lutzhöft 1971: 395.

29 Kersten 1947: 147 f.

30 Lutzhöft 1971: 134, 390 ff.

31 Clay and Leapman 1995: 69.

32 Gespräch mit Ulf Kløve, der 1999 ein Buch über das Dr. Holms Hotel in Geilo veröffentlicht hat: *Hotellet med de ni liv: Dr. Holms hotell.*

33 Angaben von Ulf Kløve, der mit beiden Frauen Kontakt hatte.

34 Die Informationen dieses Kapitels stammen aus: *Reichsarchiv Oslo:* Reichskommissariat: Abteilung Lebensborn; SS- und Polizeigericht Nord (IX), 163, Akte 1994: 516, Statsarkivet in Oslo, Bidragsfogd in Oslo, Serie II.

35 *Bundesarchiv Koblenz:* R 43 II/673 a.

36 *Reichsarchiv Oslo:* Reichskommissariat: Abteilung Gesundheitswesen, 11, Aktenvermerk 12.2.1941; Rediess 1943: 20 f.

37 *Bundesarchiv Koblenz:* R2/11470.

38 *Reichsarchiv Oslo:* Reichskommissariat: Abteilung Lebensborn, 100, XIV/2, Abschrift eines Schreibens vom 17.3.1941. Nr. 6: 1941.

39 *Reichsarchiv Oslo:* Reichskommissariat: Abteilung Gesundheitswesen, 4, Az 13 h Nr. 400/41 geh., Führerentscheid vom 28.2.41.

40 Verordnungsblatt für die besetzten norwegischen Gebiete, Nr. 6: 1941.

41 *Reichsarchiv Oslo:* Reichskommissariat: Abteilung Gesundheitswesen, 28, 29 und 30.

42 Ibid., 4, undatierte Notiz »Eheschließung von Wehrmachtsangehörigen mit Norwegerinnen« mit Wiedergabe der einzelnen Verordnungen im Zeitraum 28.2.1941 bis 26.10.1942.

43 Rediess 1943: 78.

44 *Reichsarchiv Oslo:* Reichskommissariat: Abteilung Lebensborn, Angaben im Hauptprotokoll. Es wurden hierzu nur in 487 der insgesamt 800 Einträge Angaben gefunden, während sie bei gut 300 fehlen. Das

liegt vor allem daran, dass auf einigen Seiten des Hauptprotokolls diese Angaben generell nicht eingetragen wurden. Es gibt indes keinen Grund zu der Annahme, dass sich diese Fälle systematisch von jenen unterscheiden, in denen diese Angaben bekannt sind.

45 »Die deutsche Frau bringt also auch hier großes Verständnis auf und nimmt das Kind ihres Mannes in die eigene Familie auf.« Rediess 1943: 82.

46 Stortingsforhandlingene, Ot. prp. Nr. 48 (1988–89), 3.

47 *Reichsarchiv Oslo:* Reichskommissariat: Deutsches Standesamt in Norwegen. Wir haben eine Übersicht über die Trauungen des Standesamtes seit 1942. Hinzu kommen Angaben aus dem Hauptprotokoll der Abteilung Lebensborn, wonach bereits 1941 mindestens 13 Kindeseltern geheiratet hatten. Die Ersten wurden bereits Ende März getraut, also nur einen Monat nach der Aufhebung des Heiratsverbotes.

48 *Reichsarchiv Oslo:* Reichskommissariat: Abteilung Lebensborn, 99, XII/1, »K«, Brief vom 8.8.1942.

49 *Reichsarchiv Oslo:* Reichskommissariat: Abteilung Gesundheitswesen, 11, siebzehnseitiger, undatierter Bericht von Dr. Schumacher.

50 Rediess 1943: 65 u. 66.

51 Ibid.: 66.

52 *Reichsarchiv Oslo:* Reichskommissariat: Abteilung Gesundheitswesen, 11, siebzehnseitiger, undatierter Bericht von Dr. Schumacher.

53 *Reichsarchiv Oslo:* Reichskommissariat: Abteilung Lebensborn, 93, II/ 8; Rediess 1943: 67 (Erwähnung des Falles).

54 Rediess 1942: 82.

55 *Reichsarchiv Oslo:* Sozialministerium, 1. sosialkontor, 125, Kriegskinderakten – Rückführung. Der Berliner Verein hatte 199 Kinder registriert.

56 *Bundesarchiv Koblenz:* Reichsministerium, R22/494; Lilienthal 1993: 173ff.

57 *Reichsarchiv Oslo:* Reichskommissariat: Abteilung Lebensborn, Kartei der norwegischen Adoptiv- und Pflegefamilien.

58 Rediess 1943: 82.

59 Archiv des Justizministeriums, 3. Justiskontor, Rundschreiben vom 21.12.1944.

60 *Reichsarchiv Oslo:* Norw. Sozialministerium, 1. sosialkontor, 118 B, 9.1. Rückführung, Akte: 5.12.1947 »Kidnapping of alien children«.

61 Lilienthal 1993 und Lilienthal, Dachauer Hefte Nr. 9.

62 Die meisten Informationen dieses Kapitels stammen aus: *Reichsarchiv Oslo:* Reichskommissariat: NSDAP, 8, »Schriftwechsel über evakuierte deutsche Frauen und Kinder aus Norwegen«. Biografische Informationen über Hans Faust, Herbert Theodor Noot und Hans Weidenstrass aus *Reichsarchiv Oslo:* Forsvarets Overkommando, Sikkerhetsstaben, Personellsikkerhetsktr., C1 Questionaires – deutsche Besatzungssoldaten in Norwegen 1945.

63 Die meisten Informationen dieses Kapitels stammen aus: *Reichsarchiv Oslo:* Norw. Sozialministerium, 1. sosialkontor; Privatarchiv 777 Nasjonal Samlings Utenriksorganisasjon, 13; Landssviksaker [Akten der strafrechtlichen Aufarbeitung gegen Landesverräter], Urteil 4206/49 Oslo und Riksadvokaten [Reichsstaatsanwaltschaft], Kriegsverbrecher, 26, Prozess gegen Hans Latza u.a.

64 »Frontkämpferpakete« enthielten Lebensmittel, Zigaretten usw. Sie wurden während des Krieges von Norwegen an jene norwegischen Soldaten geschickt, die entweder in Deutschland waren oder an einer der Fronten mit den Deutschen kämpften.

65 *Reichsarchiv Oslo:* Riksadvokaten, Kriegsverbrecher, 26, Verfahren gegen Latza u.a.

Als der Frieden hereinbrach

66 Øksnevad 1946: 19.

67 Warring 1994: 198ff. Drolshagen 1998: 76ff.

68 Informationen zur Behandlung der Kriegskinderproblematik durch norwegische Exilbehörden aus dem *Reichsarchiv Oslo:* Departementarchiv London, Norw. Sozialministerium London, Helsedirektoratet,

166; Justizministerium London, 8; Kirchen- und Unterrichtsministerium London, 62; *Reichsarchiv Oslo:* Rikspolitisjefen, 385, Akte 1007 »Tyskertøser«; Sozialministerium 3. sosialkontor 243, Krigsbarnutvalget [i.e. Kriegskinderkommission], Dokumente aus der Stockholm- und Londonkommission 1943–44 sowie Vorbereitungen zur Übernahme der Verwaltung in Norwegen; Kinder von NS-Mitgliedern und halbdeutsche Kinder 1944.

69 *Statsarkivet in Oslo:* Christiania Bispearkiv, Ministrielle forretninger, Div. pk. saker, 23, Akte krigsbarn [Akten im Archiv des Bischofs von Oslo zum Themenbereich Kriegskinder].

70 Die Informationen über diese Berichte der Exilbehörden stammen aus: *Reichsarchiv Oslo:* Rikspolitisjefen, 385, nr. 1007 Deutschenmädchen; *Norwegisches Widerstandsmuseum:* Privatarchiv Jørgen Juves, NHM 94 C.

71 Øksnevad 1946: 18.

72 Nag/Pettersen 1982: 244.

73 Informationen über die norwegischen Flüchtlinge nach Schweden aus: *Reichsarchiv Oslo:* Flyktninge- og fangedirektoratet, verschiedene Archive, 71–78; *Reichsarchiv Oslo:* Flüchtlingsbüro in Stockholm, 3201, III/104 m.m.; Heide 1995: 66; Eriksen/Niemi 1981: 324 ff.

74 *Hjemmefront* war (und ist noch heute) der Oberbegriff für den zivilen und militärischen Widerstand gegen die deutschen Besatzer und die norwegische Nazi-Partei *Nasjonal Samling*. In den ersten Wochen nach der Befreiung im Mai 1945 übernahmen Angehörige des ehemaligen Widerstands zahlreiche Funktionen im öffentlichen Leben, darunter auch administrative und polizeiliche Aufgaben. Je nach Kontext, können mit *Hjemmefront* auch nur die militärische Widerstandsbewegung und deren Leiter gemeint sein.

75 Die Beispiele dieses Kapitels aus: *Reichsarchiv Oslo:* Norw. Sozialministerium, 3. sosialkontor, 240, 243 und Archivschachtel »krigsbarnsaker 1940–45 (HP)«, verschiedene unsortierte Unterlagen; Riksadvokaten, Diverses, 12, »Det norske politi under og umiddelbart etter krigen«, »Halvårsberetning 1945 fra Rikspolitisjefen«; »Hovedøy-ar-

kivet«; *Morgenbladet:* 19.5., 11.7., 25.7, 31.7. og 10.8.1945; *Aften-posten morgen:* 14.12.1945; *Statsarkivet in Stavanger:* Haugesund Polizeikammer, anmeldelsesprotokoll, sak 434, 440, 441, 445 og 520/ 1945; *Statsarkivet in Oslo:* Sarpsborg Polizeikammer, etterforskning, justisprotokoll 13, sak 1524 og 1783/1945.

76 Informationen dieses Kapitels aus: *Kommunearkivet Oslo [Stadtar-chiv]:* Kommune Oslo, Granskningskomiten 1945; Finansrådmannen, sakarkiv, 180, Rundschreiben des Bürgermeisters der Stadt Oslo, 8.6.1945; *Reichsarchiv Oslo:* Rikspolitisjefen, 385, Fall 1007 »Tyskertøser«, Brief 26.3.1945; Postverket [Norwegisches Postwe-sen], Opprydningsutvalget 1945–1947.

77 Grøtnæs 1986: 3.

78 Ringdal 1987: 186.

79 *Oslo:* Morgenbladet 30.5.1945; *Halden:* Ringdal 1987: 185 f. (300 Deutschenmädchen); *Reichsarchiv Oslo:* Landssvikarkivet, Halden Polizeikammer, justisprotokoll, Auflistung (170 Deutschenmädchen); *Fredrikstad:* Stortingsmelding 17 (1962–63), 403 (324 Deutschenmäd-chen interniert); *Reichsarchiv Oslo:* Landssvikarkivet, Fredrikstad Po-lizeikammer, 832 »Register over Nasjonal Samling-medlemmer og tyskerjenter« [Verzeichnis der Mitglieder der *Nasjonal Samling* und der Deutschenmädchen] Auflistung (326 Deutschenmädchen verhaf-tet); *Sarpsborg: Statsarkivet i Oslo:* Sarpsborg Polizeikammer, Nach-forschung, justisprotokoll 13, opptelling (207 Deutschenmädchen inhaftiert); *Moss: Statsarkivet i Oslo:* Moss Polizeikammer, Kriegsjah-re 1940–1945, Diverses 1 (Registrierkarten für Deutschenmädchen); Ellingsen 1995: 206 (Halvorsen); *Mysen:* Stortingsmelding 17 (1962–63).

80 *Hjemmestyrkene* bezeichnet (im Unterschied zu *Hjemmefront,* siehe Anmerkung 74) ausschließlich den militärischen Zweig der Wider-standsbewegung. Bei Kriegsende gehörten diesem etwa 40 000 Solda-ten an. Sie verhafteten ab Mai 1945 Kollaborateure, Mitglieder der NS-Partei sowie deutsche SS- und Gestapo-Leute. Die *Hjemmestyrkene* wurden am 15. Juli 1945 aufgelöst.

81 *Reichsarchiv Oslo:* Hovedøy-Archiv, Fall 2.

82 *Statsarkivet in Tromsø:* Polizeikammer Troms, 2394.

83 *Reichsarchiv Oslo:* Militärarchiv, Distriktskommando Østlandet: Die Ehen norwegischer Frauen mit Deutschen; Helgesen 1990: 287.

84 Helgesen 1990: 287.

85 Gogstad 1991: 279.

86 *Reichsarchiv Oslo:* Helsedirektorat, Hygienekontor, 111 Hovedøya Internierungslager. Wenn nicht anders angegeben, stammen die Informationen aus diesem Archiv.

87 Interview mit Adolf Hals, *Kontrast,* 1986: 2/3, 11.

88 Von 1947 bis 1953 beteiligte sich Norwegen mit einem Anteil von etwa 4200 Soldaten an der alliierten Besatzung Deutschlands. Diese Truppe wurde als »Tysklandbrigade« bezeichnet. In der fraglichen Zeit taten insgesamt 59 000 Norweger als alliierte Soldaten Dienst in Deutschland, sie waren anfangs im Harz stationiert, später in Schleswig-Holstein.

89 Gjestland und Gundersen 1990: 17 f.

90 *Reichsarchiv Oslo:* Riksadvokaten, Krigsforbryteretterforskning, unregistrierte Akten, Brief 7.3.1946. Wenn nicht anders angegeben, stammen die Informationen in diesem Kapitel aus: *Reichsarchiv Oslo:* Militärarchiv: Distriktskommando Østlandet, Norske kvinners ekteskap med tyskere; Deutscher Oberbefehlshaber Norwegen (DOBN), verschiedene Archivschachteln; Reichskommissariat: Deutsches Standesamt in Norwegen; Justizministerium, P3, Alminnelige Statsborgersaker 1940–1948 I, tyskertøser til Tyskland; Stortingsforhandlingene, Ot.prp.nr. 136. (1945–1946) »Om lov om tillegg til statsborgerlovgivningen«; Verdens Gang 4.12.1946 und 6.12.1946; Arbeiderbladet 5.12.1946; Morgenbladet 3.11.1945.

91 Der *Norske Kvinners Nasjonalråd* ist die Dachorganisation der norwegischen Frauenverbände, vergleichbar dem deutschen Frauenrat.

92 Protokoll fra regjeringskonferanser [Protokoll der Kabinettsitzungen] 3.7.1945, Akte 17.

93 Wenn nicht anders angegeben, stammen die Informationen dieses Ka-

pitels aus: *Reichsarchiv Oslo:* Sozialministerium, 3. sosialkontor, 243, darunter unter anderem der Bericht der Kriegskinderkommission; Nachlässe und privates Archivgut, Nr. 793, Norsk Misjon blant hjemløse, 157, Tyske barn.

94 »Inge« ist in Norwegen ein Männername (Anm. d. Ü.).

95 Die *Norsk Misjon blant hjemløse* war eine christliche Organisation, die sich vor allem darum kümmern sollte, die Tater (eine mit den Sinti verwandte ethnische Minorität) in die norwegische Gesellschaft zu integrieren. Zwischen dieser Organisation und dem Staat bestanden enge Verbindungen, der *Norsk Misjon blant hjemløse* wurden zeitweilig auch gewisse staatliche Aufgaben übertragen.

96 Morgenbladet 17.7.1945.

97 Kevles 1985.

98 Lofotenposten 10.7.1945. Im Krieg versuchten norwegische Stadtbewohner, ihre Ernährungslage zu verbessern, indem sie in ihren Gärten und Hinterhöfen Schweine mästeten. Diese Tiere bezeichnete man als »Villenschweine« (Anm. d. Ü.).

99 Langfeldt und Ødegaard waren federführend an den psychiatrischen Untersuchungen beteiligt, denen Knut Hamsun nach dem Krieg unterzogen wurde. Diese Untersuchungen geschahen im Rahmen der strafrechtlichen Ermittlungen gegen Hamsun. Er wurde des Landesverrates bezichtigt, weil er sich während des Krieges mehrfach eindeutig für Hitler und das deutsche Okkupationsregime ausgesprochen hatte.

100 Lavik 1994.

101 Zu Norwegen siehe Haave 2000.

102 Fjogstadt 1945: 120.

103 Simonsen 1995: 4.

104 Morgenbladet 30.11.1945. Seit das vorliegende Buch 1998 in Norwegen erschienen ist, sind neue Informationen bekannt geworden. Siehe: Norges forskningsråd: *Fiendens barn?* Oslo 1999, 75 ff. Diese Veröffentlichung (auf Deutsch: »Feindeskind«) war der Abschlussbericht eines kleineren Forschungsprojektes der staatlichen norwegischen Forschungsgemeinschaft *(Norges forskningsrådet).* Das Projekt wurde

von der norwegischen Regierung in Auftrag gegeben, nachdem in den norwegischen Medien Vorwürfe laut geworden waren, der norwegische Staat habe die Kriegskinder in der Nachkriegszeit benachteiligt und ausgegrenzt.

Seit 2001 führt *Norges forskningrådet* im Auftrag des norwegischen Staates ein dreijähriges Forschungsprojekt durch, in dessen Mittelpunkt die Klärung der Frage steht, unter welchen Bedingungen die Kriegskinder in Norwegen aufgewachsen sind und welche Rolle der norwegische Staat dabei spielte.

105 Die Informationen dieses Kapitels stammen im Wesentlichen aus: *Reichsarchiv Oslo:* Sozialministerium, 3. sosialkontor, 241–243 und unnummerierte Archivschachteln »Krigsbarnsaker, Krigsbarnutvalget, barnehjem: Godthaab, Stalheim, Moldegård 1945–50«; Reichskommissariat: Abteilung Lebensborn, 96; Privatarchiv 250 Norwegisches Rotes Kreuz, 86; Deutscher Oberbefehlshaber Norwegen (DOBN), 61.

106 Gespräch des Autors mit einer Norwegerin, die damals in Godthaab arbeitete.

107 Gespräch des Autors mit einer Norwegerin, die damals in der Lebensbornzentrale arbeitete.

108 Ibid.

109 Der Begriff »oligophren« wurde seinerzeit zum einen als Oberbegriff für alle Formen von Schwachsinn, zum anderen auch als Bezeichnung für retardierte Menschen benutzt. Hier ist offenbar die zweite Bedeutung gemeint.

110 Verdens Gang 16.9.1990.

Im Schatten des Krieges

111 Wenn nicht anders angegeben, stammen die Informationen dieses Kapitels aus: *Reichsarchiv Oslo:* Privatarchiv 250, Norwegisches Rotes Kreuz; Den norske militærmisjon (Die norwegische Militärmission in

Berlin); Flyktnings- og fangedirektoratet, Repatrieringskontoret; Justizministerium, Centralpasskontoret; Haugesunds Avis 16.7.1947.

112 Aktuell, 1947: 19, Kommentar des Lagerleiters des Durchgangslagers in Berlin.

113 Aktuell, 1945: 11.

114 Erzählt von dem Kind, das in diesem Kinderwagen lag.

115 Von dem Kriegskind selbst erzählt.

116 Stortingsforhandlingene (1988–89), Ot.prp. Nr. 48, Seite 3.

117 Stortingsforhandlingene (1988–89), Forhandlinger im Odelstinget Nr. 29, 9.5.1989.

118 Informationen über diese 33 Kinder aus: *Reichsarchiv Oslo:* 1. und 3. Sosialkontor; Flyktnings- og fangedirektoratet, Repatriierungsbüro, *Røtter* 2: 1997, 15 f. und 1997: 3, 10 f.; Schmitz-Köster 1997; VG 18.3.1997.

119 Zu diesem Zeitpunkt war das vorliegende Buch in Norwegen bereits erschienen. Siehe *Dagsavisen* vom 27. und 30. März und 1. April 2000.

120 Zum Zeitpunkt der Veröffentlichung der deutschen Übersetzung des vorliegenden Buches wird dieser Themenkomplex in Norwegen genauer erforscht. Siehe den Vortrag des norwegischen Historikers Lars Borgersrud auf der Konferenz »Born og krig«, 25. April 2002, Nordsjøfartmuseet, Telavåg, Norwegen.

121 Wenn nicht anders angegeben, stammen die Informationen des restlichen Kapitels aus: *Reichsarchiv Oslo:* Sozialministerium, 1. und 3. sosialkontor; Privatarchiv 250 Norwegisches Rotes Kreuz, 275; Den norske militærmisjon (Die norwegische Militärmission in Berlin); Referat der Kabinettssitzungen 1947–48, 22.4.1947, Fall Nr. 17; Stortingsforhandlingene, St.prp. nr. 165 (1947); Kjendsli 1986; *Røtter* 1993: 4 und 1996: 4; Simonsen 1995.

122 Der Spiegel 25/1997.

123 Dagbladet, 11.6. 2001.

124 Stein Ugelvik Larsen vom Institut für Vergleichende Politikwissenschaften von der Universität Bergen hat 1997 mit einer großen Umfrage unter Kriegskindern begonnen.

125 Wenn nicht anders erwähnt, stammen alle Informationen dieses Kapitels aus: *Statsarkivet i Oslo:* Bidragsfogden in Oslo; *Reichsarchiv Oslo:* Sozialministerium, 1. sosialkontor.

126 Fjogstad 1945: 122.

127 Deutsches Institut für Jugendhilfe; Deutsches Institut für Vormundschaftswesen.

128 Zur *Tysklandbrigade* siehe Anmerkung 89.

129 Stortingsforhandlingene, St.prp.nr. 29 (1959–60); unter anderem *Dagsavisen Arbeiderbladet* 16.3.1998.

130 Norges forskningsråd: *Fiendens barn?,* Oslo 1999, 25 ff.

131 Dies betraf unter anderem jene Norwegerinnen, die einen *krigsseiler* heirateten. *Krigsseiler* waren jene viele tausend norwegischen Seeleute, die in den Kriegsjahren für die Alliierten zur See fuhren und dafür nach dem Krieg eine norwegische Kriegsrente erhielten.

132 Lilienthal 1985.

133 Kjendsli 1986.

134 Adoptionsgesetz vom 28. Februar 1986.

Nachwort

135 Siehe Drolshagen 1998, Reisinger 2000 und Weissteiner 2001.

136 Siehe hierzu auch Douglas 1966.

Quellen und Literatur

1. Unveröffentlichte Quellen

(»Boks« und »Eske« bezeichnen Archivschachteln)

Arbeiderbevegelsens arkiv og bibliotek, Oslo
(Archiv und Bibliothek der Arbeiterbewegung)
– AFL, LO rundskriv nr. 43 1945
– Archiv Ragna Hagen

Bergen byarkiv (Stadtarchiv Bergen):
– Granskingskomiteen 1945–1946

Bundesarchiv Koblenz (Nach Abschluss des Manuskriptes sind einige Bestände des Bundesarchivs Koblenz z.T. an andere Standorte verlegt worden.)
– All. Proz 1, XXXXIV B7, B26, A57 s. 4465–4483, All. Proz 21 XXXXIV A53, P4 (26, 28)
– R 22/494
– R/211470
– R 43II/673a

Bundesarchiv Berlin-Zehlendorf (ehemals BDC):
– Dokumente zu: Ragaller, Reinecke, Richert, Tietgen

Bundesarchiv Berlin:
– NS 2/57, 2/81

Internationaler Suchdienst, Bad Arolsen:
– Lebensborn e.V.: Ordner 7, 8, 13a, 18, 21 und 61

Justizministerium, Oslo:
– 3. sivilkontor 1940–1945, diverse bokser

National Archives Washington:
– Collection No. 71 – Lebensborn (Kopien zur Verfügung gestellt vom NRK [Norwegisches Rotes Kreuz], Frau Kirsten Nielsen)

Norges Bank, Oslo:
– Archiv Deutsche Konten 1940–1945

Norges Hjemmefrontmuseum, Oslo (Norwegisches Widerstandsmuseum):
- Hjemmestyrkene (Milorg), D 13 (Stor-Oslo)
- Archiv Jørgen Juve

Stadtarchiv Oslo:
- Kommune Oslo:
  - Oslo Formannskap, Unterlagen 1947, Januar-Juni, Besprechung 16.1.1947, Akte 119/47
  - Granskningskomiteen 1945
  - Finansrådmannen, Archiv, boks 180

Privatbesitz:
- Kriegstagebuch des Bezirksarztes Ove Dehli, Hurdal
- Helge Paulsen: Notizen und Kopien aus verschiedenen deutschen Archiven sowie dem Norwegischen Reichsarchiv

Reichsarchiv Oslo:
- Den norske militærmisjon (Norwegische Militärmission Berlin), diverse bokser
- Departementarchiv London aus den Jahren 1940–1945:
  - Forsvarsdepartementet, boks 2875, legg: »Rapport fra Byråsjef Thore Boye fra besøk i de frigjorte områder i øst-Finnmark 9. desember 1944–16. januar 1945«
  - Kirke- og undervisningsdepartementet, boks 62, legg: »Diverse skolesaker: behandling av NS-skolebarn«
  - Sosialdepartementet, Helsedirektoratet, boks 166, legg: »NS-barn og halvtyske barn«
  - Justisdepartementet, Lovavdelingen, boks 8, legg 4: »NS og halvtyske barn under krigen«
- Deutscher Oberbefehlshaber Norwegen, diverse bokser
- Flyktnings- og fangedirektoratet:
  - Verschiedene Archive, boks 71–78 (avviste flyktninger i Sverige)
  - Repatrieringskontoret, kopibøker 1945–47 und boks 8, 12, 26–28
- Forsvaret (Militärarchiv):
  - Distriktskommando Østlandet, serie: Norske kvinners ekteskap med tyskere, boks 1–9

- Forsvarets Overkommando [Oberkommando der norwegischen Streit-
kräfte], Sikkerhetsstaben, Personellsikkerhetsktr., C1 Questionaires – tyske okkupasjonsstyrer i Norge 1945, diverse bokser
- »Hovedøy-arkivet« 1945–1946, boks 1–7; to esker med kartotekkort.
- Innenriksdepartementet, Alminnelig avdeling, lp.nr. 1, 20 und 30
- Justisdepartementet:
  - 3. Politikontor, Statsborgersaker (Diverse) II 1940–45, legg: »Dobbelt
  statsborgerskap«; Alminnelige statsborgersaker 1940–1948, lp.nr. I,
  legg: »Tyskertøser til Tyskland« und »Ekteskap norske kvinner – tyske
  fanger etter krigen«
  - Oppgjørsavdelingen, Alminnelige leiesaker und leiesaker i Oslo, diverse bokser
  - Tilbakeføringskontoret for inndradde formuer, diverse bokser
- Kultur- og folkeopplysningsdepartementet, – Norsk ættegranskingsinsti-
tutt, lp.nr. 1, rådsmøter januar 1944
- Landssvikarkivet:
  sak 4206/49 Olaf Willy Ferman, Oslo politikammer
  sak 488 Hans S. Jacobsen, Moss politikammer
  sak 3802 Johan Lippestad, Oslo politikammer
  sak 4150 Rudolf Schiedemair, Oslo politikammer
  Fredrikstad politikammer, 832 Register over NS-medlemmer og tyskerjenter
  Halden politikammer, justisprotokoll
  Sarpsborg politikammer, registerer und sak 1816/45, 1730/45, 1666/45
  und 1479/45
- Postverket, Opprydningsutvalget 1945–1947, diverse bokser
- Nachlässe und Privates Archivgut:
  nr. 250 Norges Røde Kors, boks 86, 110, 167, 174–179, 195 und 275
  nr. 750 Quisling, del 1, boks 9, legg nr. 6 »Forholdet Sos.dep – RK
  1944«
  nr. 755, Haldir Neegård Østbye, boks 2, manus »Rasehygiene 1942«
  nr. 777 NS utenriksorganisasjon, diverse bokser
  nr. 793, Norsk misjon blant hjemløse, boks 157, legg: »Tyske barn«

- Reichskommissariat und andere deutsche Archive im Riksarkiv; Dokumente aus folgenden Archiven:
  - Abteilung Ernährung und Landwirtschaft
  - Abteilung Gesundheitswesen
  - Abteilung Lebensborn
  - Deutsches Standesamt in Norwegen
  - NSDAP, pakke 8, legg: »Schriftwechsel über evakuierte deutsche Frauen und Kinder aus Norwegen«
  - Oberkasse
  - SS- und Polizeigericht Nord (IX)
  - Zentralbauleitung und Bauleitung (SS)
- Riksadvokaten:
  - Avd. G, kartotek
  - Diverse, boks 11 und 12
  - Krigsforbryteretterforskning, boks 21 (Hans Schwarzkugl), boks 26 (Hans Latza m.fl.) und Ordner mit der Aufschrift: »Papirer-notater m/videre fra 1945 ang. tyskere og d/p – Øverby«
- Rikspolitisjefen (Sverige), boks 385, sak 1007 »Tyskertøser«
- Sentralpasskontoret, journaler 1945–1948, kopibøker 1947 (boks 475–477)
- Sosialdepartementet:
  1. Sosialkontor, boks nr.106–111, 118A–132, 215, 245 und 544–547
  3. Sosialkontor, journal 1945 boks nr. 215, 240–245 C und eine unnummerierte Archivschachtel: »Krigsbarnsaker 1945–50«
  Flyktningskontoret i Stockholm 1940–1945, diverse bokser
  Helsedirektoratet, Hygienekontoret (H.5), journal 1945 m/registerbind, kopibok 1945 II und III, boks 108–111 und 225–227
  Ministerens kontor 1940–1945, lp.nr. 2 besøksprotokoll
- Statsministerens kontor:
  Nygaardsvolds arkiv 1940–1945, 34, personalfortegnelse RK und HSSPF pr. april 1943
- Statsrådssekretariatet:
  referat fra regjeringskonferanser 1945–1947

Statsarkivet i Bergen (Staatsarchiv in Bergen):
- Bergen kretsfengsel, Espeland, II E.6, II G.1

Statsarkivet i Kristiansand (Staatsarchiv in Kristiansand):
- Stadslegen i Kristiansand, journal 8 1940–1946

Statsarkivet i Oslo (Staatsarchiv in Oslo):
- Bidragsfogden i Oslo, serie II (T-nummer) und register III 3
- Christiania Bispearkiv, Ministrielle forretninger, diverse pakksaker, boks 23, legg:»Tyskerbarn«
- Moss politikammer, krigsårene 1940–1945, diverse 1 (registerkort for »tyskertøser«)
- Oslo- og Akershus fylke, journal 1945
- Sarpsborg politikammer, etterforskning, justisprotokoll nr. 13, boks 220 forbrytelsessaker, sak nr. 1524 und 1783
- Østfold fylke:
  - Okkupasjonstiden, Fylkesmann Jacobsen, lp.nr. 20 Sicherheitspolizei
  - serie Fdd – krigsbarnsaker 1942–1946 journal 1945

Statsarkivet i Stavanger (Staatsarchiv in Stavanger):
- Haugesund Politikammer, anmeldte saker 1945, nr. 434, 440, 441, 445 und 520
- Politimesteren i Rogaland, anmeldte saker 1945, nr. 401

Statsarkivet i Tromsø (Staatsarchiv in Tromsø):
- Troms politikammer, lp.nr. 2394 »Protokoll over arresterte i henhold til prov. anor. 26.2.1943«

Utenriksdepartementet, Oslo (Außenministerium):
- sak 80.15 / 1 C Bidragssaker der mannen er borger av DDR, bind I
- 80.15, sak 12/53 und 268/56

2. Gedruckte Quellen

Stortingsforhandlingene (Parlamentsverhandlungen):
- St.prp.nr. 1, kap.427 (1945–46) Forsorg for barn som er født utenfor ekteskap med tysk far

- Budsjett-innst. S.nr. 351–1946, kap.427 Innstilling fra sosialkomiteen om forsorg for barn født utenfor ekteskap med tysk far
- Ot.prp.nr. 136. (1945–1946) Om lov om tillegg til statsborgerlovgivningen
- Inst. O. XVI, Den forsterkede sosialkomite (1945–46), Om lover om krigspensjonering for militærpersoner og sivilpersoner
- Ot.prp. III (1945–46) Om lover om krigspensjonering for militærpersoner og sivilpersoner
- St.forh. 28.11.1946, sak 2 Lov um tillegg til statsborgarlovi
- Innst. S. nr. 244 (1947–48) Heimsending av norske barn fra Tyskland
- St.prp. nr. 29 (1959–60) Über die Ratifizierung des Vertrages zwischen der Bundesrepublik Deutschland und dem Königreich Norwegen über Leistungen zugunsten norwegischer Staatsangehöriger, die von nationalsozialistischen Verfolgungsmaßnahmen betroffen worden sind, unterzeichnet in Oslo am 7. August 1959.
- St.prp. nr. 165 (1947) Om bevilgning for budsjetterminen 1. juli 1947–30.juni 1948 under kap.427, Heimsending av norske barn fra Tyskland
- Ot.prp.nr. 37 (1949) Om tillegg til lov nr 3 av 10. april 1915 om barn hvis foreldre ikke har inngått ekteskap med hverandre
- St.meld. nr. 17 (1962–63) Om landssvikoppgjøret
- Ot.prp. nr. 48 (1988–89) Om lov om endring i lov 8. desember 1950 nr 3 om norsk riksborgarrett
- St.forh., Ot., 9.5.1989, sak nr. 2. Innstilling fra justiskomiteen om lov om endring i lov av 8. desember 1950, nr. 3 om norsk riksborgarrett

Norsk Lovtidend:

(Provisorische Anordnungen der norwegischen Exilregierung in London)

- Prov. anord. 26.2.1943 om gjenoppretning av lovlige forhold i den offentlige tjeneste i Norge
- Prov. anord. 26.2.1943 om polititjenesten i Norge under krig
- Prov. anord. 16.2.1945 om rettergang i landssviksaker
- Prov. anord. 12.6.1945 om åtgjerder mot kjønnsykdommer

410

3. Literatur

Aakhus, Trygve; Poppe, Erik (Hg.): *Medisinsk radiologi i Norge. Festskrift ved 100-års jubileet for oppdagen av røntgenstrålene*, Oslo 1995

Andenæs, Johs.: *Det vanskelige oppgjøret*, Oslo 1979

Aulie, Andr.: »Spørsmålet om sikringstiltak overfor tyskerjentene«, in: *Rettsoppgjørets Kriminalpolitiske og sosiale problemer, Den norske kriminalistforenings publikasjoner, nr. 1*, Oslo 1946

Bergløff, Anders: *Etter 7. mai*, Oslo 1945

Bolin, Siw: *Godthaab opptreningssenter 1925-1995*, Oslo 1995

Bolin, Siw: »Hjemsendelsen«, in: *Kontrast* 2–3/86

Bruknapp, Dag O.: »Ideene splitter partiet, Rasespørsmålets betydning i NS's utvikling«, in: Rolf Danielsen, Stein Ugelvik Larsen (Hg.): *Fra ide til dom*, Bergen 1976

Bryn, H.: »Antropologi«, in: Aall, Hans (Hg.): *Norske bygder – Vest-Agder I*, Bergen 1925

Burleigh, Michael: *Death and deliverance – »Euthanasia« in Germany 1900-1945*, Cambridge 1994

Carlsen, Ingvald B.: »Barnevernet i Norge i dag«, *Norges Barnevern*, 1945: 6

Clay, Catrine; Leapman, Michael: *Master Race – The Lebensborn Experiment in Nazi Germany*, London 1995 (deutsch: *Herrenmenschen. Das Lebensborn-Experiment der Nazis*. Übers. von Uta Haas, München 1997)

Debes, Jan: *Sentraladministrasjonens historie*, Band 5: *1940-1945*, Oslo 1980

Dehli, Martin: *Fredrikstad under krig og okkupasjon*, Fredrikstad 1981

Domes, Fred J. (Hg.): *Die nordische Welt. Geschichte, Wesen und Bedeutung der nordischen Völker*, Berlin 1937

Douglas, Mary: *Purity and Danger. An Analysis of Concepts of Pollution and Taboo*, London 1966. (deutsch: *Reinheit und Gefährdung. Eine Studie zu Vorstellungen von Verunreinigung und Tabu*. Übers. von Brigitte Luchesi, Frankfurt am Main 1998)

Drolshagen, Ebba D.: *Nicht ungeschoren davonkommen. Das Schicksal der*

Frauen in den besetzten Ländern, die Wehrmachtssoldaten liebten, Hamburg 1998

Ellingsen, Dag; Bjørnsdottir, Inga Dora; Warring, Anette: *Kvinner, krig og kjærlighet,* Oslo 1995

En hvitbok. Utvalgte offentlige dokumenter om krigsbarnsaken. Norges forskningsråd, Oslo 1999

Eriksen, Knut Einar; Niemi, Einar: *Den finske fare,* Oslo 1981

Eriksen, Knut Einar; Halvorsen, Terje: *Frigjøring,* 1987 (Nr. 8 in der Reihe *Norge i Krig)*

Fiendens barn?, Norges forskningsråd, Oslo 1999

Fjogstad, Leif:»Innstillingen fra Krigsbarnutvalget om retningslinjer for behandlingen av krigsbarna i Norge«, in: *Sosialt Arbeid,* 1945

Forordningstidend for de besatte norske områder, Nr. 6: 1941, 2: 1943, 1: 1944

Gjestland, Trygve; Gundersen, Thor:»›Tyskertøser‹ på Hovedøya«, in: *St. Halvard* 2/1990

Gogstad, Anders Chr.: *Helse og hakekors. Helsetjeneste og helse under okkupasjonsstyret i Norge 1940-1945,* Bergen 1991

Grimnes, Ole Christian: *Et flyktningesamfunn vokser fram,* Oslo 1969

Grøtnæs, Kirsti:»Jaktscener fra etterkrigstiden«, in: *Kontrast* Nr. 2/3 1986

Hagen, Gerd:»En beretning om barnevernets historie«, in: *Norges Barnevern,* Jubiläumsausgabe 1996

Hagen, Ragna: »Hva skal vi gjøre med ›krigsbarna‹?«, in: *Norges Barnevern,* 1945: 7

Hahn, Susanne; Lilienthal, Georg:»Totentanz und Lebensborn – Zur Geschichte des Alters- und Pflegeheimes in Kohren-Sahlis bei Leipzig (1839–1945)«, in: *Medizinhistorisches Journal,* Band 27/1992, Heft 3/4

Hamilton, G.K.:»De nordiske Folks Opgaver«, in: *Skilling-Magazin,* 1867: 116 ff.

Hansen Grønli, Vidar: *Kjærlighet under hakekorset,* 1989

Hauge, Jens Chr.: *Frigjøringen,* Oslo 1994

Haugen, Einar: *Psykiatriske undersøkelser av elevene ved Toftes Gave, Bastøy og Bærum Skolehjem,* Oslo 1939

Heide, Eivind: *Tyske soldater på flukt,* Solør 1988

Heide, Eivind: *Desserteringer fra den tyske okkupasjonshæren i Norge 1940-1945,* Solør 1995

Helgesen, Kari: »F.t. siktet som tyskertøs«, in: *Historisk tidsskrift* 3/1990

Hillel, Marc; Henry, Clarissa: *Lebensborn e.V. Im Namen der Rasse,* Wien, Hamburg 1975

Hirsch, Trygve: *Norsk presse under hakekorset.* Band III: *Den »illegale« presse,* Oslo 1945

Humphreys, Margaret: *Empty Cradles,* London 1994

Haave, Per: *Sterilisering av tatere 1934-1977. En historisk undersøkelse av lov og praksis,* Norges forskningsråd, Oslo 2000

Jensen, Johan O.: *De nære årene. Norske kvinner og menn forteller om krigen,* Oslo 1986

Jensson, Gunnleik: *Norsk presse under hakekorset,* Oslo 1945

Johannessen, Finn Erhard: *Fint folk i bratte bakker. Ljans historie,* Oslo 1990

Johnsen, Ove: *Lebensborn i Norge – Velferdsinstitusjon for mor og barn eller redskap i raseideologien?,* Sandefjord 1996

Kersten, Felix: *Totenkopf und Treue. Heinrich Himmler ohne Uniform. Aus den Tagebüchern des finnischen Medizinalrats,* Hamburg 1952

Ketelaar, Eric: »Der Archivar als Vermittler zwischen der toten Vergangenheit und dem lebenden Volk«, in: *Der Archivar,* 48/1995, H. 4

Kevles, Daniel J.: *In the Name of Eugenics. Genetics and the Uses of Human Heredity,* New York 1985

Kjendsli, Veslemøy: »Krigsbarn i fredstid«, in: *Kontrast* 2–3/86

Kjendsli, Veslemøy: *Skammens barn,* Oslo 1986 (deutsch: *Kinder der Schande.* Übers. von Gabriele Haefs, Berlin 1988)

Koch, Lene: »Dansk og tysk racehygiejne« *Den Jyske Historiker,* Nr. 72, Dezember 1995

Koch, Lene: *Racehygiejne i Danmark 1920-56,* København 1996

Lavik, Nils Johan: »Norsk psykiatri og nazismen. Et historisk prosjekt med ny aktualitet«, in: *Tidsskrift for Den norske lægeforening nr. 15/1994*

Leira, Astrid Daatland: *Kjærligheten har ingen vilje,* Oslo 1987

Lilienthal, Georg: *Der »Lebensborn e.V.« – Ein Instrument nationalsozialis-*

tischer Rassenpolitik, Mainz 1985 (neu bearbeitete und erweiterte Ausgabe: Frankfurt am Main 1993)

Lilienthal, Georg: »Der ›Lebensborn e.V.‹ – Förderung ›wertvollen‹ Lebens als Kontrast zur Vernichtung ›lebensunwerten‹ Lebens«, in: *Psychiatrie im Nationalsozialismus – Ein Tagungsbericht des Landeswohlfahrtsverbandes Hessen,* 1989

Lilienthal, Georg; Pohl, Michaela: »Das ›Lebensborn‹-Heim ›Taunus‹ in Wiesbaden (1939–1945)«, in: *Nassauische Annalen 103* (1992), 295–310

Lilienthal, Georg: »Kinder als Beute des Rassenkriegs – Der ›Lebensborn e.V.‹ und die Eindeutschung von Kindern aus Polen, der Tschechoslowakei und Jugoslawien«, in: *Dachauer Hefte* 9/1993

Lilienthal, Georg: »Wissenschaft und Fürsorge als Rassenpolitik: Die Eindeutschung ›fremdvölkischer‹ Kinder – oder: Der Historiker als Psychotherapeut«, in: Christoph Meinel und Peter Vowinckel: *Medizin, Naturwissenschaft, Technik und Nationalsozialismus,* Stuttgart 1994

Loock, Hans-Dietrich: *Quisling, Rosenberg und Terboven,* Stuttgart 1970

Lutzhöft, Hans-Jürgen: *Der nordische Gedanke in Deutschland 1920-1940,* Stuttgart 1971 (Kieler Historische Studien, Bd.14)

Mohr, T.: »Barnevern og tyskerbarn«, in: *Kommunalt Tidsskrift,* 1945: 9

Mohr, T.: »Barnevern og tyskerbarn«, in: *Norges Barnevern,* 1945: 6

Nag, Martin; Pettersen, Finn: *Reise gjennom vår egen tid. Nordahl Grieg om kultur og politikk 1933-1940,* Oslo 1982

Nilsen, Kåre H.: »Det norske Arbeiderparti og befolkningsspørsmålet i mellomkrigstida«, in: *Historisk Tidsskrift,* 1979: 287–304

Nøkleby, Berit: *Josef Terboven, Hitlers mann i Norge,* Oslo 1992

Olsen, Kåre: »Norsk-tysk kompetansestrid 1940–1945 – krigsbarnproblematikken«, in: *Norsk Arkivforum nr. 12,* Oslo 1996

Olsen, Kåre: »Riksarkivet og krigsbarnsakene«, in: *Arkivmagasinet* 3/89

Olsen, Kåre: »Da freden brøt løs. Om norske krigsbarn og tyskerjenter«, in: *Historie,* Nr.1: 2001, Bergen

Padfield, Peter: *Himmler – Reichsführer-SS,* London 1995

Paulsen, Helge: »Lebensborn e.V.«, in: *Kontrast* 2–3/86

Paulsen, Helge: »Tyske domstoler i Norge 1940–45 (-46)«, in: *Norsk Arkivfo*3/1981

Paulsen, Helge: »Terboven i konflikt med Kriegsmarine«, in: *Motstandskamp, strategi og marinepolitikk,* Oslo 1972

Paulsen, Helge: *Reichskommissariat og »motytelsene«,* Hovedoppgave i historie, UiO v. 1966

Rasmussen, Augusta: »Det intellektuelle nivå hos 310 tyskertøser«, in: *Nordisk Psykiatrisk medlemsblad,* Band I, 1947

Rediess, Wilhelm: *Für ein Grossgermanien.* Band 3: *Schwert und Wiege,* Oslo 1943

Reisinger, Stephanie: *«tyskerjenter – tyskertøser – krigsbruder«. Der Umgang der norwegischen Gesellschaft mit den »Deutschenmädchen«,* Magisterarbeit im Fach Skandinavistik, Humboldt-Universität zu Berlin 2000

Ringdal, Nils Johan: *Mellom barken og veden,* Oslo 1987

Roll-Hansen, Nils: »Den norske debatten om rasehygiene«, in: *Historisk Tidsskrift,* 1980: 258–283

Roset, Ivar: *Sarpsborg 1939-1945 Okkupasjonstiden,* Sarpsborg 1990

Schmitz-Köster, Dorothee, *«Deutsche Mutter, bist Du bereit ...«* Alltag im *Lebensborn,* Berlin 1997

Senje, Sigurd: *Dømte kvinner,* Oslo 1986

Simonsen, Eva: »Moralsk defekt og åndssvak?«, in: *Spesialpadagogikk* 6/1995

Sommer, Emilia: *Tyskerungen,* Oslo 1989

Sæland, Frode: *Frigjøringen i Rogaland,* Stavanger 1995 (Ausstellungskatalog Staatsarchiv in Stavanger)

Sørensen, Øystein: *Hitler eller Quisling. Ideologiske brytninger i Nasjonal Samling 1940-1945,* Oslo 1989

Terjesen, Marion: »Tilbakeføringen« – *24. september 1944,* Oslo 1994

Tjelmeland, Halvard: *Tromsø gjennom 10000 år. Fra byfolk og bona til tromsøværing 1945-1996,* Tromsø 1996

Trial of the Major War Criminals before the International Military Tribunal, Nuremberg 14 November 1945 – 1 October 1946, Band XX, Nürnberg 1948

Tveter, Olav: *Hurdal bygdebok,* Band I, Oslo 1973

Ustad, Willy: *Frihetens pris,* Trondheim 1992

Ustad, Willy: *Tyskerungen,* Trondheim 1993

Warring, Annette: *Tyskerpiger under besættelse og retsopgør,* Kopenhagen 1993

Warring, Annette: »Tyskerpiger – om køn, nationalitet og sexualitet«, in: Liljestrøm u.a. (Hg.): *Kvinnohistoriens nya utmaningar: Från sexualitet til världshistoria. Konferanserapport från det IV Nordiska Kvinnohistorikermøtet 27-30 maj 1993, Tammersfors,* Tampere 1994

Weissteiner, Evi: *Der »Lebensborn« in Norwegen,* Dissertation Innsbruck, Innsbruck 2001

Weih, Ruth: *Lässt sich Alltag okkupieren? Die norwegische Grenzgemeinde Kirkenes in der Zeit der deutschen Besatzung 1940-44,* Magisterarbeit an der Philosophischen Fakultät der Universität Kiel, 1999

Westli, Bjørn: *Drømmen om det perfekte mennesket,* Oslo 1995

Wifstad, Åge: »Medisinens holocaust – ›Eutanasi‹ i Tyskland ca. 1935–45«, in: *Tidsskrift for den Norske Lægeforening,* 1997: 8

Wiig, Birgit: *Kvinner selv. Den skjulte Norgeshistorien fra vår nære fortid,* Oslo 1984

Worm-Müller, Jacob S.: *Til Norge. Taler og artikler gjennom krigsårene 1939-1945,* Oslo 1946

Wyller, Thomas Chr.: *Nyordning og motstand,* Oslo 1958

Øksnevad, Toralv: *Det lå i luften,* Oslo 1946

Øland, Arne: *Horeunger og Helligdage – tyskerbørns beretninger,* Kopenhagen 2001